『源空とその門下』正誤表

＊左記の通りご訂正ください。謹んでお詫び申し上げます

訂正頁	誤	正
86頁後ろから1行目 87頁9行目	相越	檀越
89頁後ろから2行目	皇の	師の
127頁註（35）	天福元年正月三〇日の条。	天福元年正月三〇日の条。（『明月記』）
179頁2行目	佐々木守綱	佐々木盛綱
183頁6行目	神祇仰	神祇信仰
214頁6行目	段福(富)門女院	殷福(富)門院
228頁後ろから3行目	著書	著者
256頁10行目	承久の変が	承久の変によって
290頁6行目	弘仁七年八（八一六）	弘仁七年（八一六）
291頁9行目	延喜十七年九（九一七）	延喜十七年（九一七）
299頁9行目	このままにまる	このままになる
301頁1行目	が。この段階	が、この段階
321頁註（122）	『民経』記	『民経記』

源空とその門下

菊地勇次郎著

法藏館

目次

黒谷別所と源空

一

『今昔物語』一三―一九に、西塔の僧明秀は、

年四十ニ成ル時ニ、道心発テ、西塔ノ北谷ノ下ニ、黒谷トイフ別所有リ、其ノ所ニ籠居テ、静ニ法花経ヲ読誦シ、三時ノ行法不断テ勤メ行フ、

と記している。明秀は、二十二代の天台座主暹賀の弟子で、かの良源の法孫に当たる。(1) つまり『今昔物語』の伝える限り明秀は、良源の法流を受けた法華の行者である。

ところで師の暹賀が座主であった正暦四年（九九三）八月、叡山では慈覚大師の門徒が、智証大師の門徒と争い、千手院等の房舎を焼いた事件が起こった。(2) このため智証大師の門徒は、叡山を逃れ、「其後、智証大師門人等、各占別処、不住叡山、」と『扶桑略記』に伝える。ここにいう別所は、具体的に北石蔵の大雲寺である。大雲寺は、天禄二年（九七一）円融天皇の勅願によって、藤原敦忠が、十一面観音を本尊に建立した、天台宗の寺院である。のち冷泉天皇の皇后昌子内親王は、この本尊に帰依し、境内に観音院を創建して、智証門徒の余慶を住持させた。(3) そして両門徒の確執は、この余慶の座主補任が発端なのである。(4) ところで当時大雲寺を別所と呼んだ証拠はない

が、のちの『扶桑略記』などには、別所と記している。つまり『扶桑略記』の著者である皇円、源空の師である皇円の頃には、大雲寺を別所と呼んだ例があることになる。

もともと大雲寺は、叡山の僧と貴族との結縁関係から生まれた寺院である。この段階で大雲寺は、独立した寺院であって、別所としての意味は殆どない。ところが両門徒の確執が、僧と貴族との結縁関係をふくめたもつれから起こると、叡山の教団は分裂し、大雲寺は智証門徒の拠点になったのである。広い意味で教団の分裂を契機に生まれた別所の例は、皇円とほぼ同時代に、西山の善峯寺の別所などを挙げ得る。[5] そして当時も大雲寺が、寺門の拠点であったことに変わりない。だから皇円が、大雲寺を別所と記したのは、当時の概念で大雲寺が、別所としての性格をもつようになっていたからと考えられる。それはおそらく寺門の別所という意味で、聖の在住する所でもあったからであろう。これらの例から、教団の分裂を、遠因近因にかかわらず、別所が生まれる一つの契機としてとりあげることができる。このことは皇円、すなわち法然房源空の頃の天台別所を考える手がかりを与える。それはともかく明秀は、慈覚門徒であるから、両門徒の確執の中でも、西塔関係の僧として、叡山の中に止まっていたと推定するのが妥当であり、この事件の前後は明らかでないが、道心を起こして黒谷に隠遁したのである。

これまでの研究には、明秀の隠遁を黒谷別所の初めのように説いたものがある。しかし『今昔物語』には、明秀の没後、

墓所ニ常ニ法花ヲ誦スル音有リト人告グ、得意ト有リシ輩、此事ヲ聞テ、夜ル密ニ墓所ニ行テ聞クニ、慥ニハ非ズト云ヘドモ、藪ノ中ニ風カニ法花経ヲ誦スル音アリ、（中略）一院ノ内ノ人皆此レヲ聞キ、継テ行テ聞クニ、其音有リ、

と見える。この記事は最低限に考えても、明秀の身辺に、同行と思われる若干の僧がいたことを伝える。とすれば

黒谷という叡山の一区域は、明秀の隠遁以前からあったとすべきである。いま黒谷の本堂青竜寺は、西塔から十余町の所にあり、良源の創建と伝える。(6)

ところが、明秀は、良源の法流を受け、その身辺に同行が認められるのは、この良源創建という伝えが、黒谷別所の始めを示すようである。はたして九品寺義の派祖覚明房長西の『長西録』に、「新十疑論 十三 禅瑜 山門黒谷」とある。ここに見える禅瑜は、良源と同時代の僧であるが、正に黒谷に住んだと伝える。『長西録』の記事は、必ずしも当時を伝えるとは限らない。しかし『新十疑論』は、天台大師の『十疑論』に模して天台教学の立場から、浄土教の諸問題を解説したもので、あくまでも天台宗の教義書として、良源の『九品往生義』に通ずる。(7) 従って禅瑜を良源時代の僧として、その黒谷居住を事実と考えてさしつかえない。換言すれば、少なくとも明秀が隠遁するかなり以前から叡山の西塔には、黒谷と呼ぶ一区域が生まれていたわけで、そこでは良源の法流が、かなり大きな力を占めていたようである。

西塔には、北谷・東谷・南谷・南尾・北尾という五谷がある。(8) 一言でいえば、それらは叡山の教団が発展した結果、拡張された区域である。そして黒谷は、北谷の麓、八瀬村の東に当たる地域である。(9) このような黒谷の地理的位置は、北谷すなわち西塔との間に密接な関係があることを示している。と共に黒谷は比叡の山では、西塔より山を降りた位置にあることにも注意しなければならない。このような黒谷の地理的位置は、同行の存在と共に、この地域が叡山の教団の発展の結果、北谷からさらに在俗に近いような形で営まれた、西塔の僧、大胆にいえば良源の門徒の房舎が、実質上の始めであることを物語っている。しかも明秀は、良源の法孫で、西塔から隠遁した法華の行者である。すなわち禅瑜から明秀に至る間、黒谷の大勢は、たとえ浄土教の展開は見られても、天台の諸行が厳然としていたらしく、叡山の教学の延長であったわけである。

こうした成立の過程は、教学の面で相違はあるが、同じ八瀬村の北に当たる大原別所が、横川系の僧によって大原谷に開かれ、やがて東塔系の僧が隠遁するようになったのと同じ傾向らしい。(10)つまり黒谷は、明秀の頃西塔系の聖が隠遁する所となり、すでに別所としての条件の一つをもっていたようである。しかも教団の分裂から生まれた善峯寺別所や、浄土教を母胎にした天王寺別所(11)とは違って、教団の発展の結果、叡山の中の一区域として成立したという基本の性格を認めておかなければならぬ。そして一般に、教団の拡張を、別所成立の一つの契機として挙げることができる。

平安時代の中頃から鎌倉時代の初めにかけて、著しく現われる別所には、いくつかの型があり、黒谷や大原は、その一つを代表する。この型の別所は教学の上で、当時の大勢に従って浄土教が成長している。しかし大原で谷流の密教が栄えたように、(12)浄土教は天台の範疇を越えず、むしろ叡山の教学の変化がよく伝わっていたようである。そこで浄土教の展開という点に着目すれば、黒谷では明秀の頃、著しい浄土教の高まりは見られず、西塔、とくに良源系の天台の諸行か、助念仏する隠遁聖が来往する所としての性格が強かったと思われる。

二

降って大治四年（一一二九）二月十五日に、黒谷で入滅した善意は、

幼登台嶺、早作比丘、専嗜顕密之道、（中略）其読誦観念苦修練行、銘心不語、誰以記之、

と伝え、「又自幼日限終身、為現当之資、毎日読誦金剛般若経」するなど、(13)天台の行法を守った持戒持経の隠遁聖の一人であった。ところで黒谷の源泉である西塔では、すでに寛平五年（八九三）常行堂が建立され、念仏三昧が行われた。(14)しかも当時叡山における傾向と同じように、源信の流を汲む有観の助念仏がひろまっている。すなわち

宝幢院検校の懐空[15]、諸往生伝に見える法寿[16]、宝幢院の僧道乗[17]や某[18]などの例から考えると、法華と念仏形で行われていた。従って上述の歴史から考えて、黒谷でもこの流れが伝わったとするのが妥当である。ところが善意の身辺にはそのような影が薄いのである。このことはたとえ明秀以後に教学の上で変化はあっても、善意の時代に、黒谷では、明秀の頃の基本的な性格がなお根強かったことを示している。それは懐空が、源信の弟子として助念仏を行い、また川流の碩徳でもあった例[19]や黒谷で良源の法脈が著しいことを思い出させる。つまり黒谷では、天台の但諸行が中核であり、一般論的に大原などと比較して、念仏が盛んであったといい切ることは不当である。このような意味では、善意を隠遁聖と呼びうる。

しかるに一方善意は、「兼為講説之師、山下洛下皆尊重、（中略）能説之徒、皆為講師、」という。すなわち善意は天台の碩学で、その頃在俗の人々に唱導を行っていた天台聖たちが、講師と仰ぎ、その名声は京の在俗の間でも高かったというのである。そして善意は持経者でありながら、その中心的性格は、在俗にも接した唱導聖として把握される。

平安時代の末とくに著しくなった天台聖の唱導は、教団の新しい展開であり、またそれらは貴族ばかりでなく、一般の庶民も対象にしたと考えられている。鎌倉時代の初めにかけての有名な唱導の僧として、例えば寛勝・明賢・覚厳・顕真・澄憲・聖覚などを挙げて、しかしその唱導の対象の中心をとらえてみると、庶民の姿が著しく表面に現われるまでには、一つの段階があったようである。右の六僧のうち明賢は、首楞厳院の僧である[20]。覚厳[21]と顕真[22]は、大原別所の僧で、しかも覚厳は大原で良忍と同行であり、顕真は、良忍の弟子等が大原で活躍したころ、ここに隠遁している。つまり覚厳と顕真は、一応良忍に近い別所聖と考えて差支えない。

ところが聖覚は澄憲の真弟子で、ともに竹林房、または安居院に住んでいた[23]。竹林房は東塔の北谷八部尾に在り、その位置から見ても、東塔に属する房舎である。(24)そして安居院は京都の上立売の北、堀川の西、大宮の東にあたる地域にあった竹林房の里坊なのである。(25)大原や黒谷別所は、叡山から山を下りた面があり、また里坊は、この意味で、別所よりもっと在俗に近づいたと、普通には解されている。このように覚厳・顕真と澄憲・聖覚との間には、住房について、一応性格の違いが考えられ、横川に止まっていた明賢は、前の二者よりもっと山中にあったことになる。ところが『発心集』には、「安居院ニ住聖アリケリ、ナスヘキ事アリテ、京ニ出ケル道ニ（下略）」と見える。すなわち『発心集』の成立した以前、安居院の位置は、決して京の在俗の真中にあったのではなく、しかも別所と同じく聖たちの住むところであった。(26)寛勝は「雖住聚落、不染囂塵、」と伝え、(27)唱導聖がもつ環境の限界の一つを示しているが、地理的関係からいっても、当時の別所の多くは、里坊と大きな違いはなく、共に聖の活動の二つの面として捉えることができる。それを別所と呼び、里坊と呼んだのは、一説に後者が車宿の意から起こったといわれるように、(28)里坊は、在俗、特に貴族との関連から造られたからであろう。こうした意味で別所と里坊は、成立の契機が違い、そこに聖の性格、聖の唱導の性格が変わる端緒が示されている。従って同じ唱導聖にしても、明賢と覚厳・顕真と澄憲・聖覚それに寛勝との間には、性格の相違点を推定できるが、共に天台聖の限界を破るものではない。

それればかりでなく、六僧のうち、明賢・覚厳については明らかでないが、他は皆貴族の出身であり、また六人とも貴族に対する唱導についての著しい事実が知られる。(29)つまり彼等の唱導の対象の中心は、何れも主に貴族層である。ところが明賢は、京都の香集堂で供養を行い、(30)寛勝は「住聚落」したといい、(31)顕真の往生講には、「京中之道俗男女、聞およぶに随って結縁せん、」としたと伝えられる。(32)そして覚厳は前述のように融通念仏の祖良忍の同行なのである。これらの史料は、平安時代の末期の唱導聖が、かなり庶民とも接し、また寛勝のように洛中に住んだ者もあったことを物語る。そして黒谷の善意もまた、その示寂のとき、「上下老少来集、結縁猶如盛市、(33)」といわれる。従って黒谷別所は前述のような地理的位置から見ても、源空の隠遁以前に、善意のような唱導聖を通じて、庶民との連なりがあったと断じてよい。しかしこの連なりは、以上の史料が示すように、従来の智識結縁の形をとることが多かったらしく、庶民への唱導も、そのような形の中で考えるのが妥当となる。たとえ同行を背景にした良忍の融通念仏でも、念仏帳の伝受という血脈が立てられ、(34)庶民との接触が、ただ夢告の形で語られているのは、(35)直接的な関係が少なかったことを示すのである。

しかるにこの六人の唱導の聖の中、やや年代の遅れる澄憲は、唱導の開拓者といわれる。(36)それは『元亨釈書』に、澄憲の子孫が、世に唱導を家業として襲ぎ、「能説正統」とされたことを意味している。さらに『澄憲作文集』には、庶女に対する説法の模範文が収めてある。もとより本書には、後世の加筆があるといわれ、(37)ただちに澄憲の唱導を推し難い。けれども澄憲は、単に経典を説くだけの唱導聖ではなかった。父信西以来の自由な思想家として、「挟給事之家学、抛智者之宗綱、允芭射林百花鮮、性見出舌端而泉湧、一昇高座、四衆清耳、」とされる。(38)つまり俗系が大きな意味をもつ当代の僧として、澄憲の唱導には、「天下之有様、人民之愁歎、」を語るだけの進展が見られたのである。(39)しかも澄憲の真弟子聖覚も、唱導については出藍の誉があり、(40)その頃一般の信仰の上でも名所であった六角堂で唱導を行ったと伝えている。(41)それを聴聞した尼女房の蔭に、庶民の結縁の姿が大きく考えられる。

ここで澄憲・聖覚の唱導が、明賢・顕真・覚厳などのそれと、全く別個であったというのではない。貴族を対象の中心としたことも、その唱導には結縁の影があることも、前者の延長である。しかし庶民との接触について新しい動向を汲みとることができる。これだけで澄憲・聖覚を直ちに庶民に結びづけることはできないが、その唱導はかなり庶民に対する比重が加わっているように思われる。こうした意味で聖の唱導は、平安時代の末から鎌倉時代の初めにかけ、その大勢として、次第に庶民も対象にするようになったといいうる。

しかし寛勝は聚落の中に住んでも、それと隔絶していたように、全き意味で庶民的なのではない。当時別所などに住む聖たちのなかには、俗系に左右され、教団の分裂によって崩れた叡山から離れて、戒を保ち、教学を守った者が多かった。唱導聖たちが全き意味で庶民に踏み切れなかったのは、聖自身の俗系にもよるけれども、俗塵に交らなかった寛勝、さらに能説の徒の講師と仰がれた善意のような、持戒持経の隠遁聖によってひきもどされて、天台の範疇から離れるまでには至らず、従来の唱導の形を棄てなかったからである。善意よりも先んじた、前述の西塔の院主懐空には、朝廷・貴族を対象とした唱導の文が残っている。(42)

例えばその一つ、承保二年（一〇七五）法成寺修正の第七夜の教化では、

三十二相、仏ノ御相好ハ、法界ニ満テリト聞クヨリ、夏ノ池ニ鮮カナル蓮、青蓮ノ眼トソ覚リケル、如来ノ御相好ハ、仏刹ニ遍シト承レハ、秋月ノ満テルモ、満月ノ御容カトソ見給ヒケル、

のような中古天台の本覚思想につきあたり、また覚厳には、堀河天皇皇女悰子内親王の発願らしい百座法談の文集がある。(43)つまり善意はこうした両者の延長に現われる唱導聖であり、天台教学の上に立った別所聖なのである。そして彼の周囲には、法眼を望んだ懐空(44)や隠遁を棄てて座主となった顕真(45)などに示されたような、教団内の青蓮院・梶井両門跡の争いや在俗との結びつきが、ますます複雑となっていたのである。

三

善意とほぼ同時代と思われる羯摩房智空は、「黒谷聖人」と呼ばれ、(46)この頃、黒谷別所にいたようである。智空は血脈を季仁という僧に受けたが、季仁は出羽守阿闍梨と呼ばれ、受領層の貴族の出身と考えられ、雲居寺の瞻西と

は法の上で兄弟であった。(47) 瞻西はもと叡山の僧で、京の雲居寺を中心に、貴族に対する唱導をもって聞こえている。(48) しかも雲居寺は貴族を背景に、聖の住む所として名高かったが、(49) 瞻西が行った迎講という助念仏には、京中の庶民が結縁したと伝える。(50) すなわち瞻西は澄憲・聖覚に近い唱導聖といえる。従って季仁・瞻西の例から智空の身辺には、澄憲・聖覚のような聖の性格が汲みとれる。つまり黒谷においても唱導を中心に見れば、善意のような持戒持経の聖と共に澄憲・聖覚のような在俗の影が濃い、沙弥へ傾くような聖がいたのではあるまいか。

真福寺本『拾遺往生伝』(51) の上巻の目次の次に、「或記云、保安四年（一一二三）台嶺黒谷聖人浄意魯山朱跋、弟子為康合力撰之、考国史僧伝、先達後賢、集以此文云々、」という後の書入らしい記事があり、『拾遺往生伝』の撰述には、黒谷別所の聖浄意が関係しているというのである。しかし『拾遺往生伝』の撰述の事情を探っても、そのような事実はなく、また浄意についても、他に史料がない。真福寺本は、正嘉元年（一二五七）に西山法華山寺で、慶政の弟子乗忍という僧が書写したもので、前掲の記事も同筆である。正嘉二年以前から『拾遺往生伝』の撰述について、このような伝えがあったことは確かである。しかしなお真相は断じ難いけれども、黒谷と貴族との関係を探る手がかりを与えてくれる。

『拾遺往生伝』の記事の最下限は、天永二年（一一一一）まで降り得る。ところが天永二年は、前掲の或記云々に見える保安四年より十二年も古く、むしろ『後拾遺往生伝』の下巻の撰述年代に近い。(52) そして『後拾遺往生伝』の中巻には、かの善意の伝が収められている。『拾遺往生伝』、『後拾遺往生伝』の記事の中で、『続本朝往生伝』以後のものは、為康が自身で見聞したことを資料としたものが多い。もちろんその記述には、信じ難い点もある。しかし善意の記事については、その年月日なども明らかで、同時代の見聞に拠ったようである。そしてこうした信憑性の蔭に、黒谷の聖浄意を考えることも可能となる。従って延暦寺首楞厳院源信僧都伝の成立の背景をはじめとして、(53)大江匡房、三善為康、藤原宗友と続く往生伝の著者、つまり貴族の助念仏と黒谷を関連させることは、前述のような黒谷における助念仏や聖の唱導の事実からも、矛盾しないように思われる。

こうして黒谷別所は、同じ頃の大原別所と共に、貴族との関係はかなり深かったと思われ、善意の唱導もそうした関係にのっていたのであろう。これは当時の別所一般に見られる貴族化の傾向に従うもので、唱導の庶民化と共に、黒谷の大勢が、善意のような段階から進んでゆく方向を示してくれる。以上の考察によって黒谷では、貴族を背景にした助念仏が行われ、貴族を主な対象とした唱導が、庶民に傾いてゆく反面、それを天台教学のなかに止め、黒谷を天台の別所のままでおくような持戒持経の存在がまだ強かったのである。善意が入滅したのは、大治四年（一一二九）であるから、あたかも源空の誕生より四年前で、源空が十三歳で登山した久安元年（一一四五）頃の黒谷の大勢は、略々このようなものであったと思われる。

四

『兵範記』の仁平四年（一一五四）五月二十八日の条に、

今日、右大臣、左大将、於中院亭已被遁世、黒谷聖人叡空授戒、律師実寛、明雲理髪、

とある。右大臣久我雅定は、前年から出家の志があったが、白河法皇の勅許があったため、この日出家し、その戒師は黒谷の聖叡空であった。当時雅定は、「知我朝儀法者、唯有彼公、」とされたほど、(54)朝儀についての第一人者として、太政大臣藤原実行や内大臣藤原実能と共に、悪左府藤原頼長の権勢を支えていた。この頃、頼長は、白河法皇と、父忠実の支持を得て、兄忠通を孤立の状態におとし入れているから、雅定が政治上の事で出家するような表面だった理由はない。頼長が雅定の出家を制止しようとした時、蔵人頭葉室光頼が、「雖有今日間其実、後日可遂

之由所承也(55)」と語ったように、何らかの他の動機で、「被凝一心之丹誠、被抛両箇之重職、帰佛之志甚無極(56)」だったことによるらしい。

ところで雅定は、前々日参院などを済せた後、「最雲法印房」を訪ねている(57)。最雲は堀河天皇の皇子で、久寿三年（一一五六　保元元）青蓮院門跡行玄入滅のあとをついで四十九代天台座主に補任され、また梶井門跡である(58)。つまり雅定の出家直前の行動は、彼が梶井門跡に親近していたことを物語っている(59)。はたして出家の理髪は、最雲の弟子明雲が勤めている(60)。こうした関連から戒師の叡空は、梶井系の僧と推定される。それは雅定の祖父の弟仁覚が梶井門跡であったという(61)、祖父以来の関係によっても確められる。さらに藤原時代の末期叡山で、梶井門跡に対し、反梶井派が抬頭したのは、この仁覚に次いで三十八代の座主となった慶朝からである。その後最雲の先任者である行玄の時、反梶井派の青蓮院門跡が成立し、両門跡の対立は鎌倉時代に及んだ(62)。この間両者は、共に院と結びついて、座主及び叡山における権威を維持したが、大略平氏の政権掌握の後、青蓮院門跡が藤原氏の勢力を背景としたのに、梶井門跡は平氏や源氏を後楯にしている(63)。

そしてこの結びつきは鎌倉時代に入って、前者が九条兼実と慈円、後者が雅定の孫通親と承仁との関係にまで及んでいる(64)。つまり梶井門跡は大勢として、いわば非藤原、或いは反藤原的な勢力を後楯とし、山内の政治的勢力を確保したようである。雅定は藤原氏の政権と結びついているから、その限りでは反藤原的ではないが、源氏の一流としては非藤原的であり、当時の形勢から見てこうした点に出家すべき理由となった矛盾が内在したのかも知れない。この意味でも叡空の身辺には、梶井系の色が強いのである。一説によれば、叡空は藤原尹通の子とされる(65)。しかしこれには傍証がないばかりでなく、むしろ尹通と忠通との関係を通じて、忠通の子兼実や慈円に結びつけようとする後世の作意によるのではないかと疑われる(66)。

肝心の叡空の出身は明らかでないが、『明義進行集』の信空の伝には、「叡空上人ト顕時ノ卿ト、師檀ノチキリ年シ久シ」と見え、叡空は早くから葉室顕時の師であった。すでに鳥羽院政のころから、叡山の教団が堕落すると、善意のように、別所聖が代って貴族の戒師などになることが多くなった。黒谷についてもすでに善意や智空を通じて貴族との関係を指摘したが、叡空と雅定・顕時の関係は、その明白な証拠であり、結果である。そして『後撰和歌集』に、叡空の和歌一首が収められているのは、彼がいかに貴族と親近していたか、また授戒の師として善意を思い出させるような聖であったことを物語る。

ところで顕時は孫の信空を法師子として、叡空の弟子とするが、平清盛は、幼い信空の才を伝え聞いて、顕時に連れて来るよう命じたと伝える。(67) ここで叡空と平氏との関係が現われるのは、前述した梶井系と平氏との結びつきの一例になるが、雅定の甥に当たる明雲が、清盛を背景に再度座主に補任され、(68) また源氏の流れである俊堯が、源義仲の入京を機に座主となった事実は、(69) この間の事情を端的に示している。つまり当時の情勢によって立場が変わってくるけれども、一般的に非或いは反藤原的な源平の武士が、梶井門跡と結んだ結果であり、保元の乱に敗れた源為義が、黒谷の月輪房の竪者の許で出家したという伝えには、真実性が生まれてくる。(70) こうして叡空すなわち源空の師としての叡空自身ばかりでなく、その居住した黒谷には、梶井系の聖の在住が著しいと推定できるのである。そして叡空は、梶井系の別所聖として、貴族と深い関係を持っていたことが明らかであり、(補註1) 梶井系なるが故にもった身辺の情況、例えば源平の武士との接近などが、おぼろげながら浮び上ったわけである。

五

さて源空は十三歳で登山し、西塔北谷の持法房源光の下で喝食となったようである。(71) 前述のように黒谷は、師の源光が住む西塔から拡張した別所である。のち源空が隠遁の志によって黒谷に移ったのは、こうした関係が原因の一つであったに違いない。源空は十五歳の時、東塔西谷の功徳院に住む阿闍梨皇円の下で出家受戒した。(72) いうまでもなく皇円は藤原重兼の子で、兄資隆は肥後守となったため、肥後阿闍梨と呼ばれる。(73) のち源空の門下に属し、長楽寺派の祖となった隆寛は資隆の子で、皇円の甥である。(74) ところで皇円は、椙生流の祖皇覚の弟子で、密教は法印大僧都成円に受けたと伝える。(75) ところが皇覚も成円も血脉の上では四十六代座主忠尋に連り、忠尋は西塔北谷に住む梶井系の僧なのである。(76)

さらにこの頃叡山では、梶井門跡の勢力が完成すると共に、反梶井門跡―青蓮院門跡が抬頭する時期に当たっているが、梶井門跡は当時東塔で支配的な勢力を持っていたようである。(77) 従って梶井系の忠尋の法孫皇円の住む功徳院も、梶井系の房舎の一つと推定される。すなわち源空は西塔北谷の縁によって、また恐らく梶井系の縁によって、皇円の弟子になったと考えられる。のち功徳院流の台密を開いた快雅は、血脉の上から皇円の住む功徳院の僧と思われる。(78) また源空の門下で随侍の弟子とまでいわれる源智は、平重盛の孫で、その父師盛は、この快雅の従弟にあたる。(79) そして源智の住んだ賀茂の河原屋は、この功徳院の里坊なのである。(80) ここでも平氏との関係が現われるが、そこに梶井門跡という楔を打ち込めば、皇円―源空―源智という師弟関係の筋が明らかになる。こうして源空は皇円の弟子となることによって、梶井系の僧になったと断じてよいと思う。

当時の俗化した叡山の大勢からいえば、源空が師と仰いだ源光や皇円の身辺は、座主を廻る教権の中枢からは遠い存在であり、また地方武士の子に生まれた源空の俗譜は、将来山内で高い地位を得るだけの背景でもなかった。(補註2) しかも源空が登山・出家した頃は、青蓮院初代の門跡行玄が座主として院に結びつき、確固たる勢力を張っていた時期である。このため梶井門跡が院に拠る体制は崩れ、やがて源平両氏へと、政治的背景を変えてゆくのである。

このような大勢の中で、[81] 梶井系の僧源空の行動は限定される。当時法系や俗譜にめぐまれない僧や教団の世俗化を厭った僧が、叡山の中心を離れて隠遁し、別所聖などになった例は多い。まして源空の身辺には、それらの先例を追う条件がそろっている。隠遁の動機には諸説があるけれども、彼が黒谷に移った周辺の事情は、このようなものであり、梶井系の別所聖叡空の弟子となったのは、極めて自然である。換言すれば源空は叡空の門に入って、梶井系の別所聖となったわけで、これはのちの源空を考える基本の一つなのである。

六

これまでの考察によって、源空が黒谷に隠遁した頃、この別所では、一面持戒持経の聖によって天台の教学が維持されると共に、貴族を背景にした助念仏の広まりを感じる。そして他面教団の拡張によって成立した別所という外に、梶井系の僧の在住を通じて、当時の教団の分裂によって隠遁する聖の居所という性格も加えている。源空の黒谷移住は、こうした縁と性格とによったわけで、そこに維持されていた天台教学と源信の流を汲む助念仏を受ける立場にあった。しかも黒谷の聖は主に貴族を対象とした授戒や唱導を行い、その唱導には智識結縁の形で庶民も接している。つまり源空は聖の授戒や唱導をも身近く見聞していたわけである。

さて皇円は良源の滅後西塔を中心に伝えられた恵心流を伝えている。[81] つまり源空は、すでに皇円の許でも、源信の流を汲む有観の助念仏を受けていた。ところで師の叡空は、先述のように梶井系の僧であるが、かつて融通念仏の祖良忍に学んだと伝える。[82] 良忍は東塔常行堂々衆とも、横川の首楞厳院の僧ともいわれるが、のち大原別所に結庵した。[83] 天承二年（一一三二）融通念仏へと廻心する以前は、持戒持経の別所聖で、明らかに有観の助念仏を行じ、同行の聖たちは、貴族に唱導を行っている。[84] いわば良忍は時期の上でも、黒谷別所での善意と叡空の中間にある助念仏の別所聖で、この故に来迎院の建立がなされた。(85)つまり良忍―叡空の法脈を通じても、源空は有観の助念仏を受けていたのである。

『保元物語』に、「西塔の北谷黒谷と云う所に、二十五三昧行う所」と見える。源空の黒谷における同行であり、のちには常随の弟子となった信空の門徒は、白川門徒と呼ばれるが、嵯峨門徒と称される一派の祖湛空は、この信空にも学んだと伝える。(86)湛空はのち嵯峨の二尊院で、首楞厳・雲林院の旧制を移して、二十五三昧を行ったといわれる。(87)事実『明月記』によれば、嵯峨における二十五三昧の盛行を知り得、この所伝は確かであろう。(88)二尊院を中心とした嵯峨門徒については、後日稿を改めて述べる予定であるが、信空―湛空のような法脈に二十五三昧が現われるのは、信空が早くから黒谷に住んだだけに、首楞厳院の遺制が黒谷でも盛んであったと推定する根拠を与えてくれる。いうまでもなく二十五三昧は、源信が首楞厳院に始めた助念仏で、同行と共に行った。源空の黒谷における同行は、信空一人が確実に知られるだけで、(89)他は隆寛が、皇円の下で同行に準じたことが確められるにすぎない。(90)従って源空が黒谷で二十五三昧を行った一人とは決め難いけれども、源空が皇円の許や黒谷で接した念仏は、二十五三昧流のそれであったと思われる。

そして前述した叡空のニュアンスから、この推測は一層たしかなものになる。諸伝記とくに『法然上人私日記』以下、天台と源空を結びつけようとした伝記には、源空が『往生要集』を念仏の先達としたと伝えている。(91)諸伝記がいうように、源空の大谷移住が廃立と関係があり、廃立の場が、まだ黒谷の別所聖であった時とされるならば、(92)この伝えは極めて重要な意味がある。

諸伝記の説で源空は、保元元年（一一五六）二十四歳の時黒谷の叡空の許を出でて、まず清涼寺に参籠、または近くに結庵し、求法を祈ったと伝える。この伝えには、疑問の点も少なくないけれども、源空のこの行動は、遊歴という聖の行業の先例を追ったものと見ることができるし、また湛空や二尊院についての諸伝との符合は、[93]かなりの真実性をあたえてくれる

この場合、源空の遊歴の最初が清涼寺であったことは、注目すべき点となる。すなわち当時の清涼寺には、二十五三昧の助念仏が行われていたと指摘すれば、[94]源空の行動の範疇が決まってくる。少なくとも源空が最初に眼を開いた念仏は、『選択本願念仏集』に、「任本朝恵信先徳之勧、」と記されたように、『往生要集』の背景となった二十五三昧の念仏であったと断定してもよいと思う。[補註3]そしてこのことは、後述する事実によって、決して軽い意味でいわれるべきではないのである。『野守鏡』に、「然るに此頃の専修の二十五三昧は、観経をよみて法花経をよまざるあり、本願の意楽にしたがい、真実の利益を失なふ。」と、源空門下の浄土宗を批判している。もっとも本書の年代は、当面の時期に相当しない。

しかしいわゆる専修念仏が二十五三昧の念仏を汲み、そこから発展したと理解しているのに注目される。ここで源空の廃立という体験を、如何に歴史的に位置づけるかという問題の解明が必要である。この点は後考にゆずるが、この『野守鏡』の批判は廻心を経たのちの源空の教学に対しては全き意味で妥当な評価ではない。しかし廃立の前提としての、二十五三昧の助念仏の一面を、明確にとらえている。

源空は口称念仏を説いたけれども、観相は決ずしも否定しなかった。また念仏の数遍を重ねることを重じた故に、冥想的要素があったのも、[95]こうした助念仏の残渣を棄て切らないからである。いわんや源空の思想の中核は、捨閉閣抛にあり、『野守鏡』が、法華経読誦の面を切りすてたと非難したのは、その面を衝いて真にせまっている。その故に源空におけるこのような残渣は、残渣としてとらえるべきではなく、少なくとも『玉葉』に記された時期の源空には、その思想の一部として生きていたと考えるのが妥当である。そこでこうした面についてせまく黒谷別

所の歴史に則して考え、その要を記しておきたい。

親鸞は文暦の頃、京都にかえった後でも、ある時期までは源空の教から強く影響されていたので、(96)『西方指南抄』はそのような立場から編まれたようである。従って親鸞を通じて眺めることは、ややたしかな源空の映像に接する道なのである。その一つ、『浄土高僧和讃』の源空聖人という讃歎の中にあらわれる源空のすぐれた智行が問題となる。源空が勢至の化現であるという伝えは、『愚管抄』をはじめ、のちの伝記等にたびたび見えるが、恵信尼の消息にも、同尼が常陸に住んでいた頃の夢として回想され、かなり早くから語り継がれたようである。(97)

最も古い伝記の『法然上人私日記』には、蔵俊が「汝方非直人、権者化現也、智慧深遠、形相炳焉也、」と語った旨を伝えるが、源空の智行については、源空を難じた明恵も『摧邪輪』に、「上人雖有深智、不善文章、仍無自製之書記、」といったほどで、(98)智恵第一の法然房が窺われる。(補註4)そしてこの智行の源泉は、日蓮が天台沙門としての立場から『立正安国論』で、「就中法然其ノ流ヲ酌ムト雖、其ノ源ヲ知ラズ、」と非難したように、いうまでもなく天台の智行にあった。長楽寺派の隆寛は多念義を唱えたが、その著は親鸞が東国の同行に書き与えるほど、源空の意に合い、親鸞の意にも近づいたものがあったようである。(99)この隆寛について『明義進行集』に、(100)信空の弟子信瑞が、

イマ案スルニ、律師法然上人ノ為ニハ、天台宗ニハ同法ナリ、トモニ皇円ニ伝受スルユヘニ、浄土宗ニハ弟子ナリ、後ニ附法スルユヘニ、聖道浄土一轍ナルコトハ、マコト累劫ノ宿善ナリ、コトハヲヲシヘ、訓ヲウケタラム門弟等、乃至将来コノナカレヲクマムモノ、カノミナモトヲタツネテ随著スベシ、

と、源空の教学が天台宗と一轍であるとしている。もっとも白川門徒系の教学には天台の色が濃い故、この叙述には同門徒の教学と立場が反映している。しかるに東寺三密蔵にある『天台法華宗学生式問答』の奥書には、

元久三年三月十三日、於長楽寺草庵、以法然上人本書写了、有僻字、以証本可比交、隆寛後日以証空上人本勘定了、

とある。元久三年（一二〇六）の春には興福寺の訴状が出され、またその年の二月源空は行空を破門している。つまり承元の〝法難〟の前年に、隆寛は本書を源空の写本によって書写したわけである。本書は最澄が天台宗の学生の修行の仕方を記したものについての論議と思われる。かかる書を、源空やその主要な弟子である隆寛や証空が書写したのは、信瑞が隆寛の義を「聖道浄土一轍」と記したことに妥当性を与え、源空の廃立には、天台の智行が貫かれ、それ故に助念仏の残渣があることを物語ってくれる。そればかりではない。ここにあらわれた隆寛と証空は、この〝法難〟に訴えられながら、慈円の申し預かるところとなったため、難を免かれている。私はかつてこの結果が、隆寛や証空と天台との関係によることを指摘したが、(101) この奥書は、法難直前に於ける両者の行動を明らかにし、私の推定を一層たしかにしてくれる。

さらに『西方指南抄』に収められた源空の臨終行儀には、その言葉として、

聖人看病ノ弟子トモニツケテノタマハク、ワレハモト天竺ニアリテ、声聞僧ニマシハリテ、頭陀ヲ行セシミノ、コノ日本ニキタリテ、天台宗ニ入テ、マタコノ念仏ノ法然ニアヘリト、ノタマヒケリ、

と伝える。親鸞の『浄土高僧和讃』の一節は、この一段から受けている。親鸞は談義本の始めとも見られる聖覚の『唯信鈔』や隆寛の『一念多念事』などを書写し、註釈を加えたが、(102) その趣旨は信の強調にあったと思われる。このような親鸞が、源空の廃立の前段階を、もちろん天台宗に置き、その中で得た智行の上に廃立が行われたとしている。事実源空は、初め念仏の外に阿弥陀経の読誦を怠らなかったと自らいう。(103) このように見てくると、源空がまず皇円や叡空の弟子として、二十五三昧の助念仏を受け、それが先達となったことは、略々確かなものになる。源空

は『選択本願念仏集』の中で、観仏の対象となる図像を重じ、また新たに曇鸞・道綽・善導以来の浄土宗の血脈を立て、法華三部経に対して、浄土三部経を選んだのは、天台の智行が廃立後にも脈々と生きていたからである。唐沢富太郎氏は、「中世初期仏教思想史」の中で、良忍の融通念仏は、法華経を正依とし、浄土三部経を傍依としたことを指摘しているが、源空が叡空を通じて良忍の法に連なることを思い合わせると、唐沢氏の所論は、私の考えを妥当なものにしてくれる。しかも良忍は、前述した西塔院主の懐空という源信の弟子から止観を承けている。

けだし天台宗の円仁が将来した五台山竹林寺の五会念仏や資聖寺の鏡霜から伝えた念仏は、善導流の欣求浄土業で、口称を重じる不断念仏に在ったが、源信は二十五三昧起請の中で、「慈覚大師、伝清涼山之引声、残音韻、叡岳行法始起、四明流盛一天」と語っているように、二十五三昧は、正にこの善導流を受けたものである。従って源信・懐空・良忍・叡空とたどれば、凝然が『浄土法門源流章』で、

昔源信僧都作往生要集、伝之後世、自爾已来、歴世相伝、乃至黒谷叡空大徳、伝持此集、成弁浄業、源空随叡空、学此集得旨、彼要集中、引善導玄義等文、因此即尋善導所要、果獲観経疏・礼讃・法事讃等、般舟讃著彼世未獲、並研窮精詳、通達義理、乃以善導和尚、為所依宗師、

と記したのに思い当たる。[104] そして上述のような黒谷における二十五三昧と源空との関係は、正しくこの凝然の言葉でも裏書きされる。隆寛は源空の没後、念仏往生の義を直ちに説き得る弟子の一人とされ、親鸞が彼の著書を書写したことから考えても、ほぼたしかなことと思われるが、その著の『極楽浄土宗義』の奥書に、

隆寛昔住楞厳院、恭酌彼遺流、今雖入浄土一門、所仰専在恵心古風、師資義趣、定無違歟、而今忽拝此釈、且悦住縁、且溺感涙而已、

と記したのも、この間の消息を物語る。さらに信空が源空からは戒ばかりを相伝されたと非難された時、

上人ハ廿五、信空ハ十二才、五十余年ノ同宿トシテ、聖道所学ノ法文、ミナモテ伝受セリ、イハムヤ浄土宗ハ、書籍ハツカニ二十巻カウチナリ、法文ノアサキコト、テノウチノミツノコトシ、信空ヲ浄土ノ法門不知トイフハ、不知子細ノモノナリ、

と語っている。(105) 叡空は三種悉地を良忍と禅円から受けているが、信空に見る戒の面の強さは、叡空が雅定・顕時の戒師として現われたことに遡る。源空が兼実に接したのは、授戒の師としてであり、法文を説く唱導の師としてであったのも、(106) 共に黒谷の別所聖としての叡空に受ける所が多かったからである。すなわち直接に源空は黒谷の別所聖として、叡空的聖の智行とその外的な展開として、授戒と唱導とを受け、善意や智空の姿にも近づいてゆく。源空の諸伝説には、いわゆる諸人勧化のことが伝えられるが、こうした唱導にどれほどの新しい面があったか、検討されなければならない。しかし少なくとも唱導という布教の形態については、これまでの別所聖の姿を棄て切っていないのである。況んや源空が授戒の師として現われるに至っては、源空のいわゆる新仏教の布教のある部分が、天台の別所聖の形態に埋没してしまうのである。この点については源空が住んだ大谷などの地の性格を考察すれば、一層はっきりするであろう。この考証は後日に譲りたい。ただ一言にしていえば、大谷も賀茂の河原屋も、白川の二階房も、別所或いは里坊に準ずる。こうした意味でも、廃立後の源空には、黒谷の別所聖の姿を残しているのである。

七

本稿は、黒谷別所の歴史を探ることによって、源空の廃立の前提を考えたわけであるが、源空は、㈠梶井系の僧として黒谷別所に入り、㈡そこで二十五三昧という助念仏に接して、それを廃立の先達とした。㈢しかし黒谷別所

などで得た天台の智行は、廃立を貫き、別所聖としての姿を留めていることについてやや卑見を述べた。

源空は唱導・授戒の聖として兼実の帰依を受けたが、青蓮院門跡である慈円は、両者の関係を率直に認め、非難はしていない。しかしその著『愚管抄』の中で、このような承認とともに、源空の臨終を冷然と来迎の奇瑞もあらわれなかったと記している。慈円は天台教学復興を志す立場から、源空の教義を許し難かったためでもあろうが、㈠の故に相対立する立場にあったからでもあろう。ここに廟堂の公家としての兄兼実と座主・門跡としての弟慈円の相違を考える必要がある。そして兼実が、慈円の理想実現に協力したことを、こうした観点で考えると、より政治的な理由によったのではなかったと思う。次に源空が㈡、㈢の前提に立ちながら、いかにこの前提から離脱していったか、またこの前提が、㈢で感知されたように、廃立の中でどのように生きていたかという問題を解かなければならない。先ずそれは『西方指南抄』などにも伝えられ、二十五三昧の延長にも考えられる三昧発得の体験と、源空がよりどころとした善導の教義の披閲という事実を明らかにし、宗教的な行の契機を窺うことに求められると思う。

つまり『野守鏡』が指摘したように、源空は法華経を捨て、口称を専修することによって、本願の彼方に久遠を見出したことが、この前提といかに関連するかということである。そして廃立後の源空の立場から、もう一度この前提を意義づけなければなるまい。そこでは、明らかに中古天台との間に、捨閉閣抛という発展の連なりを指摘できるであろう。

なお一言いえば、源空が廃立した場が、たとえ黒谷でなかったとしても、その住房などを考えると、天台の智行と専修念仏とは、源空において同一教学の範疇の中にあったと考えられる。そのもっとも端的な例は、大谷の住房であり、信空の門流に書写して伝えられる「七箇条起請文」であるといっておこう。そしてこうした観点に立ってこそ源空の教義を探らなければならないし、弟子の分流も理解されると思うのである。

このように源空の立宗が、中古天台の流の先端にとらえられ、また別所聖としての源空の姿をとらえるならば、源空の捨閉閣抛は、正に浄土宗の新仏教である所以といえる。そしてさらにその布教に際して源空は、唱導聖の段階を越えていることを指摘したい。それは今日伝えられる確実性のある史料についていえば、消息による教化で、とくに廃立の後のことである。源空はおそらく一方で授戒や聖導を続けると共に、この面で単なる唱導の別所聖を離脱していった。それは教会をもたぬ新仏教にふさわしい源空の新生面であり、親鸞が東国門徒に与えた消息の先駆であったといえる。しかもその消息の対象に、津戸三郎、熊谷直実、太胡太郎、平重衡といった源平の武士が多いのは、㈠の立場と無関係ではないと思うのである。

註

（1）『今昔物語』『天台座主記』。

（2）『扶桑略記』二七『日本紀略』一条院『華頂要略』一二一『天台座主記』『卅五文集』『本朝世紀』正暦四年。

（3）『大雲寺縁起』。

（4）永祚元年九月十九日『僧綱補任』『日本紀略』一条院『扶桑略記』二七『百練抄』四『寺門高僧記』一〇『華頂要略』一二一『天台座主記』『山門三井確執記』。

（5）拙稿「西山派の成立」（「歴史地理」八三ノ一・二所収）。

（6）『京都府寺誌稿』。

（7）戸松憲千代氏「僧禅瑜とその浄土教」（「大谷学報」二一ノ一・二二ノ一）参照。

（8）『明匠記』。

(9)『山城名勝志』二などから大略の位置を推定。
(10)硲慈弘氏『日本仏教の展開とその基調』下巻　井上光貞氏『日本浄土教成立史の研究』。
(11)拙稿「天王寺の念仏」(『日本歴史』九四・九五所収)。
(12)硲氏前掲書。
(13)『後拾遺往生伝』中。
(14)『叡岳要記』『山門堂舎記』。
(15)『僧綱補任』高野辰之氏『日本歌謡集成』四。
(16)『続本朝往生伝』。
(17)『拾遺往生伝』上。
(18)『三外往生伝』。
(19)今津洪嶽氏『源信伝解題』等参照。
(20)『中右記』承徳二年八月二七日の条。
(21)『三外往生記』『融通念仏縁起』『法談聞書』。
(22)『玉葉』文治六年三月六日の条、『沙石集』四。
(23)『尊卑分脉』『明義進行集』聖覚の条。
(24)『明義進行集』『山城名勝志』二。
(25)『明義進行集』『山城名勝志』二。
(26)『発心集』二　安居院の聖が、尼を随行した弥勒の行者の善智識になった話。
(27)『本朝新修往生伝』沙門失名の伝、寛勝の伝として差支えあるまい。

(28) 和田英松氏『栄花物語評釈』。
(29) 明賢―『中右記』承徳二年八月二七日の条　寛勝―『本朝世紀』久安五年七月二日の条、治部卿師俊の子、『今鏡』七、ほりかはのながれ　覚厳―『法談聞書』顕真―『尊卑分脈』、葉室顕能の子　註(22)参照、澄憲―『尊卑分脈』、藤原通憲の子、『玉葉』承安三年五月二三日の条　聖覚―『尊卑分脈』、澄憲の子、『明義進行集』井上光貞氏　前掲書参照。
(30) 『伊呂波字類抄』香集堂の条。
(31) 註(27)参照。
(32) 『沙石集』四。
(33) 註(3)参照。
(34) 『融通念仏縁起』。
(35) 『後拾遺往生伝』。
(36) 『元亨釈書』音芸志『尊卑分脈』。
(37) 片寄正義氏『今昔物語の研究』上巻　第一篇第七章　唱導家としての澄憲。
(38) 松本彦次郎氏「鎌倉時代に於ける宗教改革の諸問題」(『日本文化史論』所収)『元亨釈書』音芸志。
(39) 『玉葉』建久二年閏一二月三日の条。
(40) 註(38)参照。
(41) 『沙石集』四。
(42) 高野辰之氏『日本歌謡集成』二。
(43) 註(21)参照。
(44) 『教化之文章色々』『為房卿記』承暦三年六月九日の条、山僧が懐空等の房舎を襲う事件が起った。

(45) 註（22）参照　梶井門跡系の僧として当時不遇のなかで隠遁した。
(46)(47)『台密血脈譜』乾。
(48) 藤田寛雅氏「雲居寺瞻西伝拾遺」（「仏教史研究」一）　井上光貞氏前掲書。
(49)『梁塵祕抄』。
(50)『後拾遺往生伝』。
(51)『大日本仏教全書』による。
(52) 明記された最下限は保延三年である。
(53) 正元元年古写本奥書には、源信の弟子慶範と貴族との交流が見られる。
(54)(55)『台記』五月二八日の条。
(56)『兵範記』五月二八日の条。
(57)『台記』五月二六日の条。
(58)(59)(60)『天台座主記』。
(61)『天台座主記』『尊卑分脈』。
(62) 井上光貞氏　前掲書参照。
(63) 関係の概略を列挙すれば（＊梶井派）
＊仁豪―院　寛慶―藤原氏　＊仁実―院　＊忠尋―院（衆望あり）行玄―藤原氏、のち院　＊最雲―院（衆望あり）＊明雲―平氏（以後平氏政権の時代）覚快―院、藤原氏　全玄―院（この間平氏滅亡す）＊顕真（九条兼実より指弾さる）慈円―九条氏　＊承仁　―久我氏。
(64)『玉葉』に記された兼実と慈円との関係　『三長記』建久七年一一月一九日の条等に見える兼実の失脚と座主房領の伝領

の事情など。
(65)『円光大師行状画図翼賛』五七。
(66)『尊卑分脈』忠通尹通の女を養子とし、入内せしめて勢力を伸張しようとした一件など、忠通と尹通は親近している。
(67)『明義進行集』信空の伝。
(68)(69) 井上光貞氏　前掲書参照。
(70)『保元物語』為義降参事。
(71)(72) 家永三郎氏編『日本仏教思想の展開』所収　拙稿「法然」　田村圓澄氏『法然上人伝の研究』参照。
(73)『尊卑分脈』母方の祖父も肥後守。
(74)『尊卑分脈』『隆寛上人伝』『法水分流記』。
(75) 註(71)参照。
(76)『天台座主記』『台密血脈譜』坤。
(77) 井上光貞氏　前掲書参照。
(78)『台密血脈譜』坤。
(79)『尊卑分脈』『法水分流記』。
(80)『山城名勝志』二。
(81) 註(71)註(74)参照『古今著聞集』。
(82)『後拾遺往生伝』中『三外往生伝』。
(83)『後拾遺往生伝』中　良忍の伝『三外往生伝』覚厳の伝『法談聞書』『古事談』。
(84)『三外往生伝』。

(85)『法水分流記』『明義進行集』信空の伝『浄土源流章』『二尊院住持次第』。

(86)『法然上人行状絵詞』四三『浄土伝燈録』。

(87)註(86)参照。

(88)『明月記』。

(89)(90)(91)(92)　田村圓澄氏　前掲書参照。

(93)(94)　嵯峨門徒の成立については後日発表する予定である。

(95)松本彦次郎氏　前掲書。

(96)親鸞を通した源空像については、後に詳説するつもりである。

(97)『恵信尼文書』弘長三年二月一〇日書状。『茨城県史研究』五一号所収　拙稿「常陸の親鸞」。

(98)同書の序。

(99)『親鸞聖人血脉文集』第二通消息など。

(100)隆寛の条。

(101)拙稿「西山派の成立」参照。

(102)専修寺所蔵『唯信鈔文意』等。

(103)『明義進行集』隆寛の伝。

(104)大日本国浄教弘通次第の項。

(105)『明義進行集』信空の伝。

(106)『玉葉』重松明久氏「浄土宗確立過程に於ける法然と兼実との関係」(『名古屋大学文学部研究論集』二所収)参照。

補註

（1）例えば『玉葉』治承五年閏二月二三日の条　藤原邦綱の善智識となっている。

（2）註（38）の松本彦次郎氏の著によると、九条兼実が、まず仏厳を呼んだのは、源空より外的資格が上であったからであろうとされている。

（3）『選択本願念仏集』より以前、文治の東大寺における浄土三部経講説のなかで源空は、「上捜善導・道綽御意、下依往生要集意」と述べている。

（4）元久二年の興福寺奏状のなかで、源空は智者である故に、誹謗の心はなくとも、門下はその実を知り難いものがあると記している。

源空と三昧発得

一

建久元年（一一九〇）の秋、法然房源空が清水寺で説戒の折、念仏勧進したのを契機に、寺家の大勧進印蔵は、寺内の阿弥陀堂である滝山寺で不断念仏を始めた。時に能信が開白し、源空は導師となって行道したという。(1) ところでこの所伝に見える印蔵は、高野山の御影堂に、毎年の正影供に用いる大仏飯器を施入した勧進聖の印蔵と考えられ、(2) その背後には多くの聖の存在を予想できる。事実のちに嘉禄の〃法難〃の時、搦め捕えられた専修念仏の輩のなかには清水寺辺に住む者があったのは、清水寺が聖たちの場になり、専修念仏の広まりと無関係ではなかったことを示している。(3) ところで清水寺説戒所伝は、『九巻伝』以後の伝記になると、奇瑞などが附加されて潤色されたが、古いと思われる形でも、源空が授戒の師であったこととともに、念仏三昧を修したことを暗示してくれる。そして前者は、九条兼実との関係などによって傍証されるから、(4) 後者の念仏三昧についても、なにかの根拠があったと考えられる。とすれば源空は、建久の初年ごろでも、授戒と念仏三昧という天台的な行業を行なっていたわけで、いわゆる安元の〃立宗〃ということについての評価を、考えなおさなければならないのである。

『源空聖人私日記』には、源空が東山の霊山寺で三七日の不断念仏を修したとき、第五夜に勢至菩薩が行道に加わったと伝え、『九巻伝』にもその趣旨を受けた霊山寺念仏事という一段がある。ところが住信の『私聚百因縁集』にも同じ趣旨の一節があり、その末尾には、「有子細、如別紙云々」と註しているから、住信は、なにかまとまった所伝にもとづいて、この一節を記したと考えられる。しかも住信は、この不断念仏を、建久七年（一一九六）正月十五日から始めたとし、その時衆として室蓮〔宝カ〕房以下十二人の名を上げている。これらの記事は、『私日記』や『九巻伝』には見えないからそれ以外の所伝にもとづいたと考えられるが、鎮西義の作と思われる『大原談義聞書鈔』に、時日（建久三年と見える）と時衆の名が記されているのは、所伝の出所と展開とを窺う手がかりになる。

それは後考に待たなければならないが、『私日記』や『百因縁集』に見える霊山寺の不断念仏についての所伝は、源空が念仏三昧を修めたことをもとにして、勢至菩薩の化現であることを物語っている。しかるに住信が常陸で『百因縁集』を編したより以前に、同じ常陸に住んだ親鸞の身辺でも、源空を勢至菩薩の化現と信じているから、[5]この化現説は、門下の間でかなり早くからひろまっていたようで、それと結びついた霊山寺の不断念仏の所伝にも、なにか根拠があったと推定される。そういえば、化現のことは、『私日記』に、この霊山寺の不断念仏と九条兼実邸で頭光を現わしたことを記す段に見えるのが早い例であるが、後者で頭光を現わしたことに潤色があっても、源空が兼実邸を訪れたのは事実であり、[6]間接的には霊山寺の不断念仏が、全くの造事ではない傍証になる。

東山の霊山寺は、最澄の創建と伝えるが、[7]寛弘元年（一〇〇四）に催された供養会までの沿革は明らかでない。[8]しかし平安時代には貴族たちの信仰を集めた天台宗の寺で、[9]延暦寺の別院であったらしい。またのちに京洛七十四か所の一つといわれたように、眺望にもすぐれたこの寺が、貴族たちの遊楽の場となったのは、[10]その草創の由来と本尊釈迦如来の霊験に対する信仰の故であった。源空がこの霊山寺で不断念仏を修したのには、どのような契機があったか明らかでないが、本尊の霊験によって人々の信仰を集めた寺であったことに、さきの清水寺と共通のものがある。たとえこの二つの所伝が造事であったとしても、源空がそのような場に出て、説戒し、修法したというのは、唱導聖としての源空の姿を反映したもので、そのような場が、源空と在家、源空と庶民とが接触する媒介の一つであったといえる。

ところで『百因縁集』に記された時衆十二人の名から判断すると、その四人は、『七箇条制誡』に署名し[11]、また真観房と阿性房（阿勝房とも見える）は、源空とその三論宗の師寛雅との交わりに関係があったと伝え[12]、とくに蔵人入道と称された真観房は、『選択本願念仏集』の執筆に関係したという[13]。また念仏房は、嵯峨往生院の僧で、大原問答にも列なったとされ[14]、住蓮房は承元の〝法難〟の契機となった僧で、六時礼讃をひろめ[15]、清浄房は、『歿後起請文』に見える成乗房西尊かとも思われる。これだけで時衆全体の性格は推定できないが、源空に身近かな弟子がふくまれ、また旧仏教と公家社会とに多分の関係があり、しかも念仏房が住んだ往生院には、念仏三昧が行なわれている[16]。そこで霊山寺の沿革と時衆の性格とを媒介しながら、唱導聖としての源空を思いあわせるとき、公家的な、天台的なものとの連なりが感ぜられ、天台的な念仏をかなりのちまでも棄てなかった源空の姿が再び浮び上ってくる。

二

源空は、『選択本願念仏集』の中で、『浄土三部経』の意は、「選択念仏、以為旨帰、」ことにあると断じ、『双観経』や『観経』を引用したのち、

加之、般舟三昧経中又有一選択、所謂選択我名也、弥陀自説言、欲来生我国者、常念我名莫令休息、故云選択我名也、本願摂取我名化讃、此之四者、是弥陀選択也、讃歎留教付属、此之三者、是釈迦選択也、証誠者、六

方恒沙諸仏之選択也、然則釈迦弥陀及十方各恒沙等、諸仏同心選択念仏一行、余行不爾、故知、三経共選念仏、以為宗致耳、

と記し、また六方の諸仏も阿弥陀如来も観音菩薩も念仏の行者を護念するとの証拠に、『往生礼讃』『観念法門』及び『観経』を引用したのち、『般舟三昧経』の

仏言、若人専行此念弥陀仏三昧者、常得一切諸天及四天大王竜神八部随遂影護愛楽相見、永無諸悪鬼神災鄣厄難横加悩乱、(中略) 除入三昧道場、日別念弥陀仏一万、畢命相続者、即蒙弥陀加念、得除罪障、又蒙仏与聖衆常来護、既蒙護念即得延年転寿

という二節をあげている。そしてさらに雑善に対比して念仏を讃歎する所以には、『観無量寿経疏』の

従若念仏者、下至生諸仏家已来、正顕念仏三昧功能超絶、実非雑善得為比類、(下略)

の文を引用し、その意を展開して、

往生教中、念仏三昧是如総持、亦如醍醐、若非念仏三昧、醍醐之薬者、五逆深重病甚為難治、

といい、また

念仏三昧重罪尚滅、何況軽罪哉、余行不然、或有滅軽而不滅重、或有消一而不消二、念仏不然、軽重兼滅、一切遍治、譬如阿伽陀薬遍一切病、故以念仏為王三昧、

と述べている。すなわち弥陀は、常念を説き、日に一万遍の念仏を相続すれば、来迎にあずかるという経文の意と善導の疏とによって、念仏三昧は五逆の重罪さえ消滅する往生の正定業であると説いている。しかも「念仏三昧重罪尚滅、何況軽罪哉」の反語は、すでに東大寺説法の中にも見え(17)、源空は、かなり早くから念仏三昧という念仏の相続が往生業であると説いたようである。

ところが源空は、のちに在家の間に住んだ弟子の禅勝房に対して、

凡夫習、雖配二万三万数遍、不可有如法義、雖不如数遍多、所詮為令心相続也、但必定数非為要、只常念也、不定数遍者、解怠因縁者、勧数遍也、

と説いている。[18] 数遍を定めて念仏するのは、数量を重ずるためではない。たとえば源空自身でさえどうすることもできなかった散乱心を除くためには、「タタ心ヲヒトツニシテ、モハラ弥陀ノ名号ヲ称スルヲ念仏ト申ナリ、」と心得えたように、[19] 念仏の相続とそれへの集中は、但念仏への道であり、数遍を定めるのは、そのための手段であった。門下の中で多念を強調した長楽寺義の祖隆寛も、「浄土宗ニ論スル所ハ、一心不乱ノ義ナリ、」と語っている。[20] つまり源空の真意は、信を一念に取り、行は多念を励むことにあったと思われ、念仏の相続は、広い意味で但念仏それ自体であったともいえる。そこで源空は、熊谷直実に但念仏を奨めた消息の中でも、

たゝ念仏ヲ三万、もしは五万、もしは六万、一心にまうさせおハしまし候はむそ、決定往生のおこなひにて候、こと善根ハ、念仏のいとまあらはのことに候、六万へんをたゞ一心に申せたまはゝ、そのほかにはなにことおかはせさせおはしますへき、まめやかに一心ニ三万・五万、念仏をつとめさせたまはり、せう〳〵戒行やふれさせおはしまし候とも、往生ハそれにより候ましきことに候、

と示して、戒を破り、善根を行なわない者でさえ、一心に多念するときは、決定往生できると明らかにした。[21] もとより源空は、熊谷直実に対機の説法を行なったのであろうから、以上をもって源空の教えの全てと解することはできないが、ここに源空の説く、但念仏の要があったといえる。

ところで源空は、大胡実秀に宛てた消息に、

タタヒトスチニ、善導ノ御ススメニシタカヒテ、イマスコシモ一定往生スル念仏ノカスヲ申アハムトオホシメ

スヘク候、

と説いたように、[22]多念つまり念仏の相続は「偏依善導」るものであった。平基親も、一念多念の分別を問うた中に、

シタカヒテ善導ノ疏ニイハク、上尽百年下至一日七日、一心専念弥陀名号、定得往生必無疑ト候メルハ、百年念仏スヘシトコソハ候ヘ、マタ聖人ノ御房七万返ヲトナエシメマシマス、基親弟子ノ一分タリ、ヨテカスオホクトナエムト存シ候ナリ、

と記し、基親に答えた源空の返書には、

シカルニ近来、一念ノホカノ数返無益ナリト申義イデキタリ候ヨシ、ホホツタヘウケタマハリ候、勿論不足言ノ事カ、

と述べて、

一念モウタカフココロアルヘカラストイフコトワリハ、善導和尚ノヨクヨクコマカニオホセラレオキタルコト、

であるとともに、[23]念仏の数遍を重ねることの大事を教えている。だからこの教えは、源空が、

要集意、以助念仏為決定往生業歟、但善導和尚意不爾、(中略)然則用恵心之輩、必可帰善導・道綽也、

と決して、源信の助念仏から脱し、「偏依善導」って、「以但念仏為正」した時[24]から熟してきたものと考えられ、また源空は、在家に対して常念の手段としての多念を説いた傾向がある。

念仏ヲ申サセタマハムニハ、ココロヲツネニカケテ、口ニワスレストナフルカ、メテタキコトニテハ候ナリ、(中略)タトヒミモキタナク、口モキタナクトモ、ココロヲキヨクシテ、ワスレス申サセタマハム事、返々神妙ニ候、ヒマナクサヤウニ申サセタマハムコソ、返々アリカタクメテタク候ヘ、イカナラムトコロ、イカナラ

ム時ナリトモ、ワスレス申サセタマハハ、往生ノ業ニハカナラスナリ候ハムスル也

と津戸三郎に常念の心得を説いたのも、その一例である。(25)

それは専修念仏が広まるにつれて、一念か多念かの論がはげしくなり、「何況軽罪哉」の反語などに示された源空の真意を曲解する輩があらわれたからでもあったが、不断念仏などのように、僧を定め、道場を構える念仏三昧は、在家の時機に相当しないからともいえる。同じ在家の要請によって編したとされる所依の法文の文類であった『選択本願念仏集』には、消息に見られるような形で常念を説かず、むしろ念仏三昧について述べたのは、このことを裏書している。こうして平安時代善根として行なわれ、数遍を重ねる数量念仏、すなわち多念は、もはや天台の助念仏ではなく、但念仏の教義の体系の中で常念の仕方として新しい意義をもつことになったわけである。

一方正如房への消息の中で源空は、

サウナクウケタマハリ候ママニ、マイリ候テ、ミマイラセタク候トモ、オモヒキリテ、シハシイテアリキ候ハテ、念仏申候ハヤト、オモヒハシメタル事ノ候ヲ、ヤウニコソヨル事ニテ候ヘ、コレオハ退シテモ、マイルヘキニテ候ニ、マタオモヒ候ヘハ、セムシテハコノヨノ見参ハトテモカクテモ候ナム、カハネヲシヨスルマト上ニモナリ候ヌヘシ、タレトテモトマリハツヘキミテモ候ハス、ワレモ人モタタオクレサキタツカハリメハカリニテコソ候ヘ、ソノタエマヲオモヒ候モ、マタイツマテカトサタメナキウエニ、タトヒヒサシト申トモ、ユメマホロシイクホトカハ候ヘキナレハ、

と思い返して、正如房を訪ねるのをやめたと記している。(26)この消息の年代は明らかでないが、正如房が専修念仏に帰してから「ヒサシクナラセオハシマシテ候」というから、源空が但念仏を唱導し始めてから、あまり時を経たものではあるまい。そのころ源空は、「オモヒハシメ」て、別時念仏を修したと解されるが、親鸞が横曽根の性信に

宛てた消息にも

聖人ノ廿五日ノ御念仏モ、詮スルコトハ、カヤウノ邪見ノモノヲタスケン料ニコソマフシアハセタマヘトマウスコトニテサフラヘハ、

と述べている。(27) だから源空は、かなりのちまでも、但念仏の一つとして、別時念仏を修したらしく、良忠も、

此等人(証空・隆寛等)不知上人(法然)義、尤道理也、上人念仏成七万返之儀、被停法門談義、然此等人々、或其時幼少也、或後門人也、

と記している。(28) もっともこの文は、西山義や長楽寺義に対する鎮西義の正統意識を除いては考えられないし、事実を歪曲しているけれども、源空は、別時念仏のために談義をやめ、尋常別行である念仏三昧を修した証拠になる。

三

源空は『選択本願念仏集』の中で、

云望仏本願意、在衆生一向専称弥陀仏名、定散諸行非本願故、不付属之、亦於其中、観仏三昧雖殊勝行、非仏本願、故不付属、念仏三昧是仏本願、故以付属、言望仏本願者、指雙巻経四十八願中第十八願也、言一向専修者、指同経三輩之中一向専念也、

と述べ、念仏三昧は、第十八願に示された阿弥陀如来の本願で、釈迦も付属した正定業であると記しているが、それは、善導の『観経疏』に、

上来雖説定散両門之益、望仏本願、意在衆生一向専称弥陀仏名、

とあるのによっている。だから源空は、観経と善導の疏とにもとづいて、観仏を拒けたとしなければならないが、同じ『選択本願念仏集』に、

此等諸師雖宗浄土、未発三昧、善導和尚是三昧発得之人也、於道既有其証、故且用之、

と記し、道綽は、善導の師であっても、「未発三昧、故自不知往生得否、」ため、また懐感は、善導の弟子であるから、「故依師、不依弟子也、況師資之釈其相違甚多、故不用之、」という。つまり源空は、善導が三昧発得し、已証を得た僧であるが故に、「三昧正受之語、無疑于往生」き『観経疏』の趣旨に従うべきであると示している。いい換えれば、源空が無観の称名を正定業とするのは、善導の三昧発得が前提なのである。

もとより源空は、善導の三昧発得の事実を『観経疏』や唐の『高僧伝』以下に記された善導の伝記などによって知ったであろうが、とくに『新修往生伝』に、善導が導綽に示した蓮華がしぼまなかったことと、往生の瑞相があらわれたと記してあるのによって、「爰知、善導和尚者、行発三昧力導師位、解行難凡倫、是暁矣、」と述べ、善導自からが『観経疏』に記した三昧発得の体験とともに、『選択本願念仏集』にその証拠として収めている。ところがこの両書に見える善導の三昧発得の内容は、「至心要期一日、日別誦阿弥陀経十遍、念阿弥陀仏三万遍、」という読誦と多念の結果、「初夜後夜観想彼仏国土荘厳等相」するという観仏に外ならない。つまり善導は、三昧発得という観仏によって、口称念仏を正定業と体得したわけで、それは念仏三昧という行業の結果なのである。

ところで源空は、『選択本願念仏集』に、善導を弥陀の化身と明確に記している。この化身善導説は、『法然上人御説法事』に、少康が、

ツイニ又、長安ノ善導和尚ノ影堂ニ指シテ、善導ノ真像ヲ見レハ、化シテ仏身トナリテ、少康ニノタマハク、汝ワカ教ニヨテ、衆生ヲ利益シ、同浄土ニ生スヘシト、

聞いたと見えるように、一つには少康の伝記にもとづいたであろうが、『選択本願念仏集』では、善導が三昧発得したことを証明するために引用した『観経疏』の「自此已後、毎夜夢中常有一僧而来、指授玄義科文、」という一

節から展開して、

就中、毎夜夢中有僧、指授玄義、僧者恐是弥陀応現、爾者可謂、此疏者是弥陀伝説、

といい、「何況大唐相伝云、善導弥陀化身也、爾者可謂、又此文是弥陀直説也、」と述べている。つまり『選択本願念仏集』においては、三昧発得と弥陀化身は、単に善導の伝記であっただけでなく、両者は全く不可分のことと考えられている。

ところが東大寺講説の時に源空は、(29)「故善導以念仏三昧、相対一切解脱法門、釈求離生死遅速勝劣云、」といい、

然則無有相承血脉法、非面授口決儀、唯浅探仏意、疏窺聖訓、任三昧発得之輩、宜一分往生之義、愚見誠不敏、深理何可当之哉、何況雖有章疏、魚魯易迷、雖有疏釈、文字難見、不遇善導者、決智難生、不訪唐方者、遺訓難了、然則応三経講讃之仁、開三日講讃之会事、譬如魚鱗登層雲之上、何有通尽力、譬似飛禽潜入深泥之底、何有自能、可恐々々、可恥々々、

と述べ、(補註1)その趣旨は善導を三昧発得の人というに等しいが、「三経大旨、念仏少分、依善導和尚御意、取要抽詮、如形奉解釈了、」った東大寺講説の中には、化身善導説は全く見えないのである。

つまり文治六年（一一九〇）の時期に源空は、善導を三昧発得の人としても、弥陀の化身とは考えていなかったわけで、化身善導は、そののち『選択本願念仏集』を著わした建久九年（一一九八）までの間に熟したものとしなければならない。その間には源空の宗教体験の展開があり、その展開の結末が、『選択本願念仏集』の文に外ならないのである。(30)

四

とすれば、こうした源空の展開は、何によったものであろうか。

源空が三昧を発得したという伝えは、『源空聖人私日記』に記されたのをはじめ、醍醐本『法然上人伝記』や『西方指南抄』には、『三昧発得記』が収められ、『古今著聞集』にも、その旨を記しているから、建長のころには、かなりひろまったものといえる。ところで『私日記』の記事では、安元元年（一一七五）源空が浄土門に入ったのち、三昧を発得したと受けとれ、『三昧発得記』は、建久九年正月、つまり『選択本願念仏集』を著わしているころのこととしている。一つは「入浄土門」にかけ、他が『選択本願念仏集』の撰述と前後するのは、これら源空の伝記の編者、すなわち親鸞をはじめとする門下が、師の滅後二十五年以内の時期に、三昧発得を、立宗後における源空の重要な宗教体験と考えていたことを物語る。

『西方指南抄』所収の『建久九年正月一日記』は、和文体で、醍醐本『法然上人伝記』所収の『三昧発得記』よりはあとにつくられ、漢文体のものの翻字と思われるから、源空の三昧発得を伝えるものとしては、醍醐本のそれが、もっとも早いといえる。ところが醍醐本の『三昧発得記』の首尾には、⑴源空が在生中自筆で記し、⑵勢観房源智がこれを秘蔵し、⑶明遍が一見して随喜し、⑷源智の歿後に某々が書写したと記されている。『建久九年正月一日記』には、⑵以下の記事が欠けているが、「聖人ノミツカラノ御記文ナリ、」と見え、門下の間では、源空が自から三昧発得のことを記したと信じていたようである。また醍醐本『法然上人伝記』は、全篇が源智の見聞によったとはいえないが、紫野門徒の所伝と深い関係があったと思われ、源智が秘蔵したという『三昧発得記』にも、そのような背景を考えると、源智が門下の間でかなり高く評価されていた事実と相俟って、源空の宗教体験について、強い手がかりを与えている。

ところで『三昧発得記』の中には、楊梅の法橋教慶と高畠少将という二人の人物があらわれる。この両人とも、その人を明らかにし難いが、前者は、公家出身の僧と思われ、後者は、『歿後起請文』に、源空が弟子の感西に付属した「高畠地一所、但、売買之時、半直与之、」と関連のある人かもしれない。また『三昧発得記』に、三昧のときあらわれた勢至の面貌を、「西持仏堂勢至菩薩形」と記しているが、『歿後起請文』に、「持仏堂、本在吉水、西坊尼御前自西尊成乗坊之手乞之、所壊渡也、」と見えるのに当たるかもしれない。これらは単なる推定にすぎないけれども、『三昧発得記』の中には、公家が散見する傾向を否定できないばかりでなく、もしこれらの事実に、もっと確実な裏付けがあれば、大谷を中心とした源空の住房は、公家的なものによって支えられていたことになると思う。そしてこれらのことは、唱導聖としての源空と矛盾しないのである。

私は第一節において、源空が、公家的な天台的なものとの連なりをもった唱導聖としての面をもち、かなりのちまでも念仏三昧を行なっていたことを推定し、第二節においてこのことを確認するとともに、数量念仏という天台的な助念仏を、常念の仕方として専修念仏の体系の中にとり込んでいることを述べ、第三節では、文治の東大寺講説から、建久の『選択本願念仏集』の撰述までの間に、宗教体験の上で展開があったと考えた。そしてこの節にとり上げた源空の三昧発得という伝えが、門下の間に、かなり早くから信じられ、また第一・二・三節で考えたことと矛盾しないのは、その伝えの全てが正しいとはいえないにしても、源空が念仏三昧を修し、三昧を発得したという宗教体験は否定できないと思うのである。例えば『大原談義聞書鈔』に良忠が、

此等師(慧遠・元照)意、以浄土教法、念仏三昧為大乗至極速疾解脱之最要聞矣、

と記したのは、そうした源空の教義の反映であるが、源空は大胡実秀の妻に、

善導和尚ハ、弥陀ノ化身ナリ、浄土ノ祖師オホシトイヘトモ、三昧発得ス、

と示し、夫の実秀には、化身にして現身に三昧を発得したと説くのは、偏依善導という立場を、自からの体験によ

って確信した言葉といえる。

『私日記』に源空は、「抑自曇鸞・道綽・善導・懐感御作、至于楞厳先徳往生要集、雖窺奥旨、」なお依るべきところに迷っていたが、善導によって口称念仏こそ乱想の凡夫の依怙すべきものと開悟し、これを弘通しようと案じている時、一日暫く伏寝した夢中に、下半身は金色で、上半身を黒衣につつんだ生身の善導を拝したと記している。この伝えは、『法然上人御伝記』(31)や『法然上人行状絵詞』を始め、ほとんどすべての伝記にのせられ、また『法然聖人御夢想記』(32)及び『夢感聖想記』として敷衍されているように、三昧発得とともに早くから門下に信じられていたようである。このような生身の善導についての夢想は、そのままに信じ難いが、『選択本願念仏集』には、

加之条録観経文疏之刻、頗感霊瑞、屢預聖化、

ったという体験を源空自身が記し、全く無根のことではない。

そこで三昧発得と生身善導の夢想の伝えとから、できるだけ潤色をとり除いて考えれば、源空の三昧発得は、この霊瑞によって法文や血脈の授受を越えて、善導の三昧発得に直結するわけで、これらの宗教体験をもとに、源空には化身善導という確信が生まれ、但念仏は己証の往生業となり、

善導和尚は、阿弥陀化身にておハしまし候へは、それこそたん念仏が、決定往生の業にては候、

といい切ることができたのである。(33)それは源空の教義の展開というよりも、深化であって、文治から建久までの時間は、法然にとって重要な時期であり、三昧発得は、その時日を決定できないけれども、善導の疏にふれたことと並ぶ重大な契機であったといえる。

五

以上のように考えてくると、文治以前の「偏依善導」は、全く〝文〟によるもので、善導を三昧発得の人としたのにも、源空自身の体験の裏付けがあったのでないことになる。従って「何況軽罪哉、」という言葉に示されたような源空の但念仏の教義は、源信の『往生要集』から導かれて触れた善導の『観経疏』の〝文〟にもとづいた観念的な展開といわなければならない。もっとも源空は、西塔や黒谷別所で、多くの止観業を修め、先人の行状や身辺の問題などを見聞しているから、厳密に思想の所産とだけはいえない。しかし智慧第一の法然房の思想の展開に大きな比重をおくべきであり、この〝文〟による教義が、やがて源空自身の体験によって裏付けられた時、但念仏は完成に近づいたと見るべきである。ここでいわゆる〝立宗〟の評価は変わってくる。東大寺講説では、浄土宗に血脈なしといったのに、『選択本願念仏集』には、善導以下の血脈を受けると記したのも、その傍証の一つである。

またこのような但念仏の教義において、念仏三昧は、極めて重要な意味があった。それは、まず天台の止観業として、また黒谷別所に伝わる源信の教義として、源空に受け入れられたが、三昧発得の人善導に依るかぎり、棄てらるべきではなかった。事実源空はのちまで念仏三昧を修したが、それは、もはや止観業としてではなく、源信流の助念仏としてでもなかった。念仏三昧は、但念仏の教義を立証するものであるとともに、常念の仕方としての数量念仏と同じように、但念仏の体系の中で、念仏の相続として、新しい意義をもったのである。ここに浄土宗と旧仏教との連続と断絶があるわけで、断絶だけをとり上げることによっては、浄土宗の、また源空の真姿を理解することはできないのである。

註

（1）『本朝祖師伝記絵詞』『法然上人伝記』。

(2)　五来重氏「高野山における俊乗坊重源」。
(3)　拙稿「天王寺の念仏」(『日本歴史』九四・九五所収)。
(4)　『玉葉』　拙稿「法然門下について」(『浄土学』二六所収)。
(5)　『恵信尼消息』。
(6)　『玉葉』。
(7)　『霊山記』『見聞随身抄』。
(8)　『日本紀略』『御堂関白記』『権記』。
(9)　『春記』『古事談』。
(10)　『本朝無題詩』『後拾遺和歌集』『山家集』等。
(11)　真観房感西、住蓮房、安蓮房、清浄房。
(12)　『一期物語』。
(13)　『法水分流記』。
(14)　『法水分流記』『大原問答見聞鈔』等。
(15)　『法水分流記』『愚管抄』等。
(16)　未定稿「嵯峨門徒の展開」
(17)　『観無量寿経釈』。
(18)　醍醐寺本『法然上人伝記』。
(19)　『西方指南抄』。
(20)　『明義進行集』。

(21)『清涼寺文書』。
(22)『西方指南抄』。
(23)『西方指南抄』所収「正如房宛消息」。
(24)『往生要集釈』『無量寿経釈』『選択本願念仏集』。
(25)『西方指南抄』所収「津戸三郎宛消息」。
(26)註(23)
(27)『親鸞聖人御消息集』。
(28)『決答授手印疑問鈔』。
(29)『阿弥陀経釈』。
(30)化身善導については、大橋俊雄氏の業績をもとにして考えた。
(31)『西方指南抄』所収。
(32)『拾遺語燈録』所収。
(33)「熊谷直実宛消息」。

補註

(1)この講説のなかで、「不遇善導者、決智難生、不訪唐方者、遺訓難了、」というのは、この時点で源空は、入宋する意志があったとも解されるが、あとで述べるような生身の善導との出会によって、善導に遇うこともふくめて解決されたということができる。

源空と浄土五祖像

一

『法然上人行状絵詞』巻三十の第五段の詞書に、

(1)建久二年のころ、東大寺大仏勧進職の重源は、法然房源空を招き、自分が宋から請来した観経曼荼羅と浄土五祖像を供養し、『浄土三部経』を講説させたところ、南都の大衆は随喜渇仰した。

(2)このとき源空は、天台の円頓戒についても講説したが、東大寺の宿老が、源空についての霊夢を見たと語っていたので、講説に不満な大衆も論難しなかった。

(3)源空は、「浄土五祖」を撰んで「血脉相承」をたてた。

(4)それよりさきに源空は、入宋する重源に、この浄土五祖を一鋪に画いたものを請来するように依頼したが、重源は、源空のいうとおりの画像を得て帰朝した。

(5)この浄土五祖像は、『法然上人行状絵詞』がつくられた当時、二尊院に所蔵されていた。

(6)重源は、入宋したとき、観経曼荼羅も請来した。

という趣旨を記している。

文治の大原問答については、後世かなり潤色され、参集した僧の名も、すでに正嘉のころ、まちまちに伝えられている。[1] しかし源空の伝記のうち、もっとも古いものの一つという『源空聖人私日記』には、東塔の僧、大原別所の僧、嵯峨往生院の僧、笠置の貞慶、重源など東大寺の僧を挙げ、とくに前の三者は、源空や顕真の法系と行状を反映して、編者の意図と叙述のなかに、史実を探る糸口を示しており、醍醐本『法然上人伝記』に、

此時、東大寺上人南无阿弥陀仏（重源）、未思定出離道、故告此由、即具弟子三十余人而来、具此衆参大原、源空之方、東大寺上人居流、座主御房（顕真）方、大原上人居流、述浄土法門、

べたと記したのは、大原問答の原型を暗に物語るようである。[2] ところで『法流血脈事』によると、重源は金剛院権大僧都源運に血脉を受けたが、源運の祖母は皇覚の姉妹で、[3] 源空は皇覚の孫弟子である。そしてこのような俗系を媒介にした源空と重源の結びつきは、応保二年（一一六二）重源が、久我雅定の遺骨を醍醐寺一乗院の本堂床下に葬るのに結縁し、治承以前に藤原重兼の墓上に建立した醍醐寺慈心院の塔（阿弥陀堂）の造営に結縁したことなどによって、いっそう強くなる。[4] それは源空の師皇円が藤原重兼の子、源空の門下の隆寛が同じく孫で、源空の師叡空が雅定の戒師を勤めたことでも裏付けられるからである。[5] しかも源空は、久我氏と叡空の師相関係から、醍醐寺で雅定の従弟寛雅に三論を学び、[6] 雅定の曽孫証空は、のち源空の門に入ったうえ、[7] 寛雅の甥公胤は、『浄土決疑抄』を著わして『選択本願念仏集』を破折したが、やがて源空に服したといい、[8] 寛雅の従弟景雅は、華厳の章疏について源空と問答したと伝え、[9] 源空の他宗兼学や門下の入門をたどると、源空と重源の間柄はもっと親しいものになる。

こうして重源が源空に会って専ら念仏を唱えたという伝えの根拠も指摘できるが、[10] この間における重源の行状は、勧進聖としての面をあらわしているのに、源空には別所聖の唱導する姿が見える。このことは大原問答へ源空が招かれ、重源が参じたことにたしかさを加え、また源空が大仏勧進職を辞退して重源を推挙したという伝えは疑

わしくとも、両聖の性格の違いを反映した所伝として活用する裏付けとなる。まして重源が、下醍醐の中院堂（阿弥陀堂）に藤原公基筆の額を懸けるのに結縁したことから、[11] 公基とは復従兄弟で、造東大寺長官に任じた藤原行隆と間接に結ばれ、その行隆の子信空が、外祖父葉室顕時の法師子として叡空に入室し、源空と同門の時期があったうえ、のちに源空の弟子となったことへ連関してゆけば、[12] 源空と重源との間には、勧進職推挙云々のことを除いても、東大寺復興にかかわって、なんらかの交渉を予想することができる。

はたして源空の阿弥陀経釈の末尾に近く、

三経（浄土三部経）大旨、念仏少分、依善導和尚御意、取要抽詮、如形奉解釈了、此間誑義謬言、定下可称計歟、付冥付顕、其恐又不少、冥則上背釈迦・弥陀等御意、中違天親・竜樹等聖言、下失曇鸞・道綽・懐感等諸往生浄土宗人師御意、不当正理、実以難遁、顕則或自宗他宗碩徳、当寺他寺英才、乃至見聞来集緇素、貴賤道俗男女、各乖御意、各不叫御聴事、又以無疑事也、（中略）雖然、法王聖人多年之厚儀、一旦難背、（中略）願法王与愚僧、世々結縁如観音与勢至、一会与諸人、生々共契如釈迦与弥陀、

と見え、「文治六年二月一日、於東大寺講之畢、所請源空上人、能請重賢（重源）上人」の奥書が示すように、[13] 文治六年源空は、重源の要請で東大寺に『浄土三部経』を講説している。しかも『玉葉』や『吾妻鏡』などによると、そのころ東大寺の復興は進行中で、源空が「半作の大仏殿の軒下で」講説したのは事実であろう。いわばこの『浄土三部経』の講説は、源空が「法王聖人多年之厚儀」[補註1] によって、勧進聖重源の要請に答えた〝勧進〟事業の一つであるとともに、[14]「当寺・他寺英才、乃至見聞来集緇素、貴賤道俗男女」の結縁のための〝唱導〟でもあったといえる。

『法然上人行状絵詞』に記す東大寺での『浄土三部経講説』は、この事実に当たるわけで、その年時は一応文治

六年（一一九〇）の二月一日・二日のころとしておく。(15)

二

源空はこの『浄土三部経』の講説で、「善導和尚往生浄土宗」にもとづき、「正定之業者、即是称仏名、称名必得生、依仏本願故」を明らかにしているが、(16)自分から「本習天台余風、雖酌玉泉末流、於三観六即、尚疑闕未披、於四教五時、朦昧未晴、何況於異宗他宗之哉」と述べるように、(17)天台の教学から入った源空が専修念仏を説くとき、

設雖捨命、顔色難乖、何況於身耻辱哉、設雖期成仏、言契難忘、何況於世誹謗哉、故今忘万事、令参勤者也、事是則時意趣也、聞人不可生誹謗、此中若聞一分道理有信受、尤所喜、定聞多説之非理、有誹謗之人、又所不辞也、誹謗讃嘆本自夢中争、信伏違逆又更迷前戯、則毀人早結違縁之縁、共解六十万億之身量、讃人疾契順縁之縁、同見八万四千之相好、

と、讃嘆誹謗は、それぞれに順逆の結縁になると述べて、(18)論難も予想している。おそらく南都の大衆には、そのような動きがあったであろうが、のちの元久や嘉禄の〃法難〃のときのような南都北嶺からの圧迫はなかったとしても、大衆が随喜渇仰したという詞書には多分の潤色があろう。

また源空が、諸行を捨閉抛閣して、正定業を説く場合、

故知、別雖不持戒品、若能与仏、遂往生極楽云事、此中聴聞集来人人、或持戒品、或不持戒、持戒破戒無戒、一心応仏、可期往生、

と述べるゆえ、(19)大乗戒・小乗戒の優劣、つまり天台の円頓戒云々のことは、論外にあった。しかしそのことについて、大衆は不満であったにちがいないけれども、詞書に記す宿老の霊夢云々の伝えは、むしろ源空が、天台の円頓

戒の血脈を受けた授戒の師であったことを念頭においた敷衍のように思われる。[20]

さらに源空は、善導が三昧を発得したゆえに、「疎窺聖訓」っても、善導との間に、「無有相承血脈法、非面授口決儀」として、[21]〝浄土宗〟には、相承の血脈はないといい切っている。だから源空は、文治の『浄土三部経』講説の当時は、「既恵心意、於西方行以導和尚而為指南、其余未学、寧不依馮」と断じ、[22]「依感師・智栄等、補助善之義者、是有七、一智栄、二信仲、三感師（懐感）、四天竺覚親、五日本源信、六禅林（永観）、七越州（珍海）」といい、[23]迦才・道綽などの著を引用しても、善導の前後に師資相承をたどってはいない。このことは、詞書に、浄土五祖像を供養したと述べることと矛盾し、とくに浄土五祖像の請来に疑いを残すことになる。

三

ところで『源空聖人私日記』や醍醐本の『法然上人伝記』には、『浄土三部経』の講説や浄土五祖像の請来などについて、まったくふれていないが、嘉禎三年（一二三七）に編された『本朝祖師伝記絵詞』（伝法絵）巻二の大仏殿説法の段の詞書には、

(1)請来された観経曼荼羅を供養するついでに、天台の円頓戒について講説した。

(2)その講説には、少し誤りがあったが、東大寺の古徳が、連日源空について霊夢を見たので、大衆も論難しなかったと、都の人々が噂していた。

という趣旨を述べ、『法然上人行状絵詞』の原型を暗示している。さらに正安四年（一三〇二）覚如が編した『拾遺古徳伝』巻四に、

(1)源空は、重源の要請を受け、大仏殿の半作の簷の下で、重源が請来した観経曼荼羅と浄土五祖像を供養し、説

法したところ、東大・興福両寺の学生と悪僧は、随喜渇仰した。
⑵悪僧の一人が、念仏誹謗について問うたのに、源空は即座に答えたので、悪僧は源空を礼拝した。
⑶東大寺の古老の学生は、後日瑞夢を披露したので、東大寺をあげて源空に帰依した。

という趣旨を述べて、『法然上人行状絵詞』に近づいているが、『浄土三部経』の講説を明記せず、源空が重源に観経曼荼羅と浄土五祖像の請来を頼んだとも書いていない。しかしそのつぎに、「三部経に付たる事」として、『漢語燈録』所収の『浄土三部経』の講説とは異文のものを載せ、

次に五祖に付たる事、

今又此五祖者、先曇鸞法師・道綽禅師・善導禅師・懐感禅師・小康法師等也、

として、以下に五祖の伝記の抄出を類聚したものを掲げている。つまり源空の伝記で、浄土五祖について記すのは、『拾遺古徳伝』が最初なのである。

ここで『本朝祖師伝記絵詞』『拾遺古徳伝』『法然上人行状絵詞』に、琳阿本『法然上人伝絵詞』[24]と『法然上人伝記』（九巻伝）[25]を加えて、それらの記事をくらべると、次の表のようになる。

そこで㈠・㈡の考証によって明らかとなった点を念頭に、表の(A)から(P)までの事項を検討すると、(A)・(B)・(F)を事実と認め（(E)は(F)にふくまれる）、(G)・(H)・(I)・(J)を潤色としなければならない。そして事実の(A)・(B)を(F)とはっきり結びつけたのは、『法然上人行状絵詞』が最初で、講説についてより古く遡ると、唱導讃嘆↓説法↓開顕称揚が、その原型、つまり『本朝祖師伝記絵詞』に端緒らしいものを見出すことができる。しかもこの端緒は、『拾遺古徳伝』に、重源請来の観経曼荼羅と浄土五祖像を供養したと記すのに発展的な連なりがあり、『法然上人行状絵詞』は、『拾遺古徳伝』の形を受けついでいる。換言すれば、(A)・(B)・(F)について、『法然上人行状絵詞』は、大

	記事	本朝祖師伝記絵詞	拾遺古徳伝	法然上人伝絵詞	法然上人伝	法然上人行状絵詞
A	重源の要請に答えて	○建久三以後	○文治二以前	○建久三以後	○建久二ころ	○建久二ころ
B	東大寺大仏殿にて	○	○	○	○	○
C	観経曼荼羅の供養	○開顕称揚	○供養	○	○唱導讃嘆	○
D	浄土五祖像の供養		○	○	○唱導讃嘆	○
E	説法		○	○		
F	浄土三部経の講説		(三部経の釈を収む)			○
G	南都大衆の渇仰		○	○	○大衆の武装	○大衆の武装
H	戒律の講説		○大乗十戒		大乗、小乗、天台十戒○	大乗、小乗、天台十戒○
I	宿老の霊夢	○予め披露	○後日披露	○予め披露	○予め披露	○予め披露
J	南都大衆論難を止む	○			○	○
K	浄土五祖像の請来を依頼					○
L	重源観経曼荼羅を請来		○	○	○	○
M	重源浄土五祖像を請来		○	○	○当麻曼荼羅	○当麻曼荼羅
N	浄土五祖の決定		(五祖の伝記を収む)		○五祖類聚伝の著作	○血脈相承を立つ
O	悪僧の心服		○大仏頂経	○大仏頂経	○	
P	上棟に源空信心開発				○	

筋で『拾遺古徳伝』に近いわけで、その『古徳伝』に、浄土三部経の講説と浄土五祖の伝記を、この大筋に関係あるような形で収めているのに注目される。

四

ところで『類聚浄土五祖伝』は、文永十年（一二七三）の序がある『漢語燈録』に収められ、『漢語燈録』の編者の了慧は、源空の著とし、長西が編した『浄土依馮経論章疏目録』第八伝記録にも「浄土五祖伝、黒谷（源空）」と記してある。そしてこの書の曇鸞・善導・少康の伝には、南宋の淳熙八年（一一八一 治承五）に王日休が著わした『竜舒浄土文』(26)が引用されているが、『浄土依憑経論章疏目録』第四集義録に(27)「竜舒浄土文 十巻、九十丁、王日休、唐人、俗、」とあり、『竜舒浄土文』は、すでに鎌倉の初めまでに舶載されていたようである。はたして源空は、『法然上人御説法事』三七日のなかで、「チカコロ唐ヨリワタリタル竜舒浄土文トマフス文候」と述べ、そこに引用する『阿弥陀経』の逸文によって論を進めている。つまり源空は、近々に舶載された中国の浄土教の論疏などを披読できる方便をもっていたわけで、その方便を重源の身辺に求めるのは飛躍としても、それについての解明は、源空の真姿を考える手掛りの一つになるであろう。

さてこの『法然上人御説法事』は、弟子の親鸞が書写して、『西方指南抄』巻上に収めている。(28)少外記中原師秀の逆修を「吉永法然上人之房」で修したとき、源空が導師として行なった説法の聞書といわれるが、一言にしていえば、『浄土三部経』の講説である。その成立や内容については、稿を改めて書くつもりであるが、本尊に安置した三尺の弥陀来迎像に象徴されるように、この講説の座には観相の雰囲気が多い。源空は源信の『往生要集』に導かれ、善導の『観経疏』に偏依して〃立宗〃したが、善導は三昧発得の人ゆえに、また源空も三昧発得の己証を得たゆえに、口称念仏を正定業とした。(29)いわば源空の教義は、三昧発得という観相に裏付けられ、観相は源空の〝立宗〟の前提であったといえる。源空はこの講説の初七日に仏身や化仏について説いたうえ、

オホヨソ仏像ヲ造画スルニ、種種ノ相アリ、アルイハ説法講堂ノ像アリ、アルイハ池水沐浴ノ像アリ、アルイハ菩薩樹下成等正覚ノ像アリ、アルイハ光明遍照摂取不捨ノ像アリ、カクノコトキ形像ヲ、モシハツクリ、モシハ画シタテマツル、ミナ往生ノ業ナレトモ、来迎引接ノ形像ハ、ナホソノ便宜ヲエタルナリ、（中略）シカレハフカク往生極楽ヲコヽロサシアラム人ハ、来迎引接ノ形像ヲツクリタテマツリテ、スナワチ来迎引接ノ誓願ヲアオクヘキモノナリ、ソノ来迎引接ノ願トイフハ、スナワチコノ四十八願ノ中ノ第十九願ナリ、

と、来迎像を本尊とする観相の根拠を示し、来迎について、

臨終正念ナルカユヘニ来迎シタマフニハアラス、来迎シタマフカユヘニ臨終正念ナリトイフ義アキラカナリ、（中略）コノ臨終正念ノタメニ来迎ストイフ義ハ、静慮院（功徳院）ノ静照法橋ノ釈ナリ、（中略）造画スルコロノ形像、先達トナリテ浄土ニオクリタマフ証拠ナリ、（中略）コレニヨテ、御廟ノ僧正ハ、カノ来迎ノ願オハ、現前導生ノ願トナツケタマヘリ、

と述べ、静照など、天台の先達の釈義によって裏付けてゆく。

ところで静照は、高階成忠の子で、のち東塔の静慮院や功徳院に住したらしく、「能説之師」であったうえ、観経の十六観相を釈した『極楽遊意』や『四十八願釈』を著わして、「学習観相之義、結縁念仏之人」することを願い、諸行本願の義を中心に観相に傾いていた。また『詞花和歌集』の作者の一人で、寂照（慶滋保胤の弟子、大江定基）とも交わり、源信・保胤の仲間の貴族僧であった。(30)しかも甥の娘は、源経宗に嫁して筑前守兼俊を産み、兼俊の姉妹と藤原資房との子が資基、すなわち『三外往生伝』の編者蓮禅と思われる。蓮禅は、故あって出家ののち、伯父

兼俊のゆかりで筑前入道と称し、大宰府にいたこともある。[31]だから蓮禅が、祥運以下七人の伝記を記して、「江納言（大江匡房、『続本朝往生伝』の編者）并為康（三善為康、『拾遺・後拾遺往生伝』の編者）等記不載此人等、廿五三昧帳中往生分也」と顧みたのも、源信・保胤・静照の流れが、院政中・末期の公家の浄土教の骨子となっていたためばかりではない。静照の住房功徳院には、のち源空の師皇円が入り、功徳院の里坊にはやがて源空が住んで、賀茂河原屋と呼ばれ、門下の勢観房源智に伝えられて、智恩寺の濫觴となっているし、[32]静慮院には、大原別所に連なりのある行蓮などが住んで、[33]伽藍譜のうえでも、源空に身近であった。

また御廟の僧正は詳かにできないが、御廟を、最澄の廟のある延暦寺の浄土院とすれば、(一)で触れた醍醐寺の景雅（揚梅の法橋）の兄、つまり久我一門の弁雅に当たるかもしれない。[34]

こうして俗系と法系をたどるとき、中古天台における浄土教は、源空の〃立宗〃における順な方向の前提であり、それと深く結びついた公家たちの動向は、別所聖源空にとって、重要な意味がある。源空が逆修を行なった中原師秀の子師広が、六時礼讃をひろめて、元久の〃法難〃に斬首された安楽房遵西であったのは、[35]このような連なりのなかでこそ理解できる。

五

源空は、逆修の説法、すなわち『浄土三部経』の講説のなかで、

マタコノ浄土ノ法門ニオイテ、宗ノ名ヲタツルコト、ハシメテマフスニアラス、ソノ証拠コレオホシ、

として、元暁・慈恩・迦才・善導の文を引き、

自宗他宗ノ釈、ステニカクノコトシ、シカノミナラス、宗ノ名ヲタツルコトハ、天台・法相等ノ諸宗、ミナ師

資相承ニヨル、シカルニ浄土宗ニ師資相承血脉次第アリ、イハク菩提流支三蔵・恵寵法師・道場法師・曇鸞法師・法上法師・道綽禅師・善導禅師・懐感禅師・少康法師等ナリ、菩提流支ヨリ法上ニイタルマテハ、道綽ノ安楽集ニイタセリ、自他宗ノ人師ステニ浄土一宗トナツケタリ、浄土ノ祖師マタ次第ニ相承セリ、コレニヨテイマ相伝シテ浄土宗トナツクルモノナリ、シカルヲコノムネヲシラサルトモカラハ、ムカシヨリイマタ八宗ノホカニ浄土宗トイフコトヲキカスト難破スルコトモ候ヘハ、イササカマウシヒラキ候ナリ、（中略）タタコノ浄土ノ一宗ノミ、機ト教ト相応セル法門ナリ、カルカユヘニコレヲ修セハ、カナラス成就スヘキナリ、

と述べ(36)、文治の浄土三部経の講説の『阿弥陀経釈』では、

然則無有相承血脉法、非面授口決儀、

と断じているのを翻して、〝浄土宗〟の師資相承をかかげている。ところが建久九年（一一九八）の撰とされる『選択本願念仏集』では、

答曰、如聖道宗血脉、浄土宗亦有血脉、但於浄土一宗、諸家又不同、所謂盧山慧遠法師・慈愍三蔵・道綽・善導等是也、今且依道綽・善導之一家、論師資相承血脉者、此下有両説、一者、菩提流支三蔵・慧寵法師・道場法師・曇鸞法師・大海禅師・法上法師、已上、出安楽集、二者、菩提流支三蔵・曇鸞法師・道綽禅師・善導禅師・懐感法師・少康法師、已上、出唐・宋両伝、

と記し、源空は文治六年（一一九〇）二月から建久年間の間に、〝浄土宗〟にも師資相承の血脉があると主張するようになったわけである(37)。しかも『選択本願念仏集』では、血脉に両説を掲げるのに、『法然聖人説法事』では、それを一つにまとめた形にしており、ごく自然に考えれば、『法然聖人御説法事』は、『選択本願念仏集』よりも遅れて行なわれたといえるが、早急には決し難い。しかし逆修の願主中原師秀の子安楽房遵西と住蓮房が処刑され、

源空・親鸞以下の七人が流罪になった承元元年（一二〇七）二月以前、つまり文治六年から元久二年（一二〇五）の間に講説されたものであろう。しかも元久元年十一月源空は、『七箇条制誡』のなかで、「一、可停止以無智身対有智人遇別行輩好致諍論事」とか、「一、可停止対別解別行人以愚癡偏執心称当棄置本業強嫌嗤之事」といって、別解別行の輩との争論を門下や念仏聖たちに誡めているのに、一方で元久二年十月の興福寺奏状には、「一、立新宗失」とか、「二、図新像失」を挙げ、栄西も『興禅護国論』で、勅許なく一宗を立てたと論難しているのは、源空の所説が、師資相承の血脈を、はっきり主張するほど〝立宗〟の意を明らかにして来たからでもあろう。この意味で『法然聖人御説法事』は、おそらく元久元年の『七箇条制誡』より以前のものと思われる。(38) このように源空の所説は、生涯の間に変化していることはたしかであり、その変化の高まりと普及のひろまりの結果として、承元の〝法難〟が起こったと解すべきである。

六

『法然聖人御説法事』五七日　に源空は、

次ニ往生浄土ノ五ノ影像ヲ図絵シタマフニ、オホクココロアリ、マツ恩徳ヲ報セムカタメ、次ニハ賢ヲミテハヒトシカラムコトヲオモフユヘナリ、（中略）シカレハイマ浄土ヲネカヘム人、ソノ宗ノ祖師ヲマナフヘキナリ、シカルニ浄土宗ノ師資相承ニ二ノ説アリ、安楽集コトキハ、菩提流支・恵寵法師・道場法師・曇鸞法師・法上法師ノ六祖ヲイタセリ、今マタ五祖トイフハ、曇鸞法師・道綽法師・善導禅師・懐感禅師・少康法師ナリ、

と、浄土五祖を明示し、「五祖ノ御徳、要ヲトルニカクノコトシ」と略伝を述べている。

源空は、講説のなかでも、「往生伝等ヲ見ニモ」とか「曇省讃ニ云」と述べるように、『続高僧伝』以下、中国の

諸書[39]などを披見して、素材を得たのであろうが、ただそれらを翻訳したり、抄出したのではない。詳しい比較は省略するが、曇鸞の場合に、観相や高声念仏を強調する形に変え、また曇鸞を「梁・魏両国无双ノ学生ナリ」、道綽を「本ハ涅槃ノ学生ナリ」、懐感を「法相ノ学生ナリ」、少康を「本ハ持経者ナリ、(中略)瑜伽唯識ノ学生ナリ」などと述べる書き方は、まったく往生伝等の意を汲んで「要ヲトル」仕方によったからであった。すなわち源空は、五祖について、

(1)念仏帰入以前の経歴　(2)念仏帰入の機縁
(3)念仏帰入後の行状　(4)著述　(5)往生と瑞相

を述べるが、(1)は(2)の前にあって念仏往生を強調する伏線となり、(3)は弘通を中心にして(4)とともに(2)の展開を示す形をとっている。ところが善導については、(2)・(3)だけであるのに反し、曇鸞については、(3)の面が少なく、道綽は、「師ナレトモ、イマダ三昧発得セス、善導ハ弟子ナレトモ、三昧ヲエタマヒタリシカハ、道綽ワカ往生ハ一定カ不定カト、仏ニトヒタテマツリタマヘトノタマヒケレハ、善導禅師命ヲウケ」たといい、懐感は、善導によって念仏に帰入し、少康は、善導の西方化導の文によって帰入したうえ、「長安ノ善導和尚ノ影堂ニ詣シテ、善導ノ真像ヲ見レハ、化シテ仏身トナリテ」念仏の弘通を命じ、「口ヨリ仏出タマフコト、善導ノコトシ、コノユヘニ時人、後善導トナツケタリ」と述べている。つまりこの五祖の略伝は、善導に集中して語られているわけで、「偏依善導」する源空の〝祖師〟の伝記にほかならない。しかも師資相承といっても、曇鸞と道綽、懐感と少康との間には、相承血脉法も面授口決の儀もない。それは、善導からの師資相承のない源空の場合には支障とならなくても、旧仏教々団における師資相承の通念を越えている。源空が「今マタ五祖」をとり上げ、旧仏教が、源空を伝燈の大祖かと問い、「若自古不伝于今者、逢誰聖哲面受口決」と非難するのは、この違いのあらわれである。

七

源空が〝浄土宗〟にも師資相承があるといい変えたのは、こうした旧仏教からの非難に答えたためであろうが、(40)源空は善導が三昧発得し、さらに阿弥陀如来の化身と考えるようになったがゆえに、〝立宗〟の根拠を得たのであって、面授口決を受けたのではない。だから源空が、どのように述べても、旧仏教のいう師資相承は存在しないし、源空が引用する『安楽集』や唐・宋の高僧伝中の血脉は、けっして〝浄土宗〟の血脉ではありえない。それを源空は、両系の血脉を一つにまとめ、さらに浄土五祖をこのなかから撰び出したのは、源空の〝念仏為先〟の教義が、旧仏教、とくに天台の浄土教とは異質のものにまで展開し、旧仏教のなかでは、師資相承を見出せなかったからである。〝浄土宗〟の血脉でないものを転用し、撰択する所以は、そこにあり、このような例は、一宗が分派するときに他の宗派でもしばしば見られることでもある。

さらに㈣で触れたように、本尊に来迎像を造立する所以を説き、そのなかに光明遍照摂取不捨の像もふくめて、旧仏教の観相を展開させているのに、興福寺奏状が新像を画く失をとり上げるのは、源空の捨閉抛閣が旧仏教の観相に立ちながらも、その外延を脱出し、それを包含してゆく面があったからであるとともに、源空の唱導は、単に念仏ばかりでなく、観相をともなっていたことを示している。安楽房遵西が、六時礼讃をすすめた根拠も、こうした源空の観相に連なり、源空が浄土五祖の像を画くことにいい及ぶ理由でもあった。しかも源空は報恩と追慕のために五祖を画くというのは、旧仏教の師資相承から脱した〝浄土宗〟の師資相承を観相として表現する所以を述べたものである。だから源空は、単に旧仏教からの非難に答えたばかりでなく、積極的に口称念仏を唱導しようとする自身の展開を、己証によって支えながら、新しい〝血脉〟の主張を僧俗に語ったと解すべきである。

㈣でも触れたが、『類聚浄土五祖伝』の奥に、『漢語燈録』の編者了恵が、

当初空上人、従諸伝之中、類聚於浄土、五祖高妙徳、今写彫板印、弘通於世間、酌流討源者、誰不慕玩此、

と記しているように、本書を、ほぼ源空の真撰の内と認め、『竜舒浄土文』の例から推して、中国で類聚された『続高僧伝』以下の八書など(41)が、浄土五祖の略伝を述べる素材になったといいえる。なぜならば、成立の前後は別として、㈥で述べたように『法然聖人御説法事』における浄土五祖の略伝は、素材の抄出だけに止まっていない。つまり源空が、これらの素材にとらわれず、善導を中心に曇鸞・道綽・善導・懐感・少康という〃血脉〃を立てたのは、この五祖が源空自身において、源空が〃立宗〃した〃浄土宗〃において、はじめて祖師としての意義をもったからである。とすれば、浄土五祖像の成立には、解明すべき大きな疑問が残ることになる。

ところで源空は、『選択本願念仏集』のなかで、

静以、善導観経疏者、是西方指南、行者目足也、然則西方行人、必須珍敬矣、就中毎夜夢中有僧、指授玄義、僧者、恐是弥陀応現、爾者可謂、此疏者、是弥陀伝説、何況大唐相伝云、善導是弥陀化身也、爾者可謂、又此文、是弥陀直説、

と〃化身善導〃を明記している。ところが『竜舒浄土文』の末尾に、(42)

慈雲式懺主略伝云、阿弥陀仏化身、

と見え、遵式が、元禧元年（一〇一八　寛仁二年）に侍郎馬亮に献じた『往生西方略伝』を撰述のころ、中国では、〃化身善導〃が信じられ、同じく〃口より化仏の出た〃小康を、後善導と讃えていたようである。『竜舒浄土文』の記載は、『新修往生伝』にもっとも近いが、それ以前の高僧伝や往生伝も集成し、王日休自身の意図を加えて編したものといえる。この意味で『法然聖人御説法事』の略伝に共通のものがあるけれども、記載の選択が違い、〃口

より化仏の出た〃ことは、曇省讃によるなど、典拠も異なっている。しかし源空は『法然聖人御説法事』三七日のなかで、『竜舒浄土文』に阿弥陀経の逸文二十一字を収めているのによって、念仏の多善根なる故を裏付けており、この書に引用する遵式の『往生南方略伝』の〃化身善導〃説を、源空は当然知っていたはずである。

にもかかわらず源空は、『法然聖人御説法事』のなかで、善導は三昧発得の僧でも、化身であるとは記していない。だからこの説法よりも、化身善導を明記する『選択本願念仏集』の方が、あとに撰述されたともいえる。(43) もとよりこの一事によって、両者の前後を決することはできないが、『選択本願念仏集』の末尾に、「庶幾、一経高覧之後、埋于壁底、莫遺窻前、恐為不令破法之人堕於悪道也」と、世の披見を恐れた情況と、『法然聖人御説法事』七七日に、「然ニ念仏往生ハ天台・真言等ノ諸宗ニモサマタケ無」しといい、女人往生のことに及んだ情況とをくらべると、この推定はほぼたしかであろう。しかし『撰択本願念仏集』の所説が善導の『観経疏』の文に依拠し、「大唐相伝云」とされていることと裏付けするのは、『法然聖人御説法事』七七日に、「次五十ヶ日ノ逆修作善、偏ニ仰善導和尚専修正行之趣、祈順次決定往生浄刹之望事」などという態度と同じであり、両者の間にはあまり時間の隔りがなかったのではあるまいか。とすれば、『法然聖人御説法事』はほぼ建久の前半ほどに、安楽房遵西の父中原師秀、またはその身辺の人の逆修(44)に行なわれた『浄土三部経』の講説であったろう。

八

源空はこの『浄土三部経』の講説で、三七日に、「名号ノ中ニ光明ト寿命トノ二義ヲソナエ」ているといい、光明の功徳について、無量光・無辺光・無礙光・清浄光・歓喜光を挙げ、さらに大別して「長時不断ニテラス」常光と「コトニ別時ニテラ」して「摂取不捨」の神通光を説いている。つまり三昧発得した源空では、長時不断に極楽を指示し、別時には、念仏する衆生を摂取する光明は、阿弥陀如来の本願にもとづく念仏が、往生の正定行であることを示す絵画的な場面となりうる。そして先にも触れたように、一般論でも認められる光明遍照摂取不捨の像が、「阿弥陀仏ノ神通光ハ、摂取不捨ノ光明ナリ」(45)などと説く源空の教義に支えられると、その門下に接取不捨曼荼羅がひろまったと非難される結果があらわれる。それらは、「浄土三部経ノ中ニハ、コノ経（観経）ヲ根本トスルナリ」(46)という源空が、念仏を説くときの観相の面で、㈣に述べたように、源空の〝立宗〟の前提に連なっている。このことは源空の教義が展開してゆくとき、摂取不捨曼荼羅のような絵画や来迎像のような彫刻が、観相の面のあらわれとしてつくられるのを予想している。

ところで浄厳院所蔵の『無縁集』と法然院所蔵の『師秀説草』、それに『漢語燈録』所収の『逆修説法』には、『法然聖人御説法事』の五七日に欠ける最初の部分として、

外記大夫師秀、逆修五七日、阿弥陀、大経、五祖影、

重テ被称揚讃歎給ヘリ、弥陀形像書写供養セラレ給ヘリ、双巻無量寿経図絵供養セラレ給ヘリ、浄土五祖真影、

と記し、㈥で引用した「次ニ往生浄土ノ五（祖）ノ影像云々」は、このあとに続くようになっている。つまり五七日には、阿弥陀如来の画像と観経曼荼羅を図絵供養するとともに、浄土五祖像も掛けたわけで、建久の前半には、すでに浄土五祖像が存していたことになる。しかし源空は、この像が重源請来のものとも、とくに逆修のために図絵したとも述べてはいない。

一方覚如は、『拾遺古徳伝』のなかで、東大寺における講説を述べ、「三部経に付たる事」として、文治の『浄土三部経』講説とも、建久のそれとも異文の釈を掲げ、次に「五祖に付たる事」として、建久の『浄土三部経』講説

（『法然聖人御説法事』）に述べる五祖の略伝をそのまま引用している。つまり覚如は東大寺の講説のとき、重源請来の「極楽の曼荼羅・五祖真影」を供養したと記したのにつれて、東大寺の講説とは別の逆修の講説中の五祖の略伝を引用したわけで、源空の諸伝記のなかで、『拾遺古徳伝』が浄土五祖に触れたのは、編者覚如の意図するところがあったからと思われ、その背景には、派祖親鸞が編した『西方指南抄』に所収の『法然聖人御説法事』が存していたわけである。しかもこののちに編された源空の諸伝記の多くが、『拾遺古徳伝』に記す大筋（㈢にかかげた表）をいずれも継承しているのは、源空の伝記が、『拾遺古徳伝』の成立のころに、大きく書き替えられたこと、いわば一向門徒（浄土真宗）をふくめた源空門下の教団の源空に対する回顧と評価が変ってきたことを意味する。はたして『拾遺古徳伝』の末尾には、

凡聖人在世之徳行、滅後之化導、不可称計、誰暗夜無燈照室内哉、誰伝持慈覚大師之袈裟哉、（南岳大師相承、）孰奉為国家為戒師哉、孰於是芝砌貽真影乎、誰為他門被帰敬乎、誰現身放頭光哉、誰現身発得三昧哉、是皆聖人一身之徳也、

という正空の後記があり、報恩と謝徳のために、「聊披伝記、粗録奇蹤者也、」と結んでいる。それは、〃奇蹤〃をふくめた源空の伝記の製作を意味し、源空の生涯がしだいに神秘化され、誇張されてゆく過程を物語っている。しかも『存覚一期記』には、

十二歳、（正安三、）冬頃、長井道信、（鹿島門徒、）依黒谷伝（九巻）新草所望在京、仍大上令草之給、

と見え、『拾遺古徳伝』は、鹿島門徒の要請で編され、それ以前の源空にはない派祖親鸞の越後流罪後と帰洛後の行状を加えている(47)。つまり源空門下の分派と、それら教団の展開とが源空の伝記を変える要素の一つであり、この時期に、一向門徒の旗幟も鮮明になってゆく。

それはともかく、源空が浄土五祖について述べた、もっともたしかな初めは、建久の『浄土三部経』講説であり、源空の伝記のなかで、浄土五祖が、全面に推し出されるのは、『拾遺古徳伝』であったといえる。そして『拾遺古徳伝』のその段にあたる絵には、僧兵が囲む仏殿のなかで、阿弥陀如来像の左右に、観経曼荼羅と浄土五祖像をかけて供養する源空の後姿が画かれている。それは、前述した建久の『浄土三部経』講説の三七日の冒頭の部分を、そのままに画いたもので、浄土五祖像は、今日二尊院に所蔵の図様に似ている。

ところが、『法然上人行状絵詞』では、重源請来についての部分を巻六に、東大寺での供養と浄土三部経の講説の部分を巻三に分けて収め、後者の絵には、道俗が聴聞する仏殿のなかで、観経曼荼羅の左右に阿弥陀如来像と浄土五祖像をかけて供養するようすを画いている。[48] しかしその浄土五祖像は、中央に初祖、残りの四祖を四隅に配しており、詞書に当時二尊院の経蔵に安置するのは、かの重源請来の真影なりと記すのを、二尊院本のそれに当てるとすれば、大きな矛盾が残り、今後に解明すべき問題となる。[49]

こうして東大寺における源空の供養と講説については、『本朝祖師伝記絵詞』が、もっとも素朴な表現と内容をもっていたと思われ、『拾遺古徳伝』と『法然上人行状絵詞』が、それぞれに一つの時期を示しているといえる。そしてまた『法然上人伝絵詞』は、大筋で『拾遺古徳伝』と一致しながら、『本朝祖師伝記絵詞』に近い点があり、『法然上人伝』は、前㈢者を集成した形をとるうえに、『漢語燈録』所収の〝五祖類聚伝〟を源空が著わしたと述べている。[50] そこで三の表に示した諸項の表現を念頭に、これらの系列を整理すると、二系統が考えられる。そしてこの場合、『拾遺古徳伝』と『法然上人伝絵詞』が、ともに重源の曼荼羅・五祖像請来と源空の供養説法を記しながら、前者の方が、三部経釈と五祖略伝を収めるなど、より複雑であるのは、『法然上人伝絵詞』が、先に編された証拠の一つになる。[51] とすれば、浄土五祖像は、『本朝祖師伝記絵詞』が成立した嘉禎三年（一二三七）から、『拾遺

〔一向門徒〕 西方指南抄 ⇨ 拾遺古徳伝
木朝祖師伝記絵詞……→拾遺古徳伝
↙法然上人伝絵詞
↘↙法然上人伝
〔鎮西義〕 漢語燈録 ⇨ 法然上人伝

古徳伝』が成立した正安三年までの間に、改めて源空門下の教団でとり上げられたと考えられる。そして鎌倉の光明寺に所蔵される浄土五祖像が、正安三年（一三〇一）より四年後の嘉元三年に画かれたことは、『拾遺古徳伝』で浄土五祖が全面に推し出されたことと無関係ではないようである。

九

これらの時期は、鎮西義が抬頭する期間に当たっているが、蓮見重康氏は、

従って祖師像を浄土教々団がもたねば、他宗派に対して自宗の権威をあげつらわれるような状態の中に立つに到った時、中国にそれを求め、或は早急の祖師像の制作に迫られたものと判断せられる。

と述べている[52]。たしかに嘉禎—正安—嘉元の時期は、蓮見氏のいわれる〝早急の祖師像の製作〟に当たり、それが源空の伝記にも反映したものといえる。しかし〝中国にそれを求め〟たというのは、いずれの時期に当たるのであろうか。本論において、私は、

(1)文治の浄土三部経講説は、勧進聖重源が、親近する唱導聖源空を、東大寺復興事業の一つとして招き行なったものである。

(2)源空が浄土五祖を撰んで〝浄土宗〟に師資相承があるとしたのは、源空の教義の展開と広い意味での普及の結果である。

(3)源空が浄土五祖について述べた、もっともたしかな初めは、建久の『浄土三部経』講説においてである。
(4)源空の社会的背景には、文治・建久の講説が示すように、公家社会とそれに密着する旧仏教々団がある。
(5)源空は『竜舒浄土文』の引用が物語るように、中国から舶載される浄土教の典籍を、かなり容易に披読できる手段をもっていた。

などの諸点を明らかにした。このことから、

(a)　曇鸞・道綽・善導・懐感・少康という五祖は、源空において撰ばれたものである。

といえる。事実中国において〃祖師〃に当たるものを掲げた例を考えると、

道綽の安楽集	遵式の往生西方略伝序	宗暁の楽邦文類	志磐の仏祖統記浄土立教志
流支三蔵	天親	慧遠	慧遠
慧寵法師	竜樹	善導	善導
道場法師	道安	法照	承遠
曇鸞法師	慧遠	少康	法照
大海禅師	智者	省常	少康
斉朝上統	道綽	宗賾	延寿
	善導		省常
	懐感		
	慈愍		
	慈恩		
	鎮国		

上表に示したようになるが、このうち源空の没年以前で、数をつけて呼ぶのは、『安楽集』の六大徳だけで、それも師資相承の血脈があるのではない。始祖・継祖五大法師とか、七祖と呼ぶのは源空生歿年代以後の『楽邦文類』や『仏祖統記』が、廬山の蓮社の祖師を数えるのが初めであるが、源空は、この蓮社の祖師を五祖としたのではない。もっとも平安時代には、法相六祖像や真言七祖像・八祖像など、旧仏教々団には、先例があり、蓮社の風を源空が無視したのでもない。しかし源空の五祖は、『安楽集』、『往生西方略伝序』や唐・宋の『高僧伝』などによったものであっても、それらの配列を、そ

のままに受けたのでもない。

さらに源空は、建久の『浄土三部経』講説で、曇省讃を引用したが、それは、「唐善導和尚像」に、南宋の紹興三十一年（一一六一　応保元）四明伝法比丘曇省が加えた讃で、「仏従口出」づる善導の画像を、源空は、知っていたわけである。この事実も、(5)を傍証する史料となりうるうえ、源空が、中国に浄土五祖像を求めたという伝えを支持するかに見える。ところがこの伝えは、『法然上人行状絵詞』が初見で、おそらくは『新修往生伝』に依って、源空が建久の講説中に「善導和尚、イマタ観経ヲエサルサキニ、三昧ヲエタマヒタリケルト覚候、ソノユヘハ、道綽禅師ニアフテ、観経ヲエテノチ、コノ経ノ所説、ワカ所見ニオナシトノタマヘリ」と述べたことの翻案にちがいない。とすれば、源空が、五祖を一鋪に図するものの請来を、重源に依頼したことは、後世の作意によるもので、善導を中心にした浄土五祖が、源空より遡れないことと相まって、(b)『拾遺古徳伝』や『法然上人行状絵詞』に画かれたような浄土五祖像が、中国伝来のものという伝えには疑いが残る。[53]

しかし蓮見氏がいわれるように、二尊院所蔵の浄土五祖像が、南宋の作品とされるならば、(b)との間にある矛盾を、どのように解決すべきであろうか。

いまの段階では、より以上の考証を後日に期するが、源空は入宋しなかったにもかかわらず、(1)のような関係と(5)のような手段をもっていたことに、なんらかの暗示を感ずることができる。そして源空の孫弟子に当たる明信が浄土教の典籍を求めて入宋したことに、門下の浄土宗の展開を尋ねるうえでの啓示があることをいい添えておきたい。

註

（1）『私聚百因縁集』等。
（2）『沙石集』の記事も類似した点が多く、『本朝祖師伝記絵詞』以下の源空の伝記は、時代が下るにつれて潤色が多くなる傾向が見える。
（3）『醍醐寺新要録』『尊卑分脉』。
（4）『南無阿弥陀仏作善集』『醍醐寺雑事記』『醍醐寺新要録』『俊乗房重源史料集成』。
（5）『尊卑分脉』拙稿「黒谷別所と法然」（『日本仏教』一所収）。
（6）―（9）『源空聖人私日記』『一期物語』『平家物語』『公胤夢告』『法然上人行状絵詞』『園城寺長吏次第』『明月記』『醍醐寺本別伝記』『尊卑分脉』等。
（10）『元亨釈書』『東国高僧伝』『本朝高僧伝』『浄土寺開祖伝』等『俊乗房重源史料集成』。
（11）註（4）参照。
（12）『明義進行集』『尊卑分脉』。
（13）『漢語灯録』所収『阿弥陀経釈』の奥書。
（14）『東大寺縁起』再興営作事には、建久元年六月二日、後白河法皇が、自から土を運んだと記している。なお聖覚の撰と伝える『黒谷上人伝』、隆寛の撰と伝える『法然上人秘伝』には、源空が勧進職に重源を推挙したことだけが記されている。両伝の撰者も成立年代も明らかでないが、源空に身近く、また門下の先達であった両僧の撰に託した両伝の記事には検討の価値がある。
（15）註（13）参照。『観無量寿経釈』には、二月二日講説の奥書があるが、無量寿経釈には、奥書がない。
（16）―（18）『阿弥陀経釈』。

(19)『無量寿経釈』。
(20)前掲の拙稿参照。
(21)『阿弥陀経釈』拙稿「法然と三昧発得」(『南都仏教』一一号所収)参照。
(22)『無量寿経釈』。
(23)『無量寿経釈』。
(24)『琳阿本法然上人伝絵詞』は、『本朝祖師伝記絵詞』の系統をうけながら、『拾遺古徳伝』の影響も見られる。『法然上人伝記』は、鎮西系の僧の撰で、源空の寂後百年以後の成立という。つまり両伝は、『拾遺古徳伝』と『法然上人行状絵詞』との中間につくられたと考えられている。田村圓澄氏「法然上人伝の研究」参照。
(25)『法然上人伝』には、源空が『五相類聚伝』を著わしたと明記し、また源空が、浄土五相を撰定したと述べ、『法然上人行状絵詞』は、これを受けるとともに、浄土宗に血脉相承があるとしている。
(26)日本では、延祐三年(一三一六　正和五年)の跋がある明暦三年版の一二巻本が通行している。
(27)成立年代は不明。長西の歿年から推定すれば、鎌倉中期を下らないが、後世の書き入れがあり、その判別が必要である。
(28)三七日の説法の中ほどに、康元二年正月二日に親鸞が書写した旨が記されている。
(29)註(21)の拙稿。
(30)硲慈弘氏「日本仏教の展開とその基調」井上光貞氏「日本浄土教成立史の研究」参照。
(31)『尊卑分脉』『三外往生伝』『群書解題』四上。
(32)拙稿「源智と静遍」(『浄土学』二八所収)。
(33)『台密血脉譜』。
(34)『台密血脉譜』本論(一)参照。

(35)『尊卑分脈』。
(36)『法然聖人御説法事』初七日。
(37)大橋俊雄氏は、教相判釈・相承血脉・化身善導観の三点から、文治の『浄土三部経』の講説のあと、『選択本願念仏集』の著述より以前とし（文治六年から建久九年の間）、石井教道氏の説を支持している。
(38)『西方指南抄』所収本・法然院所蔵本『師秀説草』の奥書などには、七七日の説法を、真観房感西が、浄厳院所蔵の『無縁集』には、勢観房源智が代わりを勤めたという。『法然上人行状絵詞』巻四八に、真観房感西は、正治二年閏（?）二月六日、四六歳で往生したと見え、前者に従えば、正治二年以前に講説されたといえる。またこの七七日の説法の末尾に源空は、女人往生について説いており、逆修の願主は、中源師秀身辺の女性ではなかったとも思われる。
(39)

	続高僧伝	安楽集	浄土論	瑞応伝	新修往生伝	大宋高僧伝	念仏鏡	竜舒浄土文
曇鸞	○	○	○	○	○			○
道綽	○		○	○	○			
善導	○			○	○		○	○
懐感				○		○		
少康					○	○		○

(40)『選択本願念仏集』では、初めに立宗について述べて血脈に及び、『法然聖人御説法事』でも、初七日の説法の末尾に近く、同様の順序で説いている。
(41)註（39）参照。
(42)『類聚浄土五相伝』に所収の文による。

(43) 註（37）参照。
(44) 註（38）参照。
(45)(46)『法然聖人御説法事』初七日。
(47) 田村圓澄氏の前掲書参照。
(48) 本書で、浄土三部経の講説を行なった旨をはじめて明記するのは、編者舜昌の識見ともいえるが、その年を、『本朝祖師伝記絵詞』以来の説に従って、建久においているのに注目される。なお『東大寺諸伽藍略譜』には、勧化所に、善導作で重源請来の五劫思惟弥陀尊像が安置されていたと記してある。
(49) 蓮見重康氏は、祖師像制作の意義と二尊院の浄土五祖像（「重源上人の研究」所収）に、筆者が二尊院本と知らず、想像で画いたのであろうとされている。
(50) 別表参照『法然上人伝』は、元亨二年以前に編されたとされている。
(51) 田村圓澄氏は、『拾遺古徳伝』を先としている。
(52) 註（49）参照。
(53)『法然聖人説法事』五七日。

補註

(1) 法王聖人を、後白河法皇と重源と解すれば、『東大寺縁起』の伝えも、根拠のないことではない。註（14）参照。しかしもう一か所で「願法王与愚僧」と述べており、重源だけを指すものと考えられる。
(2) 王日休は、南宋の代、竜舒の人。字は虚中、日休と号し、竜舒居士と称した。国学進士となる。『大阿弥陀経』を校合した。斯道九年（一一七三　承安三）に寂し、年齢は未詳。

源空・親鸞の〝自筆〟書状

高田の専修寺には、親鸞が、慶信の書状に加筆し、補正したうえ、追而書の余白に返事を書いた一通が所蔵され、また善性本『御消息集』には、親鸞に近侍した蓮位が、慶信に宛て、師の加筆や返送の事情などを記した添状も収めてある。慶信の書状は、親鸞が子の善鸞を義絶したと伝える正嘉二年（一二五八）に書き送ったと推定されているが、如来等同ということなどについて、門徒の間に異論があったため、自分の領解の大旨を述べて、親鸞に教えを乞うたもので、そのころ親鸞の門下でも、ようやく異義紛々とし、初期の教団に、分派の兆があらわれた事情を示している。

ところで蓮位は、添状のはじめに、

この御ふみのやう、くわしく、まふしあげて候、すべてこの御ふみのやう、たがわず候と、おほせ候也、ただし、一念するに往生さだまりて誓願不思議とこゝろえ候とおほせ候、おぞよきやうには候へども、一念にとゞまるところあしく候とて、御ふみのそばに御自筆をもて、あしく候よしをいれさせおはしまして候、蓮位にかくいれよとおほせをかふりて候へども、御自筆はつよき証拠におぼしめされ候ぬとおぼえ候あひだ、おりふし

御かいびやうにて御わづらひにわたらせたまひ候へども、まふして候也、

と記し、異義を正すための「つよき証拠」となるように、病中の師をわずらわし、その自筆によって補正し、返事を書いてもらったというのである。このような親鸞の書状は〃異例〃とされているが、常陸の教養房の間に誓願と名号とを別執すべきでないと答えた書状の追而書には、

このふみをもて、人々にもみせまいらせ給べく候、他力には、義なきを義とは申候也、

と記し(1)、返書の仕方に違いはあっても、教義を正しく授受する媒介としての自筆書状が、門徒たちの間にもつ意味は同じであった。だから「今めかし」い異義が多くなり、門徒から、「このやういかゞ候べき」などと教示の要請があったとき(2)、親鸞は、「たずねおほせられ候」「御ふみくはしくうけたまは」ったうえ、自分から、また蓮位などの近侍にすすめられて、筆をとることが少なくなかったであろう。

場合は違っても、晩年の親鸞が、今御前の母と子の即生房の扶持を、常陸の門徒に頼んだ書状には、

このふみをかく、ひたちの人々をたのみまいらせて候へば、申をきてあはれみあはせたまふべく候、このふみをごらんあるべく候、

と記し、今御前の母に宛ては、

ひたちの人々の御中へ、このふみをみせさせ給へ、すこしもかはらず候、

と書き送っており(3)、親鸞自身、自筆書状のもつ意味を知り、歿後の不憫を解消する効力を期待したからである。もとよりこのような意味は、鎌倉時代に自筆書状一般がもつ意味と効力のうえに立っているが、師弟の間に行なわれる面授口伝などを最上の伝達方法とし、そのためにかえって異義が生まれる余地の多い仏教教団では、在俗一般とは違った意味が加わってくる。

そこで後年、『末燈鈔』の編者従覚が、親鸞の書状を収めるについて、

此御書者、自性信聖之遺跡、以聖人御自筆之本、写与彼門弟中云々、

と、自筆書状にもとづいたことを記したり[4]、

この御消息の正本は、坂東下野国おほうちの庄高田にこれあるなりと云々、

と記して[5]、正本の所在に遡る努力をしている。それは、自筆書状や正本が、親鸞の教義を正しく伝えるもののうち、もっとも依拠すべき一つであったが、反面では、異義などをめぐる教団の分派を背景として自筆書状の所在が問題となり、親鸞の在世中においてさえ、自筆か否かの認定が必要になったからである。蓮位が添状を書き、親鸞が常陸の門徒に書状を見せるように書き送ったのは、こうした自筆書状のもつ意味と、それをめぐって種々の副次的な意味が展開していたからである。

ところで書状による教義の伝達には、真偽の認定の問題もふくめて、いろいろの限界がある。善鸞義絶状と伝える建長八年（一二五六）五月二十九日の慈信房宛の書状に[6]、

あいみむばうとかやとまふすなる人の、京よりふみをえたるとかやとまふされさふらうなる、返々ふしぎにさふらう、いまだかたちおもみず、ふみ一度もたまはりさふらはず、これよりもまふすこともなきに、京よりふみをえたるとまふすなる、あさましきことなり、

とあるのは、自筆書状の意味と効力を利用しながら、その限界を越えた場のなかで、異義を正当づける方便が生まれる可能性を示している。この書状の伝来について、私は、かねてから疑問を提出してあるが、たとえ伝来の不備が立証されても、その不備のゆえに、この書状に示された可能性は、大きくなるはずである。そして同じ書状に、

又慈信房のほふもんのやう、みやうもくをだにもきかず、しらぬことを慈信一人に、よる親鸞がおしへたるな

りと、人に慈信房まふされてさふらうとて、これにも、常陸・下野の人々は、みなしむらむが、そらごとをまふしたるよしをまふしあはれてさふらえば、今は父子のぎあるべからずさふらう、

と見えるのは、面授口伝や書状による教義の伝達の限界の外に、異義を正当化する手段を思いつく例の一つで、いわゆる秘事法門と称される教義が、後世に永く残る理由を、ここにも見出せる。

こうした教義伝達の限界について親鸞は、

またくはしくは、このふみにてまふすべくも候はず、目もみえず候、なにごともみなわすれて候うへに、ひとなどにあきらかにまふすべき身にもあらず候、

という反省にたって、その解決の手段に、

これらは、かやうにしるしまふしたり、よくしれらん人にたずねまふしたまふべし、(中略) よくよく浄土の学生にとひまふしたまふべし、

と、在所の門弟や浄土の先達の教化に期待し、不審を彼等に尋ねるようにすすめている。(7) しかしこの場合、門弟や先達たちが、親鸞の教義を正しく伝えているかどうかが問題である。

先に述べた慶信は、覚信の子で下野の高田に住む門弟であるが、かの書状に、

わざと、いかにしても、まかりのぼりて、こゝろしづかに、せめては五日、御所に候ばやとねがひ候也、

と述べているように、門弟たちは、親鸞から面授口伝を受けるのが、もっとも望ましかった。そしてこの面授口伝のとき、当然つくられるのが聞書の類である。専修寺所蔵の聞書の奥には、

正嘉二歳戊午十一月日、善法坊僧都御坊、三条とみのこうぢの御坊にて、聖人にあいまいらせてのきゝがき、そのとき顕智これをかくなり、

と見えるように、聞書が確かなものであると、わざわざ記すのは、自分の所説や派が師の教義を正しく伝えていると、他人に示すためで、異義紛々とすれば、なおさらである。けれどもいろいろの理由で面授口伝を受けることができず、所説に不審が起こるなどのことがあれば、書状で師に確かめるわけで、自筆の返書が望ましかった。慶信の書状は書礼に従って、「進上、聖人の御所へ、蓮位御房申させ給へ」と宛てているが、その親鸞近侍の蓮位が、添状を慶信に送ったことは、このような師弟関係を中心にする教団のなかで、師の自筆書状を裏付け、慶信を正しい伝授者と証明する役割をはたしている。だから聞書に奥書を記すのも、自筆の返書を期待するのも、同じ目的を含んでいるわけである。

さて親鸞は、常陸の門徒たちに、源空の門下では先達である聖覚の『唯心鈔』や同じ隆寛の『自力他力』を読むようにすすめ、

さきにくだしまいらせさふらひし唯心鈔、自力他力などのふみにて、正しい教義を知り、「とかくはからはせたまふこと、ゆめゆめさふらふべからず」と誡め、(8) 親鸞は、たびたびこの二書を書写している。そのもっとも早い一本の奥書には、

草本云、

承久三歳仲秋仲旬第四日、安居院法印聖覚作、

寛喜二歳仲夏下旬第五日、以彼草本真筆、愚禿釈親鸞書写、

と見え、(9) 聖覚の真筆によって書写したゆえ、所説を正しく伝える旨を示している。それは、親鸞の門弟が、聞書の奥書に面授の旨を記すのと同じである。

ところが隆寛の『一念多念分別事』の一節に、

コノユヘニ一念決定シヌト信ジテ、シカモ一生オコタリナクマウスベキナリ、コレ正義トスベシ、

というのは、親鸞が、慶信の書状を自筆で補正し、「一念にとどまるところ」の誤りを指摘した所説と無関係ではない。そしてさらに遡って、平基親は、法然房源空に宛て、「取信信本願之様」を記し、

シカルニ或人、本願ヲ信スル人ハ一念ナリ、シカレハ五万返無益也、本願ヲ信セサルナリト申ス、基親コタエテイハク、念仏一声ノホカヨリ、百返乃至万返ハ、本願ヲ信セストイフ文候ヤト申ス、難者云ク、自力ニテ往生ハカナヒカタシ、タタ一念信ヲナシテノチハ、念仏ノカス無益ナリト申ス、基親マタ申テイハク、自力往生トハ、他ノ雑行等ヲモ願フト申サハコソハ、自力トハ申候ハメ、シタカヒテ善導ノ疏ニイハク、(中略)マタ聖人ノ御房七万返ヲトナエシメマシマス、基親弟子一分タリ、ヨテカスオホクトナエムト存シ候ナリ、仏ノ恩ヲ報ズル也ト申ス、

と記し、

ソノノチ何事候乎、抑念仏ノ数返、ナラヒニ本願ヲ信スルヤウ、基親カ愚按カクノコトク候、シカルニ難者候テ、イワレナクオホエ候、コノオリカミニ、御存知ノムネ御自筆ヲモテカキタマハルヘク候、難者ニヤフラルヘカラサルユヘナリ、別解別行ノ人ニテ候ハヽ、ミミニモキキイルヘカラス候ニ、御弟子等ノ説ニ候ヘハ、不審ヲナシ候也、

と述べた書状を添えている。平基親は、毘沙門堂の開基平親範の子で、源空の門をたたくとともに、毘沙門堂に住んだ明禅という源空門下の外護者でもあった。(補註1) 基親は、この書状のなかで、一念多念の分別について源空に尋ね、信を一念にとり、数返は多念を重じた源空の教えを受けて、「仏ノ恩ヲ報スル」ために多念すべきであると考えるが、門下の所説では、難者が信用しないゆえ、自筆で答えてほしいというのである。一念多念の論争は、すでに親

鸞の師源空在世中から起こっていたわけで、一念に止まることは誤りで、仏恩報謝のために多念を相続するという考えは、源空やその身辺から発していた。このとき源空は、基親に答えて、

オホセノムネ、ツツシムテウケタマハリ候ヌ、御信心トラシメタマフヤウ、オリカミツフサニミ候ニ、一分モ愚意ニ存シ候トコロニタカハス候、フカク随喜シタテマツリ候トコロナリ、シカルニ近来、一念ノホカノ数返無益ナリト申義イテキタリ候ヨシ、ホホツタヘウケタマハリ候、勿論不足言ノ事カ、

と返書の案に記している。こうして親鸞は、「すかせまいらせ候ても」悔いない師の源空の教義には、極めて忠実であったし、聖覚・隆寛の所説にも、先達として従うべきものを多く見出していた。だから親鸞が、この三者の所説を、より深めても、源空と平基親の往復書状を『西方指南抄』に収めて源空の教義を伝え、聖覚・隆寛の著を書写し、それらの文意をつくった所以も肯けるし、自筆書状の要請は、なにも親鸞と東国の門徒との間に見られるばかりでなく、遡って源空と京都の公家や東国の武家との間にもあったことは、源空の教義と社会的背景を考え、親鸞の教義と立場を決めるのに、重要な要素になるであろう。

因みに親鸞は京都にもどったのち、弟の天台僧尋有の坊におり、顕智は、そこで聞書をつくっている。また親鸞は「弟子一人モモタスサフロウ」と語ったとされ、〝浄土真宗〟の教団をつくる意図はなかったようである。このような親鸞の行状が伝わるのは、前者に、かつての天台僧としての生活が、後者に、師源空の存在がかかわっているからである。しかし智真は遊行し、賦算し、人々に書状で答えているが、〝自筆〟の書状と伝えるものを残してはいない。そこに源空・親鸞と智真との違いが見えている。(補註2)

註

（1）高田専修寺所蔵　古写書簡。

（2）慶信書状。

（3）本派本願寺所蔵。

（4）建長七年（一二五五）一〇月三日書状註記。

（5）文応元年（一二六〇）一一月一三日書状註記。

（6）高田専修寺所蔵　古写書簡。

（7）『末燈鈔』閏三月二日書状。

（8）『末燈鈔』。

（9）高田専修寺所蔵。

補註

（1）『日本宗教社会史論叢』所収、拙稿「毘沙門堂と明禅」参照。

（2）一遍の書状は、『播州法語集』に収められており、当然自筆書状があったと思われるが、源空や親鸞と比して、その数は少なく、公家と僧に宛てたものが多い。

浄土宗教団の形成と発展（補註1）

法然房源空が生まれたのは、長承二年（一一三三）鳥羽院政の初期である。荘園と受領とを基盤にする院政の体制は、源空の故郷である美作の久米南条の地にも及び、父の漆間時国が住む稲岡南庄は、そのころ院の御領であったように思われる。漆間氏の祖先も、父の稲岡庄における立場も、詳らかにはできないが、漆間氏は、早くからこの地方に住みついて、院政のころまでには、武士的な豪族となっていたのであろう。のちに漆間氏は、母の一族である秦氏などとともに、美作の四貴姓と称されている。

九歳の幼い源空に、その生活を変えさせた父の死は、稲岡庄の預所明石定明との争いがもとになったという。今日でも稲岡庄のあたりは、両側に低い山がせまり、耕地は広くない。このような土地をめぐって、院政の支配と在地武士との間に軋轢が起っていたと解することもできる。やがてそれが、源空の出家に結びつくならば、浄土宗の〝立宗〟は、院政期の所産であり、古代の律令制が崩れる過程に現われた仏教の覚醒ともいえる。

古代の美作には、もともと真言・律宗の勢力が強かったが、院政のころには、ようやく天台宗の教線がひろまりつつあった。父母が男子の出生を祈ったという近在の本山寺も、源空が喝食として入った国境に近い菩提寺も、その教線にふれて、律から転宗した天台宗の寺院で、それぞれ源空には身近かな関係があった。だから漆間氏の由来にしても、父母の観音信仰にしても、源空の身辺の文化には古さが覆っていたのに、やがて源空が叡山に上ったのは、この時期に美作では新しい天台宗教団の展開に武士的な豪族漆間氏が結びついた結果である。

源空を預かった菩提寺の僧観覚が、かれを延暦寺の西塔北谷の持宝房源光に托したのは、自分の法系の縁によったのであろう。久安三年（一一四七）十五歳で出家した源空は、まもなく同じ東塔西谷の功徳院に住む皇円の弟子となった。ここで源空は、恵心流の教学に接するとともに、貴族僧たちの生活も見聞したはずである。それは源空の将来を大きく方向づけるとともに、逆に貴族僧とは違った行き方をする契機も与えていた。後に伝記の編者が、漆間氏を美作に流罪となった嵯峨源氏の後裔に結びつけたのは、源空の俗系が、藤原氏からは遠く、また当時抬頭する清和源氏や桓武平氏にもつらならなかったためである。叡山が公家貴族の場となり、青蓮院・梶井の両門跡が生まれる大勢の中では、智慧第一の法然房も、門閥を背景にする貴族僧の間で、頭角を現わすことは難しい。源空が早くから隠遁の志を懐いたと伝えるのも、教団の実情と俗系との行き違いによったからでもあろう。後に源空が宜秋門院任子の授戒のため宮中に参じたとき、藤原定家が、卑賤の僧にはこのような先例がないと批評している。俗系を重じ、僧位や僧官を望む貴族僧にまじって、源空は地位の上で将来に光明を見出しにくい。事実源空は、生涯のうち宮中に参じたのは、わずか二度だけと弟子に語ったという。

しかし源空は、こうした天台宗教団を棄てたのではない。やがて慈眼房叡空の弟子となって、師の住む黒谷別所に移った。この別所は、延暦寺における天台宗教団の発展の結果、西塔の延長として生まれたものであったから、源空は、なお教団の枠内にあったわけである。それより先源空は、師の源光の一字を与えられて、その諱をつけたが、叡空の許で法然房と称したとき、梶井門跡の僧として、師の相越久我氏との縁をもつようになった。そしてこの時期を境に別所聖の仲間に入り、黒谷に伝わる恵心流の念仏三昧を習うことになったのである。

勢至丸という幼名は、智恵にすぐれた源空の映像であろうが、すでに黒谷隠遁以前に、天台の三大部を読んだというのも、この映像の表現で、それまでの源空が、ひとえに天台の教学と修行の中で暮していたことを示している。隠遁後の数年は、叡空の許にあったらしいが、やがて嵯峨の清凉寺に参籠し、醍醐や奈良を訪ねたという。他寺に遍参し、諸宗を習うのは、そのころ天台僧などの常で、兼学は当然のことであったから、源空は先学の例を追ったわけである。江戸時代までに編纂された十数種の伝記には、それぞれ成立の事情があり、源空の生涯を史実として跡づけるには、天台宗的な、また宗祖としての粉飾や門派による附会を除かねばならない。源空が中川の実範に法相を学んだというのは、仮空の造事であり、醍醐寺の寛雅、園城寺の公胤、東大寺の蔵俊が、いずれも弟子の礼をとったなどというのも、誇張であろう。しかし寛雅・公胤・蔵俊は、師の相越久我氏にゆかりの僧であるから、法門を附属されたなどと伝える粉飾を除けば、源空が師の叡空を介して、この三僧と交わり、それぞれ三論・律・法相の智識をひろめたのは、ほぼ確かであろう。そしてこれらの遍参と兼学が、天台の別所聖としての源空を、黒谷や延暦寺よりも、もっと広い場と多くの関係の中に推し出していたのである。

その後、文治のころの大原談義まで、源空の動きはあまりわからない。しかしそれまでに源空とその身辺には、かなりの変化がある。鎌倉時代の中頃には、貞慶や高弁などが大原談義に列席し、源空が旧仏教の僧を論破したように伝えている。しかし事実は、当時大原別所に隠遁していた梶井門跡の僧顕真が中心となり、大原別所の勝林院で浄土の法文の談義を行なったもので、その場には、同じ別所の聖やそのころ交渉のあった重源と東大寺の僧、それに嵯峨往生院の念仏房など、いずれも源空と関係のある僧たちが加わっただけのようである。しかし当時源空の声望が、他宗の僧との談義に出るほどに高まっていただけでない。顕真は、その後勝林院に不断念仏の僧を定めて、顕密の教えを棄てたと非難されるなど、源空の教学に独自のまとまりと説得力が感じられる。同じ文治六年（一一九〇）、重源の招きで東大寺に『浄土三部経』を講じたのは、このような源空の広まりと展開の結果で、源空の教義が、僧俗の注目を受けるようになった時期を示している。はたしてこの前年九条兼実は、源空に浄土の法文を尋ね、往生の業について尋ねている。しかし一方兼実は、同じ年に源空から戒も受けた。それは叡空から相承した天台の円頓菩薩戒で、僧俗の源空に対する評価は、天台の浄土教の僧としてであったことを物語っている。

東大寺講説のとき源空は、諸経の中から『浄土三部経』をとり上げて〝立宗〟の意味を述べ、勝劣・難易の二義を立てて諸行と念仏とを判釈し、弥陀が立てた念仏往生の本願は、有智・無智を選ばず、持戒・破戒を嫌わず、少聞・少見を棄てず、出家・在家を問うことがない。一切の有心の者が、唱え易く、往生し易いのが口称念仏の行で、諸行を捨閉閣抛、すなわち選択された正定業である。聴聞の人々には、貴賤も男女も、智識や行業にかかわらず、この機縁厚い浄土の法門に帰依して、誹謗しないようにと説いている。この講説の全てが『選択本願念仏集』（以下選択集と呼ぶ）と同じではないが、趣旨の基本には変わりないから、源空は、すでに文治六年（一一九〇）以前に〝選択〟にふみ切っていたと考えられる。諸伝記には、その年を安元元年（一一七五）というけれども、にわかには決め難い。

ところでこのふみ切りは、いうまでもなく〝偏に善導に依〟って行なわれたが、源空が唐の浄土教の僧善導の『観経疏』に依拠したのは、善導が三昧発得という己証をもつ僧だからである。源空は、黒谷で天台の念仏三昧を習い、延暦寺の末寺である霊山寺や滝山寺でも修したうえ、建久九年（一一九八）『選択集』選述の年には、三昧を発得して阿弥陀仏を観じている。つまり口称念仏が往生の正定業であることは、三昧を発得した善導によって示され、源空自身も己証できたものなのである。

しかし発得の時期については、なお疑問があるうえ、源空は『選択集』の撰述後にも円頓菩薩戒を棄てなかったから、〝立宗〟をもっと晩年に推定する説も成り立つのである。ところで東大寺講説のとき源空は、善導を三昧発得の僧というのに、『選択集』では弥陀の化身とする。したがって文治・建久の間に、源空の善導観が変わり、また教義にも展開があるので、建久の三昧発得を、そうした展開の契機の一つと考え、『選択集』を、已証後の教義と解することができる。しかし東大寺講説の趣旨の基本は、〝選択〟後のものである。それなのにより以前には、発得の事実が伝えられず、已証は認められない。とすれば東大寺講説当時の〝偏に善導に依る〟態度は、『観経疏』という文に依る智的な理解によったことになる。しかも善導が観仏を重んずるのに、源空は口称念仏を選択するという違いがある。こうして源空は、まず『観経疏』の閲読によって、『観無量寿経』の四十八願を心読したといわなければならない。そうしてやがて源空は、三昧発得によって已証を得たのである。ここに源空が、天台の浄土教と袂を分かつ所以がある。つまり源空は、心読と三昧発得によって天台宗から脱却したわけであるが、その反面では同じ念仏三昧によって、あくまでも天台宗に連なっている。全く絶縁と見える断層は、地層のそれのように、天台の流れをはっきりと残しているのである。しかし源空が、念仏為本としたか、念仏為先としたかは、問題である。

源空が黒谷別所から吉水に移ったのは〝立宗〟した安元元年（一一七五）のことと諸伝記に伝え、それが天台宗教団からの訣別と庶民層への接近を意味すると考えられている。しかし源空は、その後でも戒を仏法の大地とい い、円頓菩薩戒を伝授し、また宮中に参じ、九条兼実などの公家とも交わった。吉水の坊舎のいくつかは、明らかに公家との縁があり、一時住んだという賀茂の河原屋は、皇の皇円が住んだ功徳院の里坊であった。たしかに建久のころ源空の身辺には、無智不善の輩も集まり、弟子のほかに、その教えを唱導する念仏上人などを通じて、その教化は庶民層にも及んでいたに違いない。しかし公家的な天台宗の黒谷別所との縁が切れたとはいえないし、公家を離れて、庶民層にだけ近づいたのでもない。吉水に住む源空は、なお天台の別所聖の性格を多分にもちながら、専修念仏を唱導する聖であり、朝廷や公家の要請を拒まなかったし、武士や庶民の訪れも受けている。元久元年（一二〇四）の『七箇条制誡』に、唱導を好む輩が邪法を説いて、無智の道俗を誤まらぬようにと誡めたのは、このような源空の立場を明らかにしている。

大江匡房は、その著『続本朝往生伝』の中で、源章任と源頼義の伝を記したあと、この一、二の例を見ると、十悪や五逆の者でさえ念仏によって往生できたのだから、それ以上の善根功徳を積んだ者はいうまでもない。念仏という行業には、大いに浄土往生の望みがかけられると附け加えている。頼義のように殺命の罪を犯す者にとって、また造像起塔など思いもよらぬ卑賤の者にとっては、善根功徳を説く旧仏教に、救済は期待できない。これらの人人が〝助けたまえ〟と絶叫して、仏の助けという他力に頼り、また善根を積めぬままに、念仏だけを唱えることはあっても、それらの信仰や行業が、体系的な教義にまで高められることはない。それらは公家が善根の一つとして行なう念仏の模倣であり、遊行する聖などの教えが簡約された場合に生まれた形態と解すべきである。しかしかれらの現実生活における〝罪深い行ない〟と単純な信仰の表現とは、罪業ある凡夫の往生、つまり〝悪人〟の往生の生々しい素材なのである。自分は〝悪人〟でもなく、善根を積む公家であった匡房の言葉は、善根もなく、臨終に念仏して往生した章任や、殺命を含む武勇の行為に誇りをもちながら、他方多年の念仏によって往生した頼義に対する公家の驚きであり、〝悪人〟に触れてまとまっていった公家の念仏に対する期待の表現であった。多念に怠りなかった三善為康が、その著『後拾遺往生伝』に、比丘尼妙蓮が、小豆を拾って念仏の数遍をたしかめるだけの小善根で、往生という大利を得たと述べたのも、同じ驚きと期待である。

源義仲が京都に攻め入った日のほかは、経文を読まなかったときはなく、一生不犯で生涯を終えた源空が、弟子の親鸞のように庶民に近く生活したり、あるいは隆寛のように武士から積極的な外護を受けた様子はない。こうした源空が、直接〃悪人〃の素材に触れる機会が多かったとは思われない。むしろ別所聖の面影を残して救済を説く唱導の場と、天災や兵馬の行きかいに末法を身近かに感じ、念仏への期待をもちながら源空を見る公家との交わりの場は、もっと具体的な武士や庶民との連なりがある。源空の前半生と時を同じくする澄憲の『作文集』には、女子や卑賤の者を対象とする語句が散見し、かれの説法には、当時の公家がもつ唱導の常識を破るものがあった。澄憲は、藤原氏の出身であり、その子は源空の弟子ともされるほどの聖覚である。つまり源空に身近かな公家や聖の間では〃悪人〃への認識が形づくられていたのである。そして後に源空が、九条兼実の要請によって『選択本願念仏集』を撰述したのは、このような連関の延長といえるし、その前後で源空の身近かな僧には、同じような要請による著述の例が二、三ある。しかし匡房や為康の往生伝は、異相往生の人々を集めたもので、両人の念仏は、善根の壁を破ってはいない。だから公家の期待は、そのような天台の念仏の中に止まり、澄憲のような聖の呼びかけも、旧仏教の唱導の範囲を越えなかった。期待が信に変わり、呼びかけが救済に転じ、それらが教義として体系化されるには、源空の選択による専修念仏を待たなければならなかった。ここにも古いものと新しいものとの断続の両面がある。

源空は、源信が『往生要集』の中で善導を指南とし、世人から念仏宗と称された禅林寺の永観が善導の教義も引用して『往生十因』を著わし、東大寺の珍海の著『決定往生集』もまた同じであるといって〃善導に依る〃ことは自分が始めではないと述べている。院政のころ『観無量寿経』は、僧俗にかなり読まれているが、それと善導の教義の始まりとは深い関係がある。永観や珍海は、この大勢の先端にあった僧で、源空の言葉の背景には広い範囲での善導への傾斜があったと考えられる。だから源空の著が、『往生拾因』や『決定往生集』に引く念仏の要文を多用しているからといって、永観や珍海を〝立宗〟の前提として過大視することはできない。またそのころ東大寺に善導の『観経疏』が全部そろっていたからといって、源空がそこで閲読したとは限らない。むしろ永観がはっきり示したような専修念仏への志向が、大勢として僧俗の間にあり、〝悪人〟の素材が、数多くあからさまに知られて、唱導の対象の中にとり上げられるようになったことが重要である。源空の著わした『往生要集略料簡』以下四種の『往生要集』の註釈は、東大寺講説よりも成立が早いとされ、また『選択集』には、『観経疏』とともに『往生要集』の文を数多く引用している。源空の依拠は、まずここにあったわけで、『往生要集』を閲読したときに、それが善導の教義によっているのを知り、『観経疏』に引かれていったという源空の経緯は、そのまま素直に信じてもよいと思う。

しかし源空は、依拠する善導との間に、血脈の相承も、法文の授受もなかった。東大寺講説のとき源空が、浄土宗に血脈の相承なしといったのは、正しい表現である。ところが『選択本願念仏集』の中では、浄土宗にも中国以来の血脈があると述べている。これは旧仏教々団からの非難と表裏の関係にあり、源空の意識も、それらに答えることにあったろう。『往生要集』を数多く引用したのは、源空がまず源信に導かれたからであるが、善導から一足に飛んでしまう教義の相承を弁護して、旧仏教の中でも根拠と先例があると証明する手段にもなる。しかし天台の諸師を越え、飛躍して〝善導に依る〟限り、こうした非難に対する完全な答えはない。この意味でも源空は、天台宗から断絶したわけで、旧仏教が説く善根功徳による救済の壁を打破する結果となったのである。

建久九年（一一九八）に著わした『選択本願念仏集』の中で源空は、選択、つまり諸行を捨閉閣抛した口称念仏の行は、弥陀の本願であり、善導が三昧正受した正定業であるから、往生の業は、口称念仏をもって先（本）とする。この行は、正像末の三時と法滅百歳の時に通じ、軽重の罪を兼ねて滅ぼし、善根・見聞・持戒などの如何を問わず、時機相応の勝れて行ない易い業であるという趣旨を、経疏からの要文の引用と問答の形式とによって述べている。つまり『選択本願念仏集』は、天台の念仏三昧からの断絶、つまり聖や公家の念仏への志向の限界の打破を、当時の二つの著述形式を併用しながらまとめた文類といえる。

源空は、教団をつくることに積極的な意志はなかったようである。しかし叡空門下では同行であった信空が、師の滅後自分に従うのを拒けてはいない。だから源空が授戒の師として知られ、その教義が広まると、弟子となる僧や唱導する念仏上人が来り、公家や武士が吉水を訪れた結果、いわゆる浄土宗教団の端緒が形成されていった。

信空がまず叡空の門に入ったのは、その養家である葉室氏との師檀関係による。また久我氏の養子であった証空も、早いうちに弟子となった。つまり別所聖としての源空には、このような師檀関係から門下となる公家出身の弟子があり、兼実のように授戒の関係から入る者もあった。聖覚は、年齢の上で源空とはあまり違いのない天台宗の僧であったが、受戒から源空に近づいたという。隆寛は同じ皇円の門下として、源空には身近かであったし、明禅は、大原別所と関係深い東塔の僧で、葉室氏との縁から、まず信空に従っている。そして幸西や聖光も、かつては叡山の住侶である。つまりかれらは、梶井門跡という法系や住坊の縁に結びつき、別所やその俗的関係に連なっている。しかもかれらは、紫野門徒（信空、明禅）・長楽寺義（隆寛）・西山義（証空）・一念義（幸西）・鎮西義（聖光）などの派祖となった僧たちで、源空の有力な門下である。これは、前述したような別所聖としての源空の立場の故であり、初期の教団が、天台宗教団と入りくんでいたことを示している。

源空は、滅後に念仏の義を正しく伝える者として、隆寛と聖覚に期待したといい、嘉禄の〝法難〟後、源空の遺骸は、信空の流れをくむ嵯峨門徒の手によって改葬された。隆寛や聖覚は、天台宗の教学にも明るく、源空の同調者ともいうべきであり、もっとも安定した先達といえるし、親鸞が聖覚の著を高く評価しているのは、源空の拠りどころが奈辺にあったかを物語るものである。

親鸞は、六角堂での夢想によって、源空の門を叩いたが、親鸞が公家の出身であり、東塔の堂僧であったことを考え、六角堂という聖の唱導の場をぬきにしてはならない。夢想は、それらの関連の集約的な事実なのである。親鸞の学風は、大原問答に列席したと伝える東塔の僧宝池坊証真のそれに似ているとされている。まして教団形成への意志をもたず、晩年まで師源空の教義の祖述に努め、正嘉のころその遺文を『西方指南抄』に編した。またかれの門下につくられた高僧連座像には、信空・聖覚・源空と遡る祖師像が画かれ、鹿島門徒の要請によって、『拾遺古徳伝』がつくられたのは、南北朝ころまでの真宗教団が、源空門下の一派である大谷門徒にすぎなかったことを示している。

ところでこの大谷門徒には、東国の農民など、一向に下劣な凡下の輩が多く含んでいたが、浄土宗教団の外延は、その教義だけでなく、人のうえで、黒谷よりも京洛に近い吉水の地から在俗の方へと伸びている。『御臨終日記』には、源空の〝往生〟を知った輩として、弟子や公家のほかに、源空にもゆかりのある嵯峨や吉水のある東山辺の庶民をあげている。それは、源空の教えが、弟子の住房や念仏上人の唱導の場から広まって、それらの周辺で一般に浸透したことを物語っている。高弁が大和で見た念仏上人や遠江で在俗にまぎれていた禅勝房の姿などは、確かな裏づけといえるし、嘉禄の〝法難〟のころ、専修念仏の徒が集まっていたのは、清水寺・祇園などで庶民が多く住む所である。元久二年（一二〇五）の興福寺奏状に、源空は破戒を宗とし、道俗の心にかなうような教えを説くと非難し、貞応三年（一二二四）の延暦寺奏状にも、貴賤男女が源空の教えに走り、人々は狂い酔うが如くであると述べたのは、事実を正視していないにしても、このような状態を示すものである。

こうして源空の教義は、天台宗の法系や教団の広がりをたどり、あるいは弟子や聖・念仏上人の唱導にのって僧俗貴賤に普及したと考えられる。源空が伊豆山の源延に『浄土宗略要文』を書き与え、駿河の実相寺には、紫野門徒の明禅の門流が伝わったのは、前者の例であり、この伊豆山などを通じて、東国に伝わった源空の教えは、金沢文庫本の『念仏往生伝』に散見している。剃髪した熊谷直実は伊豆山を通り、大胡実秀の居所は、『念仏往生伝』の編者行仙の住む上野の山上に近い。熊谷や津戸三郎が、源空の根本の弟子と称されるのは、在俗の中でも、源空に近い系路から帰依し、面授や書状によって直接的に教えを受けたからで、後者の著しい例である。

こうして京都を中心に、人と場所の拠り所ができると、それを足場に、源空の教えはより在俗に浸透していった。しかし前述のような三つの普及の仕方には、それぞれ問題をはらんでいる。すなわち公家や旧仏教々団の倚が、専修念仏へと吸収されてゆくのは、日蓮が指摘したように、旧仏教の基盤をおびやかすものであり、天王寺における空阿弥陀仏が、庶民から熱狂的な帰依を受けたとき、たとえその念仏が、六時礼讃などの旧い形をもっていても、旧仏教の中の念仏とは区別され、排斥されなければならなかった。それらは、旧仏教の教義を否定するだけでなくその公家的な基盤も侵すからで、ここに旧仏教からの迫害、すなわち〝法難〟が起る所以がある。しかも迫害の先端に立って、『興福寺奏状』を書いたという貞慶や『摧邪輪』を著わした高弁は、真言や律・法相の血脈から見ると、源空が訪ねた醍醐や奈良の僧に近い。つまり迫害は、源空やその門下の身近かから始まっているわけで、叡山の僧徒が急先鋒であったのも、同じ状態を物語っている。換言すれば、専修念仏の普及と迫害とは、同じ場で表裏の関係にあったのである。

『興福寺奏状』には、九箇の過失をあげ、八宗が心を同じくして訴えるのは、前代未聞であると述べているが、その過失の半ばは、浄土宗が専修念仏の教義を真正面から立てるとき、当然蒙るべき批判であった。天台教学の裏付けがあり、戒律を守った源空自身が、それらの過失を犯したのではない。しかし捨閉閣抛の結果として、持戒破戒を越えた凡夫の救済を強調するとき、自力の価値が低下して起る破戒と諸仏・諸行の誹謗、それに邪法の唱導が問題であった。『念仏者追放宣旨』や『愚管抄』に記す非難も、みなこの三点に集中され、天台宗の念仏三昧をふまえ、持戒する源空自身から見ても、それらは不当なのである。『興福寺奏状』が出された前年の『七箇条制誡』は、門下の僧に対するものであるが、やはりこの三点を誡め、とくに正法を誹謗せず、戒律を持し、祖師と経論に従い、智行を修めることを強調している。それらは専修念仏の僧にあっても前提であり、正しい念仏者であれば当然守るべきことであった。それなのに源空が力をこめて説いたのは、弟子や念仏上人の中に、それすら守らない者が多くなったからで、この一線を逸脱することは許せなかった。源空が行空以下を破門したのはこの故で、前述の三点を犯す無智不善の輩は、そのうえに多くなっていた。こうして〝法難〟は、教義の否定を含めた旧仏教々団の危機と女犯などを含めた門下の非行などを原因として起りながら、表面では、勅許なくして立宗し、旧仏教の教義を棄てて新義を立てたなどという点に集中されるのである。

しかし念仏三昧をふまえ、持戒の僧であった源空の思想は、決して旧仏教と無縁のものではない。旧仏教の念仏とまぎらわしい面があったうえ、天台宗の僧侶の間では、弥陀に頼って罪障を消し、極楽へ往生する者もあるに違いないという考えがあったから、持戒の聖である源空を、専修念仏という新義だけの理由で罪におとすことはできなかった。南都北嶺からの訴えの裁きに当たった蔵人の三条長兼など、公家の間では、専修念仏を偏執なものといって禁止すれば、念仏そのものを衰えさせる結果が生まれるかもしれないといって、源空の処罰をためらっている。しかし女犯などの道徳上の問題は、公家社会の倫理にも触れるし、律令制度では、僧尼令の定めに違反する。訴えの条々のいくつかを除いて、行空と遵西・住蓮房だけが処罰されたのはこのためで、後に空阿弥陀仏が京都から追放されたのも、倫理のゆえであった。そしてこのような事実から、源空を天台的な幅をもった持戒の聖として受けとる公家と、多くは弟子や念仏上人を通じて源空の教えを知り、かれらのまわりに群集し、あるいは熱狂する庶民との間には、受容の仕方に違いがあることに気がつく。源空は弟子や同行が一ヵ所に会合するのを禁じている。それは、旧仏教からの圧迫を避けるためでもあったが、庶民の群衆の中には、夜盗などの念仏者以外の不純な輩もまじり、治安上の問題も発生したからである。

こうした教義以外の問題をいだきながら、建永のころには、京都を中心に公家と都市の庶民の間に専修念仏が高まり、それにつれて南都北嶺からの圧迫がくりかえされた。そして、安楽房遵西・住蓮房の罪に連坐して、承元元年（一二〇七）源空は流罪に決した。ときに弟子の中でも証空・幸西・親鸞が同じ罪におとされたのは、かれらの主張が鮮明であり、旧仏教教団や公家の間で影響が大きかったためと思われる。しかし天台宗や公家との関係が深い証空と幸西は、慈円の預かるところとなって配流を免れた。証空の西山義が京都を中心に発展し、幸西の一念義の門流が、なお天台宗教団の中で活動したのは、その結果であり、親鸞が越後や常陸で教線をひろめ、教義を展開する契機をつかんだのと対照的である。

源空は、翌々年入京を許されたが、翌建暦二年（一二一二）大谷の住坊で入滅した。その後定照の著わした『弾選択』がきっかけとなって、二度目の大きな圧迫、つまり大谷の墳墓破却という事件が起った。この嘉禄三年（一二二七）の〝法難〟では、さきに処罰を免れた有力な弟子の隆寛・幸西及び空阿弥陀仏が処分をうけたが、信空や証空はやはり無事であった。それらは、専修念仏の広まりが、承元の時よりもっと大きくなったからであり、信空や証空の立場は、旧仏教とまぎらわしく、公家との関係が強かったためである。しかしこの〝法難〟を契機に、幸西の一念義は阿波に伝えられ、鎌倉の御家人森西阿の外護を受けた隆寛の長楽寺義は、東国に拠点をもつこととなった。

源空の門下について、住信はその著『私聚百因縁集』に幸西・聖光・隆寛・長西・証空の五人を挙げ、日蓮は「一代五時図」で行空を加え、凝然は『浄土法門源流章』で信空を入れて七人を高弟としている。旧仏数の僧であった凝然が、幸西を第一にして信空を入れたのは、かれらの教学のあらわれであり、日蓮が聖光・隆寛に重きをおいたのは、当時の東国における教団の在り方を示し、さらに時代の下った『法水分流記』に新しく親鸞を記すのは、南北朝時代の京都における大谷門徒の発展を反映している。だから異なった立場から選ばれた先述の五人は、誰が見ても、鎌倉時代には有力な門派の祖で、教団の中心であったことになる。

源空は、諸行と口称念仏を取捨した。しかし依拠する『観無量寿経』には、捨てるべき諸行も述べてあることについて、念仏を顕わすための方便と説くが、十分な論理とはいえない。また『無量寿経』に見える第十八願は、口称念仏が往生の業であることを示し、第十九願は、それを行なう者の往生を誓う願であると説くが、第十九願には、善根功徳を修する者も、弥陀の来迎を受けるとあって、完全な解釈とはいえない。また源空は、弥陀の本願に対する信は一念の中にも成立するが、念仏の行は一生相続して多念をはげむように奨めたという。伝記には源空が、信と行との座を分けて、弟子たちに選ばせたとき、親鸞は信の座についたと伝えているが、一念か多念かの問題も残されている。しかも源空は、黒谷の戒を相承しているから、弥陀の本願は持戒・破戒を問わないという主張と矛盾する。鎮西義で、派祖の聖光が、もと天台宗の僧であったことを明らかにし、鎌倉の光明寺には、黒谷の戒が伝わることや、西山義の証空が、念仏と戒律との一致を説いたのは、この矛盾の解釈といえる。このように源空は立宗し、『選択本願念仏集』などにその教義を記したが、弟子には多くのことが疑問として残されていた。しかもかれらは、教団の外から来る南都北嶺の圧迫に対しても、また帰依する聖や在俗の志向に対し答えてゆかなければならない。その場合かれらは、教団の内外における各自の立場と修得した教学によって、それぞれの解決を見出してゆくわけで、ここに同じ源空の門下から、いくつかの異義が生まれる。その傾向は、源空が『七箇条制誡』の中で、師の説でないことを唱導しないようにと誡めたころすでにあらわれ、滅後十年ころには、異議紛々として、いわゆる四派十三流などという門派の分流が始まるのである。

源空に早くから従った信空は、師の姿にもっとも近い弟子の一人と考えられるが、その紫野門徒には、毘沙門堂の明禅のような貴族的な僧が出て、その弟子信瑞が著わした『明義進行集』では、隆寛・聖覚など、公家出身の天台的な僧を高く評価している。それは、葉室氏から出た派祖信空以下の公家的色彩のあらわれで、久我氏の養子であった西山義の証空が、西山の往生院に入って、徳大寺氏などを檀越とし、多くの公家出身の僧をかかえたのに通じる。そこには、源空門下と公家との関係が素朴に示されているが、紫野門徒とその流れを汲む湛空の嵯峨門徒やこの西山義が、京都を中心に発展し、〝法難〟を免がれた理由でもあった。しかもこの三派は、天台的色彩が強かったが、なかでも嵯峨門徒は、二尊院を根拠に、いっそうその傾向が強く、室町時代の中ごろまでには、宋の天台宗の影響もあって廬山寺の法系と混じってしまい、ひとり西山義だけがあらわれてくる。

幸西の一念義も、派祖の天台的な公家的な性格によって、門徒は京都を中心にしていたようである。その著『京師和尚類聚伝』と『玄義分抄』から考えると、かれは善導に依っても、その文義を離れて所説を展開し、仏と凡夫とが冥会する念仏三昧の立場に立っている。それは源空の根底に帰って天台の色彩を濃くするもので、弟子の薩生が山門の中で一義を立て、了智が天王寺に住んだ所以である。覚如の弟子乗専が編した『最須敬重絵詞』や鎮西義の『法然上人行状絵詞』(四十八巻伝)の中に幸西がとり上げられたのは、南北朝時代に、その門派がなお京都で勢いがあったことを示しているが、その後まもなく消滅してしまうのは、大谷門徒や鎮西義の京都進出と関係がある。

明禅の檀越である平親範の子基親が、一念多念と破戒についての分別を問うたのに対し、源空は、一念のほか無用というのは誤りであると答えている。隆寛の長楽寺義は多念義とも呼ばれ、来迎によってのみ往生できるとする純他力の立場は、源空の意の一面を正しく伝えたものであった。そして隆寛が他力を強調するのに、曇鸞の『往生論註』を多く引用したのは、源空の弟子たちが、師の依拠する善導や、さらに浄土五祖に遡って、教義を完成しようとする態度の典型といえる。そこには天台僧であった隆寛の教学の形態が示されるとともに、幸西と同じく、善導を中心にしても、文義を離れて説を立てる態度が生まれる。こうした隆寛は、『一念多念分別事』や『自力他力分別事』を著わしたが、それは在俗に対し、一念か多念かという問いや自力の価値についての疑問に答えた唱導の書であり、隆寛が源空の姿に近い聖であったことを示している。そして親鸞が、これらの著を筆写し、あるいはその意を敷衍して弟子に奨めたのは、かれの教学が奈辺に基づいていたかを物語っている。派祖流罪後の長楽寺義は、京都に留まった敬日と鎌倉で長楽寺を開いた智慶と、泉涌寺に入って律を兼学し、後鎌倉に理智光寺を創めた願行の流とが著しいが、この三僧の経緯は、源空門下の展開における三つの類型を示している。

覚明房長西は、第三の他宗を兼学する型で、源空の滅後、証空に従ったほか、生駒の良遍や東大寺の悟阿などの門も叩き、天台・三論・法相の諸宗を修めた。かれの門流は、京都の住寺にちなんで九品寺義と呼ばれるが、晩年この寺で善導の『観経疏』を講じ、『観経疏光明抄』などを著わしたという。だから同じく善導に依っているけれども、念仏も諸行もみな弥陀の本願で、経文に説く浄土での九品の差別は、念仏者の機根から生まれ、浄土の相違を意味するものではないと主願し、旧仏教への逆流さえ見られる。長西がこのような諸行本願義を唱えたのは、源空の門下で京都の出雲路に住み、同じ諸行本願義と称される覚愉から大きな影響を受けたためであろうが、かれの著『浄土依憑経論章疏目録』(長西録)に収める経疏が、源空や善導以前の浄土教の中から広く採られていることと関連し、聖道・浄土の両門を会通する長西の教義が形成される根拠であり、西山義の証空でさえ破門しなければならなかった理由でもある。長西の門流は、九品寺に住む証忍、出雲路で自立した阿弥陀、師の生地讃岐で布教した慈心、鎌倉に浄光明寺を創めた道教などが、教線の拡大に力があった。なかでも道教の門下は律と交流し、その末端には『浄土法門源流章』を著わした凝然が出で、また『管見抄』を書いた性仙がすぐれている。西大寺の叡尊が下向したころ、鎌倉の律寺に流れ込んだのは、この道教の一派である。このように他宗とまぎらわしく展開したのは、嵯峨門徒の場合と好一対であるが、その源は、派祖長西自身にあったといえる。

しかし嵯峨門徒は、紫野門徒や西山義と同じく、はじめは京都を中心にした第一の型である。とくに西山義の証空は、源空以前に遡り、主として天台宗の教学によって師の教えを説いた一人であるが、その著『観経疏観門義』『観念法門観門義』『往生礼讃観門義』『般舟讃観門義』などによると、法身としての弥陀の理性は、極悪者にも遍満しているから、弥陀の本願と、それを信ずる念仏者は一体になる。したがって弥陀の救済という他力を〝ひらに信じ〟、あたかも色をつけない白木のように念仏するのがよい。しかし念仏の中には、宿業や善根という自力の業も含んでいるから、浄土では九品の差別があらわれると説き、念戒一致の考えも、こうした天台的な理解から生まれた。証空の門下には、西谷流の浄音や二尊院内の浄金剛院に住み嵯峨義と呼ばれた証恵のように公家出身の者が多く、東山義（小坂義）の証入や深草流の円空、西山の往生院を譲られた遊観などを加えて、いずれも京都を中心に教団をつくった。しかし東山義と嵯峨義は、南北朝を境に衰え、光明寺などの西谷流と誓願寺などの深草流が、室町時代の西山義を代表することになる。それは教義の上で、西谷流の行観が『選択本願念仏集』の抄記を、深草流の顕意（道教）が『楷定記』を著わして、一流の大綱を立てたことにもよっている。

つまり鎌倉時代の末期に、西山義では教学の上に転機が見られるが、その本拠である往生院（後の三鈷寺）では、相承の争いの後、如一の法系が住持し、鎌倉時代の末期に康空があらわれる。康空は、顕密を究めるとともに宋の天台宗の影響を受けて『康永鈔』などを著わし、その一流は本山義と呼ばれるが、門下に仁空が出て廬山寺系の教学を大成し、円密戒浄の四学を兼修する風をつくり、その前後には廬山寺・二尊院を兼住する僧が多かった。いわば源空の曽孫に当たる弟子以下の時期に、西山義では教学の刷新が行なわれ、その契機の一つは、宋代の浄土教にあったといえる。この傾向は、すでに親鸞や長西にも見られるが、幸西の弟子明信が入宋ののち、浄土教の書籍を開版するなど、広く鎌倉時代の仏教全般に通じるものがある。

こうして西山義は、京都を中心に公家の帰依を受けたが、初期には、熊谷・宇都宮・塩屋など東国武士も帰入した。それは、武士が聖や公家との関連から入信した在り方を示しているが、伊予の武士の家に生まれた一遍が、証空門下の聖達に学び、後に時宗を開いたことに思い当たる。深草流の顕意は、聖達の継子と伝えるから、この一流の経緯と比べると、一遍の存在は、西山義の展開のうえで大きな意義をもつものといえる。

源空の門下で、地方に発展した第二の型の代表は、聖光の鎮西義（筑紫義）である。かれも同じ武士の子に生まれ、天台宗の僧であったが、晩年の源空に師事して、三重の念仏の深義差別を受けたという。のち西国を遊化し、筑後の武士草野氏の外護があって、大宰府に善導寺を創め、一流の本拠とした。安貞二年（一二二八）肥後の往生院で『末代念仏授手印』をつくって師資の関係を明らかにし、念仏の実践を具体的に述べて門下の邪義を誡めたのは、地方ではげしい異義や亜流に対するものであった。しかしのちのこの授手印の相承は、旧仏教の血脈と同じように鎮西義の法系を示すようになった。しかもそれは、天台の実相論に立脚して、衆生の仏との一如を説く多念義の教えとともに、鎮西義の特色で、天台的な面をもつ理由である。弟子の良忠は、同じく遊化を事としたが、やがて東国に止まって、下総の千葉氏や北条氏一門の帰依を受け、鎌倉の光明寺を根拠に鎮西義の基盤を確立した。その門下は名越・藤田・白旗に分流したが、それは外護者の所在や他宗との交わりの違いによっている。

こうして鎮西義は、まず九州と東国に広まったが、鎌倉時代の末ごろから、その教線は京都でも著しく、朝廷や公家に接近している。『徒然草』に、この派の僧たちも記されるのは、そのあらわれであるが、聖光の門下には三条流や一条流のように、早くから京都に根拠をおいた分派があり、良忠の一流が京都に進出する足掛りとなったわけである。鎮西義が紫野門徒の法を吸収したのは、南北朝のころと思われるが、白旗流の聖冏が虎関師錬の『浄土宗寓宗論』を反駁して、『浄土真宗付法伝』を著したのは、鎮西派の京都における勢いの伸張も示している。こうして京都で長い伝統のある西山義が、本山派を中心に四学兼修へ傾いて、宗祖源空の教学の特色を失っていったころ、やはり源空からは変貌した鎮西義が、聖冏に至って浄土宗の代弁者のような地位に立ったのである。

至徳二年（一三八五）聖冏は『二蔵頌義』を著わして、弟子の聖総に授けた。この書で聖冏は、京都における旧仏教や興隆する臨済禅に対応し、一代の仏教を統合判釈して浄土宗の優越を示したが、また嘉慶元年（一三八七）には、『浄土伝戒論』を書いて、源空以来の円頓菩薩戒の相承の上に、浄土宗の独立を明らかにしたのは、一面で南北朝時代における鎮西義の教学の刷新を意味するものである。これを受けた聖聡は五重宗脈を立てて、一宗の血脈相承を確立し、武蔵に増上寺を建立した。このころから東国では、後の十八檀林の寺々が開かれ、三河では、松平氏との関係も生まれるなど、白旗流の中心とした鎮西義の飛躍的な発展の基が築かれている。

室町時代の西山義は、長い間の地盤をもとに、沈淪する公家と公家化する武家の中から新たな帰依者を得たが、鎮西義に対抗し、また守護領国制が完成され、郷村制が形成されるという地方の情勢に無関心ではありえなかった。仁空や善空が、三鈷寺での置文の中で、地方の末寺について詳しく規定したのは、そのあらわれで、深草流が三河に、東山義が大和に本拠を移したのは、地方布教にも積極的となったからである。こうして西山・鎮西の両義は、南北朝時代を転期に、京都と地方に交錯してゆくが、それとともに西山義の四学兼修の風は、いっそう深まり、再び『往生要集』が重じられ、戒律が復興される。室町時代の中ごろ近江の西教寺を戒称二門弘通の根本道場とした真盛は浄土宗の僧ではないが、そのような浄土教の傾向の典型で、多くの帰依を受けた。また鎮西義は、紫野門徒を吸収し、知恩院や智恩寺を中心に、京都で確固とした地盤を獲得し、両寺の住持は、朝廷から香衣を受けるほど貴族化していった。天文八年（一五三九）に源空に光照菩薩の号を追賜されたのも、このような鎮西・西山両義の多面的な展開の結果で、金閣や東求堂に見られる武家の浄土信仰をはじめ、浄土双六や阿弥陀光のような風俗を通じて、〝他力〟とか〝極楽〟という概念が浸透して、浄土宗そのものから見れば、二次的な文化さえ生んだのである。

補註

（1）本稿は、川崎庸之・笠原一男氏編の『体系日本史叢書』一八宗教史に収めたもので、各事項についての史料は示さなかったし、本書に収めた拙論のいくつかの上に立って書いたものであるので、繁を避けて、註は付けないままにした。

源空の門下について ――とくに天台宗教団との関係

一

法然房源空門下のうちでも、法蓮房信空は、かつて源空と同じ叡空の弟子であったから、それだけ源空には身近い門弟であった。この信空が、藤原下野守某から、「去シ貞応三年ノ夏ノ比、コノゴロ念仏ノ義ヲヤウヤウニ申シ候ヲハ、イカカオモヒサタメ候ヘキト、尋申タル」に答えて、所信を書き送ったという。(1) 貞応三年（一二二四）といえば、源空が入滅してから、十二年たったばかりなのに、そのころ源空の門下では、異義紛々としていたことが知られる。ところがそれから二年まえ、承久の変が終ったのち、但馬に配流された雅成王（高倉院の皇子）が、念仏の用心や不浄のときの念仏について、明禅にそのはからいを尋ねたとき、「方今末学ノ異ヲタタムカ為ニ、先嘉ノ微言ヲアツム、是則弥陀本願極致、浄土真宗ノ精要ナリ、誓願当求往生者、コノ多分一同ノ化導ヲ信シテ、カノ少分異義ノ勧進ニシタカフコトナカレ」と、明禅が答えているように、(2) 源空歿後の教団では、源空所立の〝浄土真宗〟の義を正すことが、もっとも重要な問題の一つであった。

ごく大筋だけをいえば、叡山の奏状にも、源空の言葉には表裏があり、その中心を知ることができないといっているが、そのような源空の教えを受けた門弟たちは、それぞれの所学・所受の相違に従い、また広い意味での境遇や教団の状態に応じて、めいめいに〝浄土真宗〟の所信を門徒に示し、また著述にも残したため、浄土宗の教団は、いわゆる四派に分れ、さらに十三流と変っていったのである。このことは中世における浄土宗の展開を考えるうえで、基本的な問題でありながら、今日まで各派の個別的な歴史は明らかにされても、その綜合的な把握までには、道遠しの感が深いのである。源空の二三の門弟から、まず教団の基底をさぐり、次の考察の準備にしようと思う。

『天台菩薩戒真俗一貫抄』の奥書に、

弘安七年五月廿三日、於黒谷慈眼坊書之、

と見え、(3)また『円頓菩薩戒十重四十八儀鈔』の奥書には、

徳治三年七月一日、始草案之、同十二日、草了、（中略）於叡山黒谷願不退坊集記之、興円、四十六歳、臈三十、

と記されている。(4)この二つの奥書は、鎌倉時代に、西塔の別所黒谷では、天台の円頓菩薩戒の血脈が相承されていたことを物語ってくれる。ところで『円頓戒聞書』の、

抄者根本曽〔祖〕師、成―〔空〕曰、黒谷求道（恵尋）上人御稟承聞書、前後両度二帖、同依帷〔惟〕円房湛―、又奉遇同上人、伝受抄一帖也、

という奥書(5)に見える惟円房湛空は、『天台菩薩戒相承血脈譜』(6)によると、「湛空嵯峨正信房」にあたり、求道房恵尋は黒谷の僧で、この湛空から血脈をうけている。いうまでもなく湛空は、嵯峨門徒の祖であるが、(7)もと梶井系の僧で、毘沙門堂の明禅とは、莫逆の間柄であったと伝える。おそらくこれらの関係から、ややおくれて源空の門を叩いたのであろう。師の滅後は、同行である白川門徒の祖信空に従い、明禅とは同門になった。建暦二年（一二一二）以後から、建保二年（一二一四）以前に、嵯峨へ移り、二尊院を開いたのは、この地になにかよるところがあったためと思われる。(8)嘉禄の〝法難〟ののち、源空の遺骸が、嵯峨に改葬された背景には、この信空―湛空という法系がひかえている。そしてこれらのことは、源空に身近い弟子の範囲を示し、また源空およびその教団につい

て、湛空以下の嵯峨門徒に関連して語られる事実に、程度の差はあってもかなりの信憑性を与えてくれる。

ところでこの信空、湛空をあいだにはさんで、

慈覚―延昌《平等房》―尋禅《飯室》―源心《西明房》―禅仁《宇治》―良忍《大原光禅房》―睿《叡》空黒谷慈眼房―源空《(マヽ)慈眼上人》法然房―信空白川法蓮房―湛空正信房―恵尋黒谷求道房―恵顗黒谷素月房

とつづく円頓菩薩戒の血脈が流れている。(9) このなかでかの恵尋は、黒谷の羯摩房智空と同じく、出羽守阿闍梨季仁に三種悉地の印信をうけ、(10)また前述のように湛空から円頓菩薩戒を授けられた。これらの血脈相承の線から考えて、少くとも叡空以後、源空もふくめて、円頓菩薩戒の血脈が、長く黒谷に伝わったことが確められる。はたして先の血脈の末尾に見える恵顗についだ興円《(恵顗)》の起請文には、

契一十□《(二)》年居当谷練若《(黒谷不退房)》、是則領上人加被為化導継来際、所謂上人是戒法相承師範、真言伝受大阿闍梨、為宗奥義、□□《(所々カ)》秘法更無残処、瓶如瀉水、倩思厚恩、縦捻恒沙身、何奉報此恩、仍為弘師々相承之戒法、欲調円頓戒之律儀、護□□寺法式、依之当谷戒法伝来之本拠故、先於此谷欲始発願之旨、(下略)

とあって、(11)黒谷は、天台の「戒法伝来之本拠」であった。こうして源空が、黒谷で師の叡空に、良忍から伝わる血脈をうけ、(12)その良忍や叡空の先例を追って、公家たちの戒師となった所以も、おのずから理解される。そして信空が、源空に戒ばかりをついだと非難されたのも、(13)このような戒律相承の裏付けがあったことで、信空の白川門徒や湛空の嵯峨門徒を、この相承の末端におけば、両門徒に天台の色彩が強かった理由の一つがうなずけるのである。

さらに源空の弟子勢観房源智は、源空の師皇円の住坊である東塔の功徳院にいた快雅の従弟で、功徳院の里坊である賀茂の河原屋に住んでいた。(14)ところが快雅は、かの恵尋に血脈をうけ、(15)黒谷の戒律相承の線に近い。従って源智は、ただ梶井系の僧であったためばかりでなく、このような関係からも、いっそう源空に親近する機会があった

わけである。こうして黒谷における戒律の相承をめぐって、信空・湛空・明禅・源智という門弟をふりかえると、源空とその門弟との関係は、梶井系というつながりとともに、天台の円頓菩薩戒の血脈相承の流れにそっているのに気づくのである。そしてこのことからさらにすすんで、源空の専修念仏が、天台の法系や血脈にそってもひろまるのが予想できる。

二

起請文が語るように、興円は、黒谷の不退坊に籠り、恵顗から円頓菩薩戒をうけた。この血脈では興円の法孫にあたり、のちに鎌倉の宝戒寺に住持した惟賢は、[16] 梶井系に伝わる胎蔵界伝法灌頂を、興円の弟子義源にうけ、[17] また同じ興円の門下で、師主にあたる恵鎮から、のちに黒谷の本寺青竜寺で、灌頂・受戒と菩薩別解脱戒を授けられた[18]うえ、貞和（一三四五―一三五〇）のころには、東国の僧尼の得度授戒を沙汰している。[19] ところがこのような天台の僧惟賢は、応安五年（一三七二）に自像を造り、

天命相保及此齢、八十四歳、雖持円頓大戒、所犯是多、仏鑑盍怖之、然而持戒日已久、阿弥陀必垂哀愍、如所願引摂極楽、此十一月作愚影、南無阿弥陀仏、（下略）

と記して胎内に納め、持戒による弥陀の引摂を信じ、また念仏も唱えた。[20] もっとも惟賢は、光明真言も修しているから、[21] 念仏と持戒だけによって、その浄土思想を割りきることはできない。この問題は後日に譲るが、鎌倉時代の末期の善阿弥陀仏の例などから推すと、黒谷の教学は、泉涌寺系の戒律にも眼をむけるほどの幅もある。[22] そして天台の「戒法伝来之本拠」である、この黒谷別所の血脈の延長上に、惟賢のような念戒一致の思想があらわれるのである。

先般私は、源空が黒谷に伝わる源信の二十五三昧流の念仏を、立宗の前提としていたことを指摘したが、[23]源空は、文治六年に『浄土三部経』を講じたころ、のちに『選択本願念仏集』で明らかにした「念仏為先（本）」の立場を、かなりはっきり意識すると同時に、持戒を先とする『往生要集』の立場も認めていたようである。[24]源空が、専修念仏の立場からでも、戒律を保つことを、矛盾でないと考えたのは、黒谷の二十五三昧流の念仏とともに、以上のような戒律をもふまえていたからである。そして立宗の年といわれる安元元年（一一七五）以後、『浄土三部経』を講じていたとき、否もっと晩年でさえ、このような思想をもっていたとされるのは、源空の専修念仏が、天台の教義と全面的に衝突するものでなく、天台のなかから捨閉閣抛して、「念仏為先（本）」を打ちだしたことに、その真面目があったからである。『無量寿経釈』には、「選択者、即取捨義也、」といっているのはこの明らかな裏付けとなる。事実源空の授戒師としての活動は、『玉葉』などの記事で知られ、また流罪赦免ののちでさえ、天台寺院である摂津の勝尾寺に寓している。[25]そこで源空の選択立宗とは、この捨閉閣抛が、何時ごろ、どのように始められたかということが問題であり、またその教旨を、どのような形であらわし、伝えていったかということが大切で、源空自身において、天台との対立は、二次的なことなのである。しかしその門弟以下では、様子がちがってくる。つまり天台宗との関係がない者、あるいはそれを切る者があらわれ、戒律を無視し、道徳に背反する者などがでる。ここに旧仏教教団からの非難と圧迫という危機が、具体的に源空及びその門下におとずれる発端がある。

西山派の祖善慧房証空は、西山の善峯寺の別所往生院で、源空の教えを展開させたとき、善導の『観経疏』による一方で、往生院の不断念仏の結衆を背景にしていた。しかも証空には、黒谷との関係も知られていないし、往生院では青蓮院系の僧から制約されている。しかも幼少のときから源空に接して、円頓菩薩戒をうけ、そののちもかなり台密をつんでいる。[26]このような証空が〝法難〟後の情勢のなかで、専修念仏を説く場合、自然に源空の持戒を顧みたであろうし、また泉涌寺の俊芿の弟子智鏡との交りもあったと伝える。(27) はたして山崎の大念寺に安置される阿弥陀如来像の胎内から、『梵網経』などといっしょに発見された戒徳の讃歎文には、

四戒相承、金剛宝戒、諸仏本源、敬帰□□、依心起行、八万余門、釈尊教□、成十六観□、六字具足、開顕弘願、

善悪凡夫、皆得往生、

願以此功徳、平等施一切、同発菩提心、往生安楽国、

南無阿弥陀仏　沙門証空

比丘尼喜忍

と記されている。(28) そしてこの一紙は、発見されたとき、約八十数名に及ぶ僧侶の受戒交名を包んでいたばかりでなく、これらの経典や文書は、かつて往生院の本坊松尾坊の本尊である如法仏の胎内におさめられたことが知られている。つまりこの讃歎文は、前述のような立場のなかで、いわゆる「白木念仏」を提唱した証空の教義の根底に、戒律が横たわっていたことを物語ってくれる。黒谷の血脉にあらわれた惟賢の場合は、南北朝時代という浄土宗の新たな展開期のことで、少しく評価を変えなければならないが、この例にたすけられながら、証空の念戒一致を、信空が蒙った非難と合せて考えると、良忍―叡空―源空―信空、或いは証空という法系に流れた持戒の思想を指摘できる。『浄土三部経釈』のなかで源空は、浄土宗に血脉の相承のないことを公言しているが、源空の思想が、この段階にあったころには、天台の血脉相承を意識し、東大寺でも講ずる余地がある。ところが浄土宗の血脉を立てた『選択本願念仏集』の段階に入れば、むしろ旧仏教の反撥が促される。源空の教学には、このような推移はあったし、またこの故に立宗の意義がはっきりとしてくる。しかし源空が浄土宗の血脉を立てたこと自体に、旧仏教と同じく血脉相承を重ずる意識が示されているし、(補註1) それによって良忍―叡空より伝えた円頓菩薩戒を否定することは

なかったのである。ここに源空が天台宗から受けついだものの一つがあったことに気づくとともに、門弟においても天台の戒律が保たれているのは、源空の教義が、持戒を根底にもち、さらに天台の法系や血脈にのってひろまる証左の一つということができる。

三

出雲路の覚愉は、園城寺に在住していたとき、源空に律の法門を尋ねたという。[29] しかも覚愉は、三十余歳まで園城寺を出なかったというから、[30] 源空は少くとも建久九年（一一九八）のころ、すなわち『選択本願念仏集』を著したといわれる時期よりも、もっとあとまで、授戒師などとして活動する別所聖の姿を残していたことがわかる。やがて覚愉は、光明山で南都系の浄土教に接したのち、出雲路に住む聖として道俗のさかんな帰依をうけた。それでも覚愉は出離の業に迷い、念仏往生を期して隠遁したのは、あたかも源空の前半生に似た経過である。[31] その著『隠遁国記』は、今日伝わらないので、[32] 隠遁への契機をくわしく知ることができないが、大勢から見れば、覚愉はゆるやかに専修念仏へ傾いていったように思われる。しかし『明義進行集』に彼を源空の門弟の一人に数えるのは、これらの考察より以上に、源空との関係が深く、また専修念仏の教義をうけつぐところがあったからでもあろう。しかし覚愉と源空とは、法系や血脈のうえで、近い間柄ではなかった。この両者をむすびつけたのは、おそらく覚愉が法門を尋ね、出離の道を求める心から、天台教団でも智慧第一の源空の門を叩いたことにある。のち覚愉が説いた諸行本願義は、もとより源空の所説とは違うものであったろうが、それは園城寺などで修めた天台の教学に立ち、源空の廃立の根源にさかのぼって善導の所説を仰ぎ、自らの所信をうちたてたものだからと考えられる。[33]

覚愉は公家の出身で、出雲路にいたころには、公家たちから法文などを求められることも多かったらしい。[34] それら公家たちのなかで、藤原定家が覚愉の臨終を日記に記したのは、(35)定家があまり源空に親近しなかっただけに、覚愉の立場と教義が、後世に「随他帰従」といわれたように、(36)より源空からはなれ、天台的なものが多かった証拠になる。彼があらわした『十誓願』は、今日見ることはできないが、(37)その諸行本願義は、弟子の覚明房長西が、やはり諸行本願義と呼ばれる教義を唱えて、聖道門一般のなかで、浄土門の特殊性を立証しようとした態度に通ずるものがあったのではなかろうか。しかし『明義進行集』の著者で、白川門徒の祖信空の弟子信瑞から、覚愉の説くところを見れば、けっして源空の義から遠く逸脱したものではなかったはずである。このように覚愉を外から把握してみた結果は、とりもなおさず天台教団やその教義に対する源空の幅を示している。そしてこのような覚愉の生涯からすれば、広くは天台教団そのものに、せまくは智慧第一の持戒の別所聖としての源空自身の法系や血脈、それに教義のなかに、専修念仏が伝播する契機が秘められていたといわなければならない。

覚愉のおもな門弟には、九品寺流の祖覚明房長西と本願とがあり、ともに諸行本願義を唱えた。(38)長西については、また稿を改めるつもりであるが、(39)その弟子道教も、本願の弟子真阿もこの教義をついだ。しかも道教は、鎌倉の名越附近の新善光寺の別当となり、真阿は、北条長時の帰依をうけて、鎌倉の泉谷の浄光明寺に住持し、東国における浄土宗の一拠点となった。そして凝然の弟子剣阿やその弟子湛叡を中心に、金沢の称名寺などでさかえた泉涌寺系の浄土教と雁行している。(40)なかでも道教は、当時鎌倉の念仏者の主領と見られていたが、(41)金沢文庫には、湛叡が書写した道教の『諸行本願義』一巻があり、その布教は、「天台教観講敷弘通、講浄土広被道俗、門輩非一、連続弘化」したと伝えるように、(42)天台教学もならび行われていた。また永仁四年(一二九六)に真阿が、真了房にあたえた浄光明寺長老職の譲状には、

右当寺者、根本慕善導大師之遺誡、持戒念仏寺也、爰真了房適為持律□仁之間、相州・武州聖霊御譲状並当時

調度之証文等、所譲也、

とあって、覚愉の門流には、念戒一致の思想が流れている。[43] こうして源空においては、専修念仏の高揚のかげにうすれた持戒も、証空・信空、それに覚愉では、ふたたび表面にあらわれている。それらは、源空の〃浄土真宗〃とは違っても、根本的な歪曲ではない。また見方を変えれば、旧仏教からの非難と圧迫のなかで、専修念仏を体系づけようとする門弟たちの努力のあらわれともいえるであろう。そしてこれらの場合天台宗の教団は、非難と圧迫という消極的な役目をはたしたばかりでなく、積極的に門下の教団や教義形成の要素でもあったわけである。

四

駿河の実相寺は、鳥羽上皇の帰依僧であった阿弥陀上人智印が、久安年中（一一四五―一一五〇）に建立した天台宗の寺である。文永のころには、智印―明禅―禅印という法系をたどって、禅印の真弟子道暁が住持していた。[44] ところがこの寺の本尊は、京都の六角堂の如意輪観音を模した丈六像で、[45] また境内には八所権現や灌頂堂などの諸堂とともに、横川風にならった如法堂も建てられ、叡山の伽藍にまねた地方の大寺院であった。[46]

さて智印附法の弟子明禅は、葉室成頼の息で、信空の従兄弟にあたる。[47] その時所は明らかでないが、おそらく承元四年（一二一〇）以後に源空の弟子となり、のち湛空と同じように信空に従った。[48] こうした明禅は、叡空―源空―信空という法系によって、黒谷系の別所聖に転じ、やがて信空の白川門徒として、信瑞の同行になったわけであり、[49] 源空門下の外延が、奈辺にあったかを示している。一方明禅は、都率院流の血脈を、院昭―安仁―相豪―相実―静然―仙雲からうけるとともに、[50] 俗的には、出雲路に毘沙門堂を建立した大原別所の聖、想蓮房円智、すなわち平親範の従兄弟にあたっている。[51] ところで仙雲は横川系の僧であるが、円智と横川との関係などから推すと、仙雲と円智とのあいだには、師弟に類する関係があったと思われる。[52]だから円智が毘沙門堂を建立すると、仙雲を初代の別当に任じた。[53]のち明禅が毘沙門堂の別当になったのは、このような法系と俗系のつながりによったからである。と同時に明禅の背景には、円智を通じて、大原別所の聖たち、とくにのちに述べる伊豆の上蓮房源延に近い縁忍や大原談義の主催者である顕真などがいる。[54]こうした明禅の身辺から、彼の源空帰入を考えると、天台宗の教団のなかで、まず師の智印の助念仏に接するとともに、血脈と俗縁にうながされたことは、ほぼたしかであろう。そしてここでも、源空と門弟の関係は、天台宗の血脈にのって生まれている。

智印の法系は明らかでないが、実相寺に横川の面影があるのは、とくに仙雲・明禅・円智の関係からも自然の結果であり、ここには天台の助念仏が伝わっていたと思われる。果してこの実相寺では、定時の如意輪供や法華八講や天台大師の報恩講といっしょに、横川で毎年の九月に行われた念仏三昧も定置されている。[55]そして明禅が信空に送った消息の中で、「日浅専未詳九品浄業、自行念仏用心、尚兄注進之条、旁憚多、」といったような自行の念仏が、伝わっていたと考えられないであろうか。つまり明禅以前の実相寺における助念仏のひろまりと、この寺に流れる明禅の法系から、一般に天台宗の教団の展開につれて、地方の寺院から更に在俗へも、源空の教義が浸透していったという推定が成り立ちそうなのである。

五

『漢語燈録』におさめられた『浄土宗略要文』の奥書には、

建仁四年二月十七日、黒谷上人為伊豆山源延所被集之要文也、

と見えている。建仁四年（一二〇四）といえば、『選択本願念仏集』の完成といわれる年からほど遠くない年代であ

る。その内容は、浄土宗の要義十七箇条について、所依の経論をとりあげたものである。ところがこの十七箇条を『選択本願念仏集』の十六箇条の要目に比較すると、十三箇条までほぼ共通している。また残りの四箇条は、善導の釈意を説く二箇条、修業の時節を説く一箇条、下智破戒者などの往生を説く一箇条とであるが、それぞれに『選択本願念仏集』の第十・十四条、第九条、第四条の意を伝え、専修念仏の正しさと凡夫往生の意を説いたものである。従って『浄土宗略要文』の趣旨は、『選択本願念仏集』のそれと、基本的には変りないのである。

ところで『選択本願念仏集』と共通な十三箇条については、所依の経論を若干入れかえたが、とくに善導の『往生礼讃偈』を多用している。いうまでもなく『往生礼讃偈』は、行門の書のうち、とくに礼拝正行を中心に、尋常の行法を定めたもので、自利には仏恩感果の至情にもとづく報恩相続の行業として、他利には、大衆をして願生西方の心を起さしめるため、昼夜六時に礼讃せしめるのが趣旨であった[56]。そしてこの礼讃偈の朗詠は、宗教的な雰囲気をもり上げるのに、いちじるしい効果があった。ここで思いだすのは、安楽房遵西・住蓮という二人の門弟のことである。彼等は、

六時礼讃ハ、善導和上ノ行ナリトテ、コレヲタテテ、尼ドモニ帰依渇仰セラルル者出キニケリ、ソレラガアマツサヘ云ハヤリテ、コノ行者ニナリヌレバ、女犯ヲコノムモ、魚鳥ヲ食モ、阿ミダ仏ハ、スコシモトガメ玉ハズ、一向専修ニイリテ、念仏バカリヲ信ジツレバ、一定最後ニムカヘ玉フゾト云テ、京田舎サナガラニコノヤウニナリケル程ニ[57]

ついには道徳上の問題にふれて、この二人は処刑されるにいたった。しかし遵西・住蓮の六時礼讃が、尼たちにひろまったというのは、その背景に公家たちが天台からうけた観相的な助念仏があったことを思わせ[58]、かつて天台僧であった空阿弥陀仏が、風鈴の哀音を好み、礼讃を口誦した例に通じる。これらを源空が、『浄土宗略要文』のな

かに、『往生礼讃偈』を多用したことと合せれば、遵西・住蓮の行動は、けっして根拠のうすいものではない。むしろそれは法然房源空が、門下に示した観相の面を物語っている。従って『浄土宗略要文』は、『選択本願念仏集』の趣意をそのままに、専修念仏をより観相的な形で示した文類ということができるし、このことは、善導の著書を引用するという形をとりながら、黒谷の二十五三昧の助念仏の一面をあらわしている。

このような一書をあたえられた伊豆山の源延とは、『台密血脈譜』に見える「源延上蓮房伊豆山」と思われる。しかも源延に血脈を授けた勝林房忠済・勝基・少輔阿闍梨豪賢は、大原別所の聖良忍・顕真・継忍・湛教たちと同系の血脈に連るうえ、後の四者は、源空にとっても血脈上の師や同門にあたり、また門弟と同行という関係にあたっている。[59]法然が顕真に招かれて、大原別所の勝林院で、いわゆる大原問答を行ったのは、血脈のゆかりと梶井系のつながりのなかに考えねばならないし、おそらく源空はこのような血脈上の親近さによって、源延の要請に答え、『浄土宗略要文』をあたえたものと思われる。

伊豆山では、貞応二年六月のころ、常行堂が上棟され、天台の念仏三昧が定置されていたことが知られるが、[60]『走湯山上下諸堂目安』によると、上常行堂の修理供養のときには、「上蓮上人源延」が導師をつとめている。したがって源延は、伊豆山で中心的な天台聖であったと思われ、このような源延に、『選択本願念仏集』の趣旨を伝える一書が与えられたのは、東国の浄土宗のひろまりに大きな意義があったわけである。はたして金沢文庫所蔵の『念仏往生伝』に、伊豆御山尼妙真房は、「勇猛精進之比丘尼、読誦法花経、兼修秘密行、後対法然上人、忽捨余行、一向念仏」したと伝えるが、源延のような東国の天台僧を媒介にすれば、血脈や法系という関係とともに、天台宗教団の展開につれて、専修念仏がひろまったことが指摘できる。そしてこれら天台宗教団の僧たちに対する源空の布教は、面接とともに、『浄土宗略要文』のような著述の形でも行われたことは明らかになる。しかしそれは、けっして新しい布教の姿ではないことを附記しておきたい。それも源空に見る唱導聖の名残りなのである。

また会津の真福寺にある『天台菩薩戒相承血脉譜』は、釈迦如来—南岳大師—天台大師以来の血脉を記しているが、その後半に、

天□〔台〕菩薩戒相承血□〔脉〕譜

律□□師□□

（中略）

慈念僧正延昌、平等房、座主、
□□〔源心〕僧都西明房、座主、
良忍上人大原、光静、
源□□〔空上〕人黒谷、法然坊、
湛空上人嵯峨、正信坊、
恵顗上人
家親

慈忍僧正尋禅、飯室、座主、
禅仁阿闍梨□円坊、
睿空上人黒谷、慈眼坊、
信□〔空〕上人白川、法蓮坊、
恵尋上人中山、求道坊、
興円上人神蔵寺、堯光坊、
良鈎

元徳三年九月重陽

伝燈比立　良鈎　家親

と見えている。この血脉譜は、一見して明らかなように、前述した宝戒寺のそれと同じく、黒谷に流れる天台の菩薩戒を汲んだものである。真福寺には、この血脉譜とともに、大般若経の裏文書として、下野の宇都宮あるいは世良田の長楽寺や日光山関係の文書があり、血脉譜の末尾に見える家親は、一応下野の武士塩谷孫二郎家親と考えら

れている。ところが『九巻伝』などには、嘉禄三年（一二二七）大谷にあった源空の墳墓が、山僧によって破却されたのち、信空たちの計いで、遺骸を嵯峨に改葬したとき、宇都宮頼綱などの武士が、警護したと伝えているが、その中に、宇都宮から分れた塩谷氏の祖である入道信生、すなわち塩谷朝業の名が見えている。つまり塩谷氏は早くから源空の専修念仏に帰依し、その子孫には、黒谷の円頓菩薩戒が伝えられたことになる。これは遡って朝業の源空帰依には、天台宗教団の展開、強いていえば、東国に流れた黒谷の血脉が、その橋渡しになっていたと推定できるのではなかろうか。

六

源空の門下について記したもののうち、年代的に古い史料では、住信の『私聚百因縁集』、日蓮の『一代五時図』金沢文庫所蔵の『観経疏玄義分抄』、凝然の『浄土法門源流章』などがある。これらは、それぞれの立場から、源空門下の展開をながめているが、長楽寺派の隆寛、西山義の証空、鎮西義の聖光、九品寺流の長西の四人は、右の四書ともに記されている。それに加えて、二書だけにみえる一念義の幸西を入れても、鎌倉時代の後半に、重要な門下とみなされた僧たちは、いずれもかつては天台僧だったのである。換言すれば門下の中核は、以前は天台僧であり、源空や門弟たちを圧迫した天台宗教団自身が、専修念仏の温床なのであった。また『明義進行集』には、八人の門弟をあげているが、かつて反感をいだきながら、のち源空に帰入した真言僧の静遍や明遍をのぞけば、隆寛・空阿弥陀仏・信空・覚愉・聖覚・明禅という六人のなかには、聖覚などのように、前の四書を記された僧より、もっと天台的な者さえいる。このことは、前節までに述べた証空以下面授の門弟たちが、源空に帰依した契機やその後の展開についての考察と重なっている。しかし一方これらの門弟のうち、長西と覚愉二人だけは、諸行本願義を唱えたが、他はそれぞれに違いはあっても、みな但念仏を表面にたてている。それは源空が別所聖の姿を残して念仏とともに戒律を重じ、また六時礼讃偈や浄土五祖像[61]のような助念仏も棄てなかったが、教義の本旨は、天台から捨閉閣抛された但念仏にあったことを、如実に示してくれる。

親鸞はやはりかつて天台僧であり、そのうえ『選択本願念仏集』の内覧や肖像の模写を許されるほどの門弟であった。[62]しかし先にあげた四書に関東関係の史料が二つもありながら、そのなかに親鸞がとり上げられていないのは、東国における親鸞の門徒の外延と性格、あるいは教団の成立の時期について、暗示するところが多い。すでに親鸞の在世中、浄土宗の過失を責めた興福寺の奏状には、東海・北陸にいる専修念仏の僧尼が、破戒を行うことを禁止せよといっているし、「本願ぼこり」のような異義が、東国でかなり表面にあらわれたとされているのに、親鸞の門徒は、覚如の時代をすぎ、本願寺が確立したのちになって、一向門徒として、ようやく源空門下の列に独立して入れられたのは、[63]親鸞が、当時有名な僧でなかったとか、教団をつくる意志がなかったという理由だけでは理解できない。まして善鸞の異義事件が、訴訟の沙汰になったとするならば、なおのことである。日蓮は『立正安国論』のなかで、源空は『選択本願念仏集』を著わして専修念仏を唱え、他宗を排撃したが、その門下の隆寛・聖光・成覚・薩生が配流されても、なお『選択本願念仏集』は、天下に流布している。このため仏法は衰え、守護神は日本の国を去り、人々は飢え、世間では疫病が流行している。正にこの悪法は対治されなければならないと云いながら、諸宗を排した稿本の『安国論』以下の著書のなかでは、一言も親鸞の門徒にふれていない。従来の親鸞研究にもかかわらず、このような事実が、親鸞や恵信尼の消息などに伝える親鸞門徒の展開と、矛盾なく解釈されない限り、鎌倉時代における真宗教団の歴史は、胎内をめぐるだけになると思う。

親鸞が隆寛と聖覚の著書を書写したのは、[64]これらの趣旨が親鸞の意にかなうとともに、この両僧が、たとえすかされても悔ゆることのない師の源空を、よく祖述した面があったからであろう。また信瑞は『明義進行集』のなかで、源空は隆寛と聖覚を、歿後に浄土の法門を語るべき人としてみとめたと伝える。親鸞と信瑞の立場は、かなり異なったものであったのに、この両僧については共通なのである。しかしこのことによって、源空の真意をつぐ僧が、聖覚と隆寛であったとはいい切れない。むしろこの両僧は、源空にとって同行とも云うべき人であり、年齢や経歴のうえで、源空に近いものがあったのに注目される。つまり両僧は、このような意味で、もっとも安定した浄土宗の先達なのである。承元の〝法難〟では両僧とも罪におとされようとしたのも、この間の消息を物語っている。

ところが隆寛は、慈円の申し預るところとなって救われたが、聖覚にはさらにとがめもなかった。もっとも聖覚は、このさらに遡ったのちしばらく公請に姿を見せていないから、[65] 全く無罪だったとは思われないが、表面では過失のない天台僧であった。そして諸行本願義を唱えた長西でさえ、その著『長西録』に、所依経論として隆寛の著書は入れても、聖覚のものは一つも収めていない。それは聖覚が源空の門下というよりも、かつては「一山ノ明匠、四海ノ導師」といわれるほどの天台僧であり、のち「源空上人ニ、日頃ノ妙戒ヲウケ、浄土ノ法門ヲツタ」える以前にも、源空に近い浄土思想の持主だったためと考えられる。[66] こうして親鸞をめぐる聖覚・隆寛、それに長西を加えると、源空の立場は、聖覚・隆寛から親鸞へと進む線上に見出せるのである。すなわち持戒の別所聖が、唱導し、「念仏為先（本）」を説く姿こそ、源空の本当の姿ではなかったろうか。この故にこそ、天台教団内の法系や血脈の流れが、門下の形成と教義の伝播との大きな基底となっていたのである。私は先般、嘉禄の〝法難〟に追放された源空門下の僧たちを分類した結果、天台宗教団のなかで、専修念仏がひろまるという点に、〝法難〟の一因を見出したが、[67] ここであの推定が誤りでなかったことを確認しておきたい。

鎌倉の光明寺文書には、

円頓大乗妙戒、
梵納〔網〕三聚浄戒
十重禁戒
法然上人
弁阿上人
良忠
良暁
良誉
以此旨、相承円頓戒所授良誉如件、
嘉暦二年十二月九日　良暁（花押）

なる白旗流の祖寂恵良暁の附法状がある。鎮西義の祖弁阿も、もと天台僧であったことを思い起し[68]、源空以下の念戒一致を考えれば、この円頓戒の血脈が生まれた所以も知られるであろう。しかもこの血脈が、源空から始まっているのは、鎮西義における浄土宗の独立意識を物語るものである。換言すれば源空の門下が天台の血脈にそって生まれる証拠と共に、血脈の源空以前を打ち切ることによって、浄土宗教団の新たな展開を示しているのである。南北朝のころ前述した天台宗の宝戒寺にも、またこの浄土宗の光明寺にも、黒谷の戒律が流れているのは、正に黒谷が、天台の「戒法伝来之本拠」と呼ばれる所以であり、それが源空の門下を貫いている証拠なのである。

七

源空は『七箇条制誡』の末尾に、

年来之間、雖修念仏、随順聖教、敢不逆人心、無驚世聴、因茲于今三十箇年、無為渉日月、而至近来、此十个年以後、無智不善輩時々到来、非失啻弥陀浄業、又汚穢釈迦遺法、何不加炳誡乎、

と記している。このような門下の状態は、南都・北嶺からの非難を促し、源空の身にもはげしくふりかかった。表面では道徳の問題がとり上げられたが、たとえ末法の凡夫往生の道がすたれる恐れはあっても、朝廷や公家は、不道徳を処分することに反対すべき理由はない。しかしそれは表面にあらわれた理由で、背後には、日蓮が、

又イフカヒナキ禅宗・浄土宗ニオトサレテ、始ハ檀那ヤフヤフ彼ノ邪宗ニウツル、結局ハ天台宗ノ碩徳ト仰ガルル人々、ミナオチユキテ、彼ノ邪宗ヲタスク、サルホドニハ、宗ノ田畠所領ミナタヲサレ、正法失ハテヌ、

と記したように(69)、旧仏教教団のなかで、専修念仏に帰する者が続出し、教団を支える檀越と所領も、新仏教に移るに至っては、黙止できる状態ではなかった。

元久二年（一二〇五）十月の『興福寺奏状』には、(一)勅許なく新宗を立てること、(二)摂取不捨曼荼羅を掛け、諸善余行をしりぞけること、(三)釈尊を軽ずること、(四)万善をさまたげること、(五)霊神・大聖を軽じること、(六)真の浄土を知らないこと、(七)真の仏を誤ること、(八)囲碁・双六、それに女犯、肉食等の破戒をなすこと、(九)諸宗を嫌うこと、の九箇条の失をあげ、八宗が心を同じくして訴えるのは、前代未聞のことであり、よろしく聖断を仰ぎ、天裁を請う旨を述べている。このうち(二)の後半と、(三)・(四)・(五)・(六)・(七)の各条は、専修念仏の教義を真正面から立てれば、当然蒙るべき批判であった。天台宗の裏付けがある源空自身が、これらの過失を犯したのではない。しかし捨閉閣抛の結果として、持戒破戒の論を越えた凡夫の救済の念仏を強調したため、それらが後退したことは事実である。すなわち源空は戒律を守り、源信の系統をひく二十五三昧流の念仏をふまえていた。

したがって源空の思想は、叡山の助念仏とまぎらわしい面があったうえ、(70) 天台僧のあいだで、「弥陀一教利物偏増ノマコトナラン世ニハ、罪障誠ニ消テ、極楽ヘマイル人モ有ベシ、」などという許容があれば、(71) 持戒聖の源空を、専修念仏だけの理由から、偏執と呼んで、罪におとすことはできないのである。むしろ『七箇条制誡』の末尾が語るように、浄土宗の教義が展開するとき、自力の価値が低下して起こる、(八)・(九)条の失、すなわち破戒と諸仏・諸行の誹謗、それに邪法の唱導が問題である。『類聚高祖遺文』に収められた『念仏者追放宣言』も、『愚管抄』に記す非難も、みなこの三点に集中されている。そして源空自身から見ても、この三点に対する非難は、正当なことなのである。『興福寺奏状』の出された前年の十一月の『七箇条制誡』には「誹謗正法、既除弥陀願、」(第一条)・「右戒律法大地也、」(第四条)とか、「未知祖師之誡、愚闇之弥々甚也、」(第二条)と祖師・経論に従い、「右論義者、是智者之有也、」(第二条)とか、「右修道之習、只各々勤自行、敢不遮諸行、」(第三条)と智行を修めることが記されているが、それらは専修念仏の前提であって、正しい念仏者なれば、当然かくあるべきものである。ところが『興福寺奏状』では、念仏者たちがこれらの点に欠けると責めているのは、〝立宗〟を公言した源空と天台僧とは教学の先端に於てひらきがあったためである。もっとも無智不善の輩には、この前提さえもたない者が多くなっていたし、とくに天台宗教団から離れて専修念仏する輩のあいだでは、破戒・誹謗・邪法唱導の行動が、はげしくなったであろう。しかし源空が制誡に力をこめて説いたのは、先の三点であり、源空としては、たとえ門弟たちが専修念仏しても、この線を逸脱することは許せなかった。行空以下の破門は、この故で、

右各雖一人説、所積為予一身衆悪、汚弥陀教文、揚師匠之悪名、不善之甚、無過之也、(中略)是故今日催西方行人、集一室告命、僅雖有風聞、慥不知誰人失、抛于沙汰、愁嘆送年序、非可黙止、先随力及、所廻禁過之計也、

と記した源空の心境は、非痛の感さえともなっている。元久元年の山門の奏状では、近日の風聞によると、源空は

念仏をすすめて余行をそしり、このため諸宗諸行は陵夷滅亡したという。このことが山門の内にも聞え、衆徒の議定により、浄土宗に炳誡を加うべきことを決めて、貫主に申し達する旨が記してある。おそらく当時源空自身は、こうした状態のなかでも、山門との間に衝突を起こすような関係はなかったであろう。だから『七箇条制誡』も、山門の反対と世間の風聞をやわらげるために、門弟とともに起請し、念仏僧の反省を促したと考えるのが妥当である。それは日蓮のいうような旧仏教教団の危機が増大し、念仏僧たちの非行が多くなっていたためである。従来〝法難〟すなわち旧仏教教団の圧迫の原因についていては、数説立てられているが、私は門弟の非行(女犯や六時礼讃の弊もふくめて)と、旧仏教教団の危機(余行否定の教義もふくめて)とを指摘し、とくに後者についてもっと大方の眼をむけたいと思う。何故ならば、天台宗教団こそ、源空自身の前提であり、専修念仏が伝播する基底の一つだからである。

八

以上のような考察は、選択立宗という見方からすれば、矛盾したもののように思われる。しかし源空の廃立の前提をみとめ、廃立後の源空の動きをとらえれば、源空がしっかり天台宗の上に立ち、そこから捨閉閣抛して、『選択本願念仏集』にいう「往生之業、念仏為先(本)(補註2)」の語が生まれたことを理解できると思う。その故にまた天台宗教団が、専修念仏をひろめる基底の一つであり、事実この教団にそって源空の教義がひろまっていたことを指摘できる。源空が『七箇条制誡』を示したのは、このような源空の立場と教義からはずれた者への警告であり、また天台宗教団のなかの信奉者も正当なものと考えたからである。しかし門下においては、一方で天台宗教団のなかに止まりながら、源空の旨を伝える者があったとともに、白旗流に伝える円頓菩薩戒の相承が示すように、源空以前の天台からの訣別も行われていた。その末端に持戒を忘れた念仏者があらわれる大勢を、源空がそのすべてを止めることはできなかったのである。ここに〝法難〟という教団の危機が起こったわけであるが、それは、源空自身よりも、門下の行動にかかる所が多かったように思われる。その証拠に、源空はまもなく許されて帰京している。このような考察は、従来ともすれば浄土一宗にかかって見ていた源空の像を、より幅の広いものとし、「念仏為先(本)」の意味をよりよく理解する根拠を与え、源空の広大さを示すものにほかならない。そして源空がこうした存在であったが故に、門下には数多くの問題が残されたわけである。そしてこれらの問題の解決の場の一つとして、天台宗教団も、大切な役割をはたしていたことを強調しておきたい。

〔註〕

(1)『明義進行集』二。

(2)『明義進行集』三　拙稿「毘沙門堂と明禅」。

(3)(4)(5)　身延山久遠寺所蔵、高木豊氏の御教示による。

(6)『宝戒寺文書』。

(7)『法水分流記』等。

(8)　未発表拙稿「嵯峨門徒の成立」。

(9)(12)『天台菩薩戒相承血脉譜』。

(10)　拙稿「黒谷別所と源空」参照。

(11)『宝戒寺文書』興円は堯光房、伝信ともいう。前記した『円頓菩薩戒十重四十八戒儀鈔』の奥書にも見える。

(13)『明義進行集』二。

(14)　拙稿「黒谷別所と源空」参照。

(15)『台密血脉譜』。
(16)『宝戒寺文書』足利尊氏寄進状『天台菩薩戒相承血脉譜』。
(17)『宝戒寺文書』山家要略記の奥書、四重密印の奥書、最雲―明雲―顕真と相承。
(18)『宝戒寺文書』恵鎮附法状、恵鎮授惟賢戒牒、恵鎮附属状。
(19)『宝戒寺文書』恵鎮書状、恵鎮置文、恵鎮書状。
(20)『宝戒寺文書』。
(21)『宝戒寺文書』光明真言講式の奥書。
(22)『一言芳談』一二。
(23)拙稿「黒谷別所と源空」参照。
(24)「史学雑誌」六七ノ七、赤松俊秀氏『鎌倉仏教の課題』参照。
(25)『日本仏教思想の展開』所収、拙稿「法然」参照。
(26)拙稿「西山義の成立」参照。
(27)『律苑僧宝伝』。
(28)「日本仏教史学」二　広小路亨氏「山崎大念寺阿弥陀像の胎内経典等に就て」参照。
(29)『明義進行集』三。
(30)『明義進行集』三『法水分流記』。
(31)『明義進行集』三。
(32)『明義進行集』三『尊卑分脉』。
(33)『明義進行集』三『浄土法門源流章』『法然上人行状絵詞』四八『唐朝京師善導和尚類聚伝』『長西録』。

(34)『明義進行集』三『尊卑分脉』『円光大師行状画図翼賛』五八に中納言藤原有通の子とする。
(35)天福元年正月三〇日の条。
(36)『浄土伝燈総系譜』。
(37)『長西録』。
(38)『法水分流記』。
(39)『関東往還記』。
(40)『法水分流記』『蓮門宗派』『浄土法門源流章』宮崎円遵氏『中世仏教と庶民生活』所収、「中世関東浄土教の一齣」参照。
(41)『関東往還記』。
(42)『浄土法門源流章』。
(43)宮崎円遵氏前掲書参照。
(44)『実相寺文書』文永五年八月　実相寺衆徒愁状。
(45)当時親鸞の伝記や『沙石集』にあらわれる。
(46)『実相寺文書』註（44）参照。
(47)『明義進行集』『尊卑分脉』。
(48)拙稿「毘沙門堂と明禅」。
(49)『法水分流記』。
(50)『台密血脉譜』。
(51)『尊卑分脉』。
(52)(53)(54)(55)　註(48)(44)参照。

(56) 大原性実氏『善導教学の研究』参照。
(57)『愚管抄』六。
(58) 拙稿「天王寺の念仏」参照。
(59)『台密血脉譜』。
(60)『吾妻鏡』等。『熱海市史』中世「金沢文庫研究」七四 拙稿「伊豆山源延補考」参照。
(61)『選択本願念仏集』。拙稿「源空と浄土五祖像」参照。
(62)『顕浄土真実教行信証文類』。
(63)『法水分流記』。
(64) 金沢文庫所蔵『唯信鈔』『一念多念之事等』。
(65)『春華秋月抄』裏書。
(66)(70) 松本彦次郎氏「鎌倉時代に於ける宗教改革の諸問題」参照。
(67) 拙稿「天王寺の念仏」参照。
(68)『聖光上人伝』等。
(69)『開目鈔』。
(71)『愚管抄』。

補註

(1) 拙稿「源空と三昧発得」参照。
(2) 延応元年開版本（法然院所蔵）当麻寺奥院所蔵元久元年書写本等には「念仏為先」とあり、他の書写本等には「念仏為本」とあり、「為先」がもとと考えられる。

西山義の成立 ――西山往生院の展開(補註1)

一

中世の浄土宗については、いわゆる四派十三流と呼ばれる教団の分立が、まず基本的問題であり、この点から浄土宗の展開を捉えることは、基礎作業として欠くべからざるものである。私がここで西山派を選んだのは偶然の理由によるもので、他派との軽重を考えたのではない。漸次他派に及ぶ一歩となりつつある。さて西山派の教団史を考える時、まずその成立の場である西山往生院の展開に着目することによって、同教団成立の事情と当初の性格とを探ろうと思う。

長元の頃、叡山の僧源算は、初めて西山の善峯を開き、善峯法華院を建立した(1)。これが往生院の本寺に当たる善峯寺の濫觴である。その後源算は如法経書写の道場を建てるなど、天台の行法を善峯に移して観念を凝したが(補註2)、結縁の徒が多く、その妨げとなったため、寺を離れて善峯の北尾に庵室を結び、隠遁の生活を送った(2)。ところで源算は、自から阿弥陀如来像を造立したと伝え(3)、また臨終には、「口唱弥陀、手結定印」んで往生している(4)。源算の俗譜は、当代浄土教の温床である公家社会に連っているが(5)、究極には実相を求めたと思われる彼の念仏業は、もとより叡山の浄土教に受けたものであろう。しかも一説に源算は源信の弟子といわれるが(6)、彼の念仏は師を思わせる観仏と口称の助念仏であることに注意される。

かくして北尾の庵室は、叡山の既成教団を離れた聖源算の教学展開の延長に、彼の隠遁を契機として生まれたもので、いわば本寺に当る善峯法華院の塔頭分である。ところがいつの頃からか、この庵室は往生院と呼ばれ、[7]また源算はここに阿弥陀如来像を安置したと伝えている。[8]その呼称の由来も明らかでないが、彼の助念仏に思い合わせると、往生院は浄土思想に彩られた庵室としてあらわれている。すなわち往生院の創基は、一面において叡山の浄土教の流れがもたらした結果と考えられるのである。

しかるに源算入滅の後、往生院はいつの頃からか、また何故か、伝持の主もなく荒廃して、[9]その消息を知ることができない。しかしその間の善峯寺については、やや明らかである。源算入滅の前後に、しばらく善峯寺に留まっていた出雲鰐淵山の僧永暹、[10]少しく降って元治元年(一八六四)に入滅した善峯寺僧良昭、[11]あるいは遅くとも保延を降らぬ横川の僧義尊が[12]善峯に移住した後の行業は、いずれも法華中心の天台止観業である。この三僧の例から推せば、観性が往生院に隠遁する応保の頃まで、善峯寺においては、天台止観業が教学の中心に維持されていたようである。[13]

しかるにこうした一面、三僧の行業には法華信仰と結びついた念仏業がみられる。すなわち永暹の毎日の所作は、「法華一部、三時供養法、念仏一万遍」といい、天台の日課念仏を行い、また晩年天王寺に衆徒を請じ、「読弥陀経四十八巻四十八度、又満百万遍不記幾度」る程であったという。[14]数量念仏は特に十二世紀の頃普及しているが、それらの例は僧俗階層の差なくほとんど天台系の浄土思想に連っている。[15]天王寺の念仏には、この場合庶民の集まりを思わせるものがあるけれども、その主体はあくまでも天台聖としての永暹にある。さらに良昭は法華信仰を西方往生の業と信じ、臨終には、「自唱仏号、向西気絶」え、[16]義尊は、「心観仏像、自不暫捨、高唱弥陀」[17]えたと、いずれも臨終念仏について伝えるが、両者は明らかに天台系の観相の念仏を受けている。従って三僧にあらわれた善峯寺の念仏業は、天台系であることは勿論、法華信仰と深く結びついて実相を志向する限り、教学の中心である天台の範疇の中に成長していたと考えられ、しかも教団内には、より多く念仏の同行者があったと予想される。(18)

かくして善峯の浄土教は、聖源算にあらわれた萠芽が、天台系念仏において、観仏を強く表面に出していった助念仏の展開を反映しながら、漸次成長していたと見るべきであり、さらに注目すべきは、永暹・義尊等、既成教団から離れて来住した聖等によって一層育成されていたと推定されることである。それは源算建立の善峯法華院以下三院が、それぞれ三弟子に譲られたとする寺伝(19)にもかかわらず、相承が明らかでなく、善峯寺教団の統一的教権の所在が疑わしい上に、後観性来山の際叡山より移住したらしい僧等の活潑な動きを合せ考えると、(20)やや確かなように思われ、特に横川との関係に注目される。このような教団内外の展開の中に、かの往生院の堂宇が、荒廃のままに放置されることはなかった。

二

仁安四年（一一六九）二月一日の賢仁の譲状に、(21)

北尾往生院者、故聖人逝去之後、成荒廃之地、無一有情、爰賢仁先年之比移住此処、相語永尊大徳、令建立堂舎、守護山内、令生樹木、而中納言法橋御房依有御要、永以所進止也、敢不可有他妨之状如件、

とある。すなわちこれより先往生院は、恐らく善峯寺に住した僧で、客老と称される賢仁、(22)及び彼と深い関係にあるらしい永尊とによって復興されていたが、応保元年（一一六一）観性は善峯寺僧教賢の引導によってここに隠居し、(23)仁安四年二月一日、当時の院主と思われる賢仁から譲りを受けたのである。従ってこの場合往生院は、本寺に

当たる善峯法華院とは別に、院主の意志によって譲渡し得る自立性をもった堂房としてあらわれてくる。

ところで観性は何故往生院に隠居したのであろうか。前章で述べた源算以後の善峯寺教団の展開は、あまりに漠然として手がかりを与えない。しかし天台聖の往反する道場としての面は、観性入院以前における善峯寺の特殊な性格を示しているのかもしれない。ともあれ観性をめぐる法系と俗系とを尋ねるとき、やや観性隠居の事情が明らかになるようである。

観性は行玄・覚昭・聖昭の血脉を相承し、長宴・安慶両流の遮那業を受けているが、[24]その師主は恐らく青蓮院初代の門跡行玄と推定される。[25]そこで当面する観性入院の理由の手がかりを、青蓮院の法系に求めると、譲状に見える永尊は、青蓮院の僧かと疑われ、[26]また賢仁は行玄と血脉を同じくする僧らしいのである。[27]この点については、なお多くの疑点が残っているが、管見の及ぶ限り、より以上の推定は困難である。しかしその間に、観性をめぐって、青蓮院を楔とした諸関係を考え得るようである。極めて大胆にいえば、往生院は叡山、就中青蓮院より移住した聖によって復興され、観性はその楔に引かれる所あって往生院に隠居したのではあるまいか。大屋徳城氏が顕真弟子説に傾いているのは、恐らく誤りであろう。

ところで観性は中納言葉室顕隆の孫で、中納言法橋と呼ばれ、父顕能は受領であった。[28]また舎兄顕真(中納言僧正)は梶井門跡明雲の弟子で、後天台座主となっているが、これより先浄土思想に傾き、大原勝林院に隠遁の間、法然房源空の所説を傾聴し、大原問答の後は、深く源空に帰依して往生を願い、勝林院中の滝禅院に不断念仏を定置した。[29]かかる世系よりすれば、観性の俗的背景は、十二世紀の院政に活動した公家社会で、観性には院政権を中心とした公家の消長と抬頭する武家の動きに対する鋭敏な感覚を期待し、また事実観性はそれらと直接間接に連なりをもっていたであろう。近い例をとれば、文治六年（一一九〇）三月、九条兼実等の推挙する慈円等の候補者を抜き、また臈次を越えて、顕真が座主に宣下されたとき、兼実が、顕真は一遁世年久、偏入念仏之一門、棄真言之万行、三千貫主無希望」と数度も起請したにも拘わらず、座主全玄（青蓮院門跡）を追払うために衆徒を煽動し、「外衣上人之翔、内有貫首之望」って、従兄葉室定長と謀議したと指弾したように[30]、観性も隠遁の境を棄て、世系を利して座主にも補任され得る条件をもっている。[補註3]

しかるに観性の母は祖父の兄為隆の女で、顕真は同母の兄である。[31] いま観性の人柄については詳しく知るすべもないが、血脉の相承に傑れながらも、僧位は法橋に止まった観性の生涯に、このような長幼の序が大きく影響していたとはいい難い。もっと注目すべきは、隠遁の年からわずかに遡った久寿元年（一一五四）三月、観性の師行玄が重ねて座主を辞退して間もなく、その弟子で鳥羽院の皇子である真誉は、筑前小野郷に隠遁し、「天台の禅徒として、三千貫主に至らん事」を断念し、「弥陀の来迎にあづからん事」を願った経過である。[32] それは翌年行玄辞任の後、七か月の無住の期間を経て、梶井門跡で堀川院の皇子最雲法親王に宣命が下ったことと関係し[33]、座主をめぐる両門跡とその背景である公家社会に対立があったことを示している。さらにこの後座主職は、かなりの期間ほとんど梶井門跡方の僧が占め[34]、同門跡方で観性の母の従弟重輪は、当時朝廷の護持僧であり[35]、また観性隠居の応保元年（一一六一）は、最雲治山の末年に当たっている。[36] これらの事は、少なくとも応保の頃において、梶井門跡方の優位、青蓮院門跡方の不遇、叡山における権勢の所在を示すように思われ、観性の進退に関連しているかもしれない。かくして観性の法系と俗系との結びつきから、青蓮院の僧観性について、思想上の理由によってではなく、教団内部の理由による隠遁への志向という線が推量される。あたかも永暦元年（一一六〇）平治の乱の余波として、観性の従兄葉室惟方配流の一件が起こっている。[37][補註4] この事件は天皇・上皇両方の近臣の争いで、直接の関係はない。しかし文治の頃、惟方は慈円と交わり、観性との関係も予想できるし[38]、また往生院の西南、観性の草庵の後方には、平治の乱に父信西の事に座して配流された信乃入道藤原是憲の庵室があり、是憲はここで往生したという。(39) 是憲が何故西山を選んだか全く不明であるが、一連の事実として、当時の観性身辺の事情を示している。

かくして観性隠居の明らかな消息を聞くことはできなかったけれども、推量された隠遁への志向は、その理由と共に後述するような観性の行動に関連しているので、当面の問題についても意味するところが多いのである。ともあれこの間に明らかとなった諸般の事情は、形の上で既成教団を離れた「きたを（北尾）の日しり（聖）」(40) 観性の入院によって善峯の青蓮院の法脈が、歴然と流れ始めたことを物語っている。そしてこの場合、賢仁・永尊を含めて叡山から離脱した聖等の既成教団に対する「対立的関係」を指摘することができる。(41)

三

さて観性入院後の往生院は、如何に展開していったであろうか。この問題に手がかりを与えるのは、元暦元年（一一八四）五月十五日、観性が「本師釈迦如来」「本尊界会仏眼部母」(仏)及び「本尊界会阿弥陀如来」に対して、料所・料田を寄進する旨を認めた三通の寄進状である。(42)

まず観性は、山城国乙訓郡小塩ウツキ谷の私領二処一段半及び九条西洞院の在家二戸を二世資糧として「本師釈迦如来」に寄進し、その預所は青蓮院の器量の僧をあてることに定めている。(43) 在家については明らかでないが、小塩の田は、古く善峯寺仏供田として由緒深いもので、治承五年観性が善峯寺僧良秀から買得した田である。(44) 恐らく観性は教学上の観念的な意味をも含め、釈迦如来に寄進したものと思われるが、かつて天台宗教団の仏供田であったものを、釈迦如来に寄進することは自然であり、そこに観性の教学が志向する究極と往生院における教学の範疇について示す所がある。

次に観性は慈円から「庵室一針之支」として申し付けられた、青蓮院門跡領富坂庄の預所の所職を「本尊界会仏眼部(仏)母」に寄進し、預所は青蓮院の器量の僧をあてることに定めている。[45] この仏眼仏母は、観性自から図絵した「如法仏」仏眼曼荼羅である。[46] 瑜祇経吉祥品の説相を画いた、この曼荼羅を本尊に修する仏眼法は、息災・降伏の秘法である。[47] ところが慈円の兄九条兼実は、寿永元年（一一八二）六月恐らく私の所願のため、観性に往生院で仏眼法を修せしめ、結願には帰依僧仏厳上人を請じて受戒し、願文を草して観性のもとに遣したのを始め、[48] 元暦元年（一一八四）九月病のため、文治元年（一一八五）九月京の地震のため、それぞれ息災を、次いで同年十一月と三年四・五月には、源行家・義経追捕のため、降伏を祈念している。[49] すでに兼実は、寿永元年九月西山に赴いて、慈円立願の法華懺法を聴聞した際、この曼荼羅を奉体しているが、[50] 深く仏眼仏母を信仰したらしく、その像を如法に図し、観性をして日来仏眼法を修せしめている。[51]

もとより観性と兼実との交渉は、慈円と観性との師弟関係に始まったであろうが、[52] 承安の頃より、観性の歿年に至るまで続いている。[53] この間観性が兼実の邸を訪うたのは度々で、[54] あるいは慈円を交えた事も少くない。[55] また観性が兼実のために祈禱し、あるいは兼実の立願に両僧が力を借した例は数多かったと思われるが、[56] 三者の間には、往生院をめぐってより深い関係があった。すなわち『玉葉』に、慈円が「善峯寺辺」に籠居する旨、または「西山之別所」に向うと記されているが、[57] この善峯寺辺「西山之別所」は、事実上往生院を中心とした北尾の堂房を指している。[58] 従って慈円は、養和・寿永の間、しばしば往生院の観性のもとに赴いたらしく、[59] また元暦二年秋と文治六年春の頃にも、しばらく「西山」にあったようである。[60] ところが青蓮院所蔵の胎蔵八字頓証行法口伝に、[61]

和尚(慈円)御記云、文治六年正月、払暁参入西山、同二月、於静房受法事、仏眼法・最秘密八字五字口伝奉受之、

とあって、特に文治六年春の入山は、慈円にとって重要な受法のためであったことがわかる。従って他の年の場

合も推量すれば、往生院は慈円にとり、受法の師観性の住庵であり、また受法の場所として意味深かったのである。[62]

一方観性は兼実のために種々の祈禱を修しているが、その間には秘法を伝える程の関係があったばかりでなく、[63]前述の如き行家・義経の降伏を祈った例は、頼朝と信托して朝廷に権を振った兼実の政治的立場と直接結びついていることを物語る。文治三年五月、義経が美作で斬られたとの伝聞を受けて兼実は、

（上略）余又仰観性法橋、修仏眼法之間也、余深信此尊、奉図如法之絵像、祈天下之安全・政道之反素、而始仰観性祈念之間、行家伏誅、今又此修中義顕（義経）被戮了、仏法之霊効可仰可信、天下之静謐、弥以有憑、只恨、君臣共非聖哲之器、可悲々々、

と嘆じている。[64]ここには一時法皇の寵を得た義経の死によって、兼実が前路の障害を一つ除いたという喜びの感情を秘めているが、観性の修する仏眼法は、かかる兼実の政治的顧慮と一致しているのである。むしろ観性は、ある程度積極的に兼実の政治的立場に参じた傾向さえあり、[65]これらの動きは、文治五年六月あたかも青蓮院門跡より出でた座主全玄の時、その代官として、鶴岡八幡塔供養導師を勤めるため、関東に赴いたことに結実している。[66]こうした観性の行動は、かの往生院隠居のことと相反する事実でありながらも、実は隠遁への志向の理由において間接的に結びついているのである。[67]従って青蓮院の楔から生まれた観性・慈円・兼実の関係は、兄顕真の場合に似て、観性が隠遁の生活から出で、僧俗に活動する契機となったように思われる。ここで当然僧俗における観性の地位の向上を予測したいのであるが、観性の生涯にそれらを求めることはできない。しかしこの関係から生まれる力は、別の面にあらわれている。建久元年（一一九〇）九月慈円は観性を伴って兼実を訪れ、仏法興隆の事を談じ、三人の意が合ったのであろう。夜に入ってその席は俄に和歌会となった。[68]叡山仏法の再興は、慈円一代の大願で、全活動の

枢軸であり、その志はすでに若年の頃に起こっていたことは、改めていうを待たないが、(69)彼の大願を一層強固にし、推進させた表面の一人が兼実とすれば、裏面の一人として観性を考えることができるであろう。(補註5)

こうして明らかなように、観性にとって意義深い仏眼曼荼羅に、慈円から受けた富坂庄の預所々職を寄進することは自然であり、これらの事実の中に、観性の教学と行法の中核が示されているのである。すなわち般若の中道をあらわす仏眼曼荼羅は、実相への志向を語り、また多分に祈禱化された天台の性格をそこに見出すことができると同時にそれらは釈迦如来への寄進の場合と相俟って、観性を院主とする往生院を、あくまでも天台の範疇の中に止めており、しかもそれは青蓮院との関係において意味をもっているのである。

第三に観性は私領善峯寺麓鉢臥ウツキ谷の田一段、及び六条匣地の在家三戸を、二世資糧として、「本尊界会阿弥陀如来」に寄進し、その預所は青蓮院の器量の僧をあてることに定めている。(70)六条の在家については不明であるが、鉢臥の田については仁安四年（一一六九）二月一日観性入院の日に、かの賢仁から買得した一段半のうちとも、また同日「来迎房尼御前」が同じ賢仁から買得した同所の田一段半のうちとも考えられる。(71)ところが同月十一日の心仏の置文によると、心仏は観性の料田として、「見弥のさかもとの田」を買得した旨が記されている。(72)恐らくこの心仏は観性を養育した父顕能の女房で、観性の隠居と共に西山に入り、往生院近く草庵を結んだ「尼公」と思われ、(73)更に「来迎房尼御前」と同一人に違いない。(74)従って観性の養母来迎房尼御前は、観性入院の日、彼のため料田を買得したのであるが、元暦の頃までは観性はこの田を相伝していたかもしれない。(75)しかるに寄進状には「相伝之私領」とのみ見えて、(76)観性買得の田か、尼御前買得の田か、あるいは同所の別の田か判然としないのである。かくして寄進の由来を尋ねることは困難であるけれども、釈迦如来及び仏眼曼荼羅の場合から推して、阿弥陀如来への寄進も、何等かの理由があったのではないかと疑われ、観性をめぐる浄土教の諸系譜を予想するのである。

まず観性の法系に浄土教の展開を尋ねる場合、院政期における叡山の浄土教に触れなければならないが、その全般的な考察は他に譲り、この場合、狭く青蓮院の法脈にたどることが認められるであろう。さて久寿二年（一一五五）十月、西塔の法華・常行堂の焼亡にあたって座主の行玄は、常行三昧のための仮堂を造立し、法華三昧を仮に丈六堂で勤行した事は、(77)行玄の浄土教を窺うもので、当時叡山における念仏について示す所が多い。しかるに行玄の弟子覚快法親王は、年来所持する本尊地蔵菩薩から引いた五色の糸を手に、宝号を唱えて入滅したといい、(78)また覚快の弟子真誉は、弥陀の来迎を願って念仏の生活を送ったらしい。(79)すなわち青蓮院の法系に見る浄土教は、もとより天台教学の殻を破るものではないが、藤原期の助念仏を更に進めて、来迎思想を橋渡しに、観仏と口称が弥陀の本願に連るという面が一層強くなり、当代浄土教の最も普遍的な形をとっているのである。消極的に考えても、観性がこのような浄土教の展開に全く無関係であったとはいえない。さらに観性の身辺には、来迎房尼御前と遊蓮上人藤原是憲の庵室が、(補註5)往生院を中心にした浄土教の雰囲気を作り、観性が当代公家社会に広まっていた同様な助念仏に連ることが明らかである。

かくして観性の教学の中に流れ込んだ二つの浄土教の系譜が考えられると共に、往生院は叡山の教団——青蓮院から移住した観性の下に、源算頃より一層浄土教の色を濃くしていたように思われる。すなわち往生院には、仏眼曼荼羅に象徴されたような天台宗教団としての範疇の中に、漸次助念仏が展開していたことが知られ、その中心が観性であったことに注目される。従って観性の既成教団に対する「対立関係」は、全く異例的ではなく、天台という限界内における異質的なもので、観性の隠遁の理由が示す意味における「対立」であった。

四

以上のような法脈譜の展開に応じて、往生院の伽藍譜はどのような形をとっていたであろうか。『山槐記』治承三年（一一七九）四月二十七日の条に、

向善峯別所西山、当大原野西南、法彼社二里許、山半樹見所也、女房為求終焉地所向也、女房二人、共人十人許相具、侍従忠季在共（中略）于山中乗輿、経善峯本堂、至于件堂、住侶云、号善□導千手十一面也、本願聖人(源算)往生人也、後朱雀院御時人也、□請無□坂本至彼堂有七曲、堂前東□橋□板致□有食堂卯酉屋也、本堂正面向東□石坦下畄馬□南方岸上西行有路、至于五六町有一草庵、故美作前司顕能(葉室)(心仏)女房遁世在此所、齢七十有余之人也、着此房、于時辰終剋、女房聊□法橋観性顕能子、母故為隆卿女、被養育彼尼公、件法橋遁世住此山、随又尼公□、法橋房去此菴室五六町、在西北山上、号往生院、女人不登此坂□輿向件所談、法橋有成約至(マヽ)等、件持仏堂西南方岸上有巌崛、法橋又立草庵云々、本房偏仙洞也、然而猶余事相交、仍時々無云籠(マヽ)此菴被命、其後岸下有三間菴室、故信乃入道(藤原是憲)少納言入道信西子、入滅所也、臨終正念云々、歴覧之後、帰尼公房（中略）法橋又来此所、尼公相共示可付属此房於女房之由、有約束、午剋出件所、未剋帰三条亭、

とある。中山忠親の室は、観性の母の姪に当たっているので、(80)観性を頼ったと思われるが、そこに観性の俗的背景を窺わしめる。この記事によると、当時善峯寺は、源算以来の千手十一面観音像を本尊とする本堂(81)及び食堂以下の堂舎を整えている。そしてこの場合「善峯別所」は、狭く往生院一宇を指しているようであるが、観性の草庵はもとより、来迎房尼御前の草庵は、実質上往生院主の裁量にまかされた房舎として、往生院と不離の関係にある。従って恐らく善峯別所は、是憲(補註6)の庵室をも含めた堂房、すなわち右の記載に見える限りでは、一堂三庵を総称していると思われ、(82)これは『玉葉』に見える「西山之別所」(83)の概念と一致する。

ところが観性の滅後である建保三年（一二一五）正月、観性の弟子で、当時往生院の客老格であった寛縁・聖弘

が連署した往生院資財注進状に、[84]

往生院房三宇　本堂一宇　敷地山林等 四至在修理大夫下文、

とあり、往生院の堂房は、数の上で『山槐記』・『玉葉』の記すところと同じく、一堂三房となっている。しかもこの三房の一つは、観性の建てた松尾房と考えられ、[85]あたかも『山槐記』に見える観性の草庵に当たる。従って治承三年（一一七九）から建保三年の間、往生院の主たる堂房は一堂三庵に近い規模ではなかったと推定される。ともあれ往生院及びそれに附随する幾つかの堂房は、総称して「往生院」と呼ばれ、また「善峯別所」といわれていたのであろう。

ところが観性の松尾房は、建保四年以降「西山本房」となったらしいが、[86]寛喜の頃（一二二九—三一）には「本尊阿弥陀仏如法仏」が安置されている。[87]しかるに『浄土法門源流章図』等には、後の三鈷寺すなわち往生院の「本堂本尊」を仏眼曼荼羅と記している。[88]松尾房が寛喜の頃に往生院における、また西山における念仏業の中心となったことからすれば、[89]「西山本房」は後の三鈷寺本堂(仏殿)ではないかと疑われる。さらに『山州名勝志』に、三鈷寺仏殿には、厨子に納めた本尊仏眼仏母像の左右壇上に釈迦・阿弥陀両像を安置すると記している。[90]これはあたかも前章で述べた観性の仏眼曼荼羅以下三尊に対する寄進の事実を想起させる。もっとも三鈷寺仏殿は、応仁の兵燹等を被っている故、[91]『山州名勝志』をもって直ちに往古を推し難いけれども、以上の関係は、観性当時の一堂三房からなる往生院の中心的堂房の本尊について暗示し、そこに現われている浄土教の展開について、前章の結語を立証しているのである。

さて前章で述べたように、観性は買得または相伝の私領等を、仏眼曼荼羅以下の三尊に寄進したが、観性の叔母に当たる「女房三位」の孫徳大寺実定は、安元二年（一一七六）九月山城国冠雞井庄榎小田里及び倉手里から護摩料を、[92]文治四年（一一八八）四月同庄榎小田里及び田辺里から女房三位の月忌不断念仏料を、[93]また安貞二年（一二二八）二月同庄神饗里及び弓弦明里から女房三位忌日不断念仏料を進めている。[94]これらの田は合わせて二百坪を越し、観性と実定との関係を示しているが、寿永二年（一一八三）九月観性が、実定の生母の忌に籠っていることと相俟って、実定は往生院の有力な檀越として現われている。[95]また寿永二年閏十月兼実は、「為見草庵之地」に、二男良経を伴って往生院に赴き、仏眼曼荼羅の前で誦咒し、[96]さらに後西山に自己の草庵を建てたらしい。[97]かくして中山忠親・徳大寺実定・九条兼実という上層公家は、観性との個人的関係を通じて、往生院の檀越となっていることに注目される。[98]次に観性は入滅に先立って、「所持本尊・聖教並往生院山林・同田地」を、慈円の進止にまかせたが、その中如法仏領山田九ヶ所の内訳を見ると、[99]何れも善峰附近の山田で、その由来は教団の上で意味深いものであっても、合わせて十数段にすぎない。勿論以上の外に、往生院の料田・料所の存在を否定できないが、これらの事実をもっても、[100]往生院の伽藍譜に占める公家の比重が大きかったことを知り得る。このことは、来迎房尼御前や藤原是憲の庵室の例と共に、往生院の伽藍譜を公家的なものとし、そのような形をとりながら教団としての往生院の基礎が生まれつつあったのである。伽藍譜はまた法脈譜と深い関係がある。こうした傾向はやがて法脈譜の面にも現われ、後に往生院を基盤として生まれる三鈷寺教団の性格を方向づけていったのである。

さらにもう一度資財帳に見える如法仏領山田九ヶ所の由来を尋ねると、(1)観性の私領三ヶ所　椙谷二所、鉢臥一所(2)観性の弟子往生院僧の開発田四ヶ所　椙谷二所、他二所、(3)善峯寺僧の開発田二ヶ所　椙谷二所で、この中開発田六ヶ所は、すでに如法仏御油料などとして、段別の所当が寄進されていたものである。[101]ここで気の付くことは、(1)の場合開発領主蓮与房・随心房性暁は明らかに善峯寺僧とは区別された往生院の僧で、観性の弟子であるということである。すなわち観性の滅後往生院においては留守聖人や客老格の寛縁・聖弘を中心に、観性の弟子たちが、院主たる慈円の留守を預かり、[102]観性の遠忌のために料田を定めている。[103]このことは当時往生院において、観性の法脈が支配的であったことを意味し、観性を中心とした僧の集まりが見られるのである。いいかえれば往生院には青蓮院の系譜が定置されていったのである。

善峯寺の寺伝によれば、観性は本寺も兼住しているが、確証はなく、むしろ否定的な面さえあり[104]、次の慈円の兼任についても多くの疑点が残る。しかしこの頃の文書には、多く「善峯寺往生院」と記されていることから考え、また第六章で後述するような慈円と朝仁親王との関係から推してゆけば、両者の兼住を伝える寺伝は生きてくる。従って右の青蓮院の系譜を西山全体に及ぼして行くことも可能となる。けれどもこの間の事実からすれば、観性・慈円の時代における西山の中心は往生院に在ったように思われるのである。ところが建暦三年（一二一三）二月慈円の朝仁親王に対する門跡領譲与の置文には、別相伝として「西山往生院」と記しているのは[105]、往生院が善峯寺とは別個に賢仁→観性→慈円と相伝されたことを示し、別所として善峯寺から離脱した面を考えることができる。従って往生院における観性を中心とした弟子等の集まりが生まれていった過程には、こうした本寺から離脱した面、及びそれを裏付ける別個の院主と、その弟子及び相越という三要素を認める。すなわち往生院は、善峯寺とは別に漸次教団へと展開してゆく方向があったといえる。しかしこれらの事実は、往生院の善峯寺からの分離を意味するものではなく、またそれを証明する何ものもない。いわば往生院は、善峯寺の塔頭分から発展して、観性の時代には子院的存在に止まっていたのであろう。『浄土法門源流章』にも「西山善峯寺延暦寺別院、彼寺北尾名往生院」と見える。往生院の吉祥蔵の呼称は、恐らく仏眼曼荼羅の典拠である瑜祇経吉祥品から出たものであろうが、同蔵に収められた聖教は、観性の所持にふさわしく、「密宗八合、顕宗十合、一筆六十巻、并義科要文、」である[106]。これは、第三章で述べたように、往生院及び観性の教学が、天台宗教団の善峯寺と同じ範疇を越えるものではなかったこと、つまり子院的存在としての往生院を、教学の面からも確認する有力な証拠なのである。そしてこの事は前章で述べたような観性と既成教団との関係を一層確実にしている。

かくして善峯別所往生院を伽藍・法脉の両面から尋ねたのであるが、それらは別所と呼ばれるものの一例を物語っている。すなわち広い意味で教団発展の結果、その教団の教学の範疇内に、聖の隠遁を契機として生まれた往生院は、漸次かなり自立性と経済的基礎を得て、子院的存在となっていたと解されるのであるが、それは観性の俗系―公家社会及び法系―叡山との密接な関係によるものであったといい得る。このような成立と展開の過程は、当然別所一般の考察の上に論じなければならないが、ここでは、当面の問題に関連した一、二点について触れておきたい。

特に平安中期から鎌倉初頭に現われる多くの別所には、それぞれの成立事情と特色とがあり、一口に別所と呼んでも、概念には相違がある。しかし注目すべきは、大原別所や源空の師叡空が住んだ黒谷別所等、浄土教成立史上重要な意義を持った別所の性格が、この往生院と近いことである。(107)第二に往生院は、浄土教の成立と関係深い別所の中でも、助念仏が強く表面に現われていない例なのである。この二点は勿論比較的な要素を多分に含んでいるが、前述した観性時代の公家的な色彩と既成教団―叡山との関係と共に、往生院の顕著な特色である。しかもこれらの特色は、後ここに発展した浄土宗西山派の性格に通じている。いいかえればそれを規定する重要な契機であったと考えられ、(108)西山派の系譜の一つを物語るものなのである。ともあれ往生院は、源算以来旧仏教教団から離れた聖の活動を中心に展開し、特に観性在住の間、本寺たる善峯寺の別所として、自立的な伽藍譜を形成し、やがて浄土宗寺院として独立する基礎と性格とが作られていたということができる。

五

慈円は恐らく観性に口伝を受けた文治六年（一一九〇）二月から同十一月、観性入滅に至る間に往生院を譲られたらしく[109]、後に「別相伝」の門跡領として管轄している[110]。しかし当時慈円は無動寺検校であり、建久三年（一一九二）には顕真に次ぎ、再度の天台座主に補任されている等[111]、往生院はもとより兼住と思われる。従って往生院には留守聖人が居り、客老の僧が住して院務を代行していたらしく[112]、この後慈円が証空に譲渡するまでの約三十年の程は大部分同様の状態であったと考えられる[113]。もっともその間慈円は、如法経書写供養のため、往生院に赴く等、事あれば西山に入ったようである[114]。しかるに承元元年（一二〇七）四月、慈円を支える兄兼実の薨去によって西山に移住し[115]、建暦二年（一二一二）十一月三度座主に還補されるまで、「首尾五年、中三年」の間ここに籠居した[116]。寺伝によれば、慈円は蓮華寿院に住したというが、その住房は明らかではない[117]。この間、承元二年（一二〇八）から四年の頃まで慈円は病を得ているが[118]、この籠居はもとより一時の隠遁であって、「頻有勅喚、大法祕法御所、出自西山勤仕」し、「如此之間、一切経御願等、如御願果遂之後者、申身暇、欲赴往遠所、但無勅許、愁帰入西山」せざるを得なかったばかりでない[119]。承元二年二月には、起請して天台勧学講の復興を計る等[120]、叡山興隆への志を屈することなかったのである。慈円が兼住の間西山に居たのは、この三ケ年以外には詳かでない[121]。

ところでこの間、慈円の教学が如何ほど往生院の内容を変貌させていたか判然としないが、前述の如き建保頃の往生院の状態から考えて、観性当時の教学の基本と範疇には変りなかったと思われる。慈円の教学の大概については改めていうを待たないが、『愚管抄』の中で、慈円は法然上人流罪について[122]、

又建永ノ年、法然房ト云人アリキ、マヂカク京中ヲスミカニテ、念仏宗ヲ立テ専宗念仏ト号シテ、タヾアミダ

仏バカリ申ベキ也、ソレナラヌコト顕密ノツトメハナセソト云事ヲ云イダシテ、不思議ノ愚癡无智ノ尼入道ニヨロコバレテ、コノ事ノタヽ繁昌ニ世ニハンジヤウシテ、ツヨクヲコリツヽ、(中略) 法然上人ナガシテ京ノ中ニアルマジニテヲハレニケリ、カヽル事モカヤウニ御沙汰ノアルニ、スコシカヽリテヒカヘラルヽトコソミユレ、サレド法然ハアマリ方人ナクテ、ユルサレテ終ニ大谷ト云東山ニテ入滅シテケリ、ソレモ往生〳〵ト云ナシテ人アツマリケレド、サルタシカナル事モナシ、臨終行儀モ増賀上人ナドノヤウニハイワルヽ事モナシ、

と記した立場は奈辺に存していたであろうか。この批判に関しては、すでに松本彦次郎氏の明快な論断に尽された所が多い[123]。藤原氏出身の僧侶として、王法仏法を唱え、叡山教学の復興を理想とした慈円は、自から源空の所信に対立する立場にあり、彼の経世論は、源空一派の破戒者をも容認し得る「末法の廃頽思想」とは、到底相容らるべき性質のものではなかった。従って旧仏教の圧迫を根底としながらも、思想上の問題として弟子の破戒の責任を問われた源空に対し、源空の往生には何等の奇瑞もなしといい、破戒をも阿弥陀仏は少しもとがめずとしたことを非難したのは[124]自然の事である。しかるに「正念無違乱、自他唱釈迦宝号、北首西面臥[125]」した慈円の臨終によると、「たゞ二諦の道理より外に思ひつくる事もなく、おもう事はたゞ諸仏の本懐なれば[126]」とする実相への過程に、明らかな浄土教の影を認めるのである。

こうした立場からすれば、慈円の行法は、「法花・弥陀両箇之三昧、貴賤上下之所用、無二無三之作善者也、[127]」とする叡山の伝統に基づく常行三昧が、浄土思想の限界であったと思われる。しかし慈円が二度目の別当であった貞応の頃、天王寺の絵堂を再興し、後障子に漢家本朝の往生者を選んで九品往生の図を画かしめ、「今於西面画作九品往生之人、殊勧進一乗浄土之業、」といっている[128]。もっとも承久の乱後、慈円の僧俗における理想は無慚にも崩れたのであるから、承久以前を考えている当面の往生院の問題については、若干の暗示を与えるにすぎないけれども、

彼の思想にはかなりの幅があったと予想される。事実「三年までも御法の花を捧げつつ九品をも願つるかな[129]」とか、「眺めかはす四方の浄土の光かな我が極楽の望月の空[130]」と欣求浄土の志向を表し、「願はくはをはり乱れぬ身となりて十度となえむ南無阿弥陀仏[131]」と臨終念仏を期している。これらの和歌は年代の上で、当時の慈円を推測し得るものであるから、[132]先の予想を裏付けている。すなわち慈円にはこうした浄土教を認めるが、しかし慈円はさらに「人ごとにみな極楽をねがえどもわが心にはなおふかくのみ[133]」と、浄土を越えて実相を求めていたのである。従ってこの限界の下にあっては、慈円の念仏業が常行三昧の形であらわれるのは当然である。ところで彼の浄土教は、もとより叡山の浄土教に汲むものであるが、その基底には当代を末法の世とした慈円の、[134]あふれるばかりの無常観と観念的な罪業感[135]が横たわっている。これらは院政期公家社会の浄土教の底を流れているものであるが、慈円の出身と境遇とを思えば肯けることでもある。しかるに慈円はこうした浄土への契機を、「つみ人はのりの御舟のなかりせばくるしき海をわたらましやは[136]」と詠ずるように、天台の法身観によって解決している。すなわち慈円は公家的な浄土への志向を、天台の教学によって処理しているのである。こうして慈円の浄土思想は、あくまでも天台の範疇を破るものではなく、源空の専修念仏の思想と袂を分かつ類であった。

しかし、そこには夢想の中で慈円が「空観と念仏とぞ、後世の資糧となる[137]」と語ったと伝えるのが、事実を示しているかの如く、当時の慈円が浄土思想に対してもっていた幅を考えることができる。[138]従って往生院における浄土思想が前述の如く公家的なものとして、また天台の教学を越えざる限り、住持たる慈円の下に温存されていたと推定され、建保の頃に往生修正相供料が定められているのも、[139]この推定を助けるものであろう。まして慈円は殆んど兼住であったから、往生院には観性を中心とした集団が支配的であり、別所としての性格に変わりなく、観性時代の教学が持続されていたであろう。少なくとも変貌を示す何等の史料も管見には入らないのである。ただ念仏業について何も伝えていないのは、観性の頃の助念仏の後退を意味するかも知れない。これらの事は慈円がもっていた浄土教に対する幅と共に、善恵房証空入院の前提として甚だ重要な意味をもつものである。

六

承元四年(一二一〇)十月慈円は最も嘱望し、青蓮院門跡の後継者と定めていた朝仁親王に、師跡の譲状を認めたが、その譲状に附属する建暦三年(一二一三)二月の門跡領譲与の置文には、別相伝として「西山往生院観性法橋旧跡」を譲る旨を記している。[140] この後、承久の乱が起り、慈円は幕府の干渉を受けて、乱の中心であった後鳥羽法皇の皇子朝仁親王への譲与を改めて、俗弟の良快に師跡を譲ったのである。しかし親王に対する慈円の気持に変わりなく、嘉禄元年(一二二五)五月置文には、良快の次に朝仁親王(道覚)が門跡たることを定めている。[141] この前後何時の頃に門跡譲与の内容が変化したか明らかでない。しかるに建保四年(一二一六)十一月証空は往生院の客老格で、観性の弟子と思われる聖弘から、観性の旧房であった「松尾房」を「西山本房」として住むようにと譲られ、[142] 同時に観性から相伝された西山榿谷の田一段も、聖弘から買得している。[143] この経過からすれば建保四年十一月以前に証空は西山の住持となり、[144] この時往生院松尾房に入ったと考えられる。従って建暦三年(一二一三)二月から建保四年(一二一六)十一月の間に、門跡領としての往生院の相伝は変更されたわけである。

さて証空は加賀権守藤原親季の子に生まれたが、院の別当として兼実と廟堂の勢力を争い、土御門天皇の外戚となって、兼実を始め、幕府と結托した公家の一派を失脚させた他派、内大臣久我通親の猶子となった。[145] この俗譜は、証空の公家を背景とする立場を形成するものであるが、表面上慈円のそれとは相反するもので、これが後の両者の関係にどのように結びついてゆくのか明らかでない。むしろ両者とも共通に上層公家の出身であることに、自然の連なりを求めるのが妥当かも知れぬ。[146]建久元年（一一九〇）の頃、十四、五歳で源空の門に入ったが、やがて小坂に移り住んでいたらしい。[147]その間、建久九年には『選択集』の勘文役を勤めたと伝え、[148]元久元年（一二〇四）の七箇条起請文に署名しているが、[148]証空の源空門下における地位は明らかでない。しかし彼の教学は、まず源空によって形成されたと考えて差支えあるまい。

ところが証空は正治二年（一二〇〇）源空から菩薩戒を受けて台密の履歴をふみ、また後に河内太子廟の禅房にいた願蓮や法曼院の政春から天台を学んだといわれる。[151]彼が承元元年（一二〇七）旧仏教教団からの訴えによって、源空門下の行空・遵西が処罰を受けた事件以前に、どれほど天台に接近していたか明白でないけれども、宇都宮頼綱が願蓮の房で証空の弟子となった伝え等を考え、[152]源空の例等から推しても、証空にはある程度積極的に台密が積まれていたと判断して大差ないであろう。しかるに証空が承元の事件の時に連座して遠流に決した際、慈円申預かることによって罪を免れたのは、[153]然るべき理由があったからである。

次いで安貞の事件に連座した時、俗兄の東塔西谷持教房僧都は、証空が天台六十一巻の版行を念願としていたと弁護したと伝える。[154]俗兄の弁がどれ程の力があったかわからない。しかしその理由とする所は注目に値する。すなわち天台との関係が問題とされている。これは承元の時、同じく申預かるところとなった幸西の場合にも共通な履歴として有力なのである。もっとも当時兼実はすでに政治的生涯を終り、義父通親は権勢の頂上にあった時であるから、通親・持教房僧都という俗譜が大きな影響力をもっていたことも否定できない。しかしこの俗譜を重視すれば、幸西の場合は解決できないが、すでに情勢は推移したとはいえ、当時表面上俗譜において相対立し、源空門徒とは相容れ難い慈円が、申預かる条件として可能なものは上述の履歴なのではあるまいか。それは松本彦次郎氏が説かれたように、彼が破戒者でなかったという理由と深く関係している。この場合、証空が天台の徒であったという資格をもつ限り、前述したような慈円の教学の幅の中に入り、さらに源空門徒の俊秀としては、「一芸ある人」を扶持し、召使った慈円の人間的広さ、[155] それは教学的な広さにも関連して、包まれることが可能である。

慈円は承元元年（一二〇七）の四月西山に隠遁したが、証空は建暦元年（一二一一）正月聖弘から西山の水田一段を買得している。[156] 恐らく慈円の隠遁と共に西山に入り、ここに住んだのであるまいか。ところで建暦三年（一二一三）の慈円の朝仁親王に対する門跡領の譲状に、西山往生院と並んで別相伝の所領を書き置いた中に、「持仏堂常燈領、善恵房、大和国領、其名不覚悟、在于寄文、」と見えている。善恵房は証空の房号に相当し、[158] 同一人と思われる。この註は甚だ意味が不明確なのであるが、少なくともこの時証空は青蓮院関係の僧として慈円に随っていたのであろう。証空が慈円の命で近江仰木の公円に天台を学んだと伝えるのは、[159] 以上の推考を助ける。かくして証空は承元の事件を契機に、慈円の下で天台に入り、その慈円に従って西山に移ったのである。先述のように証空と源空との関係は判然としないが、これら経過は、少なくとも証空が属する所に変化があった事を断じ得る。いいかえれば専修念仏の徒である証空は、源空及びその門下に加えられた外的圧迫を契機に、一層天台のなかに止住することとなったわけで、以前からの天台の経歴に加うる所があったであろう。今日三鈷寺には証空の自筆と思われる法華玄義分一冊が所蔵されている。三鈷寺所蔵の史料は、証空の墳墓華台廟について建立された観念三昧院旧蔵の経疏等が中心になっているから、玄義分の所在は、上述のことを証明するであろう。しからば証空の西山における地位は如何なるものであったろうか。

しばしば引用した建保三年（一二一五）正月の聖弘・寛縁連署往生院資財注進状は、あたかも証空が西山に入った時期と松尾房を譲渡された年との中間に作られ、またその文よりすれば、慈円が譲渡以後のものと考えられ、大屋徳城氏の観性の譲与を意味するとの説は首肯できない。[160] しかるに当時朝仁親王は出家以前であり、[161] 慈円が門跡領として往生院を譲るべき資格を備えていない。ところで諸書には建保または承久年間に、証空は慈円の附嘱を受けて往生院に入ったと記され、(162) 承久三年(一二二一)道覚(朝仁親王)の西山隠遁によって往生院に移り住んだとも伝える。(163) しかしすでに建保四年(一二一六)十一月には往生院松尾房に住しているから、証空の入院は、慈円が譲渡の置文を書いた建暦三年二月から建保四年十一月の間、特に建保年間となる。ところでこの注進状の差出人聖弘・寛縁は往生院の客老格で、(164) 観性の弟子であるから、その背後には、慈円の留守を預かっていた観性中心の僧等が控えているのである。これらの点から考えて、注進状は証空の入院と何等かの関係があり、実質的には往生院の留守を預かっていた観性中心の僧等の手によって出されたものであろう。ともあれ少くとも建保の頃、証空が第四世となった往生院には、観性を中心とした僧等、すなわち青蓮院関係の僧等が実質上の維持者としてその伝統を保っていたことは確かである。すなわち証空は往生院においても、青蓮院の系譜に接していたのである。かの松尾房の譲渡には、往生院を「西山本房」として住すべき条件が附せられているのは、(165) 新たに院主として「西山」の主となった経歴の異なる証空に対し、観性を中心とした僧等から出された調和点の一つで、別所往生院の伝統を継ぐようにとの意義が含まれていたであろう。かくして、証空は天台宗寺院の主として、さらに叡山の教学に親近したわけである。ところで当時往生院は「善峯寺往生院」と呼ばれたように、(166) 善峯寺別所に止まっていたと考えられ、表面天台宗の寺院を出なかったことは勿論、新院主証空に対する観性を中心にした青蓮院系の僧等の働きかけを、寛喜の頃まで跡づけることができる。(167) このような立場の中で、かつて専修念仏の徒であった証空は如何なる行動をとったであろうか。

安貞二年(一二二八)二月四日の徳大寺政所下文に、(168)

(徳大寺実基)
中宮大夫家政所下文

可早宛行善峯寺往生院不断念仏供料田参町事

在山城国雞冠井庄内、副坪付等、
右件田、元者故中納言法橋(観性)之時、毎月護摩用途料、女房三位(徳大寺実定の祖母)家之時所被引募也、其所当米段別肆斗、庄本器定拾弐石也、法橋一期之後、門弟已及両代、居諸漸推移、行法亦如廃、然而顧願主之素意、猶不致供料之違乱、爰自去承久三年之冬比、依善恵聖人(証空)之興隆、於彼往生院、修不断念仏、其行忽雖始、用途無足之間、専為浄土之業因、則勧進有縁之柤那、先公(徳大寺公継)為其一分、与彼善願、因玆改件護摩用途、宛此念仏供料、凡念仏永不退転者、供料又不可依違、宜限来際断庄家之妨、停万雑公事、彼寺一向領知、但其行若及陵廃者、随時可斟酌者欤、抑於此供料沙汰者、縦雖為上人之門弟、不可致自由之沙汰、念仏結衆外、依非領知之仁也、一衆相議勿偏頗、仍所仰如件、故下、（下略）

と見える。すなわち承久三年（一二二一）証空は往生院に不断念仏を始め、その供料を勧進した際、徳大寺公継は観性の時代に曽祖母女房三位が[169]護摩料に寄進した山城国雞冠井庄の料田を改めて証空の「善願」に応じ、「浄土之業因」として、不断念仏供料に定めたのである。いいかえれば証空は入院後数年を経て往生院に不断念仏を再興したのである。

ところで往生院における不断念仏は、また不断念仏という助念仏の形に止まる限り、観性・慈円の時代にも見られた天台の範疇を越えない念仏業なのである。[170]まして「法橋一期之後、門弟已及両代、居諸漸推移」し、天台の「行法亦如廃」くであっても、観性中心の僧等の力がなお強かった当時において、いかに証空といえども承元の事件後の逆境にあった専修念仏の思想を、この往生院に実現することは困難であり、助念仏を修することが、内外の環境に調和する所以であり、往生院の伝統を生かすことであったと思われる。すなわち慈円の時代まで往生院に温存されていた助念仏は、証空にとって制約であると共に、その制約内で念仏業を定置することを許されたのである。

これは西山義のもつ系譜の一つである。

しかるに一度証空によって念仏業が往生院に定置されると、やがてここには念仏結衆が形成された。しかもそれは、観性中心の僧団とは別個の面をもったものであったらしく、またその形成と発展は徳大寺等公家社会の力を背景にして進んでいたことが、下文の末尾によって窺われ、またこの下文が安貞の事件の翌年、すなわち証空が慈円の側近であることによって難を免れた後であることに注意される。果然寛喜の頃、公家と思われる信阿弥陀仏は、(171)松尾房本尊阿弥陀如来に相伝の私領山城小塩庄から一町の料田を寄進し、(172)同二年四月には不断念仏衆壱口分供料田等を相伝の私領山城久世庄から二町二段を寄進し、(173)前者は証空の「門弟之中松尾相承之人」が、後者は「松尾居住之念仏衆」が沙汰すべきものと定めている。かくして念仏結衆は証空の住む松尾房に、すなわち証空を中心に集まり、すでに若干の伽藍譜さえも、観性中心の僧とは別個に持ち始めていたのである。しかしこの二つの集団が現実に相対立するものであったのではない。この二つの集団の存在は、つまり観性の系譜と源空の系譜との「併立」であり、慈円における浄土思想が前者に引いたのに対し、証空の場合は立場が後者にあるのである。

そこで証空は旧集団の要望に答えて松尾房に止住し、今往生院の念仏業を助念仏に抑えることによって彼等と協調し、臨終に善知識として、枕辺に侍った慈円からの附嘱をうけた、(174)という立場を害うことはなかったのであろう。否証空は、この間天台により接近することによって、教学の上に影響を受けつつあったのではあるまいか。さらにこの間両者紛争を示すべきものはない。むしろすでに退嬰しつつあった旧集団の影が薄れていったのに対し、証空を中心に九条・徳大寺・滋野井等の公家社会を背景とした往生院の浄土教化が自然歴然としてくる。(175)すなわちかつて天台宗寺院としての往生院を支えた公家社会は、ここに念仏集団の背景として切り換えられてゆくのである。公家社会に対する浄土教の進出は、このような形においても進められていったのである。そこに二つの集団併立の真実があるように思われる。それのみではない。寛喜二年（一二三〇）四月前述の信阿弥陀仏は「故鎌倉右大（源実朝）臣家御追善用途」として、丹波国分寺領所課を忌日・月忌料に定めている。[176] 信阿弥陀仏は実朝の室坊門信清の女にゆかりある公家の人かもしれない。[177] その真疑は別として、このような関係をたどっても往生院の伽藍譜が、観性の時代とは異ったニュアンスをもってきたことが考えられるのである。

七

それならば、このような立場に立った証空の教学は如何なるものであったか。幾つかの特質については先学の研究の成果に頼るわけであるが、本論では師源空の思想が如何に証空に受け継がれ、また展開していったかという点を問題とし、さらに往生院の展開と如何に関係しているかという点に集約されるであろう。この場合、証空の著書を年代に追ってゆく方法が考えられるけれども、今日著作の真偽とその時期を明確に決定できるのはわずか数本にすぎない。そこで自作として最も信頼の度が高く、且つ代表的著作と考えられる『観経疏観門義』（建保三年―承久三年の間）・『観念法門観門義』（承久三年―貞応元年の間）・『往生礼讃観門義』（貞応三年―嘉禄二年の間）・『般舟讃観門義』（嘉禄二年以後か）という一連の観門義を取り上げてみる。

第一にこの四書は云うまでもなく善導の四帖疏の註釈であるが、証空は善導の書を借りて、源空から受けた罪業の凡夫を末法の世に救済するという思想を根拠づけてゆくのである。もっとも善導の書を用いることは、源空が未完のままに残した念仏論を根拠づける場合、選択立宗の基底として省るのは自然であり、源空門下に共通したことでもあるが、特に証空の場合は寛喜元年（一二三一）三月、当麻寺に参詣し、同寺の当麻曼荼羅の図相を見て、善導の教義に順ずる意味で、自分の観経観と一致していることを喜び、料田を寄進したように、[178] 善導の義を重じたのは、証空の場合顕著である。しかし彼が源空の門下でありながら、師の著書を表面に現わさず、すでに旧仏教教団の中で認められ、広まっていた善導の著書に頼るという面を否定できない[179]。これは一つに証空の教学が師源空の所説から離れた面を示しているが、第二に四書の著作年代と関連している。すなわち四書は建保三年（一二一五）以降安貞・寛喜（一二二七―一二三一）の間、いいかえれば証空の往生院入院以後、往生院の念仏結衆がようやく基礎を確立した時期に相次いで書かれたことに注目される。この時期における証空の立場は前章で述べた如くであり、源空の所説を表面に立てないことと関係する。

ところでこの四書を中心にした証空の所説は、もとより源空の但念仏を主張しているけれども、その過程には、天台の教学を借りて念仏往生を奨め、源空の所説を著しく天台化し、「師法然房切諸行頭、弟子善慧房生取諸行申也[180]」といわれたように、天台の教学を取り込んでいる[181]。従ってこの四つの観門義の中には、往生院の院主として天台の教団に囲まれ、内外に制約を受けていた証空が念仏結衆を背景に執筆した事情を如実に現わしている。前述した承久三年の不断念仏の再興は、彼の立場の限界において、天台に親近した教学の結果として、源空より受けた但念仏を実現したものと理解される。いいかえれば証空の教学は、こうした歴史的契機によって、天台的色彩の濃い、いわゆる白木念仏として成立したのである。

それならばこのような証空の教学は、その後如何に外的に展開したであろうか。寛喜三年十二月に証空は、比丘尼浄因母子から料田を買得しているが[182]、往生院の伽藍譜が拡充された一端を示すものであろう[183]。そして証空は、観門義を著した頃から積極的な教化を始めていたらしいが、ほぼその時代に当る持明院家能・野々宮公継[184]・九条道家[185]等、証空や往生院に関係ある公家の名を知り得るのは、証空の教化が、京洛の、特に上層公家社会を主としていたことを物語っている。就中九条道家の本願によって法性寺内に遣迎院を建立し、さらに寛元元年（一二四三）後嵯峨天皇に布薩戒を授け、勅願所として白河に歓喜心院を創建し、不断梵網経読誦を定置したのは、[186]教化の伸張と共に、晩年公家社会における証空の立場が固りつつあったことを示している。従って証空の弟子の中でも重要な、浄音・証恵等が公家の子弟であるのも肯ける。[187]かくして往生院の証空を中心とした西山派教団は、まず京洛の公家社会を背景に生まれたのである。

ところが証空は嘉禎四年（一二三八）天王寺聖霊院に念仏を修したと伝える。[補註7]これは証空の活動が西山より外部に拡がった例として最も早いものである。恐らくこの時期から、証空の教化は洛外にも及んだらしく、何時の頃か明らかでないが、摂津の浄橋寺や蓮花寺を創建している。[188]ここで証空が河内の太子廟の願蓮に台密を受け、宇都宮頼綱がそこで弟子となったことを想起する。[189]証空の教化が摂津の地方に顕著であるのに関係しているかも知れない。こうした外的な展開は、往生院に寺務を設け、面授の弟子三人を当てるという内的な整備と共に、[190]西山派教団の発展を示すものである。しかし建長三年（一二五一）二月の綸旨には「善峯寺往生院」と記され、[191]この呼称は鎌倉末期まで続いている。また往生院を母胎に生まれ、善峯寺から独立した三鈷寺の呼称が、文書等の上に現われるのは、鎌倉末から南北朝にかけてである。[192]この二つの事実は証空の時代、西山派教団は形の上で善峯寺教団に属し、往生院は浄土宗寺院として独立しなかったことを意味するようである。従っていわゆる三鈷寺成立の時期は、寺伝等の如く証空の時代に遡らせることは誤りであろう。

宝治元年（一二四七）十一月、証空は教団の背景を物語るように、白河の遣迎院で寂したが、[193]入滅に際しては、後世の史料に「二十四日勤修天台大師講、二十五日依請演法、又為自利讃説浄土、称揚弥陀法、則一如平時讃嘆、法門者、蓋善導和尚観経玄義分序題門之大意也、二十六日著僧伽黎、大集門弟備談、稟承上人之旨、以及巳証法門、説法畢竟、与衆同音誦阿弥陀経、念仏二百余声、向西而寂、」と伝え、[194]その悌を推察し得る。また遺体の葬られた西山の華台廟には、弟子たちが不断念仏を定置した。(195) これら入滅前後の事情は、証空の立場と教学とを如実に現わしているようである。

八

さて私は西山往生院の展開に着目しながら、西山義の成立をたどったのであるが、成立の契機の第一は、いうまでもなく源空所説の専修念仏とその教団である。ところが新興の源空教団に対する天台・真言の旧仏教教団の勢力は、いわゆる〃法難〃という教団外からの圧力として、西山義の祖証空の立場に直接影響を与えた。かくして源空教団からやや離れた証空の場、すなわち西山義成立の場として往生院が定まったのである。ところでこの往生院はいわゆる別所として自立の基礎を持ち、但念仏を表面に現わさない天台寺院で、そこには青蓮院の系譜をひく、観性を中心にした僧等が住していた。このため証空に受けつがれた専修念仏の系譜は、二重の意味で天台宗教団と併立したわけであるが、制約を与え、また特色を形作っている点で、助念仏を許容した天台宗教団、特に青蓮院は第二の契機なのである。いいかえれば別所、既成教団から離脱した僧の活動——異質的な対立関係の薄い僧の活動が第二の契機なのである。

次に天台の別所として往生院自立の基礎は、上層の公家社会であったが、証空の入院と共に始められた専修念仏の背景もまた上層の公家であり、証空の教化すなわち観性の系譜に対して、源空の系譜が強まってゆくにつれて、別所の背景であった上層の公家も、専修念仏の背景に切り変り、西山派の特色を形作った。すなわち第三の契機である。かくして成立した西山義の教団は、鎌倉の末期に一層天台的な性格を帯び、室町の中期に教団が地方に発展するという展開の歴史を通じて、三つの契機から生まれた教団の特色を貫いているのであるが、その経過は鎮西義や長楽寺義の経過と好対称をなしている。特に第二の契機は、第三の契機と深く関連して、教団の外延すなわち公家社会の念仏を考える手がかりを与え、鎌倉における庶民の念仏に対比されると思われる。

註

(1)『拾遺往生伝』上　源算の条『浄土源流章図』『柳原家記録』所収『西山参鈷寺伝持次第』『山槐記』治承三年四月二七日の条等。

(2)『拾遺往生伝』上　源算の条等。法華経書写供養・法華八講・十種供養等を行い、坐禅経行怠りなく、また大旱には勅命によって祈雨の功をあらわす等、当代天台の性格を備えている。道場は蓮華寿院と称したという。

(3)『西山参鈷寺伝持次第』等。

(4)『拾遺往生伝』上　源算の条『山槐記』治承三年四月二七日の条に、「往生人」とみえる。

(5)『拾遺往生伝』上　源算の条　同伝所収『善峰寺縁起』『以呂波字類抄』、俗姓大中臣氏、祖父は受領、父は皇裔を娶り、若くして出家した。源算も幼に出家を望み、一度俗縁にひかれて還俗したが、娘の死に再び出家した。

(6)『善峰寺志稿』『三鈷寺志稿』、寺伝によれば諱は源信の一字を受けたと伝える。

(7)『三鈷寺文書』仁安四年二月一日賢仁譲状等が最も早い例である。

(8)『善峰寺志稿』所収『源算上人別伝』『本朝高僧伝』五八　源算の条。

(9)『拾遺往生伝』上　源算の条『西山参鈷寺伝持次第』等、源算は承保元年正月一日往生院に籠居と見え、嘉承三年三月二九日入滅、此後五三年間伝持の主なしと伝える。『三鈷寺文書』仁安四年二月一日賢仁譲状に荒廃の旨が記されている。

(10)『後拾遺往生伝』中　永暹の条、三衣一鉢、大仏事に足指を切って燈とし、諸山を往反、善峰寺と天王寺で如法経書写供養を行う。天永元年入滅。

(11)『後拾遺往生伝』中　良昭の条　坐禅を好み、法華経を血書す。
(12)『後拾遺往生伝』中　義尊の条　坐禅を好み、法華経を暗誦す。
(13)『山州名勝志』一〇　善峰寺の承保元年三月二九日の女人及酒肉五辛制碑によっても窺われる。
(14)註(10)
(15)源信が、『往生要集』大文第六別時念仏尋常念仏の条に、念仏三昧の仕方として説いて以来、『御堂関白記』等の日記、あるいは『拾遺往生伝』『後拾遺往生伝』等に、二十数例を上げることが出来る。未定稿「数量念仏の普及」。
(16)註(11)
(17)註(12)　一心の念仏により魔縁を結縛したという。
(18)『後拾遺往生伝』中　義尊の項「臨終之日(中略)高唱弥陀、衆僧同唱、称揚之間」と見える等。
(19)『三鈷寺志稿』『善峯寺志稿』善峰南尾の善峯法華院は上足源応に、中尾の蓮華寿院は附弟章因に、北尾の往生院は法子能命に附嘱され、この三尾を西山といい、合わせて善峯と称したと伝える。註(2)・(9)参照。
(20)次章参照。横川の僧義尊の場合は一例である。
(21)『三鈷寺文書』。
(22)『西山参鈷寺伝持次第』。
(23)『西山参鈷寺伝持次第』『善峯寺志稿』。
(24)『台密血脉譜』乾・坤　合行略譜。
(25)『天台座主記』『華頂要略』門主伝第一～三等によれば、観性は青蓮院門跡慈円の授法の師であるが、『三鈷寺文書』寿永二年八月法性寺座主房(慈円)政所下文に、「依有便宜」て青蓮院門跡領富坂庄預所を観性に申付けたとある文意によっても推定することができる。

(26)『門葉記』五三　入室出家受戒　仁安二年慈円臨時受戒の記事に見える職衆永尊は、青蓮院の僧と思われ、譲状の永尊と年代が接近している。

(27)『台密血脈譜』乾に見える賢仁は、行玄の師主である忠尋の血脈を受け、譲状の賢仁と年代が接近している。因みに、観性を引導した善峯寺僧教賢との関係は不明である。また『華頂要略』門主伝二によると、慈円の師主覚快法親王は、善峯寺に葬られ、今日墓所が存する。『善峯寺志稿』参照。大屋徳城氏が『報恩鈔』によって教賢・賢仁・永尊を源算の弟子と考えておられることに賛成し難い。(『日本仏教史の研究』所収「善峯時代の善恵房証空」)。

(28)『尊卑分脈』　『西山鈷峯寺伝持次第』　『三鈷寺文書』　仁安四年二月一日賢仁譲状等。

(29)『天台座主記』『浄土源流章図』『蓮門宗派』『浄土伝燈録』九　『法然上人伝記』『源空上人私日記』『九巻伝』等、顕真は灌頂を相実法印に受け、文治六年法印で六一代座主となった。

(30)『玉葉』文治六年三月六日の条『天台座主記』『尊卑分脈』葉室定長は、蔵人頭を経て、文治五年には参議で、翌年造東大寺長官兼讃岐権守、左大弁となった。公卿補任文治五年の条　『吾妻鏡』文治五年三月二〇日条　『百練抄』一〇　文治五年三月四日の条『華頂要略』　座主記二公顕の条参照。

(31)『尊卑分脈』

```
┬顕隆─顕能─┬成方 母参議為隆女
│          ├顕真 母同成方
│          └観性
├為隆
└重隆─重輪 山　天台座主　権僧正　号禅智房
```

『山槐記』治承三年四月二七日の条に「法橋観性顕能子、母故為隆卿女」とある。

(32)『華頂要略』門主伝一　同二附弟一　門跡伝　行玄は久寿二年九月座主を辞したが、これより先三月真誉は小野郷を去り行方知れずとなった。

(33)『天台座主記』『華頂要略』門主伝二　久寿三年三月宣命。

(34)『天台座主記』49最雲堀川天皇々子―50覚忠藤原忠通息―51*重輪葉室重隆息―52*快修藤原俊忠息―53俊円―54*快修―55*明雲鳥羽天皇々子―56覚快鳥羽天皇々子―57*明雲―58俊堯源顕仲息―59全玄藤原実明息―60公顕寺門藤原顕康息―61*顕真―62慈円（*印は梶井門跡）

(35)『護持僧次第』応保元年五月不動法を修す、『台密血脈譜』乾に「行玄―覚運本名覚昭　重輪兄　蓮乗房　左衛門佐　入道」と見え、舎兄である青蓮院の僧覚昭を凌いで座主となったわけである。註（24）参照。

(36)『天台座主記』。

(37)当時検非違使別当であった惟方は、大納言藤原経宗と結び、天皇親政を謀ったが、専横をとがめられて、永暦元年長門に配流された。時に出家したが、永万年中に帰京している。『尊卑分脈』。

(38)『拾玉集』五、文治六年四月惟方が慈円を訪ねた旨の詞書の歌が見える。

(39)『山槐記』治承三年四月二七日の条　『尊卑分脈』一。

(40)『三鈷寺文書』仁安四年二月一一日心仏置文。

(41)歴史学研究会一九五四年度大会報告「歴史と現代」　井上光貞氏報告及び討論参照。

(42)『三鈷寺文書』。

(43)『三鈷寺文書』元暦元年五月一五日観性寄進状其ノ一。

(44)『三鈷寺文書』久安二年一〇月二五日長秀譲状、治承五年正月一九日良秀沽却状。

(45)『三鈷寺文書』元暦元年五月一五日観性寄進状其ノ二　保安二年一一月富坂庄定使僧吉能解 寿永二年八月法性寺座主房政所下文　寿永二年八月八日慈円消息　富坂庄は橘則光が二条阿弥陀堂仏聖燈油料として、円融房座主大僧正良真に寄進し、後青蓮院門跡領となった。同文書　寿永三年二月慈円譲状　無動寺政所下文　元暦元年七月九日左馬寮下文等によると、後慈円は争論を予防するため同庄を無動寺に寄進した。

(46)『浄土法門源流章図』『玉葉』寿永元年九月一四日、同二年閏一〇月三日の条、『山州名勝志』には三鈷寺本堂本尊としている。

(47)『門葉記』二六仏眼法一之二には、大法とし、相実法印が康治の頃修したのを先例とし、建久元年慈円が息災のために修したことから記事を始めている。

(48)『玉葉』寿永元年六月二五日の条。『玉葉』元暦元年九月一五日、文治元年九月二六日、一一月一五日、文治三年四月二六日、五月四日の条

(49)『玉葉』寿永元年九月一四日の条。

(50)『玉葉』文治元年一一月一五日、文治三年五月四日の条。

(51)第二章参照。

(52)『玉葉』承安三年五月七日の条以下、文治六年九月二四日の条までの記事。

(53)『玉葉』承安三年五月七日、八月五日、承安四年四月五日、一八日、寿永元年九月二一日、寿永二年正月二三日、二七日、二月一四日、元暦元年四月四日、元暦二年二月二九日、七月一三日、二六日、文治三年二月二六日、一〇月一二日、文治四年五月六日の条、観性が慈円の使者として兼実を訪うた例は、寿永元年一二月一二日、元暦二年二月八日の条。

(54)『玉葉』寿永元年一二月一二日、寿永二年三月二六日、文治四年五月六日、一一日、六月一一日、文治六年九月二四日。

(55)『玉葉』兼実のための祈禱の例は、治承五年閏二月一日、養和二年五月一日、寿永三年二月一四日、三月四日、一五日、四月三日、元暦元年九月一五日、元暦二年二月一四日、文治元年九月二六日、一一月一五日、文治二年閏七月六日、八月二八日、文治三年四月二六日、五月四日、文治四年八月四日、九月一六日、文治六年九月一二日の条、及び『華頂要略』門

主伝三　文治五年八月一五日の条、両僧が力を借した例は寿永元年八月一八日、一二月六日、寿永二年二二日、元暦二年九月二〇日、文治元年一一月一五日　文治二年閏七月六日、文治四年八月四日、九月一六日の条。
(56)『玉葉』治承四年一一月七日、養和二年正月二六日の条、養和三年五月一八日、二一日の条には「西山」と見える。
(57)第四章参照。
(58)『玉葉』養和二年正月二六日、五月一八日、二一日、寿永元年六月二五日、八月九日、一二日、一八日、九月一四日、二三日の条。
(59)『玉葉』元暦二年七月九日、一二日の条　及び文治六年三月一二日、一三日の条。
(60)『歴史地理』八四巻一号　村田正志氏「青蓮院吉水蔵における慈円史料」参照。
(61)『華頂要略』門主伝三によると、慈円は一六歳より受法、養和二年二月白河房において覲性から蘇悉地を授けられ、寿永元年一二月全玄より灌頂を受く、青蓮院所蔵慈円自筆自伝案断簡註(27)参照。
(62)『玉葉』寿永二年三月二五日の条。
(63)『玉葉』寿永二年九月四日の条。
(64)『玉葉』寿永二年九月四日の条、後白河法皇は源義仲を制馭するため、源氏の棟梁頼朝の上洛を促していたが、この日覲性は頼朝上洛の噂を兼実に伝えている。又閏一〇月二三日の条、更に情勢が進んで、院と義仲の関係が切迫し、遂に範頼・義経の西上する形勢となったが、この日覲性は頼朝の義弟にあたる藤原公衡が、その縁故のため身辺に危険が感じている旨を告げている。
(65)『吾妻鏡』文治五年五月二九日、六月三日、五日、六日、八日、九日、一一日の条、『玉葉』建久元年九月一二日の条に見える覲性の伊勢参詣も、一連の関係があるように見える。現在善峯寺には頼朝から贈られたと伝える法華経が蔵されている。
(66)第二章参照。

(67)『玉葉』建久元年九月四日の条。
(68) 註(61)参照、自筆自伝断簡、多賀宗隼氏『慈円全集』後記等。
(69)『三鈷寺文書』、元暦元年五月一五日観性寄進状其ノ三。
(70)『三鈷寺文書』賢仁沽却状其ノ一及び同状其ノ二。
(71)『三鈷寺文書』。
(72)『山槐記』治承三年四月二七日の条。
(73) 賢仁の沽却状は二通とも同日に書かれ、また共に「為遂大願」と記し、買得のことは観性の入院に関係している。
(74)『山槐記』治承三年四月二七日の条に、尼公は七〇有余歳とみえる。
(75) 註(69)参照。
(76)『華頂要略』門主伝一、『兵範記』仁平二年一二月一八日の条。
(77)『華頂要略』門主伝二。
(78)『華頂要略』門主伝二附弟伝第一『撰集抄』註(32)参照。
(79) 註(39)参照。
(80)『尊卑分脉』、『山槐記』治承三年四月二七日の条。
(81)『源算上人別伝』等参照。
(82) 第三章参照。
(83) 註(56)参照。
(84)『三鈷寺文書』。
(85)『三鈷寺文書』建保四年一一月聖弘譲状。

(86) 註(85)参照。
(87)『三鈷寺文書』年月不詳信阿弥陀仏寄進状。
(88)『山城名勝志』、『山州名勝志』等。
(89)『三鈷寺文書』寛喜二年四月信阿弥陀仏寄進状。
(90) 第一章参照、源算は往生院に阿弥陀如来を安置したと伝える。
(91)『三鈷寺志稿』『山州名勝志』等。
(92)『三鈷寺文書』安元二年九月二一日徳大寺家政所下文。
(93)『三鈷寺文書』文治四年四月徳大寺家政所下文、同預所副文。
(94)『三鈷寺文書』安貞二年二月四日徳大寺家政所下文。
(95)『玉葉』寿永二年九月四日の条。
(96)『玉葉』寿永二年閏一〇月三日、一七日、一八日の条。
(97)『東福寺文書』建長二年一一月九条道家摠処分状、家領として「西山草庵、屋々門等見指図、」と見える。
(98)『三鈷寺文書』応永八年正月一八日三鈷寺所領知行目録に久世庄中田二町を兼実が寄進した旨見える。『拾玉集』五「西山法橋稿かくれて後三位中将(実衡)の許へこまかに物申しなどせしにあれより歌よまれたり」という詞書等。
(99)『三鈷寺文書』建保三年正月寛縁・聖弘連署往生院資財注進状、安貞二年二月四日徳大寺政所下文。
(100) 第二・三章参照。
(101) 註(99)参照。
(102) 註(99)参照。
(103)『三鈷寺文書』安貞二年二月四日徳大寺政所下文。

(104)『三鈷寺志稿』、『善峯寺志稿』参照。観性と善峯寺との関係を示す史料がなく、『山槐記』治承三年四月二七日の条に見える観性は殆んど往生院と草庵に住していたようである。

(105)『華頂要略』古証文集　慈鎮利尚被譲進西山宮状案。

(106)『三鈷寺文書』建保三年正月寛縁・聖弘連署往生院資注進状。第三章参照。

(107)「竜谷史壇」三四　里内徹之氏「日本浄土教成立前史における念仏集団について」同三六　同氏「上代末期から中世に至る別院別所の末寺への展開」、「ヒストリア」一　井上薫氏「ひじり考」参照。この問題については稿を改める予定である。

(108)第七章参照。

(109)『三鈷寺文書』建保三年正月寛縁・聖弘連署往生院資財注進状、『参鈷寺伝持次第』第三章参照。報恩鈔の建保元年説は誤りである。

(110)『華頂要略』古証文集　建暦三年二月慈鎮和尚被譲進西山宮状案。

(111)『華頂要略』門主伝三『天台座主記』寿永元年七月補任、元暦元年一二月後白河天皇護持僧、文治二年八月平等院執印補任、同三年五月法成寺執印補任。

(112)註(109)参照。

(113)証空の入院については第六章参照。

(114)『門葉記』六八門主行状一、『華頂要略』門主伝三、『拾玉集』五　建久三年八月往生院にて如法経書写供養のときの歌、和尚自歌合聖真子一五番ノ一四の歌等。

(115)『尊卑分脈』、『華頂要略』門主伝、青蓮院所蔵『慈円自伝案断簡』その年一一月四天王寺別当職に補任されているが、翌年一一月所労の故をもって辞任している。

(116) 青蓮院所蔵『慈円自筆自伝案断簡』。
(117) 『三鈷寺志稿』。
(118) 『華頂要略』古証文集建暦三年二月慈鎮和尚被譲進西山宮状案。
(119) 註(116)参照。『華頂要略』門主伝三　承元三年正月、上皇御願によって金銅種子を本尊に青蓮院において恒例の熾盛光大法を修する等、『法然上人行状画図』一五。
(120) 『門葉記』『天台勧学講縁起』。
(121) 『拾玉集』巻四　詠百首和歌の跋に三度目の座主を辞した建暦三年九月に「かた山寺に籠ゐて」と見え、往生院を思わせるが、傍証とすべきものが無い。
(122) 六。
(123) 「鎌倉時代に於ける宗教改革の諸問題」。
(124) 『愚管抄』六。
(125) 『華頂要略』門主伝三『明月記』嘉禄元年九月一〇日寂。
(126) 『拾玉集』四　詠百首和歌。
(127) 『門葉記』大懺法院条々起請事、『拾玉集』一　厭離百首「津の国のあしの八重ふきいまもなしとなへて過きよ南無阿弥陀仏」の歌、同五「建久五年に九月の中旬の比にもなりにき、一五日念仏なと果て、まとろみたりし暁に」の詞書は、何れも源信流を思わせる常行三昧である。
(128) 『天王寺公文所考』『華頂要略』門主伝三　『天王寺旧記』『天王寺誌』『拾玉集』五所収　西園寺公経の消息、天王寺ではもっとも公家的な有観念仏が盛んである。『日本歴史』九四・九五　拙稿「天王寺の念仏」。
(129) 『拾玉集』一百首和歌述懐十首　同四　詠百首和歌釈教の「立つ杣や南無阿弥陀仏の声引くは西にいざなふ秋の夜の月」

の歌参照。
(130)『拾玉集』四　詠百首和歌法文。
(131)『拾玉集』二　一日百首述懐。
(132)『拾玉集』の一から四までの詠歌は、大略建暦年間までのものである。
(133)『拾玉集』二　一日百首述懐、同三〇　題十首和歌釈教「目を閉ぢて息を数ふる心にはみ法はかりの残るなりけり」。
(134)『愚管抄』三等。
(135)『拾玉集』一　百首和歌無常十首、日吉百首和歌無常五首、御裳濯百首無常五首、同四　詠百首和歌無常十首等の歌。『拾玉集』一　百首和歌釈教十首、同三　秋日住吉社百首等の歌。
(136)『拾玉集』一　百首和歌釈教十首、同四　詠百首和歌法華二十八品の歌参照。
(137)『一言芳談』。
(138)『法然上人行状画図』等に慈円は源空の弟子と伝え、また源空の弟子であった隆寛や証空と深い間柄であった事実によってこの幅を考えてみることができる。「日本歴史」七五号　拙稿「慈円と隆寛」参照。
(139)『三鈷寺文書』建保三年正月寛縁・聖弘連署往生院資材注進状。
(140)『華頂要略』門主伝三。
(141)「国史学」五九　村田正志氏「慈円入滅後における青蓮院門跡の相承」参照。
(142)『三鈷寺文書』聖弘譲状。
(143)『三鈷寺文書』聖弘沽却状。
(144)この場合の西山は何を意味するのか明瞭でないが、後述の推考を待てば、善峯寺をも含めたものと考えられる。
(145)『尊卑分脉』『蓮門宗派』『法水分流記』『浄土法門源流章図』『西山国師伝』等。

(146) 慈円のもつ人的つながりと幅を考えることができる。
(147) 註(145)参照『浄土法門源流章』『浄土伝燈録』『浄土列祖伝』『法然上人伝記』『浄土三国伝来血脈譜』には建久四年より建暦二年まで住んでいたとしている。また始め解脱房と称し、後改むと伝える。
(148) 註(145)・(147)参照『法水分流記』『浄土法門源流章』『選択密要訣』『西山派綱要』 松本彦次郎氏「鎌倉時代に於ける宗教改革の諸問題」参照。
(149) 註(145)・(147)参照 同起請文 第四番目に署名す。
(150) 正治二年菩薩戒を受けた。同元年藤原道家の請によって『観経私記』を著し、『選択集』を講じたと伝える。『浄土伝燈総系譜』『浄土伝燈録』『西山派綱要』『西山国師伝』等参照。
(151) 註(145)・(147)・(150)参照『浄土三国伝来血脈譜』『浄土伝燈録』『西山国師年譜』には、願蓮についたのを承元三年としている。願蓮は日野の僧。『法然上人伝記』上下。
(152) 『西山上人縁起』『西山善慧上人略伝』。
(153) 『明月記』『歎異抄』『分流記』『法水分流記』『拾遺古徳伝』七等。
(154) 『法然上人伝記』一〇、『尊卑分脈』によると、持教房僧都は日吉別当雲快に比定される。松本彦次郎氏「鎌倉時代における宗教改革の諸問題」参照。安貞の事件のときには慈円の側近であることを証明している。『明月記』安貞元年七月六日の条。
(155) 『法水分流記』、『歎異抄』等。
(156) 『日本歴史』七五 拙稿「慈円と隆寛」参照。
(157) 『三鈷寺文書』聖弘沽却状。
(158) 『参鈷寺伝持次第』『蓮門宗派』等。
(159) 『浄土三国伝来血脈譜』『浄土列祖伝』等。この間慈円の影響をうけたことは推定に難くない。『参鈷寺伝持次第』に証空は静房と号したと見えるが、かつて慈円が観性から受法した往生院の「静房」（第二章註（40）参照）と符合することも裏付けの史料となる。

(160) 往生院の条に、慈円が堂宇・聖教等を観性から譲渡された旨の観性申状を引いているのは、慈円以外の者に対する注進状であることを意味する。すなわち慈円の往生院に対する進止に変更があった時のものと考えられる。大屋徳城氏「日本仏教史の研究」「善峯時代の善恵房証空」参照。

(161)『華頂要略』門主伝六　建保四年六月出家。

(162)『浄土伝燈録』『浄土列祖伝』『浄土三国伝来血脈譜』等は建保元年又は建保三年と記し、『西山参鈷寺伝持次第』には承久と見える。

(163)『華頂要略』門主伝六　『西山上人縁起』を引用す。

(164) 註（140）参照。

(165) 註（142）参照。

(166)『三鈷寺文書』安貞二年二月四日徳大寺政所下文、同寛喜元年三月九日成源沽却状には「善峯寺北尾如法仏眼仏母」等。

(167)『三鈷寺文書』寛喜元年三月九日成源沽却状、証空は成源から橘前司領山方庄の料田を買得したが、これは観性から安円に、安円から成源に相伝されたものであり、また沽却にあたって成源は、その上分米を如法仏眼仏母と観性の遠忌の料に当てることを条件にしている。応永七年正月一八日西山参鈷寺当知行山城国寺領目録。

(168)『三鈷寺文書』。

(169) 註（92）参照。

(170) 第二—五章参照。

(171) 註（87）（89）参照。

(172)『三鈷寺文書』年月末詳信阿弥陀仏寄進状。
(173)『三鈷寺文書』信阿弥陀仏寄進状。
(174)『華頂要略』門主伝三、『慈鎮和尚伝』。
(175)『三鈷寺文書』寛喜三年一二月浄因・息女某連署沽却状、承久元年正月二六日宰相中将家沽却状(塩屋兵衛入道信生房昇蓮)、応永七年正月一八日西山参鈷寺当知行山城国寺領目録(九条道家・滋野氏息女金阿弥陀仏等)、『報恩鈔』や『西山縁起』には毎月一〇日観性忌に報恩講を修し、一四日の光明大師忌、二五日の吉水忌には観経講説の莚を張ったと伝え『明月記』安貞元年高弁とともに西園寺公経の室の臨終に勧進念仏を修した。
(176)『三鈷寺文書』信阿弥陀仏寄進状。
(177)『尊卑分脉』。
(178)石田充之氏『日本浄土教の研究』第三篇第二章、当麻曼荼羅数十鋪を作って信濃善光寺已下の諸寺に施入したとの伝えもある。
(179)『往生伝』の中には善導に関する記事が散見し、専修念仏の先駆である永観の所論は善導に導かれている所が多い等。
(180)行観の『撰択集私記』。
(181)石田充之氏『日本浄土教の研究』第三篇第二章　安井広度氏「西山上人仏教観」「大谷学報」一九ノ一「西山国師阿弥陀観」同二一ノ一、上杉慧岳氏「西山上人の観経疏大意の研究」仏教研究三ノ二「西山の白木念仏法語について」同三ノ四「西山家の名体不二説に就て」同七ノ一・二「西山家に於ける聖浄二門並釈迦弥陀二教論を究めて真宗の二門二教論に及ぶ」同八ノ三・四　参照。『浄土法門源流章』に、天台宗を学び、それを摸したと見え、『法然上人伝記』二上に文暦のころ学生は狂乱しても往生できるという説が、東国で証空の義として伝えられたとある。
(182)『三鈷寺文書』沽却状、応永七年正月一八日山城国当知行寺領目録。

(183)『三鈷寺文書』応永七年正月一八日山城国当知行寺領目録。
(184)『浄土伝燈総系譜』下。
(185)『仁空記録』善空置文。
(186)註(185)参照。証空の念戒一致論の具体的な現われの一つといえる。
(187)『本朝高僧伝』等。
(188)註(186)参照。『浄土伝燈録』四。
(189)『浄土伝燈録』四『拘留如来縁起』等。
(190)『仁空記録』。
(191)『三鈷寺文書』。
(192)『三鈷寺文書』。
(193)『本朝高僧伝』一四、『浄土伝燈録』四『西山国師伝』『浄土列祖伝』三。
(194)『浄土伝燈録』四。
(195)『西山国師伝』華台廟碑文。

補註

(1) 本論は、拙稿「智真と西山義」の第四章参照。
(2)『左経記』長元七年一一月三〇日の条に、源算は教円等と無量寿院で論義した旨が見える。
(3)『平家物語』五　横田河原合戦に、養和二年四月一五日顕真は、日吉社で如法法華経一万部の転読を行い、後白河法皇は結縁のために行幸し、そのころ平氏追討の噂があって、平氏の一門は六波羅に集まっている。

（4）『法然上人伝記』七下に、惟才の女の禅尼は夢に、源空の葬列が清水寺の塔に入るなどを見たという。

（5）『法然上人行状画図』九に、文治四年八月一四日後白河法皇が仙洞で如法経書写供養を行ったとき、前方便の経衆に源空が加わり、九月四日観性が進献した料紙をむかえ、慈円の三条白川の住坊に安置し、観性と慈円は経衆ではなかったが、写経のときは参向したと伝えている。

（6）『名義進行集』二『浄土法門源流章』『尊卑分脈』によると、是憲は藤原通憲の一一男で、源空が最後の一念を勧められ、無私の道心者として、源空の臨終の善知識となり、通憲の一族は　仏のように憑んでいたとされる。

（7）『天王寺誌』等。

一　智真と西山義

建長三年（一二五一）の春に随縁は善入に伴なわれて、「太宰府の聖達上人」のもとへ行くと、「学問のためなら」、まず「文字よみ」してくるようにいわれ、ひとり肥前の華台房を訪ねた。「上人、さては昔の同朋の□事いまたわすれす、旧好いと□はこの処に居住あるへしとて、名□給□、随縁と申よし答給に、随縁雑善□といふ文あり、しかるへからすとて、智真とあらため給」うたと、『一遍聖絵』一の冒頭に記してある。のちに智真が、名号は、「自力他力を絶し、機法を絶する所」といい、「往生は心品によらず、名号によりて往生するなり。」という境に到ったとき、(1)〝随縁〟という語について、善導の『法事讃』にある「随縁雑善、恐難生」の文を引き、「随縁と云は、心の外に境を置て修行するなり、余所の境に携て心を養ふ故に、境が滅すれば、成就せず、是則自力我執の善なり。」と語っている。(2)だから智真、すなわち随縁が、母の死に無常を感じ、父の如仏の命で出家したときは、自力聖道門のうちにあったと思われる。そしてこのような出家は、のちに智真が時宗の法門を説く第一の契機で、西山義の聖達を訪ねたことは、第三の契機になる。

智真の俗姓河野の祖先についてはなお詳らかでないが、智真から遡って十代の祖とされる為世は、浮穴御館と呼ばれ、その子為時は浮穴四郎大夫、孫の時高は浮穴新大夫と称し、平安前期に伊予浮穴郡の豪族としてあらわれてくる。そして時高の子為綱は風早大夫、または風早大領と称されるが、その長子宗綱は寺町判官代と呼ばれて浮穴郡の本拠を嗣ぐ一方、次子の親孝は北条大夫を称して風早郡にあり、「雖二男、成氏長者、」とされるのは、河野氏の祖先が、平安時代の中ごろすぎまでに、山地の浮穴郡から瀬戸内海をのぞむ風早郡に進出したことを示している。しかも一説に、為綱は伊予権守に任じたと伝え、おそらく国衙につきながら風早郡を新しい本拠として武士化したのであろう。[3][補註1]『日本極楽往生記』には遠祖の越智益躬が「為当国主簿」と記し、『吾妻鏡』の養和元年（一一八一）九月二十七日の条には、「河野四郎以下在庁等」と見える。

ついで親孝の嫡子親経は、北条の地から国府よりの風早郡河野郷に移って河野新大夫を称し、源頼義が伊予守であったとき、その意を受けて、四十九の薬師堂と八つの八幡宮を造立したと伝え、[4]また頼義の猶子親清（実は義家の末子）を女婿に迎えるなど、ようやく源氏の家人となった。源平の争乱に孫の通信が、弟の通孝・通経とともに協力し、北条時政の女を迎えて通政・通久を、また幕府の元老二階堂行光の女との間に通末をもうけたのは、そうした経緯の結果で、智真が出家する伏線でもあった。[5]

ところで河野氏の遠祖の伝承には、伊予一宮の三島社との関係が語られる。三島社は、延喜式に載せる伊予越智郡の大山積神社で、『伊予風土記』の逸文では、仁徳天皇の代に百済からの渡り神とされ、河野氏の祖先の経緯とは、直接の結びつきがない。ところが『河野氏系図』には、推古天皇の代に三韓が日本を攻めたとき、異敵退治の勅命を受けた益躬は、「三島大明神ニ現ジテ」助けられたので、「播州大蔵谷ニ三島大明神ヲ勧請」した。さらにその六代の孫玉興は、父の守興が、新羅征伐のとき越の遊女に産ませた子で、摂津の唐崎で船主をしていたのを養い、

先祖ノ諱小千ナレバ、越人故、越智ト姓ヲ改メ、氏ハ、潮ノ中ノ水ハ、伊予国ニ高縄山観音霊験ノ地、是ニ三

島大明神、十六ノ王子ノ霊跡有テ、新宮ト号、其麾下ヨリ、我ニ奇瑞有テ、水流来レバ、汝此水ノ上ニ住ベシトテ、水ヲ予ル星ト号シ、河野ト云、氏トス、

と記し、渡り神としての大山積神社と河野氏の由緒を、河野郷にある高縄山を媒介に結びつける。それは、『一遍聖絵』十に、「聖の曩祖越智益躬は、当社の氏人なり、」というように、のちの河野氏の三島社への信仰が、河野氏の風早郡への進出とともに形成されたことを暗示している。建長七年（一二五五）十月の伊予国神社仏閣等免田注記は、国衙の所務として作られたものであるが、(6) 浮穴宮・熊野参宮など十三社の神田や国分寺・法花寺・八幡三味堂など二十か寺の寺田、三島社及びその神宮寺以下の封戸について記したあと、最勝講・八講田・仁王講・法花講・大般若田・金剛般若田・三ヶ所塔・柑子御不断経・臨時田・法花会について、それぞれ仏供田と請僧料を内容とする講経供料田百八十六町六十三反百二十歩が記してある。しかもこの講経供料田の内訳は、柑子御不断経のように伊予の特殊性を反映した祈禱を除けば、平安以来普遍的に行なわれる最勝講以下の講経・祈禱の供料田で、それを行う場としての三島社と八幡宮に対する免田が、ほとんどについて記されている。つまり鎌倉の中ごろ伊予では、平安以来の旧仏教の祈禱が神仏習合を背景に続き、その場としての神社は、三島社と八幡宮にほぼ集中していたわけで、このことは、浮穴郡から風早郡に進出し、国衙について武士化し、源氏の家人となった河野氏の遠祖の伝承のなかに、三島社が八幡宮とは別の姿でとり込まれる理由を物語る。そしてこのような事情は、智真が遊行の途次に伊予・伊豆の三島社や住吉社などに参詣し、あるいは神社の境内で躍念仏し、さらに神の示現があって奇瑞が起こったなどのような行状と関連する。

　以前私は「常陸の時宗」について述べたとき、(7) 下化衆生に遊行する智真は、備前の福岡の市や尾張の萱津など、人々が集まり、政治的規制も少ない市場や宿駅に足を停め、蓬坂の関のほとりの草堂など、村落の堂舎に宿ること

が多く、また他宗の僧の出入を許す天王寺や高野山、在俗の信仰を集める熊野三宮や厳島神社などの社寺を廻わる傾向があるとしたが、天台系の浄土教が盛んな善光寺などへ行っても、聖達や華台房以外の西山義の僧で関係あるのは、天王寺にいた如一や長門の顕性房ぐらいで、教学を受けた浄土宗、とくに西山義の寺へは向わなかった。それは、延暦寺など、専修念仏を阻止しようとする南部・北嶺の大衆やそれらの宗派に属する寺々には、智真の教化を批判し、拒否する傾向があり、政治的規制の多い鎌倉で化導の有無を定めようとして、追い出されたことなどと表裏の関係にある。神明を軽ずると非難された法然房源空の門下のなかで、智真が遊行して神社を廻わるのは、こうした外的制約のゆえでもあったが、智真の俗姓河野氏における三島社や八幡宮への信仰という内的な理由も前提におかなければならない。そして「熊野の本地は弥陀なり、和光同塵して念仏をすすめ給はん為に、神と現じ給なり、故に証誠殿と名けたり、是念仏を証誠し給ふなり(8)」という智真自身の神仏習合が問題であり、この点で智真は、源空の門下を非難した旧仏教の僧たちと同様の基盤に立っていたわけで、鎌倉仏教を考える大前提の一つとして、もう一度神仏習合をとり上げる必要がある。

二

河野氏と三島社の結びつきは、さらに「文武帝大化三年ニ、優婆塞葛城山ニ久米ノ岩橋ヲ懸ント、諸神ヲ咒ヒ寄セ、一夜ノ中ニ可渡ト約有テ、不得渡、夜明テ行者怒ル、行者ハ賀茂ノ再誕」などという神仏習合を背景に、「諸神行者ヲ讒奏ス、守興ノ玉輿罪ナキ旨奏ス、其罪ヲ糺サズ、同罪ニ玉輿・行者二人ヲ摂州ニ流サル、然ニ伊予国児島モ賀茂領ナレバ、二人是所ニ行ント、難波辺ニ流浪シ玉」うたことから、前に引いた越智姓河野氏の由緒に発展し、修験道とからみあっている。それは、石槌山権現とか、役行者の創建という浮穴郡の八坂寺などに象徴される

伊予の修験道が、かつて浮穴郡本拠とした河野氏の遠祖の伝承にとり込まれた結果といえる。(9)

ところで中世に河野氏が占拠した風早郡河野郷周辺の諸郡では、新居郡の得国寺、周桑郡の横峯寺・道場寺・久妙寺、桑原郡の興隆寺、和気郡の太山寺、温泉郡の石手寺・正観寺・梅元寺・繁多寺・西林寺などに、行基の創建とか、本尊を彫刻したなどの寺伝が残っている。それらの寺伝は、本尊の多くが薬師や観音であることと相俟って、越智郡桜井郷の国分寺中心に展開した奈良仏教の投影といえる。(10)しかもこの投影は、石手寺・西林寺が、河野氏の遠祖で藤原広嗣の叛に武功あったという越智玉澄を開基とし、繁多寺が頼義建立の四十八ヶ寺の一つとされることによって、温泉郡の地で河野氏の祖先の行業と結びつき、さらに道後十六谷の一つ奥谷の宝厳寺は、一説で智真誕生の地とか、智真の本坊とかいい、玉澄の父玉興が開基したと伝える。(11)こうした奈良仏教の投影ある寺伝と河野氏の祖先との結びつきは、河野氏が風早郡に進出して一族が東予に発展した結果で、事実は、多くの場合これら奈良仏教の投影をもつ寺々の真の創建者である天台・真言両宗の僧と河野氏の祖先との結びつきを意味するにちがいない。はたして先に挙げた行基伝承の諸寺のうち、久妙・興隆・太山・石手・繁多・西林の各寺は、行基伝承のうえに空海伝承を積み上げ、中世までに真言宗に改まり、あるいははじめて同宗の寺として建立されたと思われる。そして真言宗に帰依し、伊予に四十八の薬師堂を造立した源頼義の繁多寺がこのなかにふくまれるのは、これらの寺々に空海が留錫したとか、本尊を彫んだなどの伝承が多いことと相俟って、真言宗が、一つに政治的な系路で伝播したことを物語っている。(12)

一方温泉郡の仏性寺は、風早郡の贄姓に生まれた光定が、承和五年（八三八）に創建したという。光定は、大同元年（八〇六）叡山に登って最澄や義真に師事し、また高雄山で空海から両部灌頂を受けたが、最澄の大乗戒壇設立の志を助け、師の没後に実現させている。そして光定は、のちに延暦寺の別当に任じるなど、その活躍は中央で知られる。だから仏性寺の真の開山が光定か否かは別として、同じ風早郡の河野郷横谷にあった弥勒山寺が、天長二年（八二五）天台別院となり、同五年定額寺に定められたことは、温泉・風早両郡、とくに河野郷に、平安の初期天台宗がひろまったことを示している。(13) しかも弥勒山寺の名は、山林修行を予想する。とすれば横谷から登る高縄山、つまり河野氏の遠祖の伝承に見えた観音の霊地で、大山積神の霊跡でもある高縄山から北三方が森・明神が森・東三方が森と続く峯々は、石槌山を見はるかす山林修行の場となりえる。事実平安の初期に高縄山には、三島明神を勧請したという高縄神が祀られ、山岳信仰と融けあった山林修行の場の一つであったろう。(14) 弥勒山寺はその北奥谷の麓に、仏性寺は東南麓にあり、ほぼ南麓に当たる北梅本の梅元寺・正観寺は行基伝承をもつ天台の寺で、先に述べた宝厳寺も、かつては天台宗と伝えている。いわば弥勒山寺や仏性寺は、山林修行の場ともなりえる高縄山を中心とした天台教団の寺々で、梅元・正観・宝厳などの諸寺は、両寺からより麓に降りたところにある。おそらく天台教団は、平安の初期に、光定などの縁から、高縄山を中心とした東予の一角に拠点を据え、温泉・周桑郡などの真言教団と境を接しながら展開したと思われる。そして周桑郡河原津の道場寺が、行基伝承のうえに円仁伝承を重ねて円仁を開山とし、仏性寺から降った和気郡伊台の要法寺の薬師像は、一体が最澄、他は源信の作と伝え、やがて天台系の浄土教もひろまったことを物語る。こうした風早郡河野郷、つまり高縄山北麓の河野氏に生まれた智真は、自からこのような天台教団に接しているわけである。(補註2)

宝厳寺の寺伝は、それを裏付けているが、智真の祖父通清の譲状に見える「いけのうちのくわうやとの」は、かの光定の俗姓贇氏の末裔とされる。(15) だから智真が、七歳のとき天台宗の得智山継教寺で学んだという伝えは、いま継教寺の跡をたどれなくとも、智真の初名随縁と関連して事実に近い。(16) そしてこうした智真と天台教団との結びつきは、時宗の法門を説くに至る第二の契機となる。

三

先に述べたように河野氏は親経以来源氏の家人であり、源平の争乱に武功あって、通信は執権北条時政の女を妻とするなど、鎌倉初めの武家社会における地位は安定していた。ところが建仁三年（一二〇三）以前佐々木守綱が伊予の守護に補任された。盛綱は宇多源氏の末裔で源為義の猶子となった佐々木秀義の三男に生まれ、頼朝の挙兵以来武功も挙げ、執権時政との関係も親密であったが、頼朝の薨去に出家して西念と号した。しかしこうした経歴が伏線となって、この年将軍頼家から所領を没収される一件が起こる。それは、頼家が幕府の元老諸将を制しようとしたためで、そのころ京都では久我通親が公家政権の実権を握り、幕府を圧迫しつつある情勢のなかで起こったことであった、けれども北条氏を中心とした元老たちが頼家の権力を抑制すると、盛綱も復活し、やがて伊予の守護に補任されたと考えられている。(17)

ところが幕府の統制のゆるみにつけこまれ、盛綱の兄で淡路・阿波・土佐の守護に任じ、京都の警備にも当たっていた経高は、正治二年（一二〇〇）院庁の強要によってその職を停止され、経高は出家して経蓮と号したが、やがて許され、再び京都の警備につくという一件がつづいた。これらの経過は、公武両政権の対立と幕府の内部や有力な御家人間の争いによるものであったが、古くからの源氏の家人で、北条氏や二階堂・工藤氏と婚姻を結び、一門の東予に栄える河野氏にとっては無関係でなく、むしろ逆境への道程である。のちに幕府は、伊予を道前・道後に分けて、佐々木盛綱と河野通信の二人を守護に補任し、盛綱がやめると、通信は道前も合わせ、子孫がその職を世襲したという説が生まれる所以である。建仁三年の四月六日将軍実朝は、

伊予国御家人河野四郎通信、自幕下将軍御時以降、殊抽奉公節之間、不懸当国守護人佐々木三郎兵衛尉盛綱法

師奉行、別可致勤厚、兼又如可旧相従国中近親并郎従之由、

を記した御教書を、年来鎌倉に在って、明日は帰国する通信に与え、翌々元久二年（一二〇五）閏七月二十九日には、通信の勲功が抜群であるゆえ、「伊予国御家人卅二人、止守護沙汰、為通信沙汰、可令勤仕御家役人之由」を書下した。その三十二人のうちには、寺町・久万・白石・浅海などの一門とともに、浮穴社大夫や三島大祝・別宮大夫なども含まれ、河野氏の発展の経緯を跡づけて、当時の河野氏の勢力範囲を示し(補註3)、また浮穴社や三島社は智真の宗教生活の前提を物語っている(18)。そしてこのような幕府の処置は、前述の守護補任説がつくられる足掛りとなったであろうが、河野通信一門の動きが、幕府にとって必ずしも安心できるものではなかったことを裏付けている。承久の乱が起こる三年前、建保六年（一二一八）の二月二四日、新補地頭八人が伊予に進発した。彼等は郡ごとに補任されたという(19)。

通信は、初め伊予新庄氏の女を嫁ったが、のち時政の女との間に通政・通久、また通末（一説に、母は二階堂行光の女）をもうけたほか、通俊（得能、一説に、母は伊予新居氏の女）・通広（別府）・通宗（越智）という六人の男子があり、通久は工藤祐経の女を娶るなど、鎌倉初めの地位を反映している(20)。しかし元久二年（一二〇五）時政が、後妻牧氏の一件から出家して伊豆に隠退し、通信の義兄弟に当たる政子と義時が幕府の実権を握り、二階堂行光がその指示で皇族将軍の推戴に奔走する情勢のなかでは、通信父子の立場は微妙になる。はたして承久の乱が起こると、通信と時政の女との間に生まれた通久は、武家方として宇治川の戦いに功あったのに、

伊予国住人河野入道相従当国勇士等、合戦之間、為一方張本、

との理由で義時は、伊予のうちで通信に与同しない者に、通信の討伐を命じている(21)。通信が元久二年から承久三年（一二二一）の間に入道したのは、もとより彼の立場の変化と関連しているのであろうが、通信が公家方に味方し

た理由について、『越智系図』には夫婦の争いと記し、時政の女を妻とした通信は、鎌倉においても、そして伊予でも逆境に陥ったのであろう。この場合、当時淡路・阿波の守護で京都の警備も掌っていた佐々木経高が、後鳥羽上皇の命を奉じて合戦の計画に当たったことは示唆に富んでいる。はたして通久と同母の兄弟通政と通俊の子通秀（得能）は、当時鳥羽院の西面の武者所に候し、また通末や通政の子政氏は昇殿し、通末は姫宮を妻としたと伝える。(22) つまり通信の一家は、当時の公家社会、とくに院と結びついていた。(補註4) 源平の争乱のとき、平氏に背いて故郷の高縄天神森に討死した父通清の敵を求めて討ち果したほど、家とその立場を守った通信が、公家方に味方したのは、公家社会との結びつきが、かなり早くからあって、このころ院の期待を受けるほどになっていたことが、武家社会における逆境の度が進むとともに、大きく作用したのであろう。こうした通信の動向について夫婦の争いを理由に挙げるのは、その事情を象徴したものといえる。

承久の乱後、通信は奥州に配流となったが、通久は恩賞を受け、「為時政之孫」るによって河野氏を立てることができた。この場合河野郷の別府に住んで、別府七郎左衛門尉を称した通広が、どのような立場にあったか詳らかではない。しかし通広の母は時政の女ではなく、二階堂や工藤などの有力御家人との関係もなかったようで、たとえ所領が安堵されても、一門のなかで有利な境遇にはいなかったであろう。智真が生まれたのは、それから十八年目であるが、これらの経緯は、やがて母の死を直接の因として智真の出家に連なってくる。だから智真は、単に母におくれて無常を知り、父の入道如仏の命に従って出家しただけでなく、公武の対立と御家人社会の変動のなかにおかれた河野氏という武士の家の歴史が、その背景にあった。のちに智真は、弘安三年（一二八〇）のころ奥州に遊行して江刺郡にある通信の墓を尋ね、「転経念仏の功を積」んだうえ、

身をすつるすつる心をすてつれはおもひなき世にすみそめの袖

と、「心品をすて」た境を詠じたが、逆に智真における俗縁のもつ意味を示すともいえる。(23)

智真は、建長三年から弘長三年まで華台房や聖達に従ったのち、父如仏の死に伊予に帰った。そして

或は真門をひらきて勤行をいたし、或は俗塵にましはりて恩愛をかへりみ、童子にたはふれて輪鼓をまわすあそひなともし給

たのは、俗縁の絆によって故郷にもどるべき理由があったからである。『越智系図』や『一遍上人年譜略』などによると、智真は如仏の長子で、一説に別府七郎左衛門通秀と称したといい、『一遍聖絵』に、聖達から「学問のためなら」「文字よみしてきたる」ようにといわれ、帰国して「恩愛をかへりみ、童子にたはふれ」たという出家後の経緯からすると、父の遺領を嗣ぐ必要などがあって伊予に帰り、妻子も養ったのであろう。

しかし輪鼓の廻わりが止まったのは、「三業の造作によりて、六道の輪廻たゆる事なし、自業もしとゝまらは、何をもてか流転せむ」と、「生死のことなり」を知ると、「恩愛をすてて、無為はいらん」ため、出家した弟の聖戒(八郎通定)(補註5)を伴って、再び聖達のもとに向った。そこには、なお俗縁の連なりが見え、またのちに智真が菅生の岩屋に参籠したとき、「聖戒はかり随逐したてまつりて閼伽をくみて閑谷の月をにな」って、その行化を助け、また菅生寺を出て、「ながく舎宅田園をなげすて、恩愛眷属をはなれて、堂舎を法界の三宝に施与し、本尊聖教は付属」して、文永十一年(一二七四)伊予を離れたときには、超一・超二・念仏房という同行三人を伴い、聖戒は途中まで送っている。(24)しかも同行の三人について、「発因縁、雖有奇特、恐繁略之」と記され、超二が童形に画かれているのは、俗縁が続いていた証拠である。

智真は、岩屋寺で聖戒に、「経教を亀鏡として、真宗の口決をさつけ、明王を証誠として、同時の正覚をちき」り、この時点から人々を教化し、賦算もしているから、智真の十一不二の領解は、窪寺や岩屋寺における山林修行

の間に生まれ、遊行は岩屋寺を出たときに始まったといえる。この意味で窪寺や岩屋寺における山林修行は、時宗の法門の成立に第四の契機を与えたわけである。しかし弥陀の垂跡である熊野権現の夢想を蒙って、智真の領解が証誠され、「われ此時より自力の意楽をばすて」たとき、俗縁、つまり「同行等をもはなちすて」て、ただ一人一所不定の遊行に出たのは、智真の領解が夢想という宗教体験を通して決定的(補註6)になったからである。智真は、「熊野の本地は弥陀なり、和光同塵して念仏をすすめ給はん為に神と現じ給なり、」「我法門は熊野の御夢想の口伝なり、」と語っている。ここに智真を考える前提の一つであった智真自身の神仏習合とそれにふくめられた祖先以来の神祇仰は、道俗に開かれていた熊野三宮において、時宗の法門が成立する第五の契機となったのである。[25]ところで智真は、

念仏の機に三品あり、上根は妻子を帯しながら著せずして往生す、中根は妻子をすつといへども、住所と衣食とを帯し、著せずして往生す、下根は万事を捨離して往生す、我等は下根の者なれば、一切を捨てずば、さだめて臨終に諸事に著して、往生を損ずべきものなり、

と語る下根(補註7)の自覚を、熊野まで続いた俗縁と熊野から始まった一人だけの遊行に関連させてみると、俗縁は、智真が領解を完成するうえで重要な契機であり、これまで述べた五つの契機に先行するものであった。建治三年（一二七七）智真が伊予に帰ったとき、三輩九品の念仏道場を批判し、翌年筑前で「狂惑の者」と逆に批判されたのは、天台系の念仏も西山義の念仏も越えた結果の両面であるが、その間に智真が自己の領解の趣を語った師の聖達は、西山義の僧で、次に述べるように河野郷に関係があり、そこにも俗縁が投影している。[26]

四

聖達は、大宰府に近い筑前筑紫郡の原山に住んでいた。[27] この原山は四王寺山の東麓の地で、四王院の別院原八坊が建っていたと伝える。また四王寺山と嶺につづく宝満山は、大宰府の艮の方に当たる名山で、最澄が中興し、渡唐のとき薬師像を刻んで納めたという有智山寺があり、山頂の石上には竈神社が祠られるなど、天台系の山林修行の場であった。[28] しかもその南麓内山別所の内山寺には、「四十余年暗誦法華、不顧世事」る持経者で「慕極楽」い、永承のころ近隣の上人の夢に「来迎往生」の相を示した正範や、同じ持経者で、天喜五年（一〇五七）臨終のとき、「一心観仏相」じた山桃と号する僧などが住み、天台系の観相的な助念仏が行なわれていた。[29] しかもそれより前に大宰府の安楽寺では、天暦元年（九四七）に東法華堂、万寿四年（一〇二七）に西法華堂、永観二年（九八四）に常行堂、永承二年（一〇四七）以前に新三昧堂が造立されて、天台系の念仏三昧が定置され、治安三年（一〇二三）には往生院も建てられて、叡山の二十五三昧会の風も伝わった。また永承元年（一〇四六）には、大宰大弐源経通によって、春秋二季の勧学会が始められ、公家と天台僧との結縁をもとにした念仏が、中央から三十年乃至五十年遅れて興っている。[30] それは、源経通の前任者である高階成章の妻が、「作尼之後廿余年、雖非堅固、不怠念仏、（中略）及其死期、正念不乱」ずに瑞相をあらわし、また筑前守に任じた高階成順が、「帰花洛、剃除雲髪、講説之後、必修念仏」したように、赴任する公家や入宋する僧の往来をふくむ交流に乗って、大宰府の安楽寺・太山寺・観世音寺傍の極楽寺、そして内山別所の内山寺などの寺々には、平安の中期以降天台系の念仏が直接的に伝わり、また「三衣一鉢之外、更無余資、念仏読経、以之為業、（中略）臨終之刻、安住正念、西向遷化」した太山寺の高明が、書写山の性空の弟子であったように、僧の法系によっても伝わっていた。[31] つまり原山の地は、そうした天台系の念仏が盛んな大宰府や宝満山に近く、そこに住む聖達の周辺が浮び上ってくる。

ところで『法水分流記』に聖達は、西山義の祖善慧房証空の弟子であるが、筑前大村正覚寺の開山道教顕意の継父となり、伊予にも住んだといい、顕意は、伊予の河野執行の息と記してある。[32] しかも聖達には、聖観と証空の弟子で深草流の祖立信円空という真弟子がいるから、かつて聖達は妻帯して聖観・円空をもうけ、のち河野執行某の妻であった者を迎えて顕意の継父となり、伊予に住んだのであろう。この河野執行については明らかでないが、先に述べた高縄山中心の天台教団の僧とすれば、聖達が筑前の宝満山中心の天台教団の地に移ったことも理解される。[33]

さて聖達は、真弟子の円空を自分の師証空の弟子とし、さらに継子の顕意を円空に従わせた。それは自然のなりゆきでもあるが、これを俗系にいいかえると、証空の俗縁久我氏と聖達の俗縁との結びつきになる。しかも聖達は、久我氏の一族唐橋通清の子で証空の門下の一派西谷流の祖法興浄音にも従い、また顕意の真弟子、つまり聖達の孫に当たる良恵経空（一説に藤原良教の子）には、久我氏の一族北畠氏出身の道恵雙空が弟子となったのは、いっそうこの結びつきを深いものにしている。また証空は、慈円から譲られた往生院のほかに、四条天皇の勅願による白川竜護田の歓喜心院、藤原道家の外護によって法性寺に遣迎院、摂津の武庫川畔に浄橋寺を建てたが、西谷流の浄音は、俗縁にひかれて仁和寺西谷の新光明寺に住み、のち師の証空が不断念仏を修した禅林寺の住持となり、宮辻子義（東山流）の観鏡証入は、東山宮辻子の称名寺に住して五祖一徹義を立て、その弟子道観証恵は、のち証空に従い、後嵯峨天皇の帰依を受けて西嵯峨に浄金剛院を開き、如一は高橋の見性院に住するなど、証空の弟子たちは、京都を中心に展開しても、本寺の往生院以下、証空の建てた寺を離れることが多い。そうしたなかで深草流の立信も、深草に真宗院を開いたが、遣迎院に住持し、さらに西山義の宿老格の静証良空について、往生院の三世となり、歓喜心院の寺務を見るなど、師証空の跡を襲っている。このの ち往生院には証空の直弟遊観栖空が入り、そのあと栖空の弟子玄観承空と如一の孫弟子示導康空が争って後者が住持したのは、西山義の教団が数派に分れた結果、本宗を争うようになったからである。しかしそうしたなかで証空とその弟子浄音に従った聖達の真弟子で、証空にも師事し、事実上は証空の孫弟子に当たる円空が、証空の直弟の栖空より先に住持した理由が問題となる。先述したように聖達やその真弟子顕意の身辺には久我氏との結びつきがあった。そのうえ河野執行の子である顕意が、証空・円空と伝えた法性寺の遣迎院や白川竜護田の歓喜心院、円空が建立した深草の真宗院、また聖達の真弟子聖意が住した竹林寺などを兼ね、真宗院・観喜心院・竹林寺を経空に伝えるなど、証空が建立した四か寺の半ばをついでいる。つまり深草流の展開には、他の派に見られない証空やその養家久我氏との関係が背景にあり、一説では円空を久我氏の出身とさえしている。(34) これらのことは円空が往生院に住した理由の一つを物語り、ひいては聖達も久我氏とかなり縁のある僧であったことを示している。

ところで『一遍聖絵』(補註8)十に、智真の父通広(如仏)は、「西山上人・華台上人の座下にして」『浄土三部経』の「訓点まのあたりうけ、読誦功をつむ」だと記し、通広と証空との間に師相関係があったとしているが、承久の乱で通広の父通信が公家方に味方したことなどからすると、この関係は、公武の対立と御家人社会の変動のなかで河野氏が、久我氏など、公家政権復興を計る公家に近づいたことからも導かれたのであろう。そして弘安七年智真は、京都に入って因幡堂にいたとき、「土御門入道前内大臣念仏結縁のためにおはしまし、」「出離生死のおもむきたつねつかはされける」に返事を書き送ったのは、そうした関係の延長である。(35) このように考えてくると、まず天台教団にふれた智真が、宝満山近くに住む俗縁ある聖達のもとをたずね、さらに華台房に従って西山義に入った経緯も、やや明らかになる。つまりこの結びつきは、一つに天台教団の展開を背景に、久我氏を媒介としたもので、聖達が河野執行の息子の継父となり、伊予にいたことも、それ以前に同じ系路によったのであろう。そしてこれらのことが、すべて西山義の成立と展開を考える手掛りを与えている。

聖達は肥前藤津郡の原山に知恩寺、真弟子の顕意は筑前糟屋郡の別府に正覚寺を建立し、同門の先達華台房は筑紫に清水寺を開いたという。これらは、華台房・聖達・顕意の関係をあらわし、華台房や聖達は、源空門下の〝法難〟や承久の乱など、何か原因があって京都を離れ、それをきっかけとして西山義が、この地方にひろまったと推測できるかもしれない。(36)

五

ところで時宗の一向派の祖一向は、筑後の草野氏の一族で、暦仁二年（一二三九）同国竹野庄に生まれた。父は草野永泰、母は藤原兼房の女と伝える。草野氏は、藤原伊周の孫で大宰府に配流された文時の曽孫永経が、筑後山本郡の草野に住んで、肥前の高木宗貞や筑後の北野貞家などの兄弟とともに武士化したのに始まる。そして永経は、早くから頼朝に近づいたらしく、子の永平は筑後の御家人としてあらわれる。(37)この永平は、建久三年（一一九二）千光国師栄西を請じて千光寺を草野の地に建立したが、鎮西義の祖弁長に帰依して筑後の善導寺に寺領を寄せ、僧坊も造立し、法名を永阿弥陀仏といった。また弟の飯田永信も、弁長の弟子入阿に帰依して山本郡に浄土寺を建立している。(38)

一向の父永泰は、永平や永信とほぼ同じ年代であろうが、一向は長じて書写山に登り、出家授戒して俊聖といい、のち南都にも遊学した。鎮西義系の史料では、聖光の弟子良忠に従って、名を一向と改めたといい、西山義系の史料では、証空の弟子顕性についたという。俗系と法系の両面から考えると、何れにも捨て難いものがあって、にわかに決し難いが、一向は、まず先述した大宰府の念仏に流れる性空の法系に近づき、やがて浄土に転じたことはたしかで、一向派が独特の教団を形成する前提であり、のちにその教団が時宗に吸収される伏線であった。(39)ともあれこのような一向の経歴は、智真に共通なものがある。しかも一向は、文永十年（一二七三）諸国遊行に出でて、翌年の秋豊前の宇佐八幡宮で四十八夜の躍念仏を行なったというが、智真の躍念仏とは直接のふれ合いがない。

こうして草野の一族は、臨済禅に近づき、また浄土宗にも帰依した。一方智真の祖父河野通信の法号東禅寺については明らかにできないが、河野郷の善応寺は、通信の曽孫通治が臨済禅に帰依して建立した寺である。草野氏は、より早く直接的に臨済禅に触れ、河野氏はより遅く伊予に展開した東福寺派の臨済禅に近づいたわけで、筑後と伊予の歴史の差異や両氏の経歴の相違によっている。しかし両氏とも、一族のなかに祖先とは違った宗派への近づき、また転換があらわれる。それは、新旧の仏教教団がそれぞれの地方に展開したからであるとともに、御家人社会で物領制の解体とともに質の変化が起こり、一族が家に分解してゆくためである。智真や一向は、そうした時期に生まれた。いわば御家人社会の質的変化の大勢のなかにあったわけで、とくに智真の前半生では俗縁が大きな意味をもち、「心品をすて捨家棄欲して無著なるを上輩と説なり、」と語った法門が生まる所以に連なる。

また智真は、

仏阿陀弥仏という尼、伊予の国にあり、習もせぬ法門を自然にいひしなり、常のちかひにいはく、知てしらざれ、かへりて愚痴になれと云云、此心浄土の法門にかなへり、

と自力を排除すれば、(40)善悪の二道を越えて、

田夫野人尼入道愚痴無智まで平等に往生する法なれば、他力の行といふなり、

と、作善の輩も罪業の輩も愚痴の輩も、名号の絶対性(補註9)によって救済されうるという。(41)だからこの領解からすれば、三経并に一代の所詮唯在念仏、聖教といふは、此念仏をしへたるなり、かくのごとくしりなば、万事をすてて念仏すべき所に、あるいは学問にいとまを入れて念仏申さず、或は聖教を執して称名せざるは、いたづらに他

の財をかぞふるがごとし、となる。[42] そこには、平安時代の浄土教の善根主義を越え、否、それを包括する念仏という他力の行だけが存在するわけで、そこに包括される俗縁という機の〝捨離〟が、智真の法門の要諦に連なってくる。

俗縁のもつ罪業への対決や善根主義への批判は、すでに平安の中期からあらわれ、善根主義の枠内にあった往生伝の編者たちも、罪業を越え、異相往生を可能にした念仏の功徳を讃えている。こうした傾向は、大宰府や内山別所にも見える。応徳・寛治のころ内山寺の安尊が、「雖有行業、不被知人、読誦秘音磬鈴無聴、尽謬好博奕狂乱之戯、夜窃成坐禅経行之勤、如無智者、似無行人」ていたと伝え、康平年中に安楽寺の順源が、「只瀬惰懈怠之人、遂以娘為妻」したような罪業があっても、念仏往生したという。智真や一向が属し、また触れた天台教団の浄土教は、平安末期に専修念仏への戸口を開いていた。そして智真の先祖が仕えた源頼義も、また破戒念仏の徒で、智真のころ伊予には、仏阿弥陀仏のような習わずして法門にかなう尼もいた。[43] だから末法といわれる時期に凡夫の罪業をかかえながら善根主義の限界に立って、その解決を求めようとする動きは、大勢として平安末から鎌倉初めの僧俗に起こり、源空が諸善を「捨閉抛閣(本)」し、「念仏為先(本)」すことによって解決の道を開いたとき、旧仏教々団のなかにも多くの同行が生まれたのである。智真は、西山義の僧長門の顕性房について「三心所廃の法門はよく立たり、」と称讃しているが、智真の行状とは、史料のうえで直接の関係がわからない。この意味で智真は浄土教の大きな流れのなかにあり、まず伊予の天台教団、ついで証空―聖達・華台の西山義から、それぞれの解決の遺産を受け、俗縁とのかかわり合いのなかで自己の領解に至ったが、「六道輪廻の間には、ともなふ人もなかりけり、」「たまく人身得たる時、などか生死をいとはざる、」「此等の妄念おこしつつ、明ぬ暮ぬといそぐ身の、五欲の絆につながれて、火宅を出ずば憂かるべし、」と唱える「百利口語」の和讃は、俗縁を重要な契機とした智真の解決の形を示している。

しかも「聖道浄土の法門を、悟とさとる人はみな、生死の妄念つきずして、輪廻の業とぞなりにける、善悪二不の道理には、そむきはてたる心にて、邪正一如とおもひなす、冥の知見ぞはづかしき」と領解して、学問や聖教へ執着を排除した。[44]智真の弟で、ともに聖達を訪ね、岩屋寺の山林に随侍して教えを受け、のちに京都の歓喜光寺で六条派の祖とされる聖戒が「有智」というのに、同じ弟で聖達に従い、のち奥谷の宝厳寺で奥谷派の祖とされる仙阿を「無智」と『法水分流記』に記し、前者は正安元年（一一九九）『一遍聖絵』を編している。それは、智真が遊行し、賦算し、躍念仏する面のかげに、法語し、詠歌する面があったことと関連し、智真の法門が、領解にもとづく行から信にもとづく行に転じたことを物語っている。そしてこの行に俗縁という契機が投影しているのである。また六条・奥谷の両派などが、二祖真教のとき独住を加えた遊行派や当麻派と区別されるのは、智真門下の原始的な姿を考える大切な手がかりであるが、源空の門下でも有智（明遍）と無智の空阿弥陀仏とが区別されており、浄土宗や時宗の教団が念仏のみでは展開せず、まもなく宗祖の領解を守ろうとし、また解釈しようとして、そこから離れてゆく内在的理由の一つを示している。

六

聖達のもとを去った智真は、文永八年（一二七一）の春善光寺に参籠し、「二河の本尊」を写した。[45]ここで善光寺三尊如来への信仰についての一端を述べれば、嘉禎三年（一二三七）洛中の道俗は、この三尊を礼拝しようと騒動し、また建長元年（一二四九）の五重塔供養には、本寺の三井寺から別当の勝舜が下向し、延応元年（一二三九）執権北条泰時が不断念仏料、弘長三年（一二六三）には執権北条時頼が不断経衆と不断念仏衆の料を寄進するなど、[46]三尊への信仰は、当時京・鎌倉の道俗にあつく、東国に普遍して、この地方で浄土宗系の宗派がひろまる下地をつくっていたが、源空や証空の行状も伝えるが、たしかなことではない。(補註10) しかしその証空や明遍・智真など、源空門下の行状のなかに、善光寺と性格の似た天王寺での念仏があらわれるのは、浄土宗の展開相が変わってゆく証拠である。こうした面から智真が遊行する場所について考えると、証空以下と天王寺の結びつきは、平安時代以来この寺に盛んな助念仏を媒介とするのに、善光寺における智真は、〃参籠〃したと伝え、意味が違っている。(47)

ところで京都の金蓮寺を開いた浄阿は、はじめ鎌倉の極楽寺で良観・忍性に律を学んだが、出離の要を得ず、そこを去って「遊行於諸国」し、たまたま智真の行状を聞いてその跡を慕い、智真が法門を談じたという無本覚心を紀伊由良の興国寺に訪ね、多年工夫もしたが、なお悟を得ず、覚心の指示で熊野新宮に参籠して「造悪凡夫、自不帰念仏往生外、不可出離。」との夢想を蒙り、その〃法要〃によって覚心の印可を受け、のち東国で真教の弟子になったという。覚心は真言に近い臨済宗の僧で、ここからも智真との触れ合いを検討しなければならないが、鎌倉の前期に一般的な遍参遊方ばかりでなく、『撰集抄』や『宝物集』、それに『沙石集』などに見えるような遊行聖の在り方は、勧進や唱導など、下化衆生する面とともに、上求菩提の道にも連なり、これらの僧の諸社寺への参詣や参籠は、神仏習合を背景に夢想などの啓示を媒介として、新たな領解を導いており、浄阿の行状はその一例なのである。慈円や高弁が夢記を書いたのはもとより、当時自己の夢想について起請文をつくる慣例があったことは、(補註11) 参詣・参籠の意義を裏付け、智真の善光寺参籠も、そうした在り方を受けたといえる。

鎮西義の弁長の弟子生仏は、もと聖道門の僧であったが、隆寛・証空たちの所説が区々として浄土の正宗を弁じ難かったので、(48) この三僧の名を記して阿弥陀如来に決してもらおうと善光寺に参詣の途次、旅宿で如来の印証を得たという。しかし智真は、この場合とも違って、のち弘安三年（一二八〇）京都から善光寺に向う途中、信濃の小田切の里で躍念仏を始め、翌年奥州への途次に善光寺を通っても、とくにそのときの行業について伝えがない。また『一遍聖絵』の編者聖戒は、智真が天王寺で歳末の別時に、はじめて無言の念仏を修していたとき、丹波の山内入道の夢に善光寺如来が、「われは一遍房かもとにあるなり、こゝろさしあらば、それへまいれ」と、再度告げたので、天王寺に智真を訪ねて帰依し、最後は師にゆかりの伊予の窪寺で往生したと記し、善光寺如来が智真の法門を間接的に証誠する形で説明し、智真における善光寺如来の意義を限定している。(49) つまり善光寺は、智真が上求菩提する場であったに止まっている。ところが智真は、善光寺で二河白道の図を写したという。

二河白道の譬は善導が『観経疏散善義』の三心釈のうち廻向発願心の条に説き、源空はそれを受けて『選択本願念仏集』の念仏行者必可具足三心之文に廻向発願心を説くなかで「今更為行者説一譬喩、守護信心、以防外邪異見之難、」といって、二河白道の図様を解き、最後にこの比喩は、

即喩釈迦已滅後人不見由有教法可尋、即喩之如声也、言或行一分二分群賊等喚廻者、即喩別解行異見人等妄説見解迭相惑乱、及自造罪退失也、言西岸上有人喚者、喩弥陀願意也、言須臾到西岸善友相見喜者、即喩衆生久沈生死曠劫淪廻、迷倒自纏無由解脱、仰蒙釈迦発遣指向西方、又藉弥陀悲心招喚、今信順二尊之意不顧水火二河、念念無遺乗彼願力之道、捨命已後得生彼国、与仏相見慶喜何極也、

と、本願力に結びつけている。しかし鎮西義の良忠は『観経散善義伝通記』一に、廻向発願心の別譬とするのに、西山義の証空は『観経散善要義釈観門義鈔』三に廻向発願心を説いて、

一心正念備、念念往生思増進、更退不可留凡地、其意可見、聞彼人語即有進退等者、以喩釈成也、此則略下所明二河白道喩意顕也、

といい、源空に受けて、

彼人語者、所喩顕悪獣六賊等也、約法、是異学異解等人詞也、即有進退等者法也、此即出近代常途人所念也、

謂如来教法明而思可得往時、雖進身心不相応、衆難来時即退転、其思不一向故、云即有進退、（中略）謂疑願力道不進、没生死之愛河、失浄土無為大益、如落水二河失生命也、

と、白道は本願力の比喩といい、聖達の継子顕意は『観経正宗分散善義楷定記』五に、

二河喩、此下正顕凡夫願生浄心分斉、苦域生界生死此岸、楽邦仏界涅槃彼岸、貪嗔煩悩無始間隔、喩之中路水火二河、

白道喩、正顕願心、凡夫浄心染心中起故、云中間、不必貪後嗔前名中間、

の二つを合わせて、

二岸喩与白道喩相帯而説、東岸娑婆生死火宅、西岸極楽涅槃本家、帰路中間唯一念心、応一念心、染浄自分、貪嗔二河、染分心故、為生死源、願生白道、浄分心故、為涅槃門、染浄雖殊、在一会故、云此道亦長百歩、

と説いて、白道は此岸から彼岸の涅槃に至る廻向発願心の比喩とする。

それらの所説は区々としても、二河白道の譬は、善導―源空から智真の身辺に至り、おそらく聖達や華台房から示されていたであろう。のちに智真は、

中路の白道は南無阿弥陀仏なり、水火の二河はわが心なり、二河におかされぬは名号なり、

とし、(50)自己の領解から廻向発願心や本願力の別譬説を断っているが、善光寺で描いた二河白道の図を伊予にもち帰り、窪寺の庵屋に本尊として修行するまでの行業は、善光寺参籠の延長で、鎌倉前期の僧の風潮を受け、天台教団を背景にした西山義の枠内にあったわけである。

七

さて智真は窪寺の庵室で「交衆をとどめて、ひとり経行し、万事をなげすてて、もはら称名し」たという。(補註12) これまでの智真は、華台房について〃学問〃し、聖達に従って西山義を受け、他山の善光寺に参籠したが、残された修行の一つは山林修行であったといえる。しかも河野氏の祖先の伝承には、石槌山を中心とした修験道が投影し、浮穴郡は祖先の本貫であったから、かつて智真が伊予や筑前の天台教団で見聞した山林修行に志したとき、石槌山を仰ぐ浮穴郡の地を選んだのも肯ける。

この時智真が、本尊にかかげた二河白道の図について、その時点で、廻向発願心、または本願力、いずれの比喩説に傾いていたか明らかでない。しかしそれは「捨家棄欲」して「もはら称名」するための観相の対象に外ならない。(補註13) その意味でも智真の山林修行は、天台教団を背景にした西山義の枠内に止まり、行業は読誦と念仏三昧という助念仏であった。

ところで先述したように伊予の天台宗にはかなり早く浄土教が伝わった痕跡があり、智真の祖越智益躬は、十戒・法名を授けられて定真と称し、「朝読法華、昼従国務、夜念弥陀、以為恒事」して、天台の念仏を受けている。(51) そして鎌倉時代の中ごろ河野氏の一族新居盛氏が父の菩提に建立した周桑郡の観念寺には、正応五年（一二九二）盛氏の後家尊阿から、盛氏の菩提のため、「令興行不断念仏三昧」め、「氏人・時衆相共致忠勤之思、至于未来際無退転可令勤行」めるように料所が寄進されている。(52) 智真は、まずこのような天台の念仏三昧に触れたのである。一方大宰府の観世音寺では、治暦二年（一〇六六）大宰大弐藤原師成が中心となって堂舎を造営し、万人の結縁に『法華経』一万部を書写し、「決定往生西方極楽浄土、速証無生忍、普往十方界、引導一切衆生」せんことを祈り、(53) 安楽寺では学頭の安修が「千日講一乗、全及三遍、六時修三昧、已喩七旬、偏抛人世、唯期浄土」したが、(54) 建保三年（一二一五）には常行堂の縁起が書かれて、伊予よりもひろい行業を帯同した念仏三昧が定置されている。(55) また先述したように大宰府の周辺には、書写山の性空の法系が入っていたが、弘安十年（一二八七）智真は書写山に登り、『礼書写山頌』も残したし、[56]筑前でも天台の念仏三昧に接していた。のちに智真は、「今念仏三昧といふは、無始本有常住不滅の仏なり、是即真実の見仏、真実の三昧なり、故に念仏を王三昧といふなり」という。[57]こうして智真は窪寺で念仏三昧しつつ、己心領解の法門に至り、

七言の頌をつくりて、本尊のかたはらのかきにかけ給へり、其詞云、

十却正覚衆生界、一念往生弥陀国、

十一不二証無生、国界平等坐大会、

と、ここに「ながく境界を厭離し、すみやかに万事を放下して、身命を法界につくし、衆生に利益せんとおもひたち、」上求菩提の峠を浮穴郡の山中に越えて、下化衆生の坂を降りはじめたのである。だから智真が時宗の法門を開いた第六の契機は、助念仏を行業とする山林修行にあったといえる。

ついで文永十年（一二七三）智真は、同じ浮穴郡の岩屋寺という「観音権現の霊地、仙人練行の古跡」に参籠した。[58]岩屋寺は、同郡大宝寺の奥院で、大宝寺は、もと天台宗であったが、空海が奥院を開いてから真言宗に転じたといい、[59]中世までに真言の寺となったとしても、仙人堂・岩窟不動をはじめ、くさり禅定と称する二十一段の階子を登りつめる白山社など、石槌山を最高峰とする山林修行の場の一つで、宗派を越えた山であったろう。[60]すでに十一不二の領解を得た智真はさらに奥深い山林修行の場で「遁世の素志をいの」るとともに、随侍して薪水の労をとる弟の聖戒に法門をさずけ、下化衆生の第一歩を踏んだ。それは、智真にとって領解の確認も意味していたのであろうか。『一遍聖絵』二には、「明王を証誠として、同時に正覚をちき」ったと記してある。

しかしそこには、弟の聖戒を通じて、俗縁を重要な契機とした智真の姿が見える。そして先述したように、やが

て同行三人を伴って伊予を出て、山林修行の場でもある熊野に至って〝参籠〟し、〝夢想〟に「心品のさばくりあるべからず、此心はよき時もあしき時もまよひなるゆへに、出離の要とはならず、南無阿弥陀仏が往生する也」と〝垂跡〟の神に〝証誠〟されて、[61]まったく「自力の意楽」を棄て、〝同行〟とも別れたとき、智真におけるすべての契機が集中的に作用していたのである。

或教福恵雙除障といふは真言なり、或教禅念坐思量すとは禅門なり、静遍の続選択にかくのごとく当たり、無過念仏往西方といふは、諸教に念仏は勝れたといふなり、

と教相判釈を語るのは、

聖道は、煩悩即菩提、生死即涅槃と談ず、我等此法門を教つべけれども、当世の根機にをいてはかふべかず、

との理由においてのみ意義があり、浄土門でも「浄土宗の流々の異義」があるのは、「我執の前の事」で、「自力他力を絶し、機法を絶する所」の「名号は、義によらず、心にもよらざる法なれば、称すれば、決定往生すると信ずること、つまり「まかす」ことに尽きるという。[62]それは、王三昧の念仏をして、「真実の見仏、真実の三昧」した行の極限の彼方にある智真の〝有智〟の信で、その信による経文の読み換えがあって、源空の門下に数えられた智真における西山義の意義を限定している。

註

(1) 『播州法語集』二六・二〇。

(2) 『播州法語集』五一。

(3) 善応寺本『河野系図』『河野氏系図』　別本『河野系図』『越智系図』　宝厳寺本『予陽河野盛衰記』『遊行相伝河野系

図』『稲葉系図』。
(4)『一遍聖絵』三には、七つの薬師堂を造ったと記す。
(5)前掲の善応寺本『河野系図』など、『吾妻鏡』佐藤進一氏の「鎌倉幕府守護制度の研究」によれば、通信の伊予守護補任は疑わしい。
(6)『伊予国分寺文書』。
(7)「茨城県史研究」七。『一遍聖絵』二・三・四・七・一一などの例。
(8)『一遍聖絵』九、『播州法語集』五三・三二。『一遍聖絵』一〇には、祖父通信にうけて「垂跡の本地をあふき」と記している。
(9)『河野氏系図』『河野系図』『愛媛面影』『二名集』『愛媛県誌稿』等。
(10)『続日本紀』『愛媛県誌稿』等。
(11)『伊予国分寺文書』。
(12)『愛媛県誌稿』等。
(13)『類聚国史』『愛媛県誌稿』等。
(14)『三代実録』『愛媛面影』等。
(15)『池内文書』等。
(16)『一遍上人年譜略』『麻山集』。
(17)『吾妻鏡』前掲佐藤進一氏の著書等。
(18)『吾妻鏡』。
(19)『吾妻鏡』。
(20)善応寺本『河野系図』等。

(21)『吾妻鏡』承久三年六月二九日の条。
(22)善応寺本『河野系図』等。
(23)『越智系図』『河野系図』『一遍聖絵』五『播州法語集』一八。
(24)『一遍聖絵』一・三。
(25)『一遍聖絵』二『播州法語集』三七・三二。
(26)『一遍聖絵』三・四『播州法語集』一八。
(27)『法水分流記』等。
(28)『拾遺往生伝』下『大宰管内志』等。
(29)『拾遺往生伝』下。
(30)『安楽寺草創日記』『続本朝文粋』『江都督願文集』等。
(31)『続本朝高僧伝』『拾遺往生伝』中・下『本朝法華験記』『性空上人伝』『性空上人伝記遺続集』等。
(32)『浄土伝燈総系譜』に、顕意は薩摩島津の人で、俗姓は平氏という。
(33)『法水分流記』『浄土伝燈録』等。
(34)拙稿「浄土宗教団の形成と発展」、未発表拙稿「西山義の展開」。
(35)『一遍聖絵』七。
(36)『法水分流記』『大宰管内志』等。
(37)『法水分流記』『本朝高僧伝』『浄土鎮流祖伝』『浄土伝燈総系譜』『草野系図』『吾妻鏡』など。
(38)『聖光上人伝』『善導寺文書』『大宰管内志』等。
(39)『浄土鎮祖伝』『法水分流記』等。

(40)『播州法語集』三一。
(41)『播州法語集』三九・四七。
(42)『播州法語集』四六。
(43)『拾遺往生伝』上・下など。
(44)『別願和讃』。
(45)『一遍聖絵』二。
(46)『明月記』『吾妻鏡』。
(47)拙稿「天王寺の念仏」参照。
(48)『浄土鎮流祖伝』三。
(49)『一遍聖絵』四・五・九。
(50)『播州法語集』三五。
(51)『日本往生極楽記』。補註(1)参照。
(52)『観念寺文書』。
(53)『観世音寺文書』。
(54)『本朝続往生伝』。
(55)『安楽寺草創日記』。
(56)『一遍聖絵』九『一遍上人語録』。
(57)『播州法語集』一四。
(58)『一遍聖絵』二、岩屋寺は、上浮穴郡美川村七鳥にある。

(59)『同寺縁起』、一説に岩屋寺は、弘仁六年空海の草創と伝える。
(60)『一遍聖絵』二『愛媛面影』。
(61)『一遍聖絵』二。
(62)『播州法語集』六五・七四・一二六・八〇・四九・七七。

補註

(1)『日本往生極楽記』に、「伊予国越智郡士人越智益躬」と記し、『越智系図』に「居府中樹下、弩芸達者、武略名人」とし、『一遍聖絵』十に益躬は、「朝廷につかえては三略の武勇を事とし」と見える。
(2)『日本往生極楽記』、『一遍聖絵』十に、越智益躬は、十戒を受け九品の浄業を勤め、臨終正念して往生したとされ、天台系の浄土教を受けていたと考えられる。
(3)『日本歴史』四一三　山内譲氏「承久の乱と伊予河野氏の動向」に、河野武士団は、風早郡河野郷から西は伊予郡にかけての伊予の中部を支配し、承久の乱の時点では、新たに新居、周桑郡を加え、東中予を支配下に収めたが、南予には力が及んでいなかったとされる。
(4)『一遍聖絵』十によると、通信は久我通親の猶子で、西山義の派祖証空に帰依している。
(5)『開山弥阿上人行状』によると、六条道場歓喜光寺開山の聖戒は弥阿弥陀仏と称した。
(6)『一遍聖絵』三に、熊野権現は「一切衆生の往生は、南無阿弥陀仏と決定するところや、信不信をえらはす、浄不浄をきらはす、その札をくはるへしとしめし給ふ」と記している。
(7)『播州法語集』四四に、「一切の仏法は心品を沙汰す、外相をいはず、心品の捨家棄欲して無着なる事を上輩と説り、」とある。

（8）一〇 補註（4）参照。
（9）『播州法語集』二六に、「自力他力を絶し、機法を絶するところが名号である」と見える。
（10）『大勧進善光寺縁起』などに、正治元年源空が来詣し、『法然上人行状画図』四七に証空が西山の善峯寺から善光寺に至るまでの間に、一一の寺を建立し、曼荼羅を安置し、不断の念仏を始めたと伝える。
（11）『沙石集』拾遺二ノ三、『播州法語集』四十四に、「但夢にみる事は実なる事も有べし、夢は六識を亡ぼして無分別の位にみる故なり、是ゆへに釈には夢定といへり、」と見える。
（12）『一遍聖絵』一、窪寺は伊予温泉郡久谷村窪野にあったとされ、石槌山系の皿ヶ岑の北麓に当たる。
（13）『播州法語集』一四に、「念仏といふことを三昧といふは、見仏の義なり、」と見える。

源智と静遍

法然房源空の教学の形成において、また門下、すなわち初期の浄土宗教団の形成において、武士層の存在は、公家や旧仏教の蔭になって鮮明ではない。そのこと自体が、武士層の浄土宗に対する意義の限界を示しているが、悪人正機の問題などの場合には、たえず武士層が引き合いに出されるのに、個々の探索は、きわめて粗雑といわなければならない。ここに源智と静遍という源空門下の二僧をとり上げるのは、その粗雑さを補うためで、性急に悪人正機を論じ、武士の浄土宗に対する意義を考えようとするのではない。平氏出身のこの二僧から、武士の専修念仏への傾斜の仕方を見出し、問題の所在を探ろうとするにすぎない。

一

勢観房源智は、平重盛の孫に生まれた。(1)元久元年（一二〇四）の七箇条制誡に署名しているから、それ以前から法然房源空の門弟であり、師の滅後の建保三年（一二一五）には、付嘱された本尊を西福寺に安置していたという。(2)また『一期物語』(3)は、「見聞出勢観房」と伝え、『三昧発得記』の奥には、(4)「此三昧発得之記、年来之間、勢観房秘蔵不披露、於没後、不面〔図〕伝得之書畢、」と記されるなど、源智は、源空に親近して、その行状をよく知る門弟と見なされたようで、『四十八巻伝』にも、「常随給仕十八年」と述べてある。

さて源智の著と伝える『選択要決』一巻は、『選択本願念仏集』を非難する〃一門学者〃に対する十か条の反論と六か条の問答とから成っている。すなわち前者の十か条には、難者が、『選択本願念仏集』の所説は、在家や浅機を誘引する方便の説法で、安心の法門、正因正行や成仏の義を尽していないから、源空の著ではないというのに反論して、選択の経緯を述べ、引用された経疏を解き、師の行状を例証としながら、聖道・浄土両門の判釈、三心の解釈、念声一義の理などを説いている。こうした難者の疑い自体が、本書の成立年代について、暗示しているけれども、源智の著は、本書以外に伝聞がないため、直ちに偽書と否定し、本書のすべてを棄て去ることはできない。

ところで反論の第一条に、「先師在世之日、自誡諸弟子曰、此書是我所造、予存命之間、努力莫流布云々、」と、源空の言葉を引用しているが、この文は、『一期物語』の「或時云、汝有選択集云文知否、不知云由、此文我作文也、汝可見之、我有生之間、不可流布之由禁之、」という一段の意に通ずる。ところが第四条に、「闇夜無燈開聖教」という源空の行状は、『源空聖人私日記』以下の諸伝記にも見え、同じ条に、「然先師上人初居台山習学円宗、及以捜索諸宗源底、謁其宗匠呈自解、皆蒙許可、共所歎誉、是以南都賢哲貴慧解深遠而贈四事、」というのは、『源空聖人私日記』や醍醐本『法然上人伝記』に収める別伝記の誇張にそのままである。つまり本書は、成立の早い一種以上の源空の伝記と関連があるように思われる。そして第四条に、「臨終瑞相不可称計居多、道俗所親見聞、在別記、」という別記を、醍醐寺本に収める『御臨終日記』に当てることもできるのである。さらに本書の著者は、『選択本願念仏集』を対機の説法とする難者の考えを、「未尽理当」る聖道門的な〃自解〃の異義と反論し、また六か条の問答の中で、『選択本願念仏集』には、広略の二本が流布しているが、略本が正本であるという。これらの所説は、本書が、源空の在世時から、かなり降った時期に成立したことを示すようである。

ましてﾞ『選択本願念仏集』が、「承帝王勅宣、蒙国命旨、而偽述仮説、不顕実義者、前代未聞、其恐不少者歟、」などというのは、[5]元久以前からの弟子源智としては、あまりに師の行状の事実を誤っている。今日本書は、刊本によって知られるにすぎず、刊写の系統などをたどって、原本に近づくことができない。それはまた本書を、源智に仮託された後代の著作と考える間接的な理由にもなる。

『一枚起請文』は、源空の自筆と称するもの（金戒光明寺、栗生光明寺所蔵）や鎌倉時代末期の写本とされるもの（仮名法語）によって伝えられ、弘願本『法然聖人絵』や『九巻伝』・『四十八巻伝』などに引用され、また元亨版『和語燈録』に収め、さらに貞治四年（一三六五）に刊行もされている[6]（知恩寺所蔵）。自筆本や写本には疑問があるので、まず引用や刊本に着目すると、伝記や語録の成立年代から考えて、この起請文が流布したのは、鎌倉時代の末期から南北朝にかけた時期と考えられる。

ところで『和語燈録』には、末尾に、「これは御自筆の書なり、勢観房聖人にさづけられき」という添書のある一文（源智相承系）のほかに、文頭に、「又上人のの給はく念仏往生と申す事は」と附けた他の一文が収められている。『和語燈録』は、文永十一年（一二七四）鎮西義三条派の道光が源空の遺教を集め、元亨元年（一三二一）に刊行されたものであるから[7]、すでに文永のころ、この起請文は少なくともこの二本があったわけである。ところが弘願本『法然上人伝記』には、建暦二年（一二一二）滅後の邪義を伏せるため記したという源空の奥書をのせているが、それは、金戒光明寺所蔵の伝自筆本の奥書の意に通じ、この伝自筆本には、源智相承の旨の添書が記されているから、弘願本引用の起請文は、源智相承系のものと推定される。また『九巻伝』に引用のものには、源智秘蔵の添書があり、『四十八巻伝』に、「まさしき御自筆の書也、」と記すのは、この系統の意を汲んでいる。従って『一枚起請文』を源智の〝相承〟とする説は、鎌倉時代の末期や南北朝時代にはかなりひろまっていたと思われるのである。一方鎌倉末の写本といわれる『仮名法語』には、安貞二年（一二二八）弁長が源空から伝受したことを意味する『一枚起請文』があり（弁長伝受系）、のちに善導寺消息と呼ばれるもののもとを示しているようである。こうして『一枚起請文』には少なくとも源智相承系と聖光伝受系という二つの型があることになるが、大勢としては源智『相承』の説が有力であったといえる。

しかるに、いま源智相承系とした金戒光明寺所蔵の伝自筆本の本文の末尾には、「為証以両手印」と見える。手印をもって真偽の証とするのは、鈴木成元氏がいわれるように[8]、この一本が、鎮西義の手によって後代に作られたものであることを示し、異義を伏せるためという源空の奥書も疑わしい。しかしこれによって源智相承の説は、完全に抹殺されるわけでないから、むしろ当時の鎮西義には、この起請文と所伝とが必要であったと解すべきで、弁長伝受系のものが、別に存在することと関連する。しかも鎮西義では、ちょうど『一枚起請文』が流布した時期に聖冏の『一枚起請之註』が作られ、その弟子聖聡にも、『一枚起請見聞』という註釈書がある[9]。

このような伝来と流布の経緯は、一枚起請文の成立について、多くの疑問を残している。しかし源智の〝相承〟という説が、聖冏・聖聡のころ、すなわち南北朝時代、鎮西義の教団の伸張の時期に認められていたということだけは否定できない。そこには、後に述べるような鎮西義における源智の、すなわち紫野門徒の評価が秘められているのである。こうして『選択要決』と『一枚起請文』は、源智にかかって伝えられたが、それらを全ての意味で、源智の行状の中にとり入れることはできないのである。

二

『選択要決』のもとになったと思われる醍醐本『法然上人伝記』には、五種のものを収めている。それらは、

〔Ⅰ〕源空の門下に対する教説の聞書

一期物語（『拾遺語燈録』所収の『浄土随聞記』と同じ）、

禅勝房との問答（『西方指南抄』所収の『十一箇条問答』と同じ）、

門弟某に答えた三心料簡及び法語、

〔Ⅱ〕源空の宗教体験を伝える記録

『三昧発得記』（『西方指南抄』所収の『建久九年正月記』と同じ）、

『御臨終日記』（『西方指南抄』所収の『法然上人臨終行儀』と同じ）、

〔Ⅲ〕源空の伝記―別伝記、『一期物語』の最初の段、

という三つの型に大別でき、筆者や所伝によって分ければ、禅勝房系、源智系、その他の門弟系の三つとなる。

ところで〔Ⅰ〕の三種は、それぞれ説くところは違っても、無戒の末法という時期に、罪悪の凡夫が往生できるのは、口称念仏という全非比校の正定業の故で、その他の諸行は、みな雑行として廃されるという趣旨は共通であり、『選択本願念仏集』などに示された源空の教義の中心と一致する。従ってこの三種は、かなりよく源空の言葉を伝えていると考えられるが、趣旨の展開の相は、それぞれの違った面をもっている。つまり巷間に身を隠した沙弥型の聖であった禅勝房に対しては、人々の機根の相違によって、本願に値遇する遅速の差別があるため、経文には「上尽一形下至一念」と説くという。また門弟の某は、唱導する聖と思われるが、請用念仏について問うたのに対して、それには三つの利益があるとして、相越との交わりの仕方を語り、造悪のために念仏するのは、悪義であると断ずるなど、門弟の立場に従って、それぞれの教えを述べている。だから信心を発し難い者は、三宝に祈るよ

うにと、自行の方便を教えられた源智は、一期の間「ただ隠道をこのみ、自行を本とす、をのづから法談などをはじめられても、所化五六人よりおおくなければ、魔縁きをいなん、ことごとしとて、とどめられなどしける、」[10]と伝えるように、隠遁的な聖であったと考えられる。つまり自著と認められるものがなく、見聞、相承、秘蔵というヴェールにつつまれた源智の本姿の一面は、このようなところに見出せる。そしてこの三様の対機の説法は、源空の教えの幅を物語り、やがて門下では異義紛々する所以でもあった。[11]

以上のように〔Ⅰ〕は、諸行を捨てて専修念仏を指示するのに、〔Ⅱ〕の二種の記録は、源空自身が、諸行であるはずの観仏を行なったと伝える。源空の諸伝記の中で、天台的な嵯峨門徒の手に成る『源空聖人私日記』は、その編述も早いが、源空の聖道門的な面を強調するのは、編者にそうした意図があり、『三昧発得記』・『御臨終日記』―つまり〔Ⅱ〕の記録―や『法然上人御夢想記』、それに『公胤夢告』などにもとづいた結果とされている。[12]ところが前三者は、醍醐本に収められ、また〔Ⅰ〕の『一期物語』や〔Ⅲ〕の別伝記にあらわれる源空の師、先達、門弟の多くは、旧仏教の僧である。このように聖道門的な事実を述べるのは、源空の行状を、どのように表現しようとしても、天台宗を無視できないからで、〔Ⅰ〕の三種に引用された書が、善導のほかは、智顗・最澄・源信に限られることとも通ずる。このように考えると〔Ⅰ〕と〔Ⅱ〕は、一見矛盾するように見えても、源空の行状にまでしぼってゆくとき、共通のものがあらわれる。つまり醍醐本の編者は、聖道・浄土の二面を、ともに源空の本姿と見ていたというべきであり、事実『三昧発得記』に述べられたような念仏三昧は、源空の選択立宗において根本的な契機なのである。[13]

しかし一方〔Ⅰ〕の三種は、相互に連絡しながらつくられたものではなく、〔Ⅱ〕の二種も、それぞれ独立している。従って醍醐本に収められた五種は、もともと別個のものであり、編者が、源空の行状や教説をよく伝えると考えたものを集めたと見るのが妥当である。とすれば、醍醐本は、親鸞の『西方指南抄』や了恵の『漢・和語燈録』と同類で、望月信亨氏が、源空遺教の結集とされる説[14]に賛成すべきである。このように醍醐本が、鎮西義の手に成る『九巻伝』に多く引用され、『一期物語』の文が、行観の『選択集抄』や良忠の『東宗要』などにとられるのは、源智が鎮西義で重んじられた第二の証拠である。

三

『一期物語』は、二十一段に分れて、源空の言葉を伝えるが、その中で〔A〕源空は、智慧深遠な天台宗の達者であるが、さらに仏心宗も加えて九宗を兼学したのち、出離の道を求め、源信の『往生要集』を先達に、善導・道綽の義によって、口称念仏が時機相応の凡夫往生の道と知り、その意を示すために浄土宗を開いた。〔B〕浄土宗が依憑する『観経』は、前後の諸経を摂取する故に、この経が説く口称念仏は、全非比校の正定業で、観察、観仏、持戒、持斎、読誦、供養など、一切の諸行は、念仏の方便である。〔C〕口称仏念は、菩提心なき往生の道であるが、自然に三心を具足する。〔D〕信心を発し難い者は、三宝に祈り、常念のためには、念仏の教遍を重ねるべきである、と述べている。この趣旨は、前発したような源空の聖道門的な面を念頭におけば、『選択本願念仏集』と基本的には変わりない。『四十八巻伝』に、源空が源智を「憐愍覆護他にことにして、浄土の法門を教示し」たというのは、この意味では妥当である。

ところがその文に続いて、源空は「円頓戒この人もちて附嘱とし給う」と記している。源智は、一時慈円に托され、彼を戒師に出家したのち、再び源空の許に帰った[15]というのは疑わしいけれども、一生不犯の持戒僧であった源空から、黒谷の円頓菩薩戒を授けられたことの誇張かもしれない。とすれば、自行を事とし隠遁的な源智の側面は、源空の一面に近いものともいえる。こうした源智は、他の門弟に比して、その行状が著しくないけれども、源空から「道具、本尊、房舎、聖教、のこる所なく、これを相承」したという所伝にも、[16]かなりの真実さがあり、醍醐本にいう見聞、相承などの所伝にも確かさがでてくる。智恩寺の草創は、もっと時代が降ると考えられるが、『智恩寺歴代略志』には、源智が、源空の旧房である賀茂河原屋をもとに、智恩寺を開いたと記してある。河原屋は、延暦寺東塔の功徳院、つまり源空の師皇円の住んだ功徳院の里坊であり、[17]智恩寺の山号を長徳山、院号は功徳院と呼んでいる。源智が、源空の旧房を譲りうけたことは、こうした関連の中で、かなり信ずべきであり、源智の門派を紫野門徒と呼ぶ所以でもあった。[18]

四

智恩寺の六世如一は、初め源智の法孫道意について出家したが、鎮西義木幡派の良空に顕密を学び、良空の師良忠にも従った。そして同じ道意の弟子智心の跡をついで、智恩寺に入り、やがて知恩院に移って、八世となった。[19]つまり如一は、紫野門徒と鎮西義とから受けたが、南北朝の末期には、鎮西義の良忠の門下と見なされ、智恩寺も知恩院も、その後は鎮西義の僧が住持している。[20]いわば如一の後、紫野門徒の法系は、歴史の表面から姿を消していったように思われる。ところで如一の師道意は、良忠と源智の弟子信蓮から宗義を伝えたとされ、[21]『九巻伝』には、良忠と信恵が談義したところ、鎮西・紫野両門派の義は、全く同じであることに、意見が一致したと記してある。これらの史料は、信蓮、道意、如一の間に、紫野門徒と鎮西義との交流があったことを物語っている。一方、永仁三年（一二九五）に成立した、『親鸞聖人絵伝』には、源智が嵯峨門徒の正信や念仏房とともに、親鸞と争論したと見える。この所伝には裏付けがないけれども、当時二尊院を本拠にした嵯峨門徒が、京都で勢いがあったことから考えると、源智の紫野門徒も、それと肩を並べる存在であったことを意味している。(補註1) そして京都における鎮西義発展の時期につくられた『九巻伝』が、紫野門徒について触れるのは、このような背景があったからである。事実『九巻伝』には、源智が、『三昧発得記』を〝相承〟したこと、『一枚起請文』を授けられたこと、源空の五七日忌には願文を草したことを述べ、『一期物語』に見える鎮西義の修行者や念仏の数遍について尋ねる某の話をのせるなど、源智の行状を強調している。それは、『九巻伝』以前に成ったと考えられる他の諸伝記には見られないところで、『九巻伝』が、『一期物語』以下の醍醐本を、有力な史料として使ったことを示してくれる。

こうして紫野・鎮西両門派の間には交流があり、のち鎮西義の手になる『九巻伝』には、源智やその紫野門徒について強調するという経緯は、初め紫野門徒の法を受けた如一が、のちに鎮西義の僧と考えられたことと符節を合するのである。このことは鎮西義が紫野門徒の法を受けつぐという系路にもよって、京都に展開していったことを物語り、やがて紫野門徒が姿を消す所以でもあり、両系の『一枚起請文』が『和語燈録』に収められているのは、その経緯の素朴なあらわれなのである。それは隠遁的な源智の教義と行状に、教団発展の契機が少なかったためかも知れないが、より積極的には、鎮西義が、京都に基盤のある紫野門徒と交流することによって、進出の契機をつかんだことを意味するものであろう。それは、あたかも良忠とその弟子聖冏が活動した時期にも当たっている。

五

『華頂要略』には、『四十八巻伝』の編者舜昌を、「天台而住于叡山功徳院、建武二年(一三三五)正月十四日寂、八十余、」といい、山を降りて、如一の化を助けたと伝えている。(22) それまでの舜昌の行状は詳かでないが、功徳院の僧であった舜昌が、浄土宗に傾いたとき、彼がたどる路線は、功徳院から賀茂河原屋、すなわち智恩寺を中心にした紫野門徒に近づくのが自然である。そして舜昌が、山を降りたころ、紫野門徒の法系は、源智—信蓮—道意から如一に至っていた。恐らく舜昌は、如一から浄土の法文を受け、師弟の関係にあったのであろう。やがて如一の跡をついて、知恩院の九世となっている。(23)

舜昌の教学が、どのようなものであったかは、その著とされる『十勝論』に接しないので、十分明らかにはできないが、『述懐抄』では、山門の徒と称しながら、念仏を専らにしているとの非難に答え、天台の法門をゆるがせにしたのでないと記している。舜昌のあと、知恩院の十世となった西阿が中興した鳥羽の法伝寺や山科の阿弥陀寺には、念仏三昧の面影が残っているから、功徳院の流れを受けた舜昌は、かなり天台的であったと推定される。しかも舜昌は、紫野門徒の法もついでいる。彼が編纂した『四十八巻伝』が、門派に拘泥しなかった態度は、こうした複数の法系の故とも考えられ、『四十八巻伝』に源智を高く評価する所以も理解される。

宝治二年（一二四八）良忠は、聖覚の妹で、かねて師檀の間柄にあった浄意の死に上洛したとき、後嵯峨上皇に『浄土三部経』を講じ、授戒して、香衣と上人の号を賜った。(24)白旗派の京都進出は、これが大きな転機であったが、建治二年（一二七六）良忠が再び上洛したときには、後宇多天皇に講説し、授戒して、紫衣を賜わったうえ、そのころ一条に法然寺、三条に十念寺、小幡山に高勝寺を建立するなど、そのめざましい進出は、一つに朝廷や公家の帰依を背景としたからである。また信蓮は、九条兼実の猶子兼良の子であったから、(25)同じ公家社会に近かった。従って如一が、伏見・後伏見・後二条・後醍醐の帰依を受けて国師号を賜ったのは、良忠・信蓮両師以来の実績のためで、それは、知恩院の基礎が固まり、鎮西義が京都でしっかりと地盤を築く時期が、この両者の法を嗣いだ如一の代であった理由でもある。その如一に従った舜昌が『四十八巻伝』(26)に、数多くの公家を、彼等が帰依した門流にかかわらず書き入れ、源空を仁明天皇の後胤と敷衍する意味も理解できる。

こうして隠遁的な聖としての側面のある源智の行状は、なお詳らかではないが、賀茂の河原屋を中心にした門下の紫野門徒が、浄土宗の展開の上ではたした役割は、かなり大きく、源智が源空に親近した弟子であり、その門下が、京都に根拠をもっていたことによったといえる。

六

静遍は、池大納言平頼盛の子であるから、源智に対しては、祖父の弟の間柄にある。(27) 出家して仁和寺で真言の僧となり、小野流を醍醐寺の座主勝賢に、広沢流を仁和寺上乗院の仁隆から受けた。(28)

ところで父の頼盛は、八条院暲子内親王の乳母宰相殿という女房のもとに通っていたうえ、母の池禅尼は、源頼朝の命を助けたという恩顧があったので、平氏が都落ちしたとき、頼盛も一度は池殿の邸を焼いたが、手兵三百余騎を引きつれて、鳥羽から都に戻り、甥にあたる守覚法親王が住持する仁和寺の常盤殿にいた八条院の許に身を隠し、頼朝に頼ろうとした。(29) 八条院は、鳥羽法皇の三女、母は美福門院であったから、法皇の愛情は深く、父母の遺領数か所を伝領して、経済も豊かであった。のちに九条兼実が、八条院の女房である藤原頼輔の娘を妾とし、その子良輔の娘を後鳥羽天皇の后に推したのも、天皇と女院の勢力に借りて、廟堂に権勢を張ろうとしたからである。また兼実は、源氏と結んで、公家勢力の維持を計っているが、八条院は、源氏挙兵の端緒となった高倉宮以仁王の娘三条姫宮を猶子として、所領も譲っている。八条院と源氏との間には、それ以上の関係があったわけではないが、頼盛が八条院を通じて源氏に頼ったのは、女院の公家社会における地位とともに、こうした源氏との関連にもよったのであろう。

頼盛の見込みに違いはなかった。やがて鎌倉に下った頼盛は、頼朝から厚くもてなされて、私領庄園を安堵されたうえ、数多くの引出物を受けて帰洛した。滅亡した平氏の一門の中で、源氏の世に生きのびたのは、頼盛の一家だけで、彼のように頼朝へ「心を通わして」とくやむ平氏の公達も少なくなかったという。[30] こうした父の経緯の間に、静遍が出家する理由とその時期があったかどうかはわからない。しかし父が、それ以前から女房を通じて八条院に親近し、八条院が仁和寺を宿所としたのは、静遍が、仁和寺の僧となる契機の一つを示すように思われる。

七

平知盛の子知忠は、静遍のまた従兄弟に当たるが、[31] 平氏滅亡ののち乳母の紀伊次郎兵衛為教に養育されて、京都に潜んでいた。しかし源氏の家人後藤基綱の探知するところとなって、法性寺の一の橋の隠れ家を攻められ、自害した。ときに為教は、知忠の遺骸を膝に、「高声に十念唱えつつ、腹掻切ってぞ、死」んだという。そして知忠の首実検には、八条院の女房であった母の治部卿が召し出されたが、三歳のときに別れたままの我が子の顔を、夫の面影から推量したという。[32]

また知盛の弟の重衡は、[33] 生捕られて、八条堀河にある故中御門家成の御堂に据えられたとき、長年召仕い、当時は八条院に伺候する木工右馬允知時が、警護の土肥実平に頼んで、面会を許されたことがあった。やがて斬罪に処せられる間際に重衡は、駈けつけた知時に、「仏を拝み奉て、被斬ばやと思うは如何せんずる、あまりに罪深う覚ゆるに」といいかけ、「高声に十念唱えつつ」頸をのべたと伝える。これより先重衡は、南都の諸寺からも焼打ちの罪を問われ、鎌倉へ護送されることに決まったとき、実平に出家を願い、源義経から拒否されると、「さらば年来契りたりし聖に、今一度対面して、後生の事を申談ぜばや」と、「黒谷の法然房と申人」の教えを望んだ。源空から直々に念仏往生の教えを聞き、十戒を授かったのち、知時に命じて取り寄せた愛用の硯を、廻向の料にと寄進したのであった。[34]斬罪のとき重衡の室は、[35]日野にいたという。日野については、稿を改めたいが、その法界寺では助念仏が行なわれ、また鴨長明などの隠遁者が住む所であった。公家化した平氏の一門には、院政時代の助念仏が見られるが、重衡とその室は、助念仏と源空の但念仏の橋渡しになっている。

こうして平氏と運命をともにした頼盛・重衡・知忠とその身近には、臨終念仏を行なう助念仏が見られるだけでなく、源空との結びつきさえある。そして三人とも、八条院に関係している。源空の諸伝記の中で、八条院について記すのは、『伝法絵』が最も早いと考えられている。ところがその一節である「雖然八条女院・段福〔富〕門女院・宣陽門女院、七条女院、准后宮、大臣、諸卿、戒文授者、念仏の帰依おおしといえども」という文は、「仁和寺の法親王より、御師徳のよしにめさるといへども、隠遁の身におそれて祗候にあたはず」という前文に続いている。ここに記される仁和寺の法親王、すなわち守覚法親王は、以仁王の異母弟で、殷富・宣陽門女院は、その妹であり、七条門院は、異母兄高倉天皇の後宮となっている。つまり前の一節に見える女院は、いずれも守覚法親王の姉妹で、八条院の姪に当たる。そして『伝法絵』には、八条院の兄後白河法皇と姉上西門院と源空との交渉を述べている。

ところで上西門院との関係は、『源空聖人私日記』にも記されているが、後白河法皇の場合と同じく、説戒の師としてであり、法皇には『往生要集』を講じたという。いわば源空は、持戒の僧として書かれ、但念仏の面は後退しているばかりでなく、隠遁的な僧とも表現されている。のち兼実の娘宜秋門院に説戒したとき、「先例如此上人、強不参貴所之由、有傾輩、」[36]と批判され、源空も宮中に参じたのは、わずか一度と弟子に語ったという。[37]源空が朝廷に近づかなかったのは、事実のようであり、また鎌倉幕府との交渉もなかった。それは〝法難〟のとき、強力な弁護を得られなかった所以でもある。しかし生涯を通じて、朝廷や公家との関係が皆無ではなかったし、別所聖としての源空は、黒谷の円頓菩薩戒を相承し、[38]『往生要集』の末書も残している。[39]だから『伝法絵』の記事の全ては信じ難いけれども、少なくともそのもとになる事実はあったといえる。

こうして八条院とその三人の姪が、源空に帰依したという記事に裏付けがなく、誇張の感を免れないが、何らかの関連があってのことと思われ、福井康順氏が考えられたように、源空やその門下と関係があり、専修念仏を説く『平家物語』の中の頼盛・知忠、そして重衡の記事は、そのような根拠を暗示するものかもしれない。そこで、源為義が、黒谷別所の月輪の竪者の許で出家したという伝えに、真実性があるように、(40)中央の公家との関係が深まり、或いは公家化してゆく源平の武士が、別所聖との交渉をもち、ついには宇都宮頼綱や熊谷直実のように、源空の門下に帰依する武士が現われるという大勢の中に、「黒谷の法然房と申人」に近づいた平重衡を置いて見ることは容易であり、静遍もそうした大勢と没交渉であったのではない。

八

静遍は、いつのころか、高野の明遍に従って、真言の血脈を受け、(41)建永元年(一二〇六)四十一歳のとき、笠置の貞慶に入室して道心を凝し、(42)承久年間(一二一九―)には、三宝院の戒賢の許で秘法を授かっている。(43)この間後鳥羽法皇に参じ、(44)禅林寺に住することなどもあったが、(45)真面目な真言僧としての生活を送ったと考えられる。(46)

ところが師の明遍は、すでに文治の末年から、南都の浄土教の中心である光明山に隠遁し、建久六年(一一九五)には、高野山の蓮華谷に再遁世して、浄土教に傾いていったようである。(47)従って静遍が、師事したころの明遍は、多分に真言念仏の僧であったわけで、その影響も受けたと思われる。また承久のころには、専修念仏に強い関心をもった後高倉院との交渉があり、(48)静遍の浄土思想と源空への関心は、ふくらんでいったと解される。そしてこうした帰結に、高野山への帰籠が見られるわけである。(49)

高野にあった静遍は、なお真言僧として念仏を修したようであるが、南都光明山の真言念仏から受け、興福寺奏状を草したという貞慶に従った立場からすれば、たとえ浄土への志向や善導義の吸収は同じであっても、源空の専修念仏とは異質的である。そこに静遍の源空批判が生まれる。すなわち『明義進行集』に、「世コソテ選択集ヲ披賢シ、念仏ニ帰スル者多シ、吾コノコトヲキキテ、嫉妬ノ心ヲオコシテ、選択集ヲ披シテ、念仏往生ノミチヲフサカムトオモヒテ、」と記されるような心情に至っていたのである。そしてこうした烈しさが、静遍の心を支配したのは、前述したように、彼自身浄土への志向が高まり、真言念仏を深めていったことから始まるが、源空の指弾者であった貞慶や高弁(50)からの法を受けるとともに、その俗系である平氏一門には平重衡・平基親(51)や源智など、源空に帰依する者が現われるという身近かな動きがあったことを忘れてはならない。つまり静遍は、源空から遠くして、専修念仏の普及に批判を加えたのではない。むしろ身近くして、その必要さを感じていたのである。

しかるに静遍は、「選択集ヲヒキミルホドニ、旧来ノ所案ニハ相違シテ、末代悪世ノ凡夫出離生死ノミチハ、ハヤ念仏ニアリケリト見フセテ」しまったのである(52)。それは、静遍の浄土への志向に訴えるとともに、南都における浄土教の先達である、禅林寺の永観や東大寺の珍海に見られる善導義への傾斜が、源空と規を一つにしていることにも起因するのであろう。こうして静遍は、「ヤカテ念仏ニ帰シテ、カヘテ選択集ヲ賞翫ス、タタシ旧来嫉妬ノ心ヲオコシテ破セムトタクミキ、コレ吾カ大ナルトカトヲモヒテ、選択集ヲ頂戴シテ、オホタテ憤墓《〔ニ墳〕》ニマウテテ、ナクナク悔謝ヲイタシテ曰ク、今日ヨリハ上人ヲ師トシ、念仏ヲ行トスヘシ、聖霊照覧ヲタシテ、先非ヲユルシテ、イマノ是ヲカカミ給ヘト(53)、」わびたのである。すなわち静遍は、源空没後の門弟で、建保五年（一二一七）以前(54)には専修念仏に帰入したと思われる。

九

その後、静遍は、心円房と称して、[55]「一向ニ念仏ヲ行」なったようであるが、建保五年（一二一七）「従或貴所不図伝之、粗伺書旨、観経秘釈、法事讃下如釈小経、文義幽深、雖迷首尾、欲決無人欲閣有恨、只得為慶、恣握翫之、遂選十義、以続選択、」という。[56]すなわち静遍は、この年、某貴所に伝存する観経秘釈の『般舟讃』を閲読し、その文義の幽深なのに心引かれて追求した結果、そこから十義を選んで註釈を加え、『選択本願念仏集』の趣旨をつぐ意味から、『続選択文義要抄』と名づけたのである。『般舟讃』は、承和六年（八三九）円行によって将来されたのち、三百八十八年の間、仁和寺に秘蔵され、源空もそれを見ることはなかった。ところがこの建保五年冬に、秘蔵のことが世に知れ、静遍は、さっそく書写したと考えられている。[57]この説は、静遍に関する限り正しいと思われる。同抄の奥に記す建保六年九月ごろの和歌一首は、善導義による専修念仏の徒として、『般舟讃』を得て、これを註釈する気持の高まりを表わしたものであろう。

同年十月には、本書三巻を完成し、[58]同月四日これを北白河の嶺殿で、善導の御影を前に校読している。[59]北白河は、紫野門徒の住む智恩寺の所在地であるが、嶺殿は誰か公家を指すものかもしれない。いずれにしても静遍は、書き上げた本書を、早速誰かの前で披露したと考えられる。そして同年十一月十五日からは、真如堂という公家の信仰厚い寺で、上巻を開読して、年内に中巻を了え、翌七年正月八日から十五日の間に下巻を済ませている。[60]こうした経緯は、たとえ一時は高野山に隠遁したことはあっても、静遍の本姿が、唱導する聖の形であったことを示し、公家社会の交渉の中で生活していたといえる。しかしその後、高野山蓮華谷の往生院に入り、やがて貞応二年（一二二三）三月、道範に住持を譲り、[61]翌三年四月二十日この地で入滅した。[62]

十

さて『続選択文義要鈔』は、今日越前の法雲寺に所蔵される、浄土真宗高田派の祖顕智の手沢本によって知られるが、上・中巻の大文第一を欠き、下巻の大文第二の選択名数加続門と第三の選択所依求続門とを収める五十五丁が残っている。しかし本書の主文は、この下巻にあったと考えられており、[63] その要を窺うことができる。

すなわち大文第二において静遍は、『選択本願念仏集』に記された八つの選択を挙げたのち、さらに五つの続選択を加え、大文第三では、『般舟讃』にもとづいて十義を選び、『選択本願念仏集』の依憑経典に一つを補ったのである。本書に引用する註疏を調べると、善導十、迦才・源信・実範二、永観・覚鑁一という数になり、「如来密意余師末究、善導絶倫」なる教義にもとづいたことがわかる。

しかし静遍は、十義の中の五、不増不減門で、「大道永無雑類無為、出過三界円然実空不空、荘厳無尽、続選本意志在此篇、事是深奥、行者住心、」といい、九、生死涅不隔門には、「観仏除罪雖依願力、心相続義猶限念仏、称名易故相続即生、」と記し、「念仏即是涅槃門」と断じている。それは真言の教学による専修念仏の解釈であり、「当(念仏宗)宗与祕宗教門雖異、其旨自一、念仏三昧蓮華三昧自心異名、」(三、本願心蓮自証門)とか、「執持名号・名戒・諸仏讃言、六方証明也、」(同上)といったうえで、「求妙法者、仏選要法、久遠実成、専修念仏、」(四、本国他方不二門)といい切るのである。ここに静遍の教学が、源空門下の中で特異な存在であったことを理解できる。

源空の没後の門下のうちには、真言を取り入れて、教義の完成を計ったものもあった。就中親鸞には、そうした傾向が察知されるが、『教行信証』に引用する『般舟讃』の文は、本書の引用とかなり重複するという。[64] また法雲寺の顕智手沢本は、坂東本『教行信証』の体裁と似た点があるという。[65] このことは顕智が、親鸞の高弟であるだけに、傍証を集める価値がある。

十一

以上源空の門下で、平氏から出た源智と静遍とをとり上げ、二人の行状と教学の一端とを探ったわけであるが、共に詳かでなく、的確にその本姿を促えることはできなかった。しかし一人は天台の系譜を引いて、早くから源空に帰入し、他は初め真言僧となることによって、帰入には曲折があった。このことは、源空の門下、すなわち浄土宗の初期教団が、天台宗教団に多くよりかかって成立したことを物語るとともに、南都など真言系からの圧迫と天台からの圧迫とは、質の違った面があったことを示している。『興福寺奏状』が多く教義について非難するのに、延暦寺の衆徒が布教の実際に触れたのは、その結果である。

また源智の静遍に、平重衡を加えて、武士としての平氏一門からの帰入の仕方を見ると、(補註2)静遍は、出家の身で源空を知り、重衡は別所聖としての源空に接し、源智はやや直接的に源空に従ったようである。しかもこの三人は、俗系の上でその順序に並べられる。これは源空の教義の普及の段階を示すもので、源空は、まず京都に近い別所聖として世に知られたことを物語る。と同時に武士としての平氏は、そうした姿の源空に接していたわけで、京都から遠く離れた源氏の一門が源空に近づかず、頼朝の身辺が、兼実の弟であった慈円と交渉があっても、源空とは没交渉であった理由が知られる。熊谷や宇都宮などの御家人が教団の中に入るのは、源空の門弟や教線の広まりに接したからで、次の段階のことといえるし、頼朝の時期には、まだ源空の教団が、東国においては大きな勢力でなかったことを示している。また出家の静遍が源空に反撥を感じたことは、院政期の公家から出た旧仏教の僧が、あるいは圧迫の先頭に立ち、あるいは逆転して近づいていったことに似ており、重衡が帰入したことは、公家の中から何人かの帰依者があらわれたことと通じる。いわば公家化した平氏一門の帰入の仕方は、院政や鎌倉初期の公家と類似しているのである。それは、初期浄土宗教団の外延をあらわすもので、別所聖としての源空への接近が、公家や平氏の源空帰入の端緒であり、同じ武士であっても、源氏の御家人と平氏一門とでは、場を異にしているのである。

註

(1) 『尊卑分脈』平師盛の子。
(2) 「西福寺本尊後背銘」。
(3) 醍醐寺本『法然上人伝記』に所収。
(4) 同右。
(5) 反論の第二条。
(6) 『浄土学』二六　鈴木成元氏「一枚起請文について」参照、以下一枚起請文のことは、本論考に負うところ多い。『昭和新修法然上人全集』参照。
(7) 同書の跋。
(8) 安土浄厳院所蔵隆堯書写本、註(6)参照。
(9) 註(6)参照。
(10) 『四十八巻伝』。
(11) 『明義進行集』。
(12) 田村圓澄氏「法然上人伝の研究」参照。

(13)『宗教史』所収　拙稿「浄土宗」の項　「源空と三昧発得」参照。
(14)『仏教古典叢書』所収　『法然上人伝記附一期物語』の解説参照。
(15)『四十八巻伝』。
(16)『四十八巻伝』『法水分流記』。
(17)拙稿「黒谷別所と源空」参照。
(18)『法水分流記』。
(19)『新撰往生伝』『法水分流記』『蓮門宗派』『称念上人行状記』。
(20)『智恩寺歴志略』『華頂誌要』。
(21)『智恩寺歴志略』。
(22)『歴代略譜』『寺門沿革』『円光大師行状翼讃』には、『述懐抄』に見えるという。
(23)『華頂誌要』。
(24)『鎌倉佐介浄刹光明寺開山御伝』。
(25)『尊卑分脉』『法水分流記』。
(26)『九巻伝』には源光後裔説が述べられている。
(27)『尊卑分脉』『明義進行集』。
(28)『明義進行集』二『続伝燈広録』『華頂要略』『血脉類集記』『醍醐寺三宝院流伝授目録』文治四年勝賢に受法。『血脉類集記』承久二年仁隆に受法。
(29)『平家物語』『尊卑分脉』。
(30)『吾妻鏡』『平家物語』。

(31)『尊卑分脈』。
(32)『平家物語』。
(33)『尊卑分脈』平清盛の子。
(34)『平家物語』。
(35)藤原惟実の娘、藤原国綱の養子、安徳天皇の乳母で、大納言佐殿と呼ばれた。
(36)『明月記』。
(37)『明義進行集』二。
(38)拙稿「黒谷別所と源空」参照。
(39)『往生要集略料簡』など。
(40)拙稿「黒谷別所と源空」参照。
(41)『血脉類集記』『皇代暦』。
(42)『続選択文義要鈔』。
(43)『三宝院問答記』『続伝燈広録』。
(44)『皇代暦』。
(45)『秘鈔口決七帖』は、成賢の法弟実資・道範よりの聞書、『明義進行集』には禅林寺僧都とする。『本朝高僧伝』『皇代暦』。
(46)『三宝院大事口決』『三角院口決』『三角院目録』『醍醐本流口決』『三宝院問答記』『秘義鈔秘鈔口決十三帖』。
(47)未定稿「明遍」参照。
(48)『明義進行集』『続伝燈広録』二。
(49)『皇代暦』。

(50)『血脉類集記』高弁（明恵）は明遍の師で、血脉の上では静遍の祖父にあたる。
(51)拙稿「毘沙門堂と明禅」参照。
(52)『明義進行集』二。
(54)(56)註参照。
(55)『続選択文義要抄』『法水分流記』『続伝燈広録』『法然上人行状絵詞』、『明義進行集』には心聞房、『皇代暦』には真蓮房と見える。
(56)『続選択文義要抄』。
(57)藤原猶雪氏「史料としての続選択文義要抄」参照。
(58)―(60)『続選択文義要抄』の奥書。
(61)『手鏡抄』。
(62)『法水分流記』『皇代暦』、『法然上人行状絵詞』には五九歳。
(63)―(65)(57)の註参照。

補註

(1)先年滋賀県甲賀郡信楽町の玉桂寺で阿弥陀如来立像の胎内から、源智阿弥陀如来造立願文や源頼朝等交名を始め、三十二点の文書が発見され、源智は源空の恩徳に報い、道俗貴賤の別なくその引接に預かるため、造立を思い立ち、胎内に数万人の交名も収めたことが明らかとなり、唱導聖としての源智の姿を知るとともに、紫野門徒の裾野の広まりの大きさもわかってきた。『玉桂寺阿弥陀如来立像胎内文書調査報告書』。
(2)拙稿「武家平氏の浄土信仰」参照。鎌倉の二位の禅尼への消息は検討中である。

醍醐寺聖教のなかの浄土教

一

先に掲げたように、「源智と静遍」と題した拙文のなかで、法然房源空の没後に弟子となった真言僧の静遍について記してあるが、その文の要を補いながら述べると、静遍は池大納言平頼盛の子に生まれた。六波羅政権の異分子であった頼盛は、治承三年（一一七九）の冬に解官されたとき、平清盛に、「ナカク弓箭ノミチハステ候ヌル」と言い切ったが、翌年の正月には出仕を許され、以仁王の挙兵には、清盛の配下で活躍した。しかし清盛との対立は、その没後宗盛との反目にひき継がれ、平氏が都落ちしたとき、鳥羽から都にもどり、後白河法皇から鳥羽天皇の皇女で二条天皇の准母であった八条院暲子内親王の身辺に人目を避けているようにと諭された。頼盛の第は八条室町にあり、鳥羽天皇の皇后美福門院得子の御所や、二条天皇の皇居であったものを、八条院に申請けて新造したもので、八条院の御所と隣接していた。また頼盛は八条院の乳母宰相殿という女房のもとに通った縁もあり、甥の守覚法親王が住持する仁和寺の常盤殿にいた八条院のもとに身を隠した。そして母の池禅尼が以前清盛に命乞いした源頼朝を頼って鎌倉に下り、厚くもてなされている。さらに頼盛の甥平重衡や知盛の子知忠とその身辺では、助念仏が行われていただけでなく、法然房源空との結びついたものもあるうえに、八条院とのかかわりもあった。

おそらく静遍は、平氏の没落ののちに出家したのであろうが、このような連なりから、まず仁和寺の僧となり、やがて源空に反撥することになったのである。(1)

さて静遍は、仁和寺上乗院の仁隆から広沢流、同寺の越中法印最源の弟子で、醍醐寺三宝院四代の実運から伝法職位を受けた同五代の勝賢（醍醐寺十八・二十・二十二代座主）に小野流を習い、文治四年（一一八八）同じ実運門下の顕果から伝法灌頂を授けられた。またいつからか勝賢の俗兄である高野山の明遍（藤原通憲の子）に従って血脈を受け、建永元年（一二〇六）笠置の貞慶の許に入って道心を凝し、承久年間には三宝院の戒賢のもとで秘法を授かった。そしてこのあいだには後鳥羽法皇の御所に参じ、建仁元年（一二〇一）十二月二十七日東大寺八幡宮で、快慶作の僧形八幡神像を開眼供養したとき、土御門天皇・高倉天皇後宮七条院殖子・鳥羽天皇皇女八条院暲子内親王・仁和寺の守覚法親王をはじめ、藤原通憲の子澄憲・明遍や東大寺別当弁暁たちとともに結縁し、朝廷や公家との交わりは深かった。(2)

そうした一方で静遍は、当時貴賤の崇敬を集め、十世の永観以来浄土信仰の著しい禅林寺に住持し、また建保五年（一二一七）嵯峨の釈迦堂復興の勧進のため、五十日間碩僧たちの説法が行われたときには、「目出ク弁説」して、人々に即日の奉加を促したと伝えるように、能説の才もあったようである。(3)

ところで師の明遍は、文治の末年から南都の浄土教の中心である光明山に隠遁し、建久六年（一一九五）には高野山の蓮華谷に再遁世しており、静遍が師事したころの明遍は、多分に念仏に傾いていたし、承久のころの静遍は、専修念仏に強い関心をもつ後高倉院との交わりもあって、静遍自身の浄土思想もふくらんでいたと思われる。そして平氏の一門には平重衡をはじめ、宗盛の養子心戒房、平師盛の子勢観房源智、そして静遍の弟または甥の行仙房や平基親が源空に帰依して弟子となるなかで、逆に専修念仏を押える興福寺奏状を草したという笠置の貞慶に従った立場からすれば、「世コソテ選択集ヲ披覧シ、念仏ニ帰スル者多シ、吾コノコトヲキキテ、嫉妬ノ心ヲオコシテ、選択集ヲ披シテ、念仏往生ノミチヲフサカム」という心情に至ったのである。しかし「選択集ヲヒキミルホトニ、旧来ノ所案ニハ相違シテ、末代悪世ノ凡夫出離生死ノミチハ、ハヤ念仏ニアリケリト見フセテ」大谷の源空の墓に詣で、「今日ヨリハ上人ヲ師トシ、念仏ヲ行トスヘシ」と誓うに至った。こうしておそらく建保五年（一二一七）以前には、専修念仏に帰したのであろう。心円房と称した。(4)

建保五年（一二一七）仁和寺に秘蔵されていた善導の『般舟讃』が世に知れ、静遍はその文義の幽深なのに心引かれた結果、そこから十義を選んで註釈を加え、『選択本願念仏集』の趣旨をつぐ意味で、『続選択文義要抄』と名づけた。そして同六年十月にこの三巻を完成すると、北白河の嶺殿で善導の御影を前に校読し、また同年十一月から翌七年正月の間に真如堂で開読した。もとよりこの書は、真言の教学による専修念仏の解釈で、源空の門下での静遍は、師の明遍とともに特色ある存在となったが、明遍が有智の空阿弥陀仏と呼ばれて、学僧の姿を崩さなかったのに対し、先に述べたように静遍は僧俗の崇敬厚い禅林寺にも住持して、唱導する聖の形もとっていたといえる。(5)

そののち静遍は、高野の蓮華谷の往生院に入り、貞応二年（一二二三）には弟子道範に住持を譲り、翌三年四月その地で入滅した。『法然上人伝記』八下、静遍僧都往生事には、源空に帰依したのちに高位の崇班を遁れ、偈を作って「一期所案極、永捨世道理、唯称阿弥陀、語嘿常持念」と、常に念仏を唱えたと伝え、多念をこととする専修念仏の徒であったようで、のちに一遍は「或教福恵双除障といふは真言なり、或禅念坐思量すとは禅門なり、静遍の続選択にかくのことく当てたり、無過念仏往西方といふは、諸教に念仏は勝れたりといふなり、他力不思議の故なり」と、『続選択文義要抄』の一節を引用して、名号の絶体他力を説いた例もある。(6)

このような静遍について、醍醐寺所蔵の『灌頂次第』という一帖の末尾に、（五〇九函五三号、寛元元年四月二日如

実本奥書、本円書写奥書、康永元年十二月二日本円伝受奥書略す）（補註1）
汀一帖駄都　秘決一帖金剛王院
駄都水口一帖
駄都秘決一帖道範
肝心鈔一帖定賢
増益護摩略私記実賢記
静遍僧都伝受目録
右七帖、普賢院僧正依求請、雖為悪筆、書写進之者也、
求法比丘性空（花押）
文化二年乙丑八月
右性空阿闍梨大山崎神照院書写、以自携来賜之、懇情至切、歓喜有余、附第〔弟〕能伝持、以漫莫令散失焉、
文化三年次丙寅二月十六日、受納了、
醍醐寺普賢院主
権僧正澄意生四十九夏三十九

という記事がある。

このなかで『肝心鈔一帖』は、醍醐寺十三代の座主定賢の著で、正安元年（一二九九）称名寺の二代で三宝院の末資と称する剣阿が書写した金沢文庫本（粘葉一帖、宝治元年（一二四七）信□が仁和寺の成就院で書写し、建治二年（一二七六）専空が書写し、正安元年（一二九九）九月三日剣阿が若宮小路の越州使吏禅閤の亭で書写した奥書

がそれあり、末尾に醍醐寺定賢法務御房作と記す）によると、不空羂索法以下の修法の目的、本尊・作法次第・印相・真言・種子や仏具の散花・火爐、禁忌などについての小野・勧修寺・石山などの口伝を記し、永保・寛治などの年号が見えるから、平安時代末期の口決を書きとめたものである。

定賢は源隆国の子で、醍醐寺十二代座主の覚源から伝法灌頂を受けて、東寺三十三代の長者となり、祈禱の法験によって法印権大僧都に任じた。またその弟子で三宝院の初代である勝覚は、祖師覚源の霊が乗って、定賢から座主嫡伝の灌頂秘印明（霊灌頂）を授けられ、醍醐寺十四代座主となっている。そしてこの勝覚の門下に三宝院流の祖定海と金剛王院流の祖聖賢があり、定賢は三宝院と金剛王院の両流にとって祖師に当たるわけである。(7)

つぎに『駄都秘決一帖金剛王院』は、舎利法の口決で、現存の聖教に相当するものではないが（報恩院流の祖憲深の著駄都秘決一巻が、東寺宝菩提院などに所蔵されている）おそらく金剛王院流の祖聖賢の著などを指すものと思われる。その聖賢から源運（金剛王院二代）、源運から雅西（金剛王院四代、醍醐寺照阿院の開山）、雅西から師資相承した金剛王院五代の実賢は、藤原基輔の子で大夫大僧正とも呼ばれ、三宝院五代の勝賢と金剛王院三代の賢海からも重受したうえ、静遍には同宿の弟子であった。のち東寺四長者に任じ、祈禱の法験があって、護持僧ともなり、『増益護摩次第』などを著している。前記の「増益護摩略私記実賢」は現存せず、確かなことはわからないが、高野山の真別処に所蔵する「駄都秘法　護摩増益　三宝院流　一帖」から推測して、舎利法にかかるものと思われる。(8)

さらに「駄都秘決一帖」の著書道範は、小野流中院流の明任について剃髪し、高野山宝光院の兼澄の付嘱によって同院を司り、明任から具支灌頂を受けたのち、畿内を遊歴し、高野山蓮華王院の覚海から三宝院流の六大不二の奥旨、仁和寺の守覚法親王から広沢流を習い、静遍から伝法灌頂を受けたうえ、同門の金剛王院実賢からも秘旨を学んで、高野山に帰り、明任に中院流を受けて、その教学は中院流道範方と呼ばれた。そののち金剛峯寺と大伝法院との確執に坐して讃岐に配流されたが、同国の国司から宇多津の道場寺で外護され、伝法と著述に努め、赦されて帰山したのちは宝光院に住み、正智院などで弟子たちに伝法灌頂などを伝受した。信日・信堅兄弟や法性とともに、高野八傑の一人と称された学僧で、『大日経疏遍明鈔』以下七十余部百五十余巻の著書のなかの『駄都秘決』は、東寺宝菩提院に天正ごろの写本が所蔵されているが、念仏往生の義を真言の教学によって解釈した『秘密念仏鈔』三巻のほかに（高野山宝城院・宝亀院・光台院・金沢文庫などに写本が所蔵され、正保二年・貞享三年の版本がある）、『秘密念仏印』一巻もある（高野山金剛三昧院と宝亀院に写本が所蔵され、正保三年の版本がある）[9]。

こうして全く不明な『汀一帖』と定賢の『肝心抄』を別として、聖賢と思われる『駄都秘決』、実賢の『増益護摩略記』、道範の『駄都秘決』、著者不明の『駄都水口決』は、いずれも舎利法にかかるもので、小野流の定賢から勝覚を経て、三宝院流と金剛王院に流れる血脈にそう道範・実賢たちの著書が書写され、よりつめていえば、三宝院の法流にかかわる舎利法の口決が中心に顧みられたといえるであろう。そうしたなかで「静遍僧都伝受目録」が書写されたのは、静遍が三宝院流の伝法灌頂を受け、それを道範・実賢に伝えていることにかかわっており、そのような静遍は、浄土宗の側で源空没後の弟子とされ、事実専修念仏に同調している以上に、真言宗三宝院流の学僧として、また伝授の師としての地位が高かったことを示している。

ところで香川県三豊郡三野町の剣五山千手院弥谷寺は、行基の開創と、空海が教学を習ったところと伝え、本円の書写本をはじめ、多くの三宝院流の聖教を伝存している。その一つである「静遍僧都伝受目録」一帖には、

（表紙）（朱）「西酉三宝通用」　　（題箋）（朱）「醍醐寺三宝院流」

静遍僧都伝受目録
〔内題〕「静遍僧都伝受目録」
〔見返〕〔朱〕「醍醐寺三宝院流
　禅林寺静遍僧都伝受目録」

醍醐寺三宝院流伝受目録

一、両界次第等事

十八道
此流ニハ根本僧正製作持宝金剛次第用之、酉酉勝賢、初入定遍僧正室、伝受仁和寺方大日次第、移住当寺之後、猶以用之、汝先受定遍僧正、已同流也、更不能伝受云〻

両界
付延命院次第伝受、但心覚阿闍梨点本、此内胎蔵次第者、有先師僧正押紙、

護广〔摩〕
付延命院次第、又副口伝小次第、小野僧正私記云〻、

漑頂
於三宝院受、教誡、次同伝大事、師云、此事尤後日重雖可授之、依感求法之志、一夜許之、深可思念、雖同門、不可語之云〻、
文治四年十月十一日淂印信了、其後三宝院僧正三巻、先師押紙本、書写伝受了、又有口決、

一、諸尊次第

大日　阿弥陀　薬師　尺〔釈〕迦　法花　仏眼　不動　降三世　軍荼利　大井〔威〕徳　金剛夜刃〔叉〕　愛染王　尊勝　六字経　孔雀明王　延命　聖観音　千手　馬頭　十一面　准胝　如意〔輪〕◯　不空絹〔羂〕索　随求　般若　文殊　虚空蔵　普賢　地蔵　十二天　歓喜天　毗沙門　吉祥天　广利支　北斗　訶利帝母　大自在天　弁〔財〕才天　氷迦羅　迦楼羅　神供略　水天供　地天供　土公供　施餓鬼　深沙大将　童子経法
已上四十七ヶ法、付石山淳祐内供道場観集、伝受了、師云、小野流者、以此書為尊法根本云〻、

＼秘抄第一＼阿閦＼宝生＼阿弥陀＼尺迦＼薬師付七仏薬師
　＼仏眼
＼秘抄第二＼大仏頂＼金輪＼尊勝付如法尊勝

〈秘抄第三　光明真言　後七日付加持香水　駄都
秘抄第四　孔雀経　仁王経
〈秘抄第五　請雨経
秘抄第六〈法花〈理趣
〈秘法第七　六字経
〈秘法第八〈聖観音〈千手〈馬頭〈十一面〈如意輪
〈不空羂索〈白衣〈葉衣〈大勢
〈秘抄第九〈延命〈普賢延命〈五秘密〈五大虚空蔵
〈秘抄第十〈虚空蔵〈求聞持
〈秘抄第十一〈普賢〈八字〈五字〈弥勒〈大勝金剛
〈随求〈地蔵
〈秘抄第十二〈転法輪
〈秘抄第十三〈不動付安鎮〔夜叉〕〈降三世〈軍荼利〈大威徳
〈金剛薬刃〈烏瑟沙广〈金剛童子
秘抄第十四　愛染王　如法愛染王
秘抄第十五　大元
〈秘抄第十六〈天等頸次第〈毘沙門〈吉祥〈炎广天
〈水天〈地天

〈秘抄第十七〈聖天〈十二天〈訶利帝〈童子経
師云、右書者、年来之間、依御尋、所令書進、御室法等幷口決、於御所御類聚之、委被加御点、檀様等、参上之時、重有御説、重書被注付之、下賜披覧之処、事之珍重、殆超根本、仍申出書写、其後以此御本、永為亀鏡、無左右有聴許之条、旁雖有其憚、依優志、乍恐所授也、努力〻〻、可如護眼精云〻、
〈駄都秘決一巻〈星供作法一巻　属易供〈本命星供
〈月一夜作法
〈元辰供
〈御衣木加持〈御加持〈晨朝護身法　已上又一巻
〈支度集一巻〈巻数集一巻
師云、右書者、皆書進御室本也、
六字経法　北斗法　已上二種、実運僧都自筆造紙　玄秘抄
此巻、請雨経、法花、延命、六字、北斗、仁王経、已上六ヶ法有之、為秘抄補闕、抽此巻、許被加云〻、

抑秘抄以下、尊勝幷作法等、首尾十ヶ年之間、
一ゝ面受了、
∧帯加持∧護广壇勤仕作法∧神供略作法決已上先師口決、私書之、
一、伝受書事
新翻仁王経一部、御遺告一巻、以先徳伝受本、元海僧都、新書点之、以件本読伝了、師云、依故実、後二段、後日所授也云ゝ、又有口決、
真言集三巻、師云、右集者、依御室仰、心覚闍梨所抄也、真言読諸師不同、殊有御沙汰也、付梵字被加点、仍所入加秘抄箱也云ゝ、抑秘抄以下、尊法幷諸作法等、首尾十ヶ年之間、一々面受口注者、於師前、即別紙注付之、
一、最後蒙聴許法等事
後七日　諸雨経〇法　仁王経　孔雀経法　如法尊勝
法　如法愛染王法　地鎮　ゝ壇　太元　水丁
最極大事　臨終印
建久七年六月廿一日、辰時、注右、未伝受法等
目録、蒙聴許之由、以祐賢法橋相示之処、一ゝ
皆以快聴許了、師命云、即雖須取与藉籍、只今
殊窮屈、暫可相待、若不遂及大事者、相逢于座
主定継僧都、可令書写、其後所労危急、不淂其
隟、翼〔翌〕日廿二日、午剋入滅、後日以此趣相触実
継之処、返答不分明、仍自然過了
一、先師没後書写書藉〔籍〕事
灌頂私記三巻、件書、初度灌頂之時、為用意、二諦共、委記之、修法自作法
一帖、護广私記一帖、神供作法一帖
宝珠法雑記一巻、件記、後白河院御最後、於六条殿被修之、伴僧覚禅、以師命記之、
一、同尋聞大事等
能作法性宀殊事、宀珠法本尊異説事、五大虚空蔵
法口決等、奥砂子平法事、三宝院四ヶ起請問事、
已上、先師語範賢僧都、ゝゝ語静遍、水丁第
三重、件最極大事　先師授心覚闍梨、ゝゝ授或高野聖人、静遙就聖人流伝之、
蘇悉地灌頂事、臨終行儀事、
孔雀経法、以広沢流為大事、此流ニハ元海厚造紙
・実運玄秘抄為最極書事、件事等、謁或人聞之、
一、付地方伝三宝院流事
三ヶ大事、請雨経　宀珠　水丁大事
件法、勝覚伝賢覚、ゝゝ伝隆賢、ゝゝ伝朗隆、
ゝゝ伝静遍、
清滝明神詫勝覚僧正秘印明等事

仁王経秘印事　愛染王法重々秘印習事
如法愛染王法敷曼荼羅習事　十八日観音供秘事
習事　醍醐山上山下并鎮守習事
件事等、勝覚　聖賢　源運　雅西　静遍次第相
承、
瑜祇経大事、従朗隆律師伝之、血脉在別、三宝院道場習事、
勝覚　聖賢　源運　叡信　静遍次第相承、太元法事、良雅　定海　実運　実賢　雑遍次第伝之、
乗海　覚禅
朗隆云、先師権僧正、付此流被行云々、件法、
先師在世之時、静遍頻令懇望之処、師命云、我
師実運僧都誡云、転法輪法、鎮壇、此両事、殊
四十未満者不可授由云々、
如法尊勝法等一巻
件法、小野僧正伝也、賢覚抄、加要文本、執筆
宝心云々、朗隆伝之、最後授静遍、
右大略注進之、此内○〔若〕雖一事一法、称申虚誕者、
両部諸尊・八大祖師、依法加冥譴、可堕越三麻〔摩〕耶
之状如件、
承元四年十二月日　権律師静遍上、
寛元二年極月十七日　於高畠辺書了、
貞和五年九月七日　書写畢、
仏子本円

と記され、この目録も本円の書写本として注目すべきものである（本円については別の機会に記したい）。そして静遍は、師の勝覚から文治四年（一一八八）十月ころまでに伝授された三宝院流の両界次第等事や諸尊法事をはじめ、勝覚が静遍にゆかりある仁和寺の守覚法親王に書き進めた『秘抄十八巻』以下の尊法や作法を十年間にわたって面授され、さらに御遺告なども伝受し、また建久七年（一一九六）六月二十一日勝覚が入寂する前日に聴許された諸法、勝覚の没後に書写した書籍、勝覚が範賢や高野聖人に授けていた尋聞大事等、さらに勝覚から教伝を経た付地方伝三宝院流事を流伝した旨を注進しており、この目録中の静遍が伝受したものは、三宝院流の口決の中枢をなすものであったといえる。こうして醍醐寺の『灌頂次第』と弥谷寺の『静遍僧都伝受目録』だけをとっても、静

遍の真言教学は、三宝院流を相承する僧にとって規範となるべきものであったと思われるが、さらにもう一つの史料を加えることができる。

香川県三豊郡荻原村の巨籠山地蔵院荻原寺は、地蔵菩薩を本尊とし、行基の開創で、空海が修造し、雲辺寺も修営して奥院としたと伝える寺で、平安・鎌倉時代に公武の崇敬は厚かった。そこに所蔵する「我支之下」と題する一書の奥書には、(補註2)

為師資相伝之明鏡、雖有恐憚、伝受之秘典記之、写〔瀉〕瓶一人可伝之而已、

于時寛元々年三月廿一日

実賢在御判

右書者、三宝院僧正御房御記也、依多生宿因、親以正本写之、範賢此書者、範賢被渡静遍僧都、々々遁世之刻、所伝実賢也、而有子細、伝伝(衍)空観房上人者也、若予之門弟内出身仁有之、必可被伝、正本者、勝賢被焼云々、仍今者一本書也　堅不可被開、穴賢〱、

建長元年八月廿一日

御本云、

東寺宝井院御本給、五条油小路於極楽寺書写了、随祖御意、不写瓶者、輙不可授書也、穴賢〱、努力〱、可秘々々、

于時暦応二年十一月五日

金剛仏子実済第七十九在御判

と見える(荻原寺本は江戸時代の写本である)。

つまりこの書は勝覚の著で、その瀉瓶の弟子で、静遍が伝授を受けた範賢だけに伝授された。範賢は、藤原成範の子で、中納言僧都と呼ばれ、同じ勝賢の門下の宰相阿闍梨成賢の弟であった。勝賢に伝法灌頂を受けたうえ、勝賢と兄弟弟子の顕果からも重受したようで、静遍とは同門である。また範賢は高野山で秘鈔を授かり、石山寺に住して、兄の成賢から密灌も受け、師の勝賢は瀉瓶の付法にしようとしていたが、まもなく入寂している。そのよう

な関係から範賢は、この書を静遍に渡し、静遍は遁世のとき、同門の実賢に伝え、実賢は子細あって空観房に譲ったのである（空観上人を安祥院流の隆厳に当てると、同流の祖深覚が禅林寺に住持した縁につながるかもしれない）。このような経過のなかで静遍は、すでに正本のない三宝院流の秘書も相伝する真言の碩僧であったことが明らかであるが、おそらくこの秘書は静遍が、源空没後の同調者となり、高野山蓮華谷の往生院に入ったころ、実賢に伝えたものと思われ、静遍の後半生も跡づける手がかりになるであろう。(10)

二

平安時代の末期に禅林寺の永観は『往生拾因』と『往生講式』、大伝法院の覚鑁は『五輪九字秘釈』と『孝養集』、東大寺の珍海は『決定往生集』と『浄土義私記』を著わして、往生極楽の道を説いたが、覚鑁は醍醐寺の理性房で勝覚の弟子賢覚について五部の灌頂を受けたうえに、勝覚所伝の法も授けられ、珍海は賢覚と同門の三宝院の定海に学んで、ともに三宝院の法流に近づき、先に述べたように勝覚の俗兄である明遍と三宝院の血脈を継ぐ静遍とは、源空の門流に入り、静遍の弟子道範も浄土教に傾くなど、三宝院流と浄土教のかかわり合いに注目される。(11)

そうしたうえに永観は禅林寺の七代、珍海は十代、静遍は十二代の住持で、とくに永観はこの寺に浄土教を盛んにして中興開山と称され、静遍は、源空を世代に加えて、そののち浄土宗西山義西谷流の寺となるもとを作るなど、禅林寺は真言の浄土教の拠点の一つとなっている。(12)

そこでこの二つの筋から、例えば『禅林寺誌稿』（京都府寺誌稿）に、この寺と直接のかかわりのない勝覚や元海の伝を収めるという寺伝の在り方が生まれたのであろうし、三宝院流でも禅林寺でも、たがいにそのような連なりを意識していたと思われる。こうした背景のある醍醐寺の聖教のなかに、『禅林寺式聞書』と題し、消息四通を半切した縦十三・七糎、横二十一・四糎の横袋綴八業の一冊が伝えられているのは、(四六五函一九号) この事実を推測する手がかりとなる。それは、永観の『往生講式』を恒例式・追善式・管絃講などで行うときの法式や心得などを記したもので、作法・登楽・講式・読式・文点・反音・音仕などについて、問答体も加えて述べている。そして嘉元四年(一三〇六)六月十九日の本奥書と同年七月十日の定賢の書写奥書によると、鎌倉時代に行われていた口伝の聞書と考えられ、ひとまず覆刻して、その内容について御示教を得たいと願っている。

(表紙)
「　　宝幢院
禅林式聞書　　」

一、作法事
凡式ノ作法、管絃ノ時ヲ以テ為晴儀《ト》一是則為結構之故也、有管絃之時者、登楽半許ノ程ニ、可登礼盤也、楽ノ始ニノホルモ、余ニクヒナカニテ悪シ、又楽ノ終カタハ不取、敢躰ニテワルキ也、然間ナカラハカリハ可然也、登礼盤シテハ、必雖知何講《ト》一取式《ヲ》二可見之、其後畳、或於前机、伽陀之間ニ、聊可有三礼、儀事〻シカラスシテ、微音ニ可出也、其後取テ式ヲ読之ヲ　可持式之様、タカカラス、ヒキカラス、ヨキ程ニ可持之也、或ハ挙式面上、或仰面於天井、如此作法見苦事也、殊刷講ニハ可有法用也、随其時、能〻可斟酌歟、法用僧中ニモ、調子任心之仁、近来雖有之、然者法用之間、調子替事、勿論歟、其時如法用出式《ヲ》二者、調子可改也、

一、登楽、本調子ヲ常ニ心ニ懸テ、惣シテ法ヲ用不可懸《ク》心《ニ》一也、法用僧モ式読モ達者ノ事、不可及沙汰事也　是□心者、可存知故実也、大方調子、無沙汰之事、管絃講之時、可有斟酌者也、随境随時之条□非(カ)□巡之故、事〻可有口伝之法用等、全口伝不打吉云〻、

一、講式事、管絃講大旨、往生講式ヲ被用也、然而伽佗管絃之間ニ取式《ヲ》二今度可□〔読〕之段ヲ少見ヨミヲスヘキ也、堅固目ニ不懸シテアレハ、暗誦シタルニ気色有之、又其職カラシテ悪キ也、然間チト

開見之由、可有之、又定導師トシテ不限一座二座也、及多坐身タランニハ、如此之作法ナクトモアリナム、タヽ結構之時、始テ得召請ヲ之時事也、年来勤修行ノ仁ト、又始テ勧之身タラムトハ、聊有差別用意事也、

一、読式一巻之時可心得事、三種ノ様有之、一ニハ恒例式、二ニハ追善式、三ニハ管絃講之式、皆以口伝アリ、管絃講之時ハ、管絃ヲムネトスヘキ也、恒例・追善之時ハ、大躰如本可読也、仙洞ナントノ御講ニハ、キンキノ句除之読也、式ヲハ中フクラニ読也、中フクラト云ハ、一段ヲヨマンニハ、始ハ其音ヒキク、中ニハ指上、終ハ又始ノ音ヘカヘルナリ、故ニ中フクラト云也、惣相一巻モ、初ハヒキク、中ハタカク、終ハ又ヒキクヨムヘキ事也、是随読口之堪否ニ可有一座之斟酌也、其作法ヲ雖存知、於為無音者、無其興事也、□我□分斉、人ノ聞可然カラム様ヲ事□也、

一、文点事、往生講式ニハ、十五ノ秘点アリト申伝タリ、此等タヽ随時ニ随境ニ、或知執主之心、或ハ依当座之儀、ヨメル事ヲ申事ニテ侍ニヤ、依之後嵯峨院御時、宜実法印承導師、読往生講式之時、孤山ヲハ芝砌、禅林ヲハ躰山ト読ケリ、第一段、或咽焦熱大焦熱之炎ニヨリ、重受悪趣之苦果ヲマテ除之、四段一生終有限長別此界ヲ句、五段次長別裟婆ヲ句、乃至七段謂生死有終句除之、聖宜法印・隆永法印等、此御時皆如此読タル也、或功徳ヲハ、功徳池ノホトリト云、或ハ落花失路ヲ落花路ヲウツト読、是等也、又無常ヲハ無上トヨム也、管絃講之時、於□□段表白迎、毎月十五日ト云所ヲノ、就笛鳳管ノ曲ヲ調ヲトヨミケリト云〻、第三段ナル臨終何不見如来所ヲ、当来ニ何ソトヨミケル也、是□皆随願主ニ、随地形ニ、又式三種習アリ、僧徒聴聞之時ハ、名目ヨミ、俗家聴聞之時ハ、漢音ニヨムヘシ、女房聴聞之時ハ、和カナル調ヲ多ヨム也、一巻之内七段之間、如此事□〔離カ〕是多ト、不遑毛挙也、

一、返音事、或人ヲ返音ハ第一ノ段ニ有之キ、此条太以不被心得、返音ト云事ハ、長〻ト読居タル式ナレハ、メツラシク其音ヲカヘシタカ〔ルカ〕也、然者第一ノ段ハ、於式為之〔始カ〕故、読事□久之間、反音不可有也、仍□許、或終リ程ニ返音ハ可有也、故第四段、或第六段ニ読之也、尚〻初段反音事不可然也、是モ又可有口伝、第一ノ段ニヨマム事ハ、読口ノ可随堪否事也、同第四・第六段ニ可有事ハ、必定儀歟、必定ナラハ、有何所以、可限第四・第六段乎、答、所承伝必定之儀也、其故ハ第四段ハ此式ノ至要ナル故ニ、読時モ殊ニ刷テ読之也、故ニ以結構之ヲ之心地一第四ノ段用ニ〔マヽ〕之、第六段ニ有事ハ、第五段ハ第四ニ相ツヽク故也、然者メツラシカラス、仍テヲヘタテヽ、第六ノ段ニ読之也、重難之讃歎極楽門ナル故ニ、道心者尤モ此ノ段ヲ殊ニ為本意一、爾者一段ヲヘタツヘクハ、五ノ段ニ反音ヲ読テ、又一段ヲヘタテヽ廻向段ニ読之、何ノ□カ有之、

答曰、五ノ段雖不可有差別、余ニ五段マテサカレハ、メツラシキ事一モナシ、其上廻向ノ段終ナル故ニ、詞イクホトモナク、ナニトナリトテモ苦ミナシ、所詮其モ一ハ可随読口心ニ一也、

一、音仕事

式ノ音ト云者、表白ノ音ニアラス、又文尺〔釈〕ノ音ニアラスシテ読也、式音ト云者、如此等ノ音ニタカヒテ被読也、哀歓悲歎ノ二種有之、是モ可随時ニ一也、大旨所作ニハ、哀歓ヲ制止ス、或以又如此、然而病人沈病床ニ一待其期時ヲ、哀歓読事、不可其苦也、尤可好読也、是随時可有斟酌者也、

一、後序ヲ第七ノ段ニ読ツヽクル時事、後世為浄土始スト之句ヲヨミテ、凡ノ字ヲ読ヌレハ、後序ノ夫ノ字ヲハ不可読、七門ト云門ノ字ニ此ノ点ヲ可読也、一巻ニ可読也、凡第七ノ段ニ後ノ序ヲヨミツヽクル事ハ、非必定ノ事也、随時ナリ、或ハ導師音声ツキテ、其爱ナクナリテ有ニ、ナカ〳〵トヨメハ、無故実之間、ツヽクル事可有之、或又管

絃者出所望事アリ、如此之時ノ事、結構タラム時ハ、略シテツヽクル事ハ不可有也、不略シテ第七段ト後序トヲ別ニヨマム時ハ、如式夫ノ字ヲハ可読欤、又其モ七門ノ大旨ト一巻ニ読歟、如何、
答、ツヽケスシテ別ニヨマム時ハ、勿論ニ如本夫ノ字ヲ可読也、其時往生講延一句七門ノ大旨一句ニ可読也

一、式一巻ミヨハテヽ式ヲ皆クチヘマキカヘシテ閣也、式於前机可、被可下坐之時也、下楽ニハ楽ノ始ツカタニ可下之由申伝タリ、随時又伽陀之間ニ廻向ノ儀可有也、此モ微音ニ、金モ高ク不打也、管絃ヲ賞スル心也、下礼盤時ノ、楽ノ始ニヲルヽモ、管絃ヲ賞翫スル心也、此等モ又随時故実可有之也、

一、故実雖有、其数珠二種ヲ可存事、二種ト云者、堅固ノ追善ノ時ト、タヽ管絃ヲ賞セン料ニ被行之時トノ差別也、如此二種ノ内ニ、一向追善ノ時ハ、文点ニ故実不可入、大旨ハ如本可読也、管絃ノ料ニ被行之□〔時カ〕、追善ニハアラス、遊宴ノ料ナル故□〔二〕、□〔文〕点ニ程〻ノ可有之也、秘点ト云者、遊興ニ被行之時ノ事也、此二ノアハヒヲ可存知也、

一、問、付文点失ヲウツムトヨミ、浜ヲホトリトヨム事ハ、タヽ其四ヲモテヲサヘテ読之欤、以証拠アテ如此読之欤、以其心ヲオサヘテヨムナラハ、一巻之内ニ其事可多、如何、
答、其心ノ催来処ニ、又以証拠読之也、全分無シテ其証、読事ハ無之也、
問、何所何文ニ有其証乎、
答、留耳於記之、師仰云、先師為秘事之由、依被仰、更口伝不注付之也、注事依被制、不記之也云々、

于時嘉元四年六月十六日、於蓮花四院、只聞一隅、不及転聞、努力〻〻不可有外見云〻、
嘉元四年七月十日　以或人聞書、書写了、
定賢

なお『千載和歌集』釈教には、

往生講式かきて侍りける時、教化の歌詠み侍りける、

律師永観

皆人を渡さむと思ふ心こそ極楽に行くしるべなりけれ

という永観の一首が収められ、永観が『往生講式』を著したのは、衆生の救済のためであったが、それだけに鎌倉時代にこの講式が、いろいろの目的に用いられたことは注目すべきであろう。『私聚百因縁集』八の五、永観事には、

「加之、此、永観製作往生講、経年月ㇾ儘、弥世間深信仰、尋所々、貴賤結契、月々勤之、男女合便、時々即行、或奏伎楽唱伽陀、或設供具備香花、然信之輩、最後顕異相、臨終見花台、離火界生極楽者、其類正多、耳目及処、誰此不信用、」

と記し、住信がこの書を著わした正嘉二年（一二五八）のころ、『往生講式』は、『禅林寺聞書』に記すように、多様な法式とともに、ひろく貴賤男女にひろまって、真言宗の教学や修法も背景に、異相往生者を生んでいたのである。

註

（1）『愚管抄』『吾妻鏡』『平家物語』『百錬抄』『吉記』『明義進行集』二。

（2）『東大寺僧形八幡神像胎内朱地後面墨書銘』。

（3）『伝法灌頂師資相承血脉』『血脉類集記』『続選択文義要鈔』『三宝院問答記』『続伝燈広録』『皇代暦』『三宝院大事口決』『三宝院口決』『三宝院目録』『醍醐本流口決』『秘義鈔秘鈔口決』『清凉寺縁起』『沙石集』『浄土源流章』『蓮門宗派』『浄土伝燈総系譜』『浄土伝燈録』『本朝高僧伝』『法然上人伝記』八下。

（4）『明義進行集』二『続伝燈広録』『血脈類集記』『摧邪輪』を著わした高弁は明遍の師である。『続選択文義要抄』『明義進行集』には心聞房、『皇代暦』には真蓮房と記す。拙稿「武家平氏の浄土信仰」。

（5）『続選択文義要抄』藤原猶雪氏『史料としての続選択文義要抄』。

（6）『続選択文義要抄』『手鏡抄』『伝法灌頂師資相承血脈』『播州法語集』。

（7）『伝法灌頂師資相承血脈』『伝燈広録』中『真言伝』六『本朝高僧伝』五十『東寺長者補任』。

（8）『伝燈広録』中『本朝高僧伝』五十四、『血脈類集』十『伝法灌頂師資相承血脈』。

（9）『続伝燈広録』六『本朝高僧伝』十四『東国高僧伝』九『野峯名僧伝』下『高野春秋編年輯録』八『諸宗章疏録』三。

（10）『伝燈広録』中『高野春秋編年輯録』七『伝法灌頂師資相承血脈』。

（11）『本朝高僧伝』『元亨釈書』『醍醐寺新要録』

（12）『東国高僧伝』七『禅林寺誌稿』

補註

（1）本円は、のちに述べる弥谷寺の僧である。

（2）真福寺に暦応二年写の『我支』と題する二巻本が所蔵されている。

毘沙門堂と明禅

一

毘沙門堂を建立した想蓮房円智は、公家平氏の一流で、俗名を平親範といった。父は右大弁範家、母は帥中納言藤原清隆の女で、父方の祖母は大往生人と称された藤原為隆の女、母方の祖母は為隆の弟葉室顕隆の女であったから、母方の縁をたどると親範は、顕隆の曽孫で毘沙門堂の別当となった明禅に俗縁でつながっている。(1)

保元三年（一一五八）後白河院政の初めに父の範家は、藤原経宗や藤原信頼とともに院司に、親範は妹の夫藤原経房や藤原道憲の子貞憲とともに院の判官代に任じられて、父子そろって後白河上皇の近臣となり、翌平治元年に親範は、院の別当として院庁の下文に署判を加えている。しかも平治の乱ののち、藤原経宗や藤原惟方たちが、院の勢力の抑止を計ったのに対し、上皇が平氏の武力に頼ると、母方が平氏とゆかりのある親範の立場は有利となった。そして上皇方と天皇方が対立するなかで親範は、長寛二年（一一六四）蔵人頭となり、その年上皇の発願で平清盛が土木の功を勤めた蓮華王院の落慶供養を職事として奉行したときに、上皇は二条天皇との反目について「御目ニ涙ヒトハタウケテ、ヤヤナンノニクサニトゾ仰ラレテ、親範ガトガトマデ思召サレ候ニシ、ヲソレ候テトゾ、親範ハカタリ侍ケル」ほどの身近さであった。(2)翌年には参議に昇進し、仁安元年（一一六六）讃岐権守、承安元年

（一一七一）近江権守も兼ねて、民部卿に任じられたとき、右大臣の九条兼実は、殊悦というべき者と評している。それは親範が、有能な院の近臣ではあったが、血縁につながりはあっても、嘉応元年（一一九六）藤原成親を讒言した平時忠と平信範が配流されたときも、親範の地位に変わりなかったように、一門の時忠が結びついた六波羅政権に深入りしなかったためと思われ、のちにその子基親が、兼実の北政所の家司となったことにもあらわれている。(3)

もとより公家平氏は、日記の家と称されたが、安元三年（一一七七）蔵人であった基親が兼実に、先祖の平定家。時範や父の親範の三代記録が、三分の一も焼失し、史書そのほか七百余合の「十代之文書、一時滅亡、是家之尽也。」と嘆いたように、親範は先祖以来の有職故実にふまえた「当時之識者」で、また従兄弟で明禅の父の葉室成頼とともに、「朝之功臣」と称され、出家したのちも、朝儀などについて、たびたび意見を求められている。(4)

ところで父の範家は平治元年（一一五九）平治の乱が起こる以前に、何故か出家し、山城の伏見に院朝作の毘沙門天像を本尊に、一間四面の檜皮葺の堂舎を建立し、護法寺と名づけて、そこに住んだ（落慶供養の導師は仁基）。のち応保元年（一一六一）故あって寺を北石蔵に移したが、長寛元年（一一六三）山門の衆徒に焼払われ、金堂の大日・釈迦・薬師の丈六三躰も灰燼となったので、しばらく四天王寺に住んで、護法寺の阿弥陀堂に安置するはずであった丈六の阿弥陀如来像を奉請して（毘沙門堂に安置するはずの丈六像とともに未完成で難を免れた）、光堂に安置したという。この光堂については詳らかでないが、範家は阿弥陀経を誦持し、浄土信仰の厚い源師頼との交わりもあって、早くから四天王寺におけるような天台系の浄土教にも傾いていたのであろう。(5)

そして親範は、父の出家後十五年目の承安四年（一一七四）六月九日「所労減気」のゆえに、恵心流を良忍から受けた本覚房縁忍（薬忍）を戒師として、大原別所の極楽院に出家し、想蓮房円智と号した（恵心流は縁忍——縁念——証空と相承される）。この極楽院は、本尊の来迎阿弥陀三尊のうちの勢至菩薩の胎内墨書銘によると、親範の伯母で藤原実衡の妻が、両親の平実親と葉室為隆の女の極楽往生を願い、久安四年（一一四八）に建立して止住した寺で、親範は、すでに出家以前に開山の真如房から相伝し、かねて菟裘の地として、修復も加えていた。(6) また親範は、永万元年（一一六五）に父が再興できなかった護法寺の毘沙門天像を大原別所の来迎院に移したが、この寺は融通念仏の祖とされる良忍の草創で、当時その弟子で親範の戒師縁忍が住んでいた。(7)

こうして親範は、父や伯母のゆかり深い大原別所で、かねてから善知識でもあったと思われる縁忍のもとに出家し、縁忍の住む来迎院のうちで、方丈にも足りない庵室に籠居し、別所聖の仲間に入ったが、『吉記』によると、出家後間もなく、妹の夫で天台系の浄土教に傾いていた藤原定経が訪ねたときに親範は、まず発心の次第を語り、つぎに世事に及んだという。おそらく親範の出家の動機は、同年の正月に出家した復従兄弟で明禅の父である葉室成頼もふくめて、病だけのゆえではなかったのであろう。その心境は、『千載和歌集』六冬歌に収める。

かしらおろして後、大原にこもりゐて侍り付けるに、閑中歳暮といへる心を上人ともよみ侍りけるに、よみ侍りける、

民部卿親範

都にて送り迎ふといそきしを知てや年のけふは暮らむ

という一首に示されて、世事に残る思いがうかがえる。そのような親範は、師の縁忍の助言を受け、縁忍の歿後はその弟子湛斅の協力もあって、永万元年（一一六五）に来迎院の東に近い飯岳というところに堂舎を建て（地鎮は縁忍が行った）、それまで来迎院に預かっていた毘沙門天像を安置し、そこに移り住んだ。(8)

二

親範は、出家して五日目から、来迎院で縁忍について摩訶止観を読み始め、翌安元元年（一一七五）と二年の夏安居には、縁忍の講書のために来迎院の如来蔵の浄名疏を沙汰し、また安元元年前唐院や根本中堂の経巻を奉礼するなど（治承四年の冬には大原別所に住む園城寺の僧竜門房阿闍梨の講書のために法華玄義と法華玄義釈籤を沙汰）、まず縁忍に従って顕教を習うとともに、復従兄弟で天台座主に任じ、親範の出家の前年に大原別所の竜禅院に籠居していた顕真や、藤原通憲の子で能説の僧であった澄憲が勧進する無縁三昧（法華経半巻、長講一巻）や如法経六時懺法などに加わり、また母や自分の所願で極楽院に如法経書写供養を行って、日吉十禅師や江文寺山・横川如法堂に埋めるなど、唱導聖の行業も追っている。(9)それは顕真が縁忍とともに法曼院流の祖相実の弟子で、同門の明雲（久我雅定の甥で、叡空に受戒し、源空から円頓菩薩戒を相承）の弟子が澄憲という師資の連なりによっており、親範が同門の暹玄や静然に従ったのも同じ理由である。(10)

当時の護法寺は、受法の場ともなっていたようであるが、寿永二年（一一八三）七月十五日に親範は、大原別所の護法寺の内房で、阿弥陀護摩以下の行法を修し、(11)また金泥如法経書写を行って、澄憲の安居院で十種供養したのち、金峯山に埋め、さらに元暦元年（一一八四）九月や文治元年（一一八五）九月には、護法寺で如法経六時懺法を修し、日吉十禅師宮の後山や横川の如法堂の後山、八幡社・賀茂下上社・日吉大宮の後山などに埋めた。そしてとくにそのころ親範は、毎日一部、十日で十部を書写し、護法寺内の政春阿闍梨の房で如法経六時懺法を修している。この政春は、蔵人大学助藤原時政の子で、出羽阿闍梨季仁（出羽守藤原季仲の子）や相実に師事し、またその弟子には親範の兄弟である三位阿闍梨澄真がいるから、それらのゆかりで政春は、護法寺のなかに住んでいたのであろう。また『台密血脈譜』(12)や『師説集』には、出雲路法印政春とか、出雲路辨阿闍梨と記され、おそらくのちには出雲路に移ったのであろう。

元暦元年親範は、縁忍の弟子湛斅から受戒したが、さらに文治元年来迎院で円雲から台灌頂、高野山で恵仁阿闍梨から東寺灌頂を受け、また高野山で阿弥陀大咒百万返を満たし、その奥院に百か日参籠して阿弥陀護摩を修した。こうして親範は出家ののち、顕密を伝受して、法曼院流政春方の血脈をつぐとともに、大原別所で種々の作善を行い、別所聖としての実を積んでいたのである。(13)

三

このあいだに親範は、元暦二年（一一八五）五月以前に、七代の祖参議親信が、東寺の五大明王に模した像を本尊として五辻に建立し、祖父実親が修覆した尊重寺が頽廃し、その跡は院の所領となっていたのを、中尊の不動明王像を護法寺に移し、両寺の名を合わせて尊重護法寺と称した。このとき親範は、『尊重護法寺縁起』を記したなかで、

四字題額、已多先規、両寺混合、非無由緒、

といい、寺の西にある僧房のなかに長日の護摩坦を設け、子の左少弁基親の宿願として、永代に息災の護摩を修し、その趣旨を記した起願文を本尊の宝塔のなかに納めた。また毎年尊勝・阿弥陀護摩も修し、密教中心の行法が定置されたようである。そして比丘や優婆塞の往詣は許しても、比丘尼や優婆夷の出入を禁じ、戒律に厳しかったのは、かつて伯母が大原別所の極楽院に住んでいただけに、親範の両寺復興にかける志の深さがうかがえる。親範は『尊重護法寺縁起』のなかで、

抑遁俗累息縁務之身、不可必建堂舎、不可必修仏事、然而閑案事情、倩思身、勤只以至愚之観行、難訪先人之菩提、就中一々大願真跡在箱中、細々遺誡厳訓留耳底、述父之志者、盖子之道也、縦列弃恩之侶、争忘顧命之

旨、是故甎出禅定之窓、偏企土木之営、云堂宇、云仏事、任被願励我功、多聞天并図絵諸天、泰山府君定垂知見、証明此勤、若叶仏意者、臨終之刻、令住正念、順次之生、必導極楽、臥雲之侶、何必住一所、而為果彼願、久留此山、於今世行住儀、則可任悉担歟、

と述べているように、尊重護法寺の再興は、父祖の宿願を達成し、その菩提を弔うためで、それが自身の臨終正念と順次の往生極楽の因となることを願っていた。そして本願の子息のうち、朝廷に出仕して顕官を帯びる者を俗別当に任じ、その子孫があとを継いで、寺を外護するように定め、まず弟の左衛門権佐棟範を任じた。(14)

本堂には横川の中堂に模して、霊験ある護法寺の本尊毘沙門天像（胎内に摺写の毘沙門天像数万体と経巻と願文、宝塔の中に仏舎利一枚と法華・金剛般若経や宝篋印陀羅尼・尊勝陀羅尼などの経巻を納めた）また尊重寺の中尊不動明王像、親範が伝領した北山安禅寺の本尊如意輪観音像の三体（後者の二体は院尚が修理）。を安置したほか、師の静然の遺定によって、釈迦多宝像一体を納める二尺の多宝塔一基、後三条天皇の持仏であった一搩手半の白檀釈迦如来像（長勢の作、院尚が修理）、古仏の五寸の薬師如来像や地蔵菩薩像各一体、大宰大弐藤原経平の持仏で霊験の多い等身の黄不動明王像一体（院尚が修理）を、それぞれの由緒によって納め、そのほか東寺から奉請した仏舎利五十枚（うち七枚は親範在世中は草庵に安置）・紇哩字一面も置いた。また父範家の持仏であった両界種子曼荼羅一鋪・三千仏像三鋪・尊勝曼荼羅一鋪・弥勒菩薩像一鋪・地蔵菩薩十王像一鋪・聖徳太子御影一鋪と自身の持仏である阿弥陀・釈迦・毘沙門天等像六鋪・薬師如来像一鋪・釈迦如来普賢文珠等像一鋪・阿弥陀迎接曼荼羅一鋪を本尊の後壁や東西の障子に懸け、本尊の帳の東西面の障子には、毘沙門天を除く十二天や、臨終の善知識となって悪趣の報を除くという泰山府君など、東西の庇の障子には竜猛から空海に至る真言宗と慧思から良源に至る天台宗の祖師像を画かせ(仏師は快久)、さらに在俗のときに父祖や諸人の手跡を漉き込んだ料紙に自ら書写した

華厳経六十巻・大集経三十巻・大品経四十巻と妙法蓮華経開結とも十巻・涅槃経三十六巻・阿弥陀経一巻・般若心経一巻を奉安し、元暦二年（一一八五）四月二十日に縁忍の弟子明定房蓮契を導師に、造立図絵の諸仏や曼荼羅を供養し、澄憲を導師として三七箇日両寺の落慶供養も行った。(15)

またこの寺の恒例の行業としては、毎日に法華懺法・毘沙門天供養法・転読観音経・舎利講、本願の菩提と六道群生のための尊勝陀羅尼・光明真言、大日・釈迦・薬師真言と阿弥陀大咒・聖観音小咒、天下泰平と寺家安穏のための十一面少咒、俗別当棟範の祈禱としての閻魔天真言、安置する諸仏・諸天のための如意輪小咒・弥勒真言・地蔵真言・不動根本咒・不動慈救咒・諸天惣咒を唱え、毎旬には転読法華経、毎月には八日の薬師講、二十四日の地蔵講を咒し、また毎年には二季の彼岸懺法、父範家と自身の菩提のための百箇日護摩（尊勝阿弥陀を隔年に修する）、正月に二七箇日の企咒読経、(16)正月七日の修正、二月十五日の涅槃講、四月八日の仏生会、七月十五日の盂蘭盆講（阿弥陀経二十一巻の転読）、十二月の仏名を修し、その他先に述べた真言・天台両宗の祖師や聖徳太子の忌日には、両界行法や法華講を行い、曩祖高棟王以下、先考範家に至る先祖や師の縁忍などの忌日には、父の遺誡を守り、阿弥陀行法・両界曼荼羅供・毘沙門講を修して、それぞれの恩に報いた。そして惣社の八幡・賀茂下上・平野・稲荷・日吉七社・大行事宮・祇園・北野・貴布禰・江文（当時はまだ造営されていない）のために、毎日般若心経十七巻・諸天惣咒などを読誦することを定めている。(17)

以上のような堂舎の荘厳や恒例の行業は、顕密を併行したもので、自分の本尊として、恵心僧都源信本を写した阿弥陀迎摂曼荼羅を安置したことに浄土教への傾斜が見られるだけである。しかし親範は、文治四年（一一八八）十月二十八日に金剛界の舎利行法を修して以来、同五年・建久三年（一一九二）・同五年にも、それぞれ千・二千・四千座を満たしているが、それは父母の菩提のためであるとともに、ひとえに臨終正念と順次の往生極楽を願ったもので、また建久五年七月十七日には叡山の東常行堂に参詣し、本尊胎内にこめられた阿弥陀如来の小像を取り出し、奉礼して宿縁の貴さに感激し、翌日は参籠した日吉の十禅師の東門で香気のただよう奇瑞にあった。またその年の十一月と翌建久六年三月にも、日吉社に参籠して、臨終正念と順次の往生極楽を祈っている。もとより尊重護法寺の再興も、そのような願いをこめたものであったから、親範のつきつめた思いは、建久九年四月十日尊重護法寺の毘沙門天の前で結願した万座の駄都法について、自ら、

己父禅定三品往生極楽、六道群類離苦得楽往生極楽、円智終正念往生極楽、此三ヶ大願、毎一座祈請之、

と記しているのに尽きるであろう。(18)

四

先にも述べたように親範は、父の範家が護法寺の毘沙門堂に安置するはずであった丈六の毘沙門天像を、大原別所の来迎院に移し、やがて飯岳に営んだ堂舎に安置したが、さらに建久六年（一一九五）出雲路の地に移したというから、日吉社に百箇日参籠していたころ、出雲路に一寺の建立を始めていたようである。(19)

しかしその功は、遅々としていたのであろう。建久十年（一一九九）に親範は、「請以施主之助成遂出雲寺造営状」を記して、勧進の功を募った。(20)それによると、洛中に近く、俗にいう出雲寺は、文武天皇が母の皇極天皇とともに南都に草創したのち、最澄は桓武天皇の勅命で京都に移し、天台の教法を定置した。しかし次第に頽廃していたのを、先祖の平親信が譲りうけて修復したが、天喜年間の雷火で焼亡してしまった。そののち私の建物を堂舎に当てていたが、仁平年中に再び炎上し、境内の多くは賀茂下社にくり入れられてしまった。そこで親範は私領をもって下社領と替え、私財を傾けてそのほかの地も買い取った。それは家に最澄自刻と伝える毘沙門天像があり、父

の範家が丈六の毘沙門天像を作って胎内に納めていたのを、親範は、先祖にゆかりの地に毘沙門天の精舎を営むようにとの夢告を受け、自分も顕密の浄侶を集める寺の建立を志していたので、家資の非力を助けるため、十方の旦那の勧進を仰ぐというのである。(21)

こうした親範は、始祖の葛原親王が広隆寺の西に建て、堂舎の焼失ののちは、その跡を広隆寺が領していた平等寺の本尊を出雲路に移すとともに、すでに移し始めていた尊重護法寺も併せて三寺を再興したのである。そして平等寺の寺領には紀伊の石垣庄の得分、尊重寺には安芸の吉茂庄の得分、護法寺には、親範が後白河上皇の孫五辻斎院繕子内親王から賜わり、当時宣陽門院が本所であった伏見の敷地・山野・田畠を宛てた。(22) 建保二年（一二一四）二月十七日の起請文には、

巳上三寺并諸庄子細如此、抑酒此出雲地境内、建立五間之精舎、安置三所之本尊、以西擬平等寺、以東擬尊重寺、以中擬護法寺、殊以三寺、忽為一堂、是則根本中堂之例、仏法繁昌之粁也、

と記しているように、五間の堂舎に三寺の本尊を安置したのは、ひとえに叡山の根本中堂に模したもので、その中尊は毘沙門天であり、毘沙門堂と称される所以である。

ところでこのような毘沙門堂の成立の過程のなかで、藤原師実と平定親の女の子である澄真は、葉室重隆の子で、その師に当たる五十一代天台座主の重輪を後楯として、護法寺を押領しようとしたので、先に述べたように父の範家は、寺を源師頼の子隆賢の所領があった北石蔵に移して、隆賢を別当に任じたが、澄真は、氏僧でなければ寺務をとってはならないとも主張した。しかし親範は、平等・尊重・護法の三寺を再興したときに、自分の戒師縁忍と同門の静念の弟子で、横川系僧としても連なりのある中臣氏出身の仙雲を別当とし、同じ氏寺で由来は詳らかでない如意寺の別当は、慶範僧都がその弟子で藤原長成の子円親阿闍梨に譲り、尊重寺の別当には、父の範家が法

勝寺の供僧で藤原氏出身の永覚阿闍梨を、護法寺の別当には源氏出身の隆源を任じるなど、氏僧でない者を任じた例は多い。その上父の範家が、親範の弟たちはみなその子息であると厳しく訓誡しているから、最年長の兄として、また養父に当たるものとして、父の命に背く罪を犯すことはできないと反論した。その結果宣陽門院庁の下文が出されて、親範の譲りに任せ、先述した仙雲の法を継ぐ明禅僧都が別当となり、澄真は永く寺僧の列から除かれることとなった。この結末は承元四年（一二一〇）についたのであろう。親範は、前述の三寺の寺領のほかに、私領である但馬の木前庄の得分を寺務人である明禅に、伯耆の宇多川東庄の得分を寺僧に、同国の天送庄の得分を範家の外孫で葉室光親の妻となった順徳天皇の乳母中納言典侍経子（毎年の法華八講料として拾貫文を宛てる）に、それぞれ附属した。[23]

そして以上の三寺の寺中や寺領の処置について、すでに建久三年一族の緇素の署判を加えた起請文を記したが、出雲路の毘沙門堂の建立と澄真の一件を経て、なお脱漏し、附け足すべきことがあったので、建保二年（一二一四）二月十七日に改めて起請文を書き、妹の夫藤原定経をはじめ、平親輔・藤原定高・平経高・平親長・平宗宣・藤原資任・平棟基・平某・藤原資頼・藤原経兼・藤原宗親・平範棟・平宗清・平行範・藤原光親という十七名の一族縁者が自筆で署判を加え、それぞれの裏には実名も書き、紙継目の裏には一門の上首平親輔が草名を書いた。そして親範は、さらに署判を請うた人々の由緒を記したあと、建久三年の起請文以来の別当補任の経緯を述べて、弟澄真の貪心を退けている。[24]

五

こうした親範は、出家ののちにいくつもの経緯を経て、出雲路に平等・尊重・護法の三寺を合わせた毘沙門堂を建立し、澄真の競望を押えて、法曼院流を継ぐ仙雲の弟子明禅を別当とした。明禅は父葉室成頼は、親範と並ぶ「朝之功臣」で、兄光頼の養子となって、家の調度文書を譲られた。そして養父の光頼が、平治元年（一一五九）公卿僉議の一件では、藤原信頼から排斥され、長寛二年（一一六四）大炊御門経宗・葉室惟方等、天皇方の抬頭の犠牲となって、権中納言を辞したのに、成頼は平治の乱のとき権右大弁として、藤原通憲たちの処罰を奉行した。仁安元年（一一六六）には、妻の父藤原邦綱の譲りで参議に昇進し、六波羅政権が確立した時期にも、院の近臣としての地位を保っていた。そうした経歴は親範に近くて、平清盛や平時忠とは結びつかず、より権勢を得ることは望めなかったし、病のゆえでもあったろう。承安四年（一一七四）父兄の忌日に菩提心を起こして出家し、成蓮または知成と号し、のち高野山に入って大往生を遂げたと伝える。(25)

明禅が生まれたのは、承安四年（一一七四）ちょうど父成頼が出家した年と伝える。(26)父の従兄弟には、前述した顕真がいたし、復従兄弟には法然房源空の第一の弟子法蓮房信空や、同じ弟子の乗願房宗源と南都北嶺から源空を庇った蔵人の三条長兼の兄弟もいて、自ら源空に近づく契機があった。(27)

いつのころか比叡山東塔西谷の林泉坊に入り、相那流の英哲で毘沙門堂流の祖とも称される智海法印から止観業を面受し、法曼院流で毘沙門堂の別当となった仙雲法印から遮那業を伝受し、天台宗の顕僧となった。しかし菩提を求める心深く、ある日最勝講の聴衆となって僧俗の栄耀を見たとき、無常を恐れぬさまに思いあたって隠遁したという。こうして明禅は比叡山から離れてゆく聖として、なお自力の教行を探ったが、建暦二年（一二一二）の源空の滅後になって、復従兄弟の法蓮房信空を訪ね、まず『選択本願念仏集』について問答決疑し、浄土の法門を談じて帰浄するに至った。こうして明禅は、信空の白川門徒の一人となり、「永ク本宗ノ執心ヲステテ、無観ノ称名ヲ行シ、七万返ヲモテ毎日ノ所作」とし、「智徳高遠ニシテ、道心純熟セリ、自門他門、若ハ貴キモアレ、若ハ賤キ

モ、イマダ一言ノソシリ」もいたさなかったという。(28)

しかし「つねの諺は、顕密をたしなみて、仏の恵命をつぎ、公請にしたがひて、国の安全を祈るとも、傍には浄土の教行を学して、ひそかに楽邦の往詣をとげむ事、尤至要なり、公家の請をものぞまず、官途の計ことにもあてがはず、心あらん人誰か称名を妨げん、懈怠にして既に過去遠々を歴たり、不信ならば、定て未来永々を送らん歟、今はただ畢命を期とせん計なり、」とて、称名に怠りなかったとされるように、ひたすら隠遁して、顕密も学んだようで、(補註1)『沙石集』四には、明禅が止観の談義をしたとき、法門のついでに白楽天の言葉を引いて「叵如《スルスミ》ノ身後《の》チ有《ラン》二何事《カ》一応向世間《アシフミタテス》ハ無《し》レ所レ求《る》」ということを「人ノ一物《いちもつ》モ不レ持《た》、手ウチツレルヲバ、スルスミト云、マタヅエツクホドノ地モモタヌヲ、足フミタテヌ世間ト云フ、身ヲステテカクナリヌレバ、求ムル所モナク、煩《わづらい》モナシ、歎《なげき》スクナク、心ヤスシト云事也」と説くと、聴聞していた遁世入道が、「止観ノ法門ハ承ヌ」といったのに、明禅は止観の一部をみな心得た人であると評したと伝えている。

叡山文庫所蔵の『行林抄』の行林阿弥陀の奥書には、

　写本、建仁三年四月九日、交点畢、平等金剛明禅

と記し、『四天王法双身私記』の奥書には、

　建仁三―二月廿五日　奉従前権少僧奉受了、同日、書写了、一交了、明禅記、

と見え、妙法院所蔵の『常胤親王第六度印信』の奥書には、

　建仁二年十二月十八日、奉従小僧都面受了、明禅記、

とあり、また青蓮院吉水蔵所蔵の『六即義私記』と『六印義私記再治』、三千院如来蔵所蔵の『熾盛光雑抄』、高野山金剛三昧院所蔵の『伝法灌頂三昧耶戒初後夜式聞書』は、明禅の記と伝えるなど、(29)少なくとも信空に帰依するま

では、顕密の行法を伝受し、それらの書を書写し、または著作し、談義することを続けており、のちの浄土の教義にも反映していたであろう。

法曼院流の祖相実の弟子政春は、出雲路法印と称され[30]、出雲路は法曼院流の拠点であったようであるが、妙法院所蔵の『後広授之大原』三部の表紙には毘沙門堂流と記し、仁安三年（一一六八）某上綱の禅室で、明禅の師で法曼院流を継ぐ仙雲が伝受した旨の奥書があり、仙雲は大原別所との連なりをもちながら、出雲路の毘沙門堂に入ったと思われるから、いわば出雲路は、大原別所の里坊のような場所であったといえる。だから明禅は、仙雲の法を受けた器量の僧として、また親範の復従兄弟という俗系によって、さらに比叡山の教団を離れる聖として、そのような出雲路の地に迎えられたわけで、明禅が中納言法印と俗系にかけて呼ばれるとともに、毘沙門堂法印とか、出雲寺法印と称される所以である[31]。

六

承久の変ののち、後鳥羽上皇の第四皇子で、土御門上皇・順徳天皇と同母の雅成親王は、承久三年（一二二一）七月二十四日但馬に遷され、嘉禄二年（一二二六）九月その国で出家した[32]。おそらくそののちのことであろう。雅成親王から明禅のもとへ、不浄のときの念仏の用意について尋ねて来たのに、明禅は師の信空に相談した上で、

不浄時称名事、洗衣《アライ》浄身荘厳《カサルハ》道場、別時之儀候、常儀口称三昧、唯繫念相続可為先候、不浄之勤行、不可有強《アナカチニ》憚候歟之由、存念候、然而以短才無左右計申之条、冥顕之恐、尚難免候之間、相尋信空上人（中略）之処御文如此、不申仰下之旨、内々相触後、仍他事相交候之間、切出進入候、彼上人内外博《ヒロク》通、智行兼備、念仏宗先達可謂、傍若《シャク》無人申状、尤可亀鏡候歟、

切出被進入状ニイハク、彼不浄不苦《ル》正文不覚候、経《ノ》唯除食時候《ト》、善導《ハ》従不除食時一、除睡時候《ト》、不論行住坐
浄不浄《ヲ》一、意計《ハ》分明《ニ》候欤、

と答えたという。『明義進行集』の著者で同門の信瑞は、明禅の信空に対する帰依の厚さはこのときの明禅の計らいによって明らかであり、源空から戒ばかりを相伝したと批判された信空の法門の深さも知られると述べている。(33)

また雅成親王から念仏の肝要の文を求められたときに明禅は、

称名念仏ノ肝要ノ文、少々注進上候、可令申給候云々、抑明禅応勅喚而年久、誤雖備《ト》四宗之証義《ヲ》一 遁公御《ヲ》一而日浅、専未詳九品之浄業《ヲ》一 自行念仏用心尚迷、況注進之条、旁憚多候哉、仍亘録本文、聊述其義、赴許候、
恐惶謹言、
十二月十八日　　法印明禅請文

と記して、顕密の教学は四宗に亘っても、また浄土の用心には日浅いことを恐れながら、善導の『六時礼讃』と『観無量寿経疏』、源信の『阿弥陀経略記』と『往生要集』、窺基の『西方要決』、道宣の『四分律行事鈔』の要文を引いて、罪障ある衆生は観法に堪えないので、阿弥陀如来はただ名号を称えることを勧め、無観称名は往生の業であるが、有観念仏も助念仏となり得る。従って第十八願を信じて念仏すれば、十念の称名には十願十行があり、願行も備わって往生が遂げられ、また諸行のうちで念仏は修し易い行で、身口の不浄のときも許されるという趣旨の私釈を加え、いまの末学の異義を絶つために、先哲の微言を集めて、無観称名の義を説いたのであり、この勝智多分の化導に従うようにと述べている。そのうえ問答体をとり入れて、浄土門は愚痴に還って極楽に生まれると説く大聖の善巧、利生の方便であり、阿弥陀如来の称名の願は超世の誓願と名付けられ、「深ク其願ヲ信シテ名号ヲ称念スルハ、愚癡ヲ不論《セ》、持犯《ハン》ヲエラハス、十ハ即十生、百即百生ル」という無観称名は、智慧を廃して、「信行ノ

外ニハ義ナキヲ義トスル」という。そして「唯称名ノ外ハ、全ク他事ヲハスル、其体惘然トシテシル事アタハサル物ニニタリ、カルカ故ニ愚痴ニ還ルトイフ」が、表は愚癡暗鈍の凡夫に似ても、裏は六度万行を修する菩薩と同じで、阿弥陀如来は智慧の真身で名号は五智の惣躰である。そして行者の善悪による功徳の浅深はなく、「名号ノ功徳ハ、言語道断シ、心行所滅シテ、三賢十聖モ知ル処ニアラズ、是唯仏与仏密意」であるといい、日本だけでなく、震旦・天竺の諸国で仏の在世滅後の正像末の世に無観称名が行なわれることを例証している。(34)

さらに第六十八・七十二代の天台座主承円は、承久三年（一二二一）四月二十四日辞任し、嘉禎二年（一二三六）十月十六日に入滅するまで大原別所に籠居していたが、嘉禄二年（一二二六）隠岐の御鳥羽上皇から、散心の念仏も往生の業となることの不審を下問され、同じ仙雲の門下であった明禅を尋ねて、「口称三昧易行之法而順仏願、散心念仏足為往生業、何不満修理観」という趣旨を答え、明禅は註解を奏上したと伝える。(35)

この承円は松殿基房の子で、その門下には七十三代天台座主に宣下されながら、承久の変が辞任した後鳥羽上皇の皇子入道無品親王尊快がおり、雅成親王は大原別所にいた承円を仲立ちとして、明禅に尋ねたのかもしれない(補註2)（承円・尊快ともに円融房に住んでいる）。

安貞二年（一二二八）九月九日信空が入寂したのち、四七日と五七日のあいだに、弟子の善空が臨時に法華経を供養し、明禅が導師となった。そのときの説法に明禅は、このような法会の仏前では鐘を打たないと誓ってから年久くなったが、一昨日親範の縁者に当たる藤原敦通が一寸の金の阿弥陀如来像をもって来て、開眼供養を頼んだが、時期ではなく、金を打つこともできないと再三断ったところ、敦通は、仏像を打ち壊そうという。それでも明禅は誓いを破れないと拄げなかったので、敦通は仏像を捨ててしまった。しかし師の信空からは浄土の法門を習い、往生の故実も学んで、信心決定したからには、信空の追善のためには鐘を打つことを仏は許してくれるであろうと、三段ほどの短い説法をしたという。明禅の信空に対する帰依の深さを物語っているが、黒谷別所叡空のもとで源空と同門であり、叡空の寂後は源空の第一の弟子となった信空は、源空から「戒ハカリコソ相伝セラレタレ、浄土法門ハイマタシカラズ」と批判されたように、その門下の白川門徒の明禅には、戒律を守り慧解ある人の称名もさまたげず、有観称名も助念仏として認めながら、「義ナキヲ義トスル」無観称名が、末法の愚癡の凡夫を救う業であるとしていたように思われる。明禅には『選択本願念仏集』に説くところを扶助した『述懐抄』一巻の著述があり、源空の弟子で『恵命義』一巻に高弁の『摧邪輪』を破した信寂に送ったと伝えるが、今日その文を見ることはできない。(36)

七

建治三年（一二七七）九月鎮西義の然阿良忠は、毘沙門堂の阿弥の問に答えて、『選択疑問答』を著しており、(37)明禅の寂後に毘沙門堂の僧は、鎮西義との交渉があったわけである。それは、『選択本願念仏集』十六章のうち、聖道浄土二門、捨雑行帰正行、念仏本願、三輩念仏往生、弥陀光明摂取念仏行者、念仏者必具足三心、四修、化仏讃嘆、約雑善讃歎念仏、付属仏名、念仏多善根、六方諸仏唯証誠念仏についての問に答えたもので、末尾に『選択本願念仏集』の著述の経緯と書写の過程を述べている。

そののち鎮西義三条派の道光了恵は、『扶選択正輪通義』を著わしたなかに、

　毘沙門堂云、入専念門、広励往生人、既弥四遠、是上人之徳化也、上人所立理、致教証無不分、徳契冥顕、末葉繁興、顧其行化之蹟、非直也人、若通暁選択集、則諸宗教相其義顕然、叡空上人正授円戒、以写瓶〔浮〕之徒、譲与九条袈裟、顕真座主随順教訓、修専念行、慈円僧正呈諷誦於滅後、景仰上人、即是我師、証真法印咨門浄土宗義、以決所疑、智者所重、其徳可知、已上述懐鈔意、

と、明禅の『述懐鈔』の取意文を引用しているが、それによると明禅は、源空の教化を讃え、『選択本願念仏集』は諸宗の教相を明らかにするものとし、また叡空をはじめ、顕真・慈円・証真という天台の碩僧たちがそれぞれに源空を重んじたと考えており、明禅は師の信空を通して、宗祖源空に帰ろうとしていたようである。

そうした明禅、または彼にかかわる仮名法語が、『一言芳談』・『祖師一口法語』・『行者用心抄』に二十条収められている。(38)それらによると、明禅は天台宗の智者であったが、その宗義に閉められず、(39)自然の発心にでなく阿弥陀如来の本願を信じ、妄念を抑えて道心者となった。(40)だから今生で他力の強縁によって生死を出離しようとすれば、分際によって利益があり、(41)往生は難しいことではあっても、他力によって易しいこととなる。(42)従ってただよく、ほれぼれと念仏し、いわば赤子の念仏がよいという。(43)そして道心者のあり方について、後世のことは、後世を思う人に聞くべきであり、(44)後世を助かろうと思う者は、人目にたつことなく、(45)聖法師と呼ばれる者は、わろき（凡愚）がよく、(46)徳を開くようなこと（学問・教化）はせず、(47)功徳をつくるよりも止悪に心がけ、(48)意楽はことに触れて動きやすいゆえに、(49)為すべきかどうかと迷うことはしない方がよく、(50)起きて妄想分別するよりは眠る方が失は少ないとまで喩えている。(51)また非人法師は念仏さえできれば居所はどこでもよく、境界を離れることが大切であり、(52)居所は心にかなわぬのがよいとする。(53)しかし遁世は後世を助かるために必ずしも価値があるとは思わないが、(54)入滅したのち、一日でも遁世すればよかったと語ったと伝えるのは、(55)毘沙門堂流の教学を継ぐ学僧として、また毘沙門堂の別当として、無観称名を実践してゆくには限界があったことを意味するものであろうか。

ともあれ明禅は、鎌倉時代後半の浄土宗教団のなかで道心者と考えられ、そのような聖法師として赤子の念仏に努めたようであるが、とくに明遍の弟子で常陸の真壁に住み、遊行のあとさえ見える敬仏房が、明禅の念仏に傾倒していたことに注目される。(56)

病床で明禅はにわかに涙を流し、自分は源空門下の先達で、雅成親王から同様の問を受けた聖覚とつがいでいわれるのは、いうに足らぬ対揚だと思っていたが、妄執にとらわれて、欣求浄土にひまどっていたからであると語ったと伝える。(57) 仁治三年（一二四二）五月二日信空の弟子で二尊院に住む湛空聖信を善智識として入寂したが、参議の勘解由小路経光が、

顕密兼学、天台宗之法燈也、頃年以降大略隠遁、一向発菩提心、臨終正念、往生極楽云々、

と記しているのが、明禅のいつわりない姿であったろう。(58) なお明禅の法脉は、禅印とその真弟子道暁と伝わり、文永のころ道暁は、駿河の実相寺に住持していたが、当時実相寺には横川にならった如法堂も建てられ、念仏三昧も定置されている。(59)

八

平親範の嫡子基親は、一時期解官されたが、建久元年（一一九〇）十月二十七日非参議に任じ、兵部卿も兼ねた。しかし建永元年（一二〇六）に出家して、公卿の地位から遠ざかった。(60) その母は九条兼実の家司であった高階泰重の女であったので、前述したような父親範の身辺の一族が、源空やその門下の弟子となり、あるいは外護者となる情況のなかで、早くから源空に帰依したのであろう。出家する以前に基親は、源空に折紙を送り、無量寿経・観無量寿経疏・往生礼讃の要文を引いて、念仏の数返や本願の信じ方について自分の考えを記し、源空の意見を自筆で書き入れるように頼んだ。それは別解別行の人ならばともかく、源空の弟子たちの中に基親の考えを非難する者がおり、とくに念仏者は女犯を憚ることはないというのは不審に思うからであった。それに対して源空は、基親と自分の考え方に違いはないが、このごろ一念のほかの数返は無益であるという一念義を唱え、また本願を信じれば、

破戒してもよいと主張する者もあって、あたかも念仏の天魔が競い来て起した狂言のようで、これらの説は文義を離れ、已証を得たと思われないと答えている。(61)

源空は元久元年（一二〇四）弟子たちに、別解別行の人に対して諍論せず、戒は仏法の大地と示しているが、(62)建永元年（一二〇六）の〝法難〟の直接原因となったものは、女犯と一念義、つまり治安の障碍と教義の偏執であり、あるいは源空と基親との往復は、そのころのことで、基親の出家は、源空も流罪となった〝法難〟にかかわるかもしれない。基親は自らを罪悪生死の凡夫といい、公務の暇に毎日五万返の数返を重ね、本願を信じて、上品に往生することを願い、善導の『観無量寿経疏』に「上尽百年下至一日七日」の念仏を勧め、源空が七万返の念仏を唱えていることを規範としていたから、文義を重じ、多念を旨とすることについては、源空の教義のすぐれた理解者といえる。とくに文義を重じることは、先祖以来の有職故実もふまえたもので、基親には、正治二年（一二〇〇）のころ仁和寺の門跡に進めた『官職秘鈔』という著書もある。(63)そして基親は『善導和尚画讃』一巻、『往生要集勘文』六巻、『往生要集外典鈔』一巻と『選択集決疑裏書』という註解をふくめた浄土宗関係の著書もあるが、(補註3)今日見ることはできない。

註

（1）『尊卑分脈』。

（2）『愚管抄』五。

（3）竜粛氏『平安時代史』『公卿補任』『職事補任』『弁官補任』『歴代皇記』『玉葉』承安元年四月八日文治二年八月六日の条。

（4）『大鏡』『玉葉』安元三年四月二六日、七月一八日、承安四年六月九日の条、『仲資王記』承元元年八月四日の条、『玉蘂』承久二年五月一七日の条、『顕広王記』承安三年六月六日の条。
（5）『洞院部類記』所収建保二年二月一七日『想蓮房円智起請文』『想蓮房円智記』『尊卑分脉』『尊重護法寺縁起』「日本歴史」九四・九五　拙稿「天王寺の念仏」。
（6）「日本歴史」三〇四　たなかしげひさ氏「公卿平氏と武家平氏の諸流と遺址」。
（7）『想蓮房円智起請文』『想蓮房円智記』『台密血脉譜』『吉記』承安四年二月一六日の条、『公卿補任』『尊卑分脉』親範はのち左大臣正一位を贈られた。
（8）『吉記』承安四年二月一六日、八月一九日の条、『玉蘂』嘉応二年三月一九日の条、『顕広王記』承安四年正月五日の条、『愚管抄』五『想蓮房円智記』『尊重護法縁起』。
（9）『想蓮房円智記』安元元年九月、安元二年四月、七月、治承元年八月、九月、一〇月、寿永二年七月の項。
（10）『台密血脉譜』「日本歴史」二一六　大谷旭雄氏「七ヶ条起請文に署名した蓮寂について」。
（11）『想蓮房円智記』懺法一座、例時一座、胎蔵行法一座、金剛界行法一座、施餓鬼法一座。
（12）『想蓮房円智記』三千院円融蔵『密印離作業』前掲大谷旭雄氏論文、政春の一流を政春方、または岡崎方と呼び、その門下にはのちに源空の弟子となった蓮寂がいる。
（13）『尊重護法寺縁起』『想蓮房円智記』。
（14）『尊重護法寺縁起』建保二年二月一七日『想蓮房円智起請文』。
（15）『尊重護法寺縁起』『想蓮房円智記』『台密血脉譜』。
（16）千巻観音経、毘沙門少咒、吉祥天少咒、十一面真言、一字金輪真言。
（17）『尊重護法寺縁起』。

(18)『想蓮房円智記』正治三年正月、建仁元年四月、七月、同二年四月、同三年八月、元久元年八月の項、同二年正月にも駄都法を修している。
(19) 建保二年二月一七日『想蓮房円智起請文』。
(20) 三千院円融蔵『出雲寺勧進帳序』写、文章博士菅原長守草案、阿闍梨大法師覚審清書、『本朝文集』六三に「出雲寺勧進帳序」として収める。
(21)『智証大師年譜』『宇治拾遺物語』『今昔物語集』。
(22) 建保二年二月一七日『想蓮房円智起請文』『日吉社注進』『長講堂領目録』。
(23) 建保二年二月一七日『想蓮房円智起請文』『日吉社注進』『長講堂領目録』『島田文書』。
(24) 建保二年二月一七日『想蓮房円智起請文』。
(25)『尊卑分脉』『公卿補任』『平治物語』『一代要記』『続世継』『愚管抄』五には六条院乳母と結ばれている。
(26)『明義進行集』『法水分流記』では六年前の仁安三年とする。
(27)『尊卑分脉』。
(28)『明義進行集』二・三『台密血脉譜』妙法院所蔵『許可印信三帖』『蓮門宗派』『浄土伝燈総系譜』下『浄土伝燈録』『明匠略記』『法然上人伝記』九下。
(29) 西教寺正教蔵所蔵の『行者大要鈔』は、一説で明禅の著という。
(30)『師説集』。
(31)『明義進行集』二『先徳明匠記』『銘心抄』『輿地通志』には、上下の出雲寺があり、上出雲寺は相国寺の東北小山郷にあって、小山寺ともいい、最澄・円仁が住したところであり、下出雲寺は毘沙門堂とも呼ばれ、町尻勘解由小路にあったと記している。『雍州府志』『山城名勝志』。

(32)『本朝皇胤紹運録』『民経記』『吾妻鏡』『承久記』『皇代記』。
(33)『明義進行集』二。
(34)『名義進行集』三、　雅成親王は聖覚と隆覚にも念仏の用心と不浄の念仏について尋ねている。
(35)『浄土伝燈録』八。
(36)『明義進行集』『尊卑分脉』『本朝台祖撰述書目』『法水分流記』『法然上人伝記』九下。
(37) 玉山成元氏『中世浄土宗教団史の研究』。
(38)『一言芳談』のみ七条、『行者用心抄』のみ二条。
(39)『行者用心抄』一九　信空法語。
(40)『一言芳談』四〇敬仏房法語。
(41)『一言芳談』一四・二五『祖師一口法語』二二『行者用心抄』一七。
(42)『一言芳談』八七。
(43)『一言芳談』五・一〇四　敬仏房法語二一『祖師一口法語』二六。
(44)『祖師一口法語』一八『行者用心抄』一九。
(45)『一言芳談』一五『祖師一口法語』二〇『行者用心抄』九。
(46)『一言芳談』一八『祖師一口法語』二八『行者用心抄』一三。
(47)『一言芳談』一六『祖師一口法語』二一『行者用心抄』一〇。
(48)『一言芳談』一五『祖師一口法語』二三『行者用心抄』一八。
(49)『一言芳談』二三。
(50)『一言芳談』二二・二三『祖師一口法語』二三『行者用心抄』一六。

(51)『一言芳談』一七『祖師一口法語』一七。
(52)『一言芳談』二〇『祖師一口法語』二五。
(53)『一言芳談』一九『祖師一口法語』二七『行者用心抄』一四。
(54)『一言芳談』二四。
(55)『行者用心抄』一二。
(56)『一言芳談』四〇・一〇四。
(57)『法然上人伝記』九下。
(58)『経光御記』『法水分流記』『法然上人伝記』九下。
(59)拙稿「法然門下について」――とくに天台宗教団との関係。
(60)『尊卑分脈』『公卿補任』。
(61)『西方指南抄』下本『法然上人伝記』六下。
(62)『七箇条制誡』。
(63)猪熊信男氏所蔵、建武五年八月二七日油小路隆蔭書写奥書。彰考館には『基親抄』と題する官職の補任についての著書がある。

補註

(1)『法然上人伝記』九下。
(2)『天台座主記』。
(3)『長西録』『元禄書籍目録』。

乗願房宗源

乗願房宗源は、権中納言三条長方の子に生まれた。(1) 長方は葉室氏の一族で、従兄弟には、「遁世年久、偏入念仏之一門、棄真言之万行」て、大原問答の中心となった顕真がおり、(2) 甥の信空は祖父顕時の法師子として叡空の弟子となり、のち同門の源空に従って白川門徒の祖とされ、(3) また明禅は、その信空の門に入り、のち毘沙門堂で、「無観称名」を奨め、(4) さらに妻の兄明遍は、源空に出離生死を問うて遁世し、有智の空阿弥陀仏と称された。(5) こうして長方父子の身辺では、院政末期に、天台・真言の浄土教から法然房源空の専修念仏へ傾く動きが著しい一方で、明禅の叔父円仙と顕真の弟観性は、ともに聖昭から遮那業を受け、(6) 観性の弟子慈円は、源空に批判的であり、(7) 明遍の甥貞慶は、興福寺衆徒の奏状を草したと伝え、宗源の兄で蔵人頭として南都北嶺の訴えを聞いた三条長兼の問いに、「寛有背訴訟本意歟」と衆徒を擁護したように、(8) 専修念仏へ反発した例もある。

ところで『浄土鎮流祖伝』三によると、宗源は、はじめ仁和寺にいて真言宗を究めたが、天台宗にも通じ、源空の弟子となってからは「単心念仏」したと伝える。源空に帰した時期や理由は明らかでないが、前述した葉室一族の傾向と復従兄弟の信空・明禅と明遍が天台と真言から転じた過程から、宗源が源空に近づく契機も予想され、兄の長兼が、南都北嶺の訴えに、「衆徒申状如辨東西、山寺法師之所言尤左道也、」という立場をとったのもその背景であった。[9]

こうして宗源は、「上人につかえ、法義をうくること多年」の「面授門入」であったが、[10]名利を厭って「ふかく隠遁をこのみ」醍醐の竹谷に住んだ。[11]そして「道念ふかくして医師のよしをなのり、また音律のことをかたった」とも伝え、[12]外見とは異なるような隠遁の志は、かなり深かったのであろう。

しかし『法然上人行状絵詞』四十三に、帰依する貴女からもらった沈の念珠を、昼夜の念仏に愛用していたが、雲居寺に参籠する修行者の夢に、山臥たちが、「この念珠をたよりとして、出離をさまたぐべし」と相談すると見て、竹谷の庵室を尋ね、念珠を奪って火中に投じたあと、そのわけを語ったところ、宗源は修行者の所為を喜んだと、執着が出離生死の〝魔〟になるという話を伝え、『沙石集』二には、「亡魂ノ菩提ヲ事ニハ、何レノ法カ勝レタル」との勅問に、宝篋印陀羅尼と光明真言が勝れていると答えたと述べているように、[13]宗源は「智者」であり、「浄土宗ノ明匠」として、在俗の要請に応じ、その隠遁には自ら限界があって、いわゆる『隠遁聖』の例にもれていない。

そして無住が『沙石集』に記した行状を、吉田兼好が『徒然草』に収め、また『一言芳談』には、法語三条と宗源にかかわる源空の法語二条を、了恵は『和語燈録』に、宗源伝説の源空の法語三条（うち二条は『一言芳談』と同じ）を集めているように、宗源の言行が、仮名法語として尊重され、あるいは説話の素材となったのは、宗源が単に「浄土宗ノ明匠」であっただけでなく、その説くところが、道心者を願う人々に注目され、在俗にも向っていたからで、「仏法には、徳をかくすことをば、よきことに言ひいたれども、外に愚を現ずれば、又懈怠になる失あり、（中略）されば凡夫は、とかくすすまじとするを、すすめむために、助業は大切なり」と語ったように、在俗にも近く徳をかくした凡夫の意識が、宗源の面目であったといえる。[14]

そして宗源は言葉をつづけて、

善導を仰がん人は、名号よりほかの事は行ずべきにあらず、さればとて、よりこん所の善根の、念仏の障碍とならざらん程の事をば、値遇結縁すべきなり、きらへばとて、いまいましきことのやうにはおもふべからず、行ずべければとて、念仏のいとまを入るべからず、

として、自力で求める以外の善根を凡夫に許容している。いま宗源の著書などが残っていないので、この主張の根拠を尋ねにくいが、『決答授手印疑問鈔』下に、

又乗願上人、疑心之者往生、聖教中雖明之、虚仮之者往生、一分無往生云々、

と記しているように、天台・真言を兼ねた「智者」の宗源が、文義を重じて所説を述べたことにもよるのであろう。さきに述べた『沙石集』の説話には、門弟たちから、「浄土門ノ師」であるのに、宝篋印陀羅尼と光明真言が勝れていると答えたのは、「他宗ノ利益ヲ讃テ、我宗ヲ次ニセラルノ事、然ルベカラズ、」と非難されると、

誠ニ念仏ニ衆徳ヲ具足シテ、祈念ニ随テ願望ヲ遂クベキ道理ハ、惣テ善根ノ徳ナレバ、疑ナシ、何レノ法ニカ其益ナカラン、但十悪五逆ノ往生ストイフモ、善知識ニ逢テ、我十念ヲ唱テコソ、来迎ニアツカリ、極楽ニモ生ズル事ナレ、

と考えるとき、宝篋印陀羅尼や光明真言については、経文や儀軌などに、往生が疑いないと説いてあるのに、

念仏ニハ是程ノ文証未ダ見及ビ侍ラズ、道理アレドモ、文証ナキ事ハ奏シカタシ、仏法偏頗アルベキ事ナケレバ、自他宗ト隔ベキ事非ズ、念仏ノ中ニモ、分明ナル文証アラズ、追テコソ奏シ申サメ、

と答えたとされ、無住は、この宗源の態度を、

試ニ智者ト聞シニ、アハセテ偏執ナキ心ナリ、

と讃えている。

ところが『一言芳談』八十一には、

所詮真実に往生を心ざし候はんには、念仏は行住坐臥を論ぜぬとなれば、たゞ一心にねても覚ても、たちゐおきふしにも、なむあみだ仏と申て候ふは、決定往生のつゝとおぼえて候なり、学問も大切なる様に候へども、さのみ往生の要なることも候はず、又学して、一の不審を披といへども、するにしたがひて、あらぬ不審のみ出で来たるあひだ、一期の不審さばくりにて、心しづかに念仏する事もなし、然而念仏のたよりにはならで、中々大いなるさはりにて候也、

という法語が収められ、学問は但念仏の妨になると語ったという。それはこの法語のはじめに、

さすが歳のよるしるしには、浄土もちく（ちかくカ）、決定往生しつべき事は、思ひしられて候也、

とあるように、「智者」で文義を重んじた宗源の自省であったかもしれないが、宗源には勢至の化現とされた師の源空に似た面があったといえる。

源空は、宗源が色想観について問うたとき、「源空モ始ニハサル徒事シタリキ、今ハ不爾ラ、但信ノ称名也」と答え[15]、「人目をかざらずして、往生の業を相続すれば、自然に三心は具足する也、」と語って[16]「信ノ称名」には念仏の相続が肝要であるといいながら、「蓮台にのぼらんまでは、（中略）あはれ、今度、しおほせばやな、」との思いは絶えたことがないと宗源に自省している。この三条の法語は、源空の真意にふれて、心の変化を示したものであり、それらが宗源の伝説した詞として、『一言芳談』以下に収められたのは、『決答授手印疑問鈔』上に、良忠が、

次相伝之条、近代興盛之義共、全非先師（辨長）御義也、而号相伝之事、一向虚言也、先師被申候、聖覚法師・

信空上人・乗願房上人等、都故上人（源空）面授門人、皆以証誠之事候也、此上者可及御不審候歟、

と述べられているように、「浄土宗ノ明匠」であった宗源は、源空の「面授門人」のうち、師の教えを正しく伝えた者として、他の弟子たちも「証誠」するほどで、源空の門下では、先達のように思われたからであろう。

良忠が、いつ宗源のもとに参じたかは明らかでない。しかし『決答末代念仏授手印鈔』は、良忠が上総や下総などに教化していたあいだに、康元二年（一二五七）鏑木入道在阿の要請で著わしたもので、師の弁長が没して二十年もたち、源空門下の各派は、それぞれに拠って展開した時期であった、良忠は、東国での教化をつづけるうちに、他派と出会い、他宗に触れたとき、師の弁長が、その身辺でさえ異義が起っているのを嘆き、『末代念仏授手印』を著わして、「為決末代之疑、為備未来之証」にしようとした正統の意識を痛感したことであろう。同じ『決答授手印疑問鈔』上に、

又然阿（良忠）問乗願上人云、故上人遺弟其義水火、各々称相伝、真偽如何、彼上人答之、当時京中興盛義共、一字一言非故上人御義、聖光上人（弁長）為修学者之上、多年稽古之人也、偏是故上人義也、不及不審事也、此事非偏頗候、若存偏頗者、京中人人可讃申候、然而得罪事也、全非虚言云云、

と述べ、弁長は修学者で、多年の稽古を積んでいるから、源空の教義に相違ないとしたのは、宗源自身の経歴と符合して、宗源の本領を示したものであろう。

さらに良忠は、この書中に「竹谷義」、また『撰択伝弘決疑鈔裏書』に「竹谷乗願上人」の説を引用し、教義のうえで、かなり影響を受けているが、そうした良忠の態度は、三条派の道光が編した『聖光上人伝』に、

又人学問乗願上人黒谷門資云、誰人慥述黒谷義耶、答曰、聖覚法師・聖光上人是也、

と記して、鎮西義のなかでうけつがれたのに注目される（補註1）。

註

（1）『尊卑分脉』『系図纂要』は八男。
（2）『玉葉』『源空私日記』等。
（3）『尊卑分脉』『明義進行集』『法水分流記』葉室行隆の子。
（4）『尊卑分脉』『明義進行集』『法水分流記』葉室成頼の子。拙稿「毘沙門堂と明禅」。
（5）『尊卑分脉』『明義進行集』『法水分流記』藤原通憲の子。
（6）『台密血脉譜』。
（7）拙稿「西山義の成立」。
（8）『三長記』。
（9）『三長記』。
（10）『法然上人行状絵詞』四三『決答授手印疑問鈔』上。
（11）『法然上人行状絵詞』四三『法水分流記』『浄土鎮流祖伝』三と『円光大師行状書図翼讃』四八には、醍醐の樹下谷、または清水の竹谷に住むという。
（12）『法然上人行状絵詞』四三『浄土鎮流祖伝』三。
（13）『徒然草』二二二には、東二条院西園寺公子の問いに答えたとする。
（14）『一言芳談』一四九。
（15）『決答授手印疑問鈔』五『一言芳談』一三八『和語燈録』五。
（16）『和語燈録』五。

補註

（1）宗源については、「『一言芳談』のなかの善導」の六節で再説してある。

伊豆山の浄蓮房源延

一

走湯山の神域を画いたものでは、貞和二年（一三四六）密厳院の訴状に副えた絵図一帖が、史料にあらわれる初見である。しかし現存のもので内容を具備している点では天和元年（一六八一）板行の『豆州熱海絵図』が一番古い。これには走湯山権現の社殿の右に大師堂、左に阿弥陀堂、石鳥居から石段をおりる右手の、いま足駄権現堂のあたりに雷電社、左手にやや下って番所、役行者堂は、岩穴（走湯）の左手の小勾戸崎に、右手には湯屋が画かれている。そして下宮のあたりには、薬師・観音の二堂が建ち、石段の中程の小田原道にかけて御所の庭としるしてある。この結構は、もとより近世初期における神域内のおもな堂舎を画いたものであるが、この選択のなかに、中世の走湯山を推定する手がかりがある。

治承四年（一一八〇）に、政子が法音尼に日々の勤行を頼んだとき、走湯山と箱根の両権現や三島社とならべて、雷電社と駒形社にも、同じ般若心経一巻を法楽させた。とくに走湯山雷電社（雷電権現ともいう）は、室町時代のはじめに、相模の厨崎村を社領とし、毎日の朝講の供料には、同国足柄下郡の早河庄内の地があてられるなど、崇敬を集めた社であった。(1)

伊豆山神社の祭神火牟須比命《ほむすびのみこと》は火の神で、かつて日金山麓に祀られていたころ、日金山の東南にあたって女体を祀ったと伝えるが、いまの社殿のあたりは、「こごいのもり」（古々井森）とよばれ、ちょうどその方角にあたっている。そして一説に「こごい」は疑火の意といい、雷電社の祭神は、雷火をつかさどるという。おそらく雷電社の祭神は、かつて活火山であった日金山について、かなり古く祀られた火の神で、『豆州志稿』にはもと日金山にあったが、のちに火牟須比峯に移して本宮（いまの奥宮の地）と称し、さらに上宮（いまの伊豆山神社の地）へ遷座したと伝えている。たぶん日金山が休火山になってから、本来の性格が薄れ、やがてこのあたりの地主神ともされる白道明神や早追権現なども、火牟須比命の摂社になったのであろうか。しかし鎌倉時代のはじめでは、まだ往昔の姿を残して走湯山権現ともならぶ神であった。『真字本曽我物語』には「雷殿」とあり、『北条九代記』や「北条盛衰記」には「雷の宮」ともみえるし、室町時代には「走湯山雷電社」の呼称がその面影を示し、近世の中頃すぎ、正月の三ヶ日に走湯山権現と役行者堂で天下の安全を祈り、将軍の不時の祈りと雨乞いは雷電社でおこなっている。そして軽井沢や大土肥の雷電社も日金山からの分祠とされて、走湯山権現とはちがった神の性格は、あとあとまで残っている。

また弦巻山腹にある駒形社には、頼朝の愛馬磨墨《するすみ》の伝承が語られているが、軽井沢の雷電社近くにある駒形社は、旧街道にそって建ち、雷電社とともに法楽をうけた古社の面影を示している。

ところで走湯山では、鎌倉期の前半に上下の諸堂が数度も炎上したと伝えるが、(2) 嘉禄二年（一二二六）十二月二十九日の夜半には、神体を安置する宝殿や廻廊など、数十の堂舎が焼け、火は翌日午の刻まで燃えつづけた。当時は別当の坊なども社殿近くにあったのであろう。また安貞二年（一二二八）二月三日には、講堂と中堂が灰燼となって俗体の神像を失ない、そのとき執権北条義時の沙汰で造営中であった常行堂も焼けた。講堂と中堂は天台僧賢安にゆかりがあり、阿弥陀如来像を本尊に安置する常行堂は、安和のころ天台僧の延教が建立したと伝えている。そして延教は、天禄年間に、いまの東谷に東塔をはじめたとすれば、延喜年間に真言僧の金春（一説に空海という）がはじめたという西塔は、いまの岸谷《きだに》の地、つまり東塔に対する西塔、西谷（岸谷）の地にちがいない。だから平安時代の初期に走湯山では、まず岸谷に真済系などの真言宗、ついで東谷に安然系などの天台宗がはいり、常行堂に象徴される天台系の浄土教もひろまっていた。『走湯山縁起』にも両宗の別当があったとしるしているが、文陽房の覚淵などは真言僧で、鎌倉時代の初めには、頼朝夫妻の帰依もあって、真言僧のほうが、やや史上にあらわれている。

いっぽう逢初地蔵尊は、承安年間のころに、政子が源義仲の子義高に嫁いだ長女大姫の延命を祈って、常行堂の一隅に安置したと伝えるが、明治の初めに移建されたいまの堂には、宝冠阿弥陀如来像と菩薩形の脇士二体が安置され、平安の古様を残した鎌倉初期の彫刻に、当時の常行堂の面影を伝えている。[3] ところが広島県の耕三寺には、膝裏の銘に「巧匠安阿弥陀仏、伊豆御山常行堂御仏也、建仁元年十月□□日、□□□東辺□〔造〕畢、執筆任阿弥陀仏」としるす宝冠阿弥陀座像があり、その様式は地蔵堂の阿弥陀如来像と似た点が多い。おそらく逢初地蔵堂のそれは、耕三寺所蔵の像を造った安阿弥陀仏、つまりかの運慶と並び称される快慶、またはその一派の手になったものであろう。一説に建永元年（一二〇六）再建のとき、京都から下常行堂に奉納されたという。[4]

二

『沙石集』には、走湯山に住む浄土房の話がある。この次席の和尚浄土房は幼いときから観音に帰依していた。ある日、首席の和尚の病気を見舞うと、自分が死ねば、別当代りの首席の和尚になれるから、うれしかろうといわれ、みくびられたのを恥じて、住坊を弟子にゆずり、山の岸に造った庵室で修行に怠りなかったところ、ある年、長雨の山崩れに生埋めとなり、「南無大悲観音」と唱えたおかげで、無事掘り出されたが、浄土房はそれを悔んで、同じ暇に「南無阿弥陀仏」と唱えていれば、極楽へ往生できたのにと、弟子たちに語ったということである。

走湯山権現の本地仏は、千手千眼観音で、鎌倉時代でも本地供がおこなわれたことであろう。天和元年（一六八一）の『豆州熱海絵図』にみえる下宮の観音堂や宝暦八年（一七五八）の「伊豆山之絵図」にしるす東谷観音は、そうした神仏習合のあらわれで、近世の十二坊の一つであった本地坊には、観音がまつられるなど、走湯山では、古代からの観音信仰が生きていた。浄土房のそれも、頼朝の聖観音への帰依も、この背景のなかに浮ぶとともに、浄土房の阿弥陀信仰は、常行堂を中心とする天台系の浄土教に結びついていく。(5)

さて頼朝の家人加藤景廉の弟源延は、東谷の勾当《こうとう》川の岸に生まれたという。若いころ唱導で知られた澄憲に京都で参じ、長く比叡山に止観と真言を修め、伝法灌頂をうけたうえ、他宗の奥旨にもおよび、四十歳の建久六年（一一九五）の前後、走湯山の東谷浄蓮房（一説に上蓮坊という）に住んだ。つまり源延は梶井門跡系の天台僧で、叡山の東塔とも関係深く、自然、浄土宗の祖法然房源空にも近づいた。顕密の行法に怠りなかったうえ、極楽往生のため毎日三万遍の念仏をくりかえし、四十歳から六十六歳まで毎年三度ずつ信濃の善光寺に参詣したし、建仁四年（一二〇四）には、浄土宗の要義に関する経論の要文を集めた『浄土宗略要文』一巻を、師の法然房源空から与えられている。

こうして建保の初めには、鎌倉でも声望が高かったのであろう。その元年（一二一三）二月十三日に源延は浄遍とともに幕府に召されて、将軍実朝の前で法華・浄土両宗の旨趣を談義し、安貞三年（一二二九）二月二十一日には、幕府の長老三浦義村の要請で、相模の三崎の海上に十余艘の船を浮かべ、夕陽の映えるなかに伎楽を奏しながら、阿弥陀如来の来迎のさまを現じ、それがおわって説法し、やがて義村の船に移って島々をめぐったのであった。それは源信がはじめたという迎講の儀に汲むとともに、天台系の浄土教が説く入日の観法にもとづいたものである。このころ源延は走湯山内を管領し、同年二月十一日には、執権北条泰時の邸におもむき、去年（安貞二年）炎上後の走湯山の造営について、陰陽師が日時の勘申をおこない、事始の儀を三月五日と定めた席に列しているが、やがて四月二十七日には、講堂と常行堂の上棟もすませている。

走湯山では、もう正治のころ、比叡山にならって法華・常行の両堂が整い、鎌倉期の前半には上下の常行堂があったと伝えるが、嘉禄二年の焼失後、北条泰時が再建に努めたように、常行堂に対する幕府上層の関心は高まり、法華信仰とともに浄土教も家人のなかにひろまっている。元禄十年（一六九七）の再興のとき、常行堂（阿弥陀堂としるす、一説に上常行堂をさす）跡に本地堂が建てられたらしいが（一説に上常行堂を本地堂ともいう）、宝暦八年（一七五八）の『熱海之絵図』では、天和元年の『豆州熱海絵図』のように、常行堂は権現の社殿の左にあり、中・近世を通じ走湯山ではおもな堂舎の一つであった(6)。下常行堂のほうは山下の鐘撞堂の近くにあったといわれる。

ところで建保元年、北条氏の専制への動きに反対して、元老の和田義盛が謀叛を企てたとき、実朝の寵をうける孫の朝盛は蟄居中に、かの浄遍に出離生死の要道を尋ね、読経と念仏につとめていたが、やがて源延の坊に剃髪して実阿弥陀仏と号し、そのまま京都への旅に出た。弟の義直が、父の命令で駿河の手越の駅から鎌倉につれもどし朝盛は黒衣のまま幕府にはいって実朝に謁したが、このような浄土教を仲だちとした家人と走湯山の結びつきは、そのまま武家社会の浄土宗受容の在り方を示すとともに、源空の教義が天台宗の教線に乗り、走湯山への崇敬に裏付けされながら、武家社会にひろまっていったことを物語っている。走湯山の尼妙真坊は法華経を読み、密教の行法も怠らなかったが、やがて源空に面授されると、たちまちに余行を棄てて、念仏だけを唱えたのも、同じひろまりの姿であり、いわば走湯山は、天台・真言両宗、そして東国における浄土宗の一拠点であったのである。(7)

建久三年十一月二十五日は武蔵の家人熊谷直実にとって岐れ道の日であった。その日、彼は叔父にあたる久下直光と熊谷・久下両郷の境界争いについて将軍の前で対決した。しかし武勇はすぐれていても、弁論の才に乏しい直実は、侍所の所司梶原景時が味方する直光を相手に敗訴するのが当然であった。証拠の文書を投げ棄てると、西侍で髻を切りおとし、館にはもどらなかった。西にむかったので、京都へのぼるのではないかと想像された。頼朝は伊豆・相模の家人や走湯山・箱根の衆徒に使を送って、直実の出家を思いとどまらせようとした。もとより走湯山は、箱根山とともに京・鎌倉の往還の関門を扼している。

翌月の十一日に、走湯山専光房の良暹から使者があって、京都へむかう直実と道で出会ったが、もう入道の姿であったと告げた。将軍の命令といってとどめようとしても、承知しないので、まず出家の功徳を讃えて自分の坊にさそい、同行の僧を集めて浄土教の法門を談じ、直実の鬱憤をやわらげたあと、書状を送った。そのなかで良暹は、

爰に貴殿図らざるに出家の道に赴きて、遁世有るべきの由、其聞有り、此条冥慮に通ずるに似たりと雖も、頗る主命に背かしむる者か、凡そ武略の家に生れ、弓箭に携はるの習、身を殺すを痛まず、偏に死に至るを思ふは、勇士の執る所なり、此則ち布諾に乖かず、芳契を忘れざるの謂なり、而るに今、忽ち入道して遁世せしめば、仁義の礼に違ひ、累年の本懐を失はんか、如かず、縦ひ出家の儀有りと雖も、元の如く本座に還らしめよ、若し然らずば、物儀に背かず、宜しく天意に叶ふべき者ならんや、之を為すこと如何、

とのべて、逐電遁世をいましめたところ、上洛をためらう気持がみえるとの報告であった。そこで頼朝は、このうえにも秘計をめぐらすようにとの口上を良暹に伝えさせている。(8)

武蔵大里郡の久下郷には、古くから天台宗の寺があり、同じ郡家郷内にあった熊谷郷にも、その教線がひろまっていたであろう。どこで直実が入道の姿に変えたかは明らかでないが、前にのべたように、直実の祖父ともされる平聖範たちが熱海郷に住んでいたようであるから、ゆかり深い走湯山を通るのも自然であった。また良暹は天台僧で、同行とともにこのころ上野や武蔵にまでひろまっていた源空の浄土にも触れていたであろうから、熊谷郷で天台宗の寺に身近かった直実が、良暹の戒めに耳を傾けるのも偶然ではない。そして浄土教が乗っている天台宗の教線を、逆に武蔵から走湯山、走湯山から京都へたどれば、直実は源空のもとにゆきつくはずである。それがとりもなおさず法力房蓮生（れんせい）の姿であった。こうして鎌倉時代の走湯山には、天台宗に併存する浄土教が、家人の出家入道などをめぐって、その顔立ちをのぞかせており、走湯山の教団も、また家人の社会も、京都の公家文化の影響をうけながら、質を変えつつあったのである(9)。

註

（1）『伊豆山神社文書』『三宝院文書』。
（2）伊豆山神社所蔵『走湯山上下諸堂目安』。
（3）『吾妻鏡』『走湯山縁起』。
（4）『走湯山上下諸堂目安』。
（5）『走湯山縁起』。
（6）『走湯山縁起』『走湯山上下諸堂目安』。
（7）『吾妻鏡』『念仏往生伝』。

(8) 『吾妻鏡』。

(9) 『熊谷系図』『熊谷家伝』『新編武蔵風土記稿』等。

伊豆山の浄蓮房源延補考

先年私は、「浄土学」二六号で法然門下について——とくに天台宗教団との関係を述べ[補註1]たなかに建仁四年（一二〇四）法然房源空が、伊豆走湯山の浄蓮房源延に『浄土宗略要文』を書き与えたのは、(1)源延が源空と同じ梶井系の僧であるという血脈上の近さから、その要請に答えたと思われ、(2)源空がこのような著述の形式で教義を説くのは、なお別所聖としての名残りであり、(3)これらのことは、浄土宗が天台宗の教線にのってひろまる例と考えておいた。

一

吾妻鏡の元仁元年（一二二四）八月八日の条に、「今日、故奥州禅室（号新法花堂、）供養、導師走湯山浄蓮房、（加藤左衛門尉実長叔父也、）」とある。諸系図の中から実長とその叔父に当たる浄蓮房は見つけ難いが、実長は、『尊卑分脉』などに記す景長に当り、この記事はまず信ずべきものと思われる。

ところで加藤氏は、藤原利仁の後裔で、五代の孫正重のころには、もう伊豆に土着し、武士になったのであろう。景長の曽祖父に当る六代の景道は、源頼義の郎等七騎の一人と称され、源氏と主従関係を結んだ武士であった[1]。このため祖父の景清や父の景廉（浄蓮房の兄弟）は、治承四年（一一八〇）頼朝が挙兵すると、いち早くその麾下に参じ、山木判官平兼隆を討つ際に景廉は、工藤、土肥、岡崎、宇佐美、天野、佐々木など、駿豆の武士とともに頼朝に召され、合戦のことを議したほどである。(2) こうした加藤氏は、先祖以来源氏の家人で、実朝が右大将に任じて、鶴岡八幡宮に参詣したときには、景長も衛府の士を勤めている。(3) だからのちに浄蓮房が幕下に近づいた第一の契機は、この俗系にあったといえる。

また加藤氏は、伊豆の北狩野辺に住んだとされるが、(4) 景長が河津を号したことから考えると、伊東祐親の一族が平氏に味方して所領を失ったとき、長子河津三郎祐泰の跡は、この景長に与えられたのであろう。つまり加藤氏は、北条、工藤など、有力な家人の蔭にかくれて、あまり目立たなかったけれども、伊豆ではかなり勢力があったわけで、のち浄蓮房が走湯山の別当となった背景には、伊豆における俗系の力があったと解される。

ところが『善光寺縁起』には、浄蓮上人源延如来拝見事という一節があり、「夫浄蓮上人、伊豆国人、家伊豆河東、走湯山所生」と見えて、『吾妻鏡』の「走湯山浄蓮房」に当り、『走湯山上下諸堂目安』に記す「上蓮上人源延」や『台密血脈譜』に載せる「源延上蓮房伊豆山」と同一人にちがいない。つまり『善光寺縁起』や『吾妻鏡』の浄蓮房は、源空から『浄土宗略要文』を与えられた、「伊豆山源延」（浄蓮房）なのである。

とすれば、源空の弟子源延は、若年のころ唱導の名手であった澄憲に学び、長く叡山に止まって止観の玄文、真言の秘密を習い、伝法灌頂を受けたうえ、他宗の奥旨にも及んだという。(5) これらの行状は、当時天台僧の常ではあったが、師澄憲の影響はのちに源延が実朝などの面前で行なった説法、つまり天台の唱導聖源延としてあらわれ、澄憲の真弟子で、源空の弟子とされる聖覚の存在を思い合わせれば、源延が源空の門下に入った理由の一つが想定される。

すなわち『台密血脉譜』によると、源延は、皇慶―慶厳―仁弁―忠済（勝林房）及び皇慶―良祐―勝基の血脉を受けたが、皇慶―慶厳―経海（竹林寺）―寛賢―豪賢に連なる伊豆上人も源延に当たると思われる。従って源延は梶井系の僧であったばかりでなく、血脉の上で叡山の東塔と関係深く、源空の師叡空が住んだ大原別所の僧とも近かったのであろう。こうして源延は、源空に身近かな僧であったが、聖覚が、まず授戒の師として源空に接したことを思い合わせれば、(6) 源延と源空の結びつきも、それと同じように天台宗の中で始まり、やがて浄土の法門に入ったのではあるまいか。

すなわち源延が「日三時供養法無絶、毎日三万念仏不懈、惣顕密事理行業、偏望往生浄土極楽、専祈臨終正念、」といったのは天台の助念仏であったが「過盛年、殊更内心深発願志、参詣善光寺、」したのは、(7) 源延がゆるやかに浄土宗に傾いていったことを物語っている。しかもこの善光寺参詣の趣旨が「我毎日三万返念仏、祈来迎引接、如来本願聖教証文無違、往生極楽無疑心、但釈迦遺法弟子源延、若遂上品往生可得無生法忍者、面拝見本師如来、作此念已」ことにあったのは、(8) 天台の助念仏と源空の但念仏の影響にちがいない。そして源延の期するところは、本願を体証するための観仏にあり、源空が念仏三昧を発得して善導の信を追体験した経過に似ている。源空は源延に与えた『浄土宗略要文』の中で、『選択本願念仏集』の趣旨を、より観想的な形に示しているが、それは天台の唱導聖であった源延の観想的な浄土思想への対応と思われ、源空の但念仏が、天台とまぎらわしい状態で伝わった例といえる。

二

源延は、四十歳から六十六歳までの二十六年間、毎年二度三度善光寺に参詣したというが、(9) 四十歳の建久六年

（一一九五）の前後には、もう東国に下り、走湯山の僧となったように思われる。そしてまもなく建仁四年（一二〇四）源空から『浄土宗略要文』を与えられ、建保の初年には、鎌倉の幕下で声望が高まったようである。

建保元年（一二一三）和田義盛が謀叛を企てると、かねて実朝の寵愛鎌受けていた孫の朝盛は、蟄居して幕府に出仕せず、走湯山の浄遍僧都に出離生死の要道を尋ね、読経と念仏を怠らなかった。そして四月朝盛は発心の志を秘めて実朝の和歌会に列なった。秀逸を歌って実朝から数か所の地頭職を賜わったが、幕府を退出しても邸には帰らず、浄蓮房の草庵で剃髪して実阿弥陀仏と号し、そのまま京都への旅に出た。義盛は郎等の知らせを聞くと、朝盛の閨中をさがして書き置きを見つけた。謀叛にはしかるべき理由があっても、主君には叛き難く、父祖に弓を射るわけにもゆかず、無為に入って自他の苦患を免かれるほかには、とるべき道もない。書置きにはそう記してあった。義盛は怒ったが、武勇にすぐれ、挙兵には一軍の将たるべき朝盛の出家をそのまま放置できなかった。義盛の命を受けた子の義直は、鞭を揚げて朝盛を追い、駿河の手越駅から鎌倉につれもどった。義盛から怒りの言葉を聞いたあと、朝盛は黒衣のまま営中に入り、実朝に謁した。(10) 当時家人が許しなくて出家することは、かたく禁じられていたから、実朝の信任は格別ということになる。

このような朝盛の出家は、北条氏の専制確立の過程にあらわれた事件であったが、浄土門に帰して出家し、京都への旅に出たのは、熊谷直実の場合に通じ、直実も伊豆山で、黒衣の姿を見つけられている。伊豆に挙兵し、相模に根拠をおいた頼朝は、走湯山権現（伊豆神社）と箱根神社の信仰があつく、歴代の将軍や執権も二所社参と称して、たびたび参詣し、奉幣使を遣わしたが、この走湯山の別当として、平安時代以来神事一切を領掌したのが神宮寺、のちの東明寺の住持である。治承末年の神宮寺は、五堂を中心に諸坊舎が栄え、正治元年（一一九九）には常行法華両堂が棟上げされて、天台の念仏三昧が安置された。(11) こうした走湯山は鎌倉の御家人の崇敬を受け、また早くから山中には天台の助念仏が行なわれていたと思われるが、ここに天台の唱導聖で、伊豆の御家人の家を背景にした浄蓮房源延が住んだわけである。直実が伊豆山で見つけられ、朝盛が源延について出家したのは、御家人の信仰と天台の教線とが、走湯山で結びついた結果であり、源空の但念仏は、この結びつきを通して天台の教義とまじりながら、鎌倉武士の間に流れこんでいたのである。そしてこの流れを遡ろうとするとき、京都への旅は、自然の帰結でもあった。朝盛が出家する直前の三月下旬、源延は浄遍僧都と幕府に召され、営中で実朝に法華・浄土両宗の趣旨を談義したのは、走湯山における浄土門の在り方と鎌倉武士の浄土宗受容の系路をよく物語っている(12)。

三

源延が世俗を厭ったという伝えは、やや誇張と思われるが(13)、承久二年（一二二〇）以前相模西郡の松田の山中に往生を祈って西明寺を建立したという(14)。そしてこの年二夜にわたって夢に善光寺の如来があらわれ、上品への往生は疑いない故、速かに大悲を発して一切の衆生を勧進し、わが形像を写して悪業の衆生を済度するようにと告げたのであった。源延は年来の宿願に近づいたわけであるが、同じころ善光寺常住の僧三人にもその旨が夢告された。早旦に夢醒めた三人の僧は、めいめいの夢が一致するのを知り、衆僧に計って使者を立て、源延に書状を送った。源延は、ちょうど駿河の智満寺で大曼荼羅供の大阿闍梨を勤めていたが、書状を見て秘泣し、弟子や同行を相模に帰すと、ひとり善光寺に詣で、七日の参籠に入った。四日目の夜、一尺五寸ばかりの如来が右手に施無畏印、左手に如刀印を結び、濃紫色の仏身をあらわした、源延は寺を出でて、その全容を絵像に写し、仏師に命じて鋳造のうえ、ひとり開眼供養したのであった(15)。

智満寺は、宝亀年間（七七〇—七八〇）の草創と伝えるが、おそらく平安時代の前半に駿河で天台宗がひろまったころ建立されたと考えられている。[16] だから源延に関係ある善光寺も、智満寺もそして神宮寺も天台宗の寺であり、源延は専修念仏だけの徒ではなかった。仏身を観じた伝えから考えると、唱導する源延は、観相する天台の勧進聖でもあり、寛喜のころ走湯山を管領し、一山炎上のときには、勧進再建して開眼供養の導師を勤めている。[17] 寛喜元年（一二二九）二月、三浦義村は、源延を請じ、て三浦の三崎浦に十余艘の船を浮べ、夕陽を背景に迎講の儀を行なった。事終って源延は説法し、将軍の藤原頼経や執権の北条泰時たちは、聴聞ののち御座船を漕ぎ出して嶋々を廻り、鎌倉に帰った。[18] この迎講は、観経にもとづく、日想観の行儀で、平安時代の末、鎌倉時代の初めには、摂津の四天王寺などでしきりに行なわれた入日の観法と同じ助念仏である。このような迎講が有力な家人によって催され、澄憲の唱導と源空の但念仏を受けた天台聖の源延が導師と唱導とを勤めたのは、鎌倉武士が源空の但念仏を受容するときの変容の一つを示している。それは、天台に逆戻りした形であり、文治元年（一一八五）南御堂の後壁に浄土の瑞相と二十五菩薩の来迎を書いたことや承元元年（一二〇七）北条政子や実朝をむかえて、永福寺の阿弥陀堂で修した二十五三昧会に通ずる。[19]

もとより鎌倉武士の中には、隆寛を外護した森西阿や証空に従った宇都宮蓮生のような輩もいたが、同じ浄土宗の徒であっても熊谷直実や和田朝盛のように天台宗教団を媒介した帰依の系路は、東国における浄土宗の展開に重要な意味をもっている。つまり京都の公家文化を受け入れることと東国の旧仏教に帰依することは、鎌倉武士が自己の立場から飛躍することとなしに、浄土宗に接触する系路であった。畠山重忠が栂尾に明恵を訪ねて浄土宗の法門を談じ、[20] 結城朝光は、夢想の告げによって、将軍のために人別一万返の称名を傍輩にすすめたという。[22] そしてまた宇都宮蓮生は、園城寺の復興に際し、十八人の雑掌の一人として、山王社と拝殿の造営を受けもっている。[22] こうした旧仏教との混流に東国の浄土宗をとく一つの鍵があり、事実東国の鎮西義や長楽寺義などは、天台・律などと交流しながら展開している。金沢文庫にいくつかの浄土教の史料が収められているのを、この大勢がもたらした結果と考えることによって、新しい視野がひらかれてゆくように思われるのである。

註

(1)『尊卑分脈』。
(2)『吾妻鏡』。
(3)『吾妻鏡』。
(4)『岡県静史』。
(5)『善光寺縁起』。
(6)『明義進行集』三。
(7)『善光寺縁起』。
(8)『善光寺縁起』。
(9)『善光寺縁起』。
(10)『吾妻鏡』。
(11)『静岡県史』。
(12)『吾妻鏡』。
(13)『善光寺縁起』。
(14)『善光寺縁起』。
(15)『善光寺縁起』。

(16)『静岡県史』。
(17)『静岡県史』『吾妻鏡』。
(18)『吾妻鏡』。
(19)『吾妻鏡』。
(20)『吾妻鏡』。
(21)『吾妻鏡』。
(22)『吾妻鏡』。

補註

(1)『熱海市史』所収の拙稿「伊豆山の浄蓮房源延」参照。

天王寺の念仏　――空阿弥陀仏の念仏

一

空阿弥陀仏は、法然房源空の弟子の中でも特異の存在である。彼は源空の性格とその専修念仏を受けて、それらの一面を一層強く推し出している。彼には教団というものがなかった。しかし念仏の場はある。本論はその一つである天王寺の念仏を考えることによって、空阿弥陀仏の念仏を探り、ひいては嘉禄の〝法難〟の真実に触れたい。

久安五年（一一四九）十一月鳥羽法皇は天王寺に念仏三昧院を建立したが、(1) 栄西は『興禅護国論』の中でこのことに及び、

又念仏宗者、先皇勅置天王寺、今尊卑念仏、是其余薫也、

と述べている。(2) つまり「雖無勅、流行天下」していた念仏の教義は、これを契機に、公然と全ての階層に普及したというのである。ところでこの論は、建久六年（一一九五）の著で、南都北嶺の排撃によって、栄西・能忍の禅が禁止された翌年に当たる。栄西はこれらの批判に答え、(3) 直指単伝の宗風を鼓吹する目的から、この論の筆をとったのである。そこで「仏法皆付属国王故、必応依勅流通」きで、(4)「禅院恒修、此是白傘蓋法也、鎮護国家之儀明」(5) と禅宗を弁じている。この立場から見れば、念仏三昧院の建立は、いわゆる「念仏宗」が、寓宗の域を出でて、国家権

力の保護の下に、普及を認められた証拠になる。天王寺の念仏は、事実このような意味をもっていたであろうか。

さらに栄西は、禅院の由来を慈覚大師円仁の発願において、禅は天台を離れず、「八宗之行処雖区別、至証位、必応用禅乃至称名之行、非禅者、不成順次業。」などと弁ずる。[6] もっとも円仁の著、『随意観法集』には、[7] すでに天台の行法としての「念仏宗」の語が見える。栄西が用いた意味はこれと異なるが、彼は当代の念仏宗も、天台の念仏三昧の延長と理解しているらしい。[8]

ところで禅林寺の永観は、

凡自幼至老、被閲経論至忘寝食、阿弥陀経要記・往生拾因各一巻、自以筆削、念仏之輩皆以競写、以為念仏宗云々、若人問出世之要、答以念仏之行、又新造式（往生講式）、毎十斎日、勤修往生講、

している。[9] そこで以上とは別に、遅くとも天永二年（一一一一）以前、とくに永観が『往生拾因』を著した康和以後には彼を中心にした念仏の教義に「念仏宗」の呼称があったわけである。[10] 永観は院政期の受領源国挙の孫で、高野の隠遁的な聖深覚の法孫に当たり、真言・天台両系の念仏に連なる。彼は称名即阿字観と解して、真言と念仏とを融会し、[11] 称名は法身観であり、大陀羅尼や法華三昧にも勝る故、一心称念を重じるという教旨を立てた。[12] そして一心すなわち散乱心を離れて定心になるため、高声の念仏をすすめて、不声の念仏や数量念仏を拒け、さらに時機のそれにも堪え難い者には観仏を提示し、またその暇のない者には、臨時念仏として持戒・観仏・数量念仏を説いている。[13] ところが観仏や数量念仏は、当時階層を問わず、広く行われた助念仏である。つまり永観は、易行として高声の口称念仏を提示しながら、助念仏を切捨てていない。だから口称はなお観法の中に止まって法身を志向する。[14] ここに永観が踏み台とした当代の念仏と、踏切り得ない教学の限界とが存している。しかし永観は、一心称念は本願に順じ、無明の罪を犯す者も、観仏と口称とによって来迎を期待し、[15] 五逆重罪の輩も、宿善の故に名号に遭い、

口称によって救われると[16]、本願及び名号への信を語り[17]、

為破戒懈怠身、貴十念往生願、（中略）皆是依臨終念仏、除一生之殺罪、

と臨終念仏を重じた[18]。ここに『往生講式』を著わす根拠がある。このように永観の教義には、名号と本願への信に裏づけされた口称念仏、すなわち但念仏への傾向が見られるが、その契機は奈辺に存したであろうか。

環境から生まれた無常観や焦躁感[19]、それに時機観、とくに目のあたり五逆重罪の機根の問題に当面していたことは考えられる。こうした外的な契機を念頭に置きながら、『往生拾因』を通覧する時、極めて顕著な点は、㈠観経[20]㈡道綽の『安楽集[21]』㈢善導の『観経疏[22]』を多く引用したことで、その引用の仕方も問題である。いうまでもなく道綽は、念想を重んずる念仏三昧を要行とするが、永観はこれを観仏の証明に集中し、助念仏を語った傾向がある[23]。それに対し善導の文は、一心称念[24]と摂取不捨の本願[25]を説く箇所に引用し、弥陀の本願と来迎、及び下品下生の念仏についての三か条には、同時に『観経』を引いて重みをかけている。つまり永観の念仏観に見られる但念仏への傾斜は、『観経』に基づいて口称念仏を説いた善導の教義に導かれる所があったことを物語る。この事実は、善導に拠った源空の前駆をなすもので、源空と永観との間に横たわる断層に、橋をかけ、源空の浄土宗の成立に、多大の暗示を与えたであろう。それはともかく、永観を中心にした念仏について「念仏宗」と事新しく呼んだのは、こうした助念仏から但念仏への内的な展開に応じているのに注目される。

さて源空は『選択本願念仏集』の中で、「浄土宗」の立名の由来を説いているが、源空の門流は承元の事件の後でさえも、まだ「念仏宗」と呼ばれた例がある[26]。そこで鎌倉時代にこの語は源空の浄土教をも指して使われたわけである。ところで栄西が「今尊卑念仏」という時は、事実安元の選択立宗以後の念仏を指す故に、当時の助・但念仏も広く含めて念仏宗と呼んだに違いないのである。かくして「念仏宗」の語は、平安の後期に永観のような教義

を意味していたと考えられるが、やがてその意味を広めて、源空の教義も含め呼んだことになり[27]、栄西はこうした慣行に従って「念仏宗」の語を用い、当時の念仏を対象にしたのである。これを念仏の内容から見れば、成長の時期によって概念の内包は異っているけれども、永観以後の「念仏宗」は、その中に但念仏の存在を明示している。だからこの語の慣行は、やはり源空と永観との橋渡しになるわけである。しからば栄西が念仏宗の公然たる普及の始めとまでした天王寺の念仏は、そのような事実をもっていたであろうか。

二

平安以前はともかく、最澄は帰朝後十年を経た弘仁七年八(八一六)天王寺に六時堂を建立したが[28]、そののち天長二年(八二五)安居の講師に天台僧を講ずる定めなど[29]、新仏教である天台宗は、早くも天王寺に移植されている。そして承和の頃叡山の円行が、別当に補任されるに及び[30]、天王寺における天台の法脈は、略々確かなものになったのである。そしてこののち鎌倉の中頃まで、別当は全て天台僧が占め、しかも皇室・貴族の出身者が過半数を超えている[31]。これらの経過は、天王寺の念仏が天台系から移入し、公家による支持を予想させる。

長和五年(一〇一六)藤原道綱の子で、叡山における浄土教の先駆である良源の弟子道命が別当となった。彼は兜率上生の信仰を出ないが[32]、歌人の仲間としても交りの深かった赤染衛門は、天王寺に参詣して、

西大門にて月のいと明かりしに

ここにして光を待たん極楽に向ふと聞し門に来にけり

と詠じている[33]。衛門は念仏者の一家大江氏の匡衡の妻で、熱心に念仏を修した挙周を生み、また道長妻の倫子に仕えた[34]。ところが道長の娘上東門院彰子は、長元四年天王寺に参詣して、西門で日想観を修し[35]、また永承三年(一〇

四八）道長の子頼通は、高野詣の途次天王寺に参詣して、西大門北の坊舎に宿り、西方礼拝を行っている。(36)道長・頼通はいうまでもなく、これら貴族の仲間、つまり藤原時代の浄土教の中心となった人々にあらわれた一連の関係から考えると、天王寺を信仰する藤原貴族の間には、西門についての助念仏が存したことは明らかである。

ところで長久三年（一〇四二）に入滅した河内往生院の念仏僧安助は桓越に説いて、

汝所領林園者、当天王寺東門、定知極楽東門之中心也、加以西天迎晴夕日可観、冀建小堂、送吾余算者、

と、この小堂に五念門を修し、かなり帰依者があったらしい。(37)従って天王寺が極楽の東門に当たるとの信仰は、当時僧俗に広まっていたのであろう。しかるに永承三年『高野御参詣記』には「古人之所伝、当極楽之東門云々、」と見えて、その起源はもっと古いのである。聖徳太子の真撰と伝える『御手印縁起』には、この旨が記されているが、この縁起は、延喜十七年九(九一七)平兼輔の著といわれる『聖徳太子伝暦』に引用された後、寛弘四年（一〇〇七）天王寺の金堂から発見されるまで、九十年間隠滅の状態にあったという。(38)否、赤松俊秀氏のいわれるように、(39)この縁起が発見の寛弘四年の偽作と考えた場合も、永観二年（九八四）源信・保胤の仲間である三善為憲の著、『三宝絵詞』には、『伝暦』の文を引用しているから、(40)「宝塔・金堂相当極楽東門」との所伝は、寛弘以前からあったことになる。しかし寛弘という年は、天王寺参詣が盛んに、また藤原期の助念仏が広まった頃で、赤染衛門以下の参詣などは略々この間に相当する。つまり寛弘の頃までに浄土信仰と結びつき、藤原貴族の仲間をはじめとして始まった極楽東門との信仰が、これと表裏する西門についての助念仏へ転ずるのはちょうどこの時期で、主に天台系の念仏をうけ、(41)藤原時代の浄土の温床であった公家貴族たちが媒介者ではなかったろうか。さらに永承の頃別当となった明快の身辺や同じく桓舜の臨終には、(42)一方で止観や祈禱の面が維持されながらも、助念仏が修されている。(44)そればかりではない。治暦の頃入滅した近江石塔別所の寂禅、(43)延暦寺の覚尊や金峯山千手院の永快、(45)少しく降った無動寺の

仙命[46]など、他山から往来した聖についても同様なのである。その間天王寺自身に念仏を認めることはできない。だから嘉保の頃別当となった延暦寺の増誉が、藤原氏の出身として祈禱の霊験を貴族たちから期待されたように[47]、天王寺はまず天台寺院として公家社会の信仰を集め、また天台聖の往反する寺でありながらも、両者を通じ外から天台系の念仏が移入されたわけである。

ところでこれらの念仏には、著しい二つの信仰が併存している。第一に先述した仙命の伝に、

以弥陀念仏為口業、額彫三宝名字、背鏤弥陀形像、往年詣四天王寺聖霊堂前、燃於手中指供養尊像、紅燭光前青竜現上、太子手印記云、荒陵池有竜、可守護伽藍仏法云々、見其形色、太子怖畏、燃一心念仏、数尅行道、燈漸尽焉、竜亦隠矣、又於是処々道場、燃手足指供養於仏、

とあるように[48]、太子信仰が結びつく、それは天王寺創建の由来に顧みれば、当然のことでもある。しかるに永観二年（九八四）に著わされた慶滋保胤の『日本極楽往生記』には、往生人として太子の伝を記しながら、天王寺の念仏をめぐっては何の記事もない。この事は前述のように当時『御手印縁起』にも記された極楽東門の信仰が、彼の仲間に信じられていたとしても、藤原以前では念仏との結びつきが生れていなかったことを示し、西門についての助念仏への転換の時期を傍証するのである。そして末法思想という観点から見れば、太子信仰と浄土教の成長とが、同じ基盤をもつと考えられるのは、両者の結びつきに多くの指示を与えている[49]。

第二には先述した覚尊が、「又於天王寺供養舎利」した例のように[50]仏舎利信仰が併存している。仏舎利信仰の起源はともかく、当面の時代と階層に注目すると、延喜の頃、東山の極楽寺で行われた毎年の舎利会には藤原忠平が参じた[51]。極楽寺は基経が建立した寺で、寺の東には忠平の兄仲平が葬られ、本尊は阿弥陀如来である[52]。そして例年の蓮花会や万燈会ばかりでなく、菊会などの遊楽も催され、藤原氏をめぐる貴族の寺であった。しかるに忠平は、

山階寺から九品往生図をとりよせて、西方浄土図を画かせ、あるいは叡山の座主で念仏にいそしんだ延昌に帰依している。[53]だから忠平と極楽寺との関係には、源信の念仏を生む前段階の様相が物語られている。ところが慶滋保胤の詩序に、四月八日六波羅蜜寺の供花会に集まった緇素が、

相語曰、世有勧学会、又有極楽会、講経之後、以詩而讃仏、今此供花会、何無歎仏之文哉、

と見える。[54]勧学会は保胤を中心とした講経・作文・念仏の会合で、『往生要集』成立の背景であるが、[55]極楽会は、極楽寺の西、浄阿闍梨の房に、保胤の仲間も集めた類似のものらしい。[56]つまり源信・保胤の念仏は、極楽寺にもその場をもったわけであるが、ここでは舎利会が定例の行事であった。しかもこうした人々の念仏を受け、藤原時代の浄土教を育成した僧俗の間にも、やはり仏舎利信仰をあとづけることができる。ところで彼等の間には、これと関連深い五台山信仰が盛んで、保胤の弟子寂照（大江定基）・奝然などの入宋は、その例であるが、それより以前入唐の天台僧日延は、天暦の頃阿育王塔と共に、『瑞応刪伝』等を将来している。[57]前者は仏舎利信仰をかきたて、後者は源信・保胤の著に引用されて、[58]助念仏の完成を促した。こうした日宋交通、とくに五台山信仰によって導かれた阿育王塔の信仰は、藤原期に普及し、しかも念仏と関係してあらわれる。[59]つまり天王寺に助念仏を移入した僧俗の系譜には、早くから仏舎利信仰が念仏と併存し、相関連していたわけである。先述した寂禅の伝には、

三十余年以降、占近江国蒲生郡石塔別処、永以蟄居、是則阿育王八万四千塔之其一也、此地結庵、坐禅念仏歳月積矣、

といわれ、[60]この天台の別所では、助念仏が修されていた。しかも寂禅の臨終念仏を記した後に、

又良照同法夢、天王寺西門雲海沈々、風波寂々、船四五艘、荘厳奇特、絃管合調、来迎聖人、

とあり、彼の身辺の僧は、天王寺往反の者でもあったらしい。こうして仏舎利信仰は、その系譜の僧俗を媒介に、

天王寺の念仏と関連してゆくが、三善為康の孫で、熟烈な念仏者であった為康が、康和元年天王寺に参詣して、九ケ日百万遍を満した時、仏舎利の出現を祈請したのは、もっとも明らかな例なのである。(61)

さて少しく降り、その著『続本朝往生伝』に為康の伝を記し、自からも念仏者であった大江匡房は、(62)天仁三年（一一一〇）の「定子天王寺舎利供養」という願文の中で、

天王寺者、釈迦如来転法輪之地、聖徳儲皇之崇仏乗之処、当極楽之東門、期引摂於西土、仍展張斎莚、供養舎利、奉写妙法蓮花経三部廿四巻・無量義・観普賢・阿弥陀・転女成仏・般若心経各三巻、

と書いたが、(63)ここに従来の天王寺についた信仰が複合されている。もっともこのような例は、天王寺ばかりでない。例えば河内の金剛寺の寺伝に、

昔古仏説法之旧跡、鉄塔(阿育王塔)奉納之勝地、弘法大師経行霊場也、

という。(65)ここで注目すべきは、金剛寺もまた白河天皇・鳥羽上皇をめぐる皇室・貴族の信仰深い寺であったことである。白河法皇治政の時代は、阿育王塔の信仰が盛んで、法皇は仏舎利を将来したとも伝える。(66)また大治二年（一一二七）法皇は、鳥羽上皇や待賢門院を伴って天王寺に参詣し、金堂で仏舎利を奉拝している。(67)これらの点から考えて、天王寺や金剛寺のように複合された信仰は公家貴族の社会を一つの母胎に形成されたのではなかろうか。そして天王・金剛両寺についての信仰を比較すれば、天王寺は「聖徳儲皇之崇仏乗之処」であることが中核である。いいかえれば上述した僧俗の、とくに貴族の天王寺に対する信仰は、あくまでも太子信仰が中心にある。だから太子信仰と結びつく西門についての助念仏は、貴族を背景にした天台寺院としての天王寺の中で、矛盾なく位置し得るわけでもある。五台山信仰が嵯峨詣に転ずるのは、この時期より少し遡るが、印度・中国の仏蹟に代えて、聖徳太子の追慕から念仏を伴った浄土詣、すなわち天王寺参詣は、鎌倉前半に顕著であり、その起源は前述の

ような複合した信仰が成立した藤原時代の末、院政の初と考えるのが妥当であろう。天仁元年（一一〇八）に入滅した鰐淵寺の永暹が、太子の廟下での命終を願って、墓所で阿弥陀供養法を行じ、[68]あるいは天永以前に寂した蓮妙が、毎月の晦日に参詣して、仏舎利を供養したのは、[69]仙命・寂禅以来の延長にすぎない。だから天王寺の念仏は、藤原期の浄土教を育成した僧俗と同じ階層の、関連のある人々によって移植されると共に、太子信仰や仏舎利信仰によって助長された助念仏であった。そしてこうした成長は、単に参詣や往反の僧俗にあらわれる念仏には止まらなかったのである。

三

十一世紀前半に見られる僧俗の天王寺参詣の例は甚だ多く、[70][補註1]天王寺は霊場としての性格を強めた感がある。それは前述したように、一つには浄土信仰により、もっと強く太子信仰を軸としている。[71]康治二年（一一四三）十月藤原忠実の参詣に従った藤原頼長は、

余昇堂上、奉礼聖霊二度、用拝太子之礼、仍不三拝、祈請云、若摂録天下之時、願任十七条憲行之、此心無変、令天下撥乱反正矣、（中略）今日御覧宝蔵之時、有太子御衾衣綿、為示女房等少分被之、禅閤（忠実）・法親王（守覚）命予曰、此衾少可割取、可無護之故也、余辞曰、為護身盗取寺物、於仏教破戒、於王法有罪、故不能取之、

と記している。[72]あたかもこの年の六月、忠実は源為義を被官とし、[73]当時頼長の意が奈辺にあったか明らかなわけであるが、貴族の天王寺信仰の中心点を示したものである。ところで頼長をはじめこれらの僧俗は、いずれも助念仏を修しているが、一方では右の記事にあるような道徳的な考え方が背景にある。つまり太子・仏舎利信仰に助長された天王寺の念仏を、こうした面から考えると、善根を積み、持戒を志す貴族と僧侶のもので、破戒非善の念仏で

はなかった。だから西門で舟に乗る法師の姿を屛風絵に画かせた源俊頼[74]や、土御門宗忠が極楽往生を結縁した天王寺の某比丘尼[75]などの例が示すように、西門について助念仏は、藤原期の浄土教を踏み越えず、また天王寺の宗義である天台の範疇を破らなかったのである。

さて長承三年（一一三四）鳥羽上皇が、女院と共に熊野詣の途次、天王寺に参詣した時には、まず西門を入って、別当坊の「西妻」に宿しているが[76]、ここは前述の頼通が宿った西大門北の坊舎と関係があるように思われる。さらに康治二年（一一四三）忠実の参詣の時には「入御西大門、以内念仏所、為禅閣御休所、」と別当坊は忠実の妻の宿所に当てている[77]。つまりこの十年間に西門の内側には、「内念仏所」が営まれたことになる。次いで久安二年（一一四六）九月鳥羽法皇の参詣にも、宿所は内念仏所であった[78]。『天王寺旧記』には、内念仏所を「西門外新別所」としているが、『台記』の文をそのような位置には読み難い。ところが『台記』の久安四年五月十日の条には、「禅閣渡御宿所西門屋外、」と見える。それはのちにいわゆる「西門外北念仏堂」[79]と呼ばれたもので、旧記が混同した内念仏所に対しての新別所である。すでに藤田寛雅氏は、久安五年十一月十二日鳥羽法皇の創建した念仏堂が、西門外北腋の念仏堂と異なり、「寺門之側、精舎之辺」に建立された念仏三昧院であると指摘された[80]。おそらくこの念仏三昧院と内念仏所との間には、発展的な連りを考え得るであろうが、管見では許し難い[81]。かくして久安四年までに西門の内外側に、皇室・貴族の参詣を機として、その宿所にも当てていた二つの念仏所が営まれたわけである。

ところで念仏三昧院は、檜皮葺六間四面の堂舎で、円上人が「為聖勇猛之念仏本所、造立之尊像」である三尺の阿弥陀如来像を安置した[82]。円上人はどのような僧か明らかでないが、貴紳と交り深かった念仏聖かと思われる。しかも法皇は建立に際し、「非吾力之不堪、欲令人心而興善也」して、「射山之群良」をはじめ、公卿たちに命じて合力させた[83]。時に別当は、法皇の叔父に当たる行慶である[84]。かくして念仏三昧院の建立は、前章で述べたような皇室

・貴族の念仏を背景にしたことは明らかである。鳥羽法皇は、大治二年（一一二七）から仁平三年（一一五三）に至る間八回も参詣しているが、その都度献灯・読経・諷誦・修法・講説はもとより、仏舎利の頂礼（舎利会）・聖霊院の拝礼とを欠くことなかった。それはいうまでもなく仏舎利・太子信仰のあらわれである。と同時に百万遍の念仏や舎利会・阿弥陀講・迎講・往生講なども修している。[85] しかもこれらは常に内念仏所や念仏三昧院など西門について建てられた念仏堂で催された助念仏であった。こうして念仏三昧院をめぐる念仏もまた、藤原期の助念仏の流であるが、久安六年の参詣の時、

是夜長講、聖人（出雲聖人）法音短於常、上（鳥羽法皇）曰、今日舎利会上下疲倦、恐忤衆心、短其音歟、求媚衆庶、於法失常、聖人之所為豈可然乎、[86]

と批判した例は、持戒に連る引声の念仏、つまり念仏三昧を仰いで、ただ諸行にかえろうとする傾向を帯びている。

ここに見える出雲聖人は、もちろん前述の出雲聖人永暹とは異なるが、天養の頃天王寺に来たった天台聖の一人らしい。[87] すでに久安二年彼は「西門外鳥居内屋」で行法を修し、この内屋は「八幡念仏所」と称されている。[88] あるいは彼が久安三年以前西門附近に造った極楽堂と同じかもしれない。[89] それはともかく八幡念仏所は、出雲聖人が念仏を修するためのもので、前の二念仏所とは全く異なった理由から営まれた。ところで出雲聖人は極楽堂に迎講を修するなど、明らかに助念仏の僧でありながら、頼長は

三四年以来、始初後夜行法、其行法異于諸行法、弥陀悔過云々、於西門外鳥居内屋行之、

といって、聖人の行法が、通例のものと異なった所があると指摘している。[90] その内容は詳かでないが、彼は「本出雲国民」といわれた庶民の出身で、「京中人不論貴賤、勤毎年一度百万遍念仏、随心定其句」めるなど、[91] 教化の仕方

や対象は、藤原期の浄土教やその背景と異なっている。これを直ちに、かの行法とは結びつけ難い。けれども頼長が、「暫与聖人言談、其説非正直、足為怪、」[92]と批判した言葉の端から、出雲聖人には公家貴族の助念仏と離脱したところがあったのではないかと推察させる。

ところで永久四年（一一一六）五月、鳥羽法皇は、「渡御出雲聖人念仏所、令逢行法時給、可入念仏衆之由、有御約」[93]り、当時出雲聖人の八幡念仏所を中心に、いわゆる念仏結衆が作られていたと解される。この時は単に約束だけであったらしいが、翌十二年女院が入ったことから考えると、法皇もまたその一人になったのであろう。[94]しかるにその時法皇は自ら頼長に対し、女院の入衆を知らせている。それは以前久安三年（一一四七）九月の参詣の折、法皇が群臣に管絃を奏させた時、頼長も笙をとったが、吹き誤るところが多かったので、「終身之遺恨、何事如之、予密願曰、今夜無天覚楽者、入念仏之衆而多失、仍不入之、」[95]としたことに相対する。頼長の出雲聖人に対する度々の批判は、こうした動機によったであろうが、やはり念仏の内容が問題であり、念仏結衆が焦点になる。もとより貴賤に交って念仏を広めるのは、しばしば当代の聖に見られるところで、しかも出雲聖人の行法は有観の助念仏で、従来の天王寺の念仏と類似したものである。だから彼は天王寺の中で、公家貴族の帰依も受けられたのであろう。それはともかく天養・久安の頃、やや内容を異にした出雲聖人の念仏が、いままでの念仏と交わり、広い階層に支持されながら、次第に天台寺院の中で念仏結衆を形成していたわけである。しかしその結衆は恐らく公家中心のものであったろう。

このように念仏三昧院の建立には、藤原期浄土教の延長と、出雲聖人の有観念仏との二つの背景があったわけであるが、その中心は前者を受け、後者を包み込んだ公家貴族で、過去現在の念仏者を、匡房の『続本朝往生伝』によって遡ろうとする人々であった。[96]だからその念仏は出雲聖人すら「行法之間、可無言」[97]ことを求めた沙門と持戒修善の在俗の念仏であり、助念仏よりただ諸行を仰いでいる。従ってこの念仏三昧院も、他の西門外に建てられた念仏堂も、法華三昧に対する常行三昧を論理上の根拠にしたものである。[98]こうして念仏三昧院の建立をめぐって、止観の常行三昧の延長として、公家社会に生長した助念仏が、国家権力の中心である皇室・公家貴族によって天王寺の中に安置されたことは、栄西のいう事実としても、まだ助・但をふくめた念仏宗のそれではないのである。

四

院政の末期から鎌倉政権成立の時期に至る間、天王寺が皇室・公家の信仰を受け、彼等によって助念仏が維持されていたことには変わりない。[99]そして山門の法親王の入寺は、一層この傾向を強くしている。[100]だから天王寺の念仏は、当時の激しい政治の変転の間にも、略々変わりない公家社会の支持を受けていたわけである。しかもこれらの公家の中には、九条兼実・慈円の兄弟、ついで道家など月輪一家の人々がまじっていたことに注目しておきたい。[101]

しかしこのような公家社会との関係は、このままにまることはなかった。治承元年（一一七七）別当明雲の流罪の一件、[102]また文治三年（一一八七）後白河法皇がわざわざ三井寺の公顕を呼んで、天王寺に灌頂を受け、五智光院を建立したように、[103]山門をめぐる紛争にかかわり、あるいは文治五年義経追討の時、彼を庇護した後白河法皇が参籠したように、[104]天王寺は天台の寺院の故に、また公家の信仰を受けていたが故に、政治の動向と直接結びついた。建久六年（一一九五）あたかも院政権と直接交渉のため上洛した頼朝が参詣の上、西門の念仏所に寄り、聖霊院に剣を献じたのはもっとも端的なあらわれである。[105]しかし公家の被官となった源頼政[106]や公家化した平家の宗盛の妻中納言三位など、[107]公家社会を通じて天王寺の念仏に近づいた武家はあっても、武家そのままが直接に投入した例は見当らない。しかも頼政などは、もちろん助念仏にならっただけで、そこから新しい念仏の姿は生まれなかった。だから天王寺は、政治の渦の中にまき込まれても、念仏は公家を中心とした人々の中にあったのである。

こうした中で、文治四・五年の後白河法皇の供養・作善には道俗渇仰して結縁の衆多く、宿所がなくなった程であったという一件には、多くの問題がふくめられている。(108) この仏事はあくまで公家貴族が主体であるけれども、多数の庶民の集まりを考え、さらにかの念仏結衆との間接的な連りを推定できるようである。このような広い階層の道俗が集まったことは、注意すべきあらわれであるが、鎌倉の初め頃、天王寺の西門は、乞食の集まる所でさえあったらしい。(109)『天王寺別当次第』に記す源空借住の伝えは、こうした庶民と結びついている。つまり『法然上人伝記』・『法然上人絵詞』・『法然上人伝』に、高野の明遍は、源空が天王寺西門の病者に施粥するのを夢みたという説話を伝えている。これらの史料は一連の系譜をもった後世の源空の伝記で、十分に検討しなければならないが、『法然上人秘伝』中に、明遍が天王寺参詣の際、西門の乞食を見て、これを往生の正機と語った伝えの方が、素朴で真実に近いのではあるまいか。こう考えると、源空の伝記には、この説法の外に天王寺と上人との関係を伝えていないことと相まって、源空の天王寺借住を否定的に論じなければならないのである。聖の往反が多かった当時の天王寺に、源空が公家社会の保護をうけた念仏聖であったことから、借住を可能としても、彼の行動は天王寺に触れず、念仏の教化は吉水が中心で、いわゆる他寺を往反した聖とは異なり、もっと天台僧に近い類で、高弟といわれる信空などはその姿に近いのである。つまり源空は天王寺の念仏を維持していた聖とは異なり、天台の学僧としての面が強いのである。(110) さらに諸伝にいう高倉天皇・後白河法皇・上西門院に対する源空の説戒は、なお批判の余地があるけれども、源空は九条兼実に対しても授戒の師であった。こうした関係をもつ兼実は、いうまでもなく『選択本願念仏集』著述の背景であるばかりでない。(111) 彼の一族は天王寺における念仏者でもあった。このことは源空の諸伝の中に、天王寺に関する説話が取り込まれた理由の一つと思われる。(112) 以上のことは、天王寺西門における庶民の念仏が。この段階では源空の但念仏の影響を直接にうけたものではなく、従来の助念仏の余徳に集まるものであったことを証明している。しかし出雲聖人についてあらわれる庶民の姿は、聖人の念仏の内容と共に、聖から沙弥の念仏へと移ってゆく過程を示すものではないかと考えられ、出雲聖人はこの意味で源空の前提を画いているようである。

あたかも専修念仏が停止された承元元年（一二〇七）十二月、天台の復興を志し、前に注目しておいた月輪一家を背景とした慈円が、別当に宣下された。[113] これより先建久二・三年慈円は、如法経を書写して天王寺に詣で、十種供養を行い、[114] 念仏三昧を修しているが、彼の天王寺に対する信仰は、「東漸のみのりの舟の指南使は、西のかたよりきたるなりけり」とか、「十あまり七のちかいせし人の、あとふむ御代をみるよしもかな」と詠[115]んだような公家のそれであった。だから承久元年（一二一九）絵堂を再興し、漢家・本朝の往生伝から、九品往生人を選んで画かせ、九条良経・西園寺公経・藤原定家・藤原家隆を始め、当時廟堂に近い僧俗に、一品ずつの和漢を詠じさせたのも、[116] この延長であり、「西へとくむかふるきみをたのむ道は、なにはのてらのみかとなりけり」[117]といった慈円の助念仏は、かの念仏三昧院建立を促した中心の僧俗と同じ階層を背後に控えていたわけである。ところが建暦元年（一二一一）三月、女院初度の参詣に際し、慈円は、多くの供奉人が西門で念仏することを嫌い、道家に来なくともよい旨を書き送っている。[118] これは明らかに念仏停止と関係のあることらしく、翌年の女院の参詣は延引されている。[119] 安楽房遵西・住蓮を処刑した承元〝法難〟は、もちろん旧仏教教団の専修念仏に対する圧迫、つまり順次に旧教団の基盤を侵していた源空の浄土宗への反感に存していたことはいうまでもない。この時慈円は、行空・幸西・証空の三弟子を預かって流罪を免がれさせたのは、この三人に、大きな破戒がなかったからで、それと深く関係のある、もと天台僧であったという履歴の故でもあった。[120] この時三条長兼たち公家の同情が多かったのにもかかわらず、源空以下の処刑・流罪者を出したのは、専修念仏者の行為が、一般社会の道徳上、とくに破戒の影響は、許し難かった

からと考えられている。(121) しかるに絵堂の和歌を詠じた定家の『明月記』建暦二年（一二一二）二月十二日の条に、

左大臣殿見参、有申事等、（中略）

一、天王寺念仏御参事、能々可有御思惟、緇素群集之中、毎日御昇降之儀、頗以軽忽、雖善事、尤可有御案歟、仰云、是偏為後世也、但猶可案之、又申云、猶可被遂者、其道場之辺造屋為御所、無庭上御往反、尤可宜歟、

と見える。これは女院の参詣についての意見であるが、西門の貴賤雑踏する中で、高貴が参詣することは望ましくないとしている。このような考え方は、慈円の場合と同じ状況を対象とし、階級の意識に支えられている。従来の経過から考えても、かの念仏結衆は公家のものであり、また西門の念仏に、当時源空の専修念仏が直接的な影響を強く与えた点は認められないから、ここでは念仏の差異が問題でないようである。しかしもちろん念仏停止の影響があった時と考えると、この場合浮き上って来た社会構成、とくに西門で公家の助念仏に集まる破戒非善の庶民層に焦点が集まってゆく。つまりここでは身分的なものが表面に出ながら、背後では専修念仏の流布が問題であり、新旧教団の対立が潜在しているわけである。かくして天王寺の西門についての助念仏は、上下の限界にまで広まる階層に行なわれていたわけであるが、栄西が『興禅護国論』を著した時期はちょうどその頃である。栄西はこのような問題をふくんだ念仏三昧院や八幡念仏所を中心に普及を見、一方では専修念仏の停止を聞いていたわけで、この時点に立つならば、栄西のいう念仏宗普及の始めは、自ら理解し得るのであって、むしろ適確な表現なのである。しかし源空の教学から見れば、救済の時機に当たる破戒非善の人々をふくめた天王寺の念仏が、何時までも専修念仏の影響から遠く離れて、公家社会中心の助念仏に止まることはなかったのである。この矛盾をえぐり始めたのは、やはり源空の流れを汲む専修念仏である。(補註2)

五

嘉禄二年（一二二六）九月徳大寺実基は天王寺に参詣し、先例のように太子廟に詣り、舎利講に臨み、念仏三昧院に念仏を修しなどした。実基は西山義の祖の善慧房証空に近かった実定の孫で、かの天王寺参詣の公家の一人であったことはいうまでもない。ところがこのあとで実基は、空阿弥陀仏の房舎で行われた如法念仏を聴聞している。(122)空阿弥陀仏の出身は明らかでないが、一説に初め天台僧であったとも伝える。(123)何時の頃からか源空に帰依の後は、専ら弥名を唱え、他僧の房に起臥して定住の所がなかったといわれる。(124)正に念仏聖の性格を一歩進めている。彼は教団を組織する意志のなかった源空の門弟としても、とくに帰依者があったわけではなく、そうした環境の束縛を受けずに、念仏勧化の道を歩んでいたらしい。その結果、建保の頃には洛中で貴族と結縁し、身辺には多くの念仏者が集まっている。(125)また嘉禄元年往生が噂に上った時には、貴賤を問わず供養し、蘇生の後にも供養を怠らなかったといい、(126)教団などは考えられぬ空阿弥陀仏でありながらも、その教化は広い階層にわたったのである。

このような僧だったから、空阿弥陀仏には、著述を期待することはできないし、また伝える所も皆無である。この点から考えても、(127)空阿弥陀仏は源空が守っていた持戒の念仏聖としての生活を破り、「無智ノ空阿弥陀仏」といわれたように、源空の智的な面をすて、出雲聖人の性格を越えて在俗の間に交わる沙弥に近い者であった。そこで彼の教旨の全貌は察知し難いけれども、源空の高弟であった白川門徒の祖法蓮房信空が、「空阿弥陀仏ヲハ、世ニハ無智ノ人トオモヘレトモ、今ニヲイテハシカラス、一定ノ権者ノフルマイトミルトコロアルユヘニ、フカク帰伏スルナリ」と弟子の信瑞に語ったのも、(128)沙弥空阿弥陀仏が、源空の但念仏を受けついだ度合を察知し得る。しかし彼の教義はそこに止まってはいない。単に「無智ノ相ヲシメシ、無観ノ称名ヲ行シ」(129)たばかりではない。彼は多念義を説き、また他からもそう呼ばれた[130]。

常ニハ如来尊号甚分明、十方世間普流行、但有称名皆皆往生、観音勢至自来迎文ヲ誦シテ、于戯南無極楽世間トイヒテ、又トリカヘシテ、観音勢至自来迎、于戯南無極楽世間トウメキテ、悲喜交流ハナハタシ、フツニ人ノコトヲハスレテ、タゝ称名ヲコトゝス、

といい、「多念ノ純本、専修ノ棟梁」[131]であった。そこで「一念多念ノ座ヲハ〔ワ〕ケテ、彼此混同」[132]しなかったと伝える。しかし彼の多念義は東山の長楽寺に教団を形成し、旧仏教教団の魁である慈円と交わり、助念仏の仲間と関係ある長楽寺義の祖隆寛のそれとは、全く背景を異にしている。だから「故上人ハ七万遍、其後ノ明匠達ハ八万遍、十万遍、十二万遍ナント勧メ給ヘリ、此等皆日々所作ノ程ハ、我身ニ少シ強キ程ニ計ヒテ勧ラルヘシ」[133]と語ったという隆寛の多念義が、念仏三昧を思わせるものがあったのとは、異なった教義を予想するのである。

さて空阿弥陀仏が、

念仏ノ時ノ終リコトニ、此界一人無仏名、西方便有一蓮生、倶使一生常不退、此花還到此間迎、裟婆ニ念仏ヲツトムレハ、浄土ニ蓮スヲ生スナル、一生常ニ退セネハ、コノハナカヘリテ迎ナリ、一世ノ勧修ハ須臾ノホト、衆事ヲナケステネカフヘシ、願ハ必ス生レナム、ユメ〱オコタルコトナカレ、光明遍照十方世界、念仏衆生摂取不捨、

と和讃を誦するのは、彼の創始という[134]。とすれば空阿弥陀仏の念仏は明らかに助念仏であるが、これは承元の〝法難〟の原因となった安楽住蓮の六時礼讃の哀声を思い起こさせる。はたして空阿弥陀仏は、

又風鈴ヲ愛玩シテ、テツカラミツカラツゝミモテ、念仏ノ道場コトニハ、必スコレヲカクト云々、其ノココロ□(書損カ)イカム、コレニ二義アリ、一ニハ風吟(鈴)ハ人力ヲカラス、只風気ニマカセテ自然ニ音ヲ出ス、其ノコヱ哀亮ニ

シテ、人ノ心ヲ盪滌シテ、和易専一ナラシムルユヘニ、二ニハ極楽浄土ノ七宝ノ宝樹ノ風ノヒヽキヲコヒ、八功徳池ノナミノオトヲモハムニモ、イサヽカノナカタチタルヘキカ故ニ、多事カネソナヘタレハ、一心ニ愛玩カ(マヽ)、

と[135]、風鈴の哀音は、女房たちをひきよせた六時礼讃の情緒の世界に通ずるものがある。このような助行を伴った空阿弥陀仏の念仏は、単にその自由な教化の行動の故ばかりではなく、藤原宗通の後家二条姫宮に招かれて、九条油小路堂（大宮相国堂）で四十九日の念仏を行うという[136]結果を生み出した。それは遵西・住蓮の場合に近似している。そしてこの雰囲気は、公家社会の助念仏に連なってゆく。嘉禄元年中御門頼実が、空阿弥陀仏を中山に招いて迎講を修した時、「総公卿列座、管絃」したのは[137]、一つのあらわれにすぎないと思われる。こうして公家の助念仏も包容した空阿弥陀仏の助念仏は、呪術的な力さえも帯びていたのではなかろうか。広く道俗貴賤の帰依を受けたのも、このような念仏の内容と広さの故である。従って、「専修ノ棟梁」と称された空阿弥陀仏の念仏は、天台に近づいた隆寛の多念義とは、異った意味で、但念仏ではなかったわけで、末法の社会の風潮に副い、むしろ助念仏に引きもどされる点があったことに注目される。彼の念仏が天王寺に盛んとなったのは、こうした理由で西門の念仏と連なるからでもあろう。

　しかし遵西・住蓮の念仏と共通の響をもった空阿弥陀仏の念仏がこのまま普及することは許されなかった。建保五年（一二一七）九条油小路堂で四十九日の念仏の最中、鳥羽行幸の火を見て山門の徒の襲撃と誤り、集会の念仏者が逃げ散った一件は[138]、承元の〝法難〟の理由となった道徳的な問題をも含んでいる。そして断ち切ることのできない専修念仏普及の流れの中で和讃を誦し、風鈴の音を聴く空阿弥陀仏の徒の集りは、山門にとって承元の場合と同じく弾圧すべきものに見えたであろう。この一件は空阿弥陀仏の受けた弾圧ではないが、そのような形勢を伝える

初見のものである。ところで承元の時、源空の屈指の弟子は、圧迫を受け、念仏停止の宣旨まで出されたけれども、空阿弥陀仏は、何らかの理由で、まだ行動を指弾されるほどではなかったので、処罰は受けなかったのであろう。

そうした一方、弾圧が行われても、源空の念仏を受け入れた人々の希求と風潮が除かれたのではなかった。そこで源空の教えに触れた人々は、「近年空阿弥陀仏念仏事、件僧結党類、多集桓越、天下之貴賤競而結縁」したといい、源空の門弟として帰依を受けた空阿弥陀仏の教化が高潮したのは、ちょうどこの建保の頃であったと思われる。[139]かくして空阿弥陀仏の念仏は、時期の上で、当然弾圧を受ける形勢にあったのではなかろうか。この年山門の徒は、念仏の停止を朝廷に訴えているが、源空の教えに同調者の多い廟堂では制止しなかった。[140]しかし次いで貞応三年（一二二四）停止を訴える山門の衆徒の勢いは、ついに嘉禄元年空阿弥陀仏をして京都から出ることを余儀なくさせたらしい。[141]こうして京都から追放された彼は、天王寺に来って仮住の所を見出したが、その直接的な必然の理由を知ることはできない。しかし聖たちの往反していた天王寺の助念仏は空阿弥陀仏にとって、むしろひきつけるものをもっているのである。

六

徳大寺実基が空阿弥陀仏の如法念仏を聴聞したのは、ちょうどこのような時で、彼は天王寺に坊舎を設け、多念義を唱えていたのである。当時前述した如く、天王寺の西門には、念仏三昧院などの念仏堂で、助念仏が盛んに行われたばかりではない。西門の傍には「談僧処」と呼ぶ坊舎があったらしく、ここも同じように念仏のため使われている。[142]この談僧はどのようなものか明らかではないが、恐らく教化の務をもったものと思われ、西門の念仏に集まった公家中心の念仏結衆やその余徳にあずかる庶民の集まりとの関連を否定することはできまい。[補註3]空阿弥陀仏の坊舎はまたこれらとは別のものらしいがこのようないくつかの坊舎、とくに「専修念仏者」のそれが、天王寺の境内に建てられたのは注目すべきことである。それは旧仏教教団が見せる新仏教への寛容さに包まれたからでもあるが、もっと直接的には、前述した天王寺の念仏の経緯の延長上に、空阿弥陀仏の念仏が連なり得たからであり、従来の念仏を維持した中心の公家社会が、また源空の念仏の同調者だったからでもある。

しかしこれらの西門における念仏は、すでに念仏結衆を形成するまでに成長し、後世「別所」と称されるほどに、(143)天王寺自体から離れた面をもっている。その上出雲聖人を経過した念仏の内容は談僧処のような広まりを通じて「専修ノ棟梁」である空阿弥陀仏の念仏へと傾く方向にあった。もっともこの「別所」には中心の僧があったわけではなく、天王寺の境内にある堂舎の一つ一つで、同寺に対する信仰の連珠としての域を脱したものではない。経済的に見ても、これらの堂舎は、天王寺に参詣する貴賤の布施などによって維持されたと思われ、(144)特別の基礎を持っていたわけではない。だから別所というのは勿論あたらないけれども、(145)以上の経過からすれば、西山の往生院が、証空の入院によって、浄土宗の寺院へと展開する契機が生まれた場合に準ずる状況が萠していたのである。

極めて大胆にいえば天王寺の念仏は、空阿弥陀仏を得て、出雲聖人の段階を専修念仏へと進め、慈円の住持する天台寺院の中から、一層離脱してゆく動きがあらわれるはずである。消極的にみても、かつて山門の衆徒から京洛を追われた空阿弥陀仏は、仮住の天王寺において教団を作っていたのではないが、旧仏教教団を内部から崩してゆくような状況をつくりつつあったわけである。『法水分流記』には、一念義を立てた幸西の弟子了智が、天王寺に住した旨が記されている。了智がいた年代は詳かでないけれども、あまり離れた頃ではあるまい。このような例は、他の専修念仏の徒も、西門の念仏を足場として、容易に教化の歩みをふんでいたことを物語っている。そして天王寺で専修念仏を唱えたのは単に空阿弥陀仏一人ではなかったことも示している。こうして貴賤の帰依が熱狂的にまでなった空阿弥陀仏等の念仏が、西門において大きな勢いとなれば、かの階級的な考えとも触れてくる。

嘉禄三年（一二二七）専修念仏の徒には、第二の大きな〝法難〟が訪れた。すなわち山門の衆徒は、かねて専修念仏の隆盛を訴えていたが、六月二十二日所司を遣わして源空の大谷の墳墓を破却したので、源空の門徒は、その遺骸を西山の粟生に移したのであった。[146] 時に武家から制止するところがあったけれども、それは承久の変後の「近日謀反悪徒蜂起之最中、時節負同心之疑、」によるもので、[147] この一件の核心に触れるものではない。かくして同月二十九日廟堂は、念仏の興行を「偏有司之怠慢」に帰し、衆徒の蜂起を制止するようにと、天台座主にあて念仏停止の宣旨を出し、[148] 翌月六日には「以謂根本隆寛・成覚・空阿弥陀仏等」の三人を遠流に処し、余党をさがして追却することになったのである。[149] その口宣には、

念仏行業者、衆僧所修也、而頃年以来、内不守三宝之戒行、外不顧数般之制符、建専修之一字《学歟》、破自余之諸教、或卜京洛率無慚之徒、或交山林招不法之侫、以之為耽女色之縁、以為黷仏道之基、濫吹之基、職而斯由、是以於隆寛・幸西・空阿弥陀仏早温本源、処以遠流、此外猥称彼等之遺弟、為企自専之奸悪、猶留処所、更犯禁法、凡僧尼懺座妄愛哀音、非但厭俗中之耳、抑亦乖真際之趣、如不改正、何粛法門、弘仁聖代格条在眼、宜課五畿七道、停廃興行之道、捉搦違犯之身者、

というのである。[150] すなわち専修念仏の徒は、自らの法門を立てることによって、破戒行と誹謗諸宗を犯しているわけであるが、教団発展の結果として具体的には、(1)京洛の貴賤を教化し、(2)旧仏教教団の僧を念仏の徒となし、勧化の方途においては(イ)六時礼讃や文讃を唱え、ついには(ロ)女色の罪を犯したというのである。ここで(イ)・(ロ)は承元の〝法難〟にも問題となった点で、事実この前後にそのような道徳的件々が起こっているから、[151] ひきつづき念仏停止の理由として、廟議も南都・北嶺の訴訟を取り上げねばならなかったであろう。また(1)は、やはり承元以来の趨

勢であって、旧仏教教団の基底をゆりうごかすものであり、その数がますます増大したことは見逃し難いけれども、とくに嘉禄の事件で筆を改めるほどのことは発生していない。むしろ注目すべき問題は(2)に存している。

時に山門からの「念仏者余党可搦出交名」を記した注文[152]を検討すると、その交名四十七人の中で（a）「敬仏宜秋門院女房東御方内アリ」のように、公家の邸中にあった僧、（b）「常喜中山辺」のように嘗つて公家を中心とした助念仏の場に活躍した僧、（c）「敬日長楽寺、但馬竪者同海也、付隆寛城外了」のように旧仏教の寺院や末寺の中で唱えた僧、及び（d）「称願大谷」のように、念仏僧の集まっていた場所にいた者の類型を指摘できる。（a）（b）（d）は(1)の問題と関連し、とくに（a）は(イ)(ロ)の事件を起す源である。そして（a）も念仏の上からは、（b）のように有観念仏と結びついて、妥協した助念仏の形で存在したと思われる。だから（d）のような但念仏の僧の活躍は、もちろん大きな力であったけれども、（a）（b）の形で専修念仏が普及した場合は多かったであろう。そのため(イ)(ロ)の問題が、一層見逃し難い勢いとして起こってくる。ところがそれらとは異なった型で、有観念仏と接触していたのが（c）である。つまり天王寺にあった空阿弥陀仏はこの例である。

彼は初めの（d）の立場の時に、(1)に触れた為、京洛を追われて（c）へと移ったのである。[153] 源空の弟子の中には、大谷墳墓破却の事件に斡旋の労をとったと伝える信空のように、[154] 旧仏教教団に属したままでいた者も多かった。彼等は源空の持した戒の面を守った者であるが、また承元の〝法難〟の後、旧仏教教団にかえった隆寛・証空・幸西のような徒も少なくないと考えられる。[155] つまり彼等はいま念仏停止の先頭に立つ南都・北嶺の内部にあって専修念仏の義を唱えていたわけで、その数や勢いは、恐らくいろいろの理由で承元の時より増大していたわけである。さらにもう一度四十七人の交名を検討し、その張本と目された者の法系をたどって見ると、

証空の法系―顕性（?）証仏（d?）観明（a）

幸西の法系―聖縁〔正カ〕（a）薩生（c）明信（c）教信（?）
隆寛の法系―敬日（c）・迎仏（?）・念照（c）・蓮阿弥陀仏（b）

で、その外に

遵西の法系―敬達（a?）
念阿弥陀仏の法系―照蓮（c）

などが明らかになってくる。[156] 彼等は全体の四分の一以上の数を占め、且つ（a）または（c）が多い。つまりその活動は、念仏停止の重要な当面の対象であり、しかも旧仏教教団の背景である公家社会を動かし、とくに教団を内部からゆさぶり、教団の中に同調者を作っていたことが歴然とする。就中（c）は、承元の事件の時も皆無ではないが、嘉禄の時には、旧仏教教団にとり許し難い焦眉の問題(2)となったにちがいない。さらに（c）の徒の中には「祇園西大門弟子三人」のように、延暦寺の末寺に属する祇園・清水寺などの近辺に活動した者が見える。はたしてこの年の七月法勝寺の八講の次、山門から触れて、南都及び清水寺・祇園などの末寺附近に住む専修念仏者の草庵を破却させ、身柄を逮捕させている。[157] だから内部からのゆさぶりは、特に京洛で、旧仏教教団の本寺・末寺を問わなかったのである。これらの徒の中に空阿弥陀の徒が見出せないのは教団を作らなかった彼の念仏勧化の性格のためではあるまいか。

　四十七人中の他の三十四人については、その法系が判然としない故、即断は許されないけれども、源空の門下の中で、比較的天台の範疇を離れなかった信空の白川門徒、また承元の時流されて東国の辺地にあった親鸞の大谷門徒、それに教団の形成が遅れて西国に中心のあった弁長の鎮西義の中から、一人の交名も見出せないことは、右の推定を一層力づけてくれる。しかも証空は承元の時、慈円の預かる身となって、青蓮院に近い山門の徒にかえった。

ついで慈円に従って西山に入り、そこの別所往生院に入院した後、承久三年（一二二一）ここに念仏三昧を再興した。時に証空は往生院にあった慈円の師観性の弟子や、往生院の本寺に当たる善峯寺の僧の天台の伝統と相対しながら念仏をひろめ、かつては善峯寺や往生院の檀越であった公家までも、彼の下に始まった念仏結衆の背景にとり込んでいた。そして入院以後の建保三年（一二一五）から嘉禄二年（一二二六）までに、西山義を説く四つの観門義を著して、天台の教義との調和をはかりながら、専修念仏の義を進めたのである。[158]

また山門の徒として叡山にあったらしい一念義の幸西や天台末寺である東山の長楽寺に、慈円とその仲間との関係をたち切ることなく、長楽寺義の教団を形成し、多念義を唱えた隆寛の活動は、行き方や立場は違っても、証空と同じく、旧仏教教団の内部においてゆゆしい専修念仏の徒を作りつつあったわけである。幸西・隆寛及び南都における形勢は、右の推定を一層確実なものにしている。しかも前述の注文にあらわれた証空・幸西・隆寛の弟子を三度検討すると、顕性が長門義と号する半自力・半他力の一義を立てたように[159]、事件の後如何に天台の教義との調和に苦慮し、あるいは敬日が法本房行空に従って叡山に住んだように、また薩生が、嘉禄以後再び流罪を免れた証空の弟子になったように[161]、自らの立場を守るために後退を余儀なくされた例は、（c）の僧の行動を傍証し、嘉禄の〝法難〟の蔭には、旧仏教教団を中から崩してゆく源空門下の活動、つまり、源空門下の浄土教教団の発展を秘めたことを物語るのである。そして南都・北嶺の訴えが、この嘉禄三年に行われたのは、かつて証空・幸西・隆寛をかばい、この間天王寺の住職であった慈円の入滅後約二年たってからであることと関連があるのではなかろうか。

七月六日、隆寛・幸西・空阿弥陀仏は天台の度縁を召し上げられたが[162]、証空は事前にいち早く誓状を出し、また慈円の高弟、兼実の息である妙香院の良快は、「吉水前大僧正（慈円）帰依、為臨終善知識、」と、俗兄の東塔西谷持教房僧都は、天台六十巻の版行を念願としていたと弁護したため[163]、不問に付された。この月の十三日には念仏停止の旨が叡山に示され、のち、多少の経緯を経て、隆寛以下は流罪の地に向かったが、十月十日には関白近衛家実の御教書によって、念仏停止を諸国の守護・地頭に伝えている。(164) かくして嘉禄の一件はひとまず終りをつげたのであるが、この間の事情は、空阿弥陀仏の流罪の消息をかなり明らかにしている。すなわち承元以後に顕著となった空阿弥陀仏の念仏は、その内容において、また教化の活動において、承元の圧迫の原因となった道徳的問題につながり、叡山の勢力下であった京洛の地にひろまったため、建保の京洛追放が起ったわけであるが、彼が念仏を停止しない限り、さらに追い打ちをかけられる余地は十二分に残っていた。

しかもその後、彼は天王寺という天台の寺院で、すでに別所に準ずるまでになっていた西門に教化を続け、その影響は、天王寺の念仏の広まりを、ますます大きくしていた。そのような状態は、空阿弥陀仏の場合ばかりでないが、旧仏教教団にとって、見逃し難いほど教団の内部に侵透したと思われ、彼が圧迫をうける理由は、さらに重なったわけである。しかも彼には慈円のような山門の同情者もなく、且つ天王寺における活動は、同情者であるべき公家の階級的な考えによって、間接的に批判されていたのである。かくして再度南都・北嶺が念仏停止を思い立つ時、彼等の眼から空阿弥陀仏の流罪は免れ得ない情況になっていたわけである。同じく流罪になった隆寛や幸西の後日が、かなり知られるのに、空阿弥陀仏の行動や法弟については、皆目わからないのは、流罪の地が壱岐という遠所であり、翌年の正月には入滅したばかりではなく、(165) やはり教団の形成につとめず、沙弥の形に止まった結実であろう。

ところでこのような空阿弥陀仏も、形の上では西門に往反する念仏聖の延長であった上、そこで公家社会の支持をうけて発達した助念仏と連なるような口称と和讃の念仏を唱えていたのである。念仏停止の原動力は、南都・北嶺の徒にあって、末寺の僧にはこうした動きが認められない。まして慈円をはじめ助念仏を修する天台僧が住持していた天王寺では、彼等が公家社会と密接な関係をなしているだけに、西門の念仏にふくまれた空阿弥陀仏に対しても、圧迫の手を上げなかったのであろう。彼の活動よりも、隆寛・幸西・証空の方が、旧仏教教団にとって一層直接的な影響をもっている。圧迫への踏切りは、そのあたりから始まっている。しかし空阿弥陀仏は、そうしたもののの一つとして取り上げられるには、十分な〝罪〟を犯していた。すなわち空阿弥陀仏は嘉禄の〝法難〟の原因の一部を作ったわけである。

七

嘉禄頃の天王寺においては、公家の参詣はたえなかった。しかもそれらは、供の行粧を整えて華麗な遊楽の姿を一層強くしている。(166)定家が、「彼寺厳無双之晴、緇素競光華書中欤、桑門交衆可耻、」と批判したのも当然で、(167)西門の念仏を維持して来た公家の参詣は、念仏停止の騒ぎをよそに、いよいよ爛熟した形をとり、いわゆる浄土詣の実質が整ったのは、この時期であったろう。だから西門から空阿弥陀仏という流人を出しても、助念仏が衰えたわけではなく、空阿弥陀仏を受け入れた状態は、そのままに進んでいったのである。松殿基房や九条道家の参詣をはじめとして、(168)かの良快が別当となったのは、(169)こうした状態を裏書している。だから嘉禎四年（一二三八）証空が借住して、聖霊院外陳の東に、浄土曼荼羅を安置したという伝えの可能性も生まれる。(170)証空は嘗って太子廟の願蓮について天台を学び、宇都宮頼綱（実信房蓮生）はここで証空の弟子となったとも伝える。(171)このことは、ある程度の事実を語っていると思われ、また証空の教線が、摂津・河内の方に伸びていた形跡から見て、(172)借住は一層可能かと思われる面がある。しかし一方、証空には有馬温泉で夢に聖徳太子があらわれ、天王寺に念仏結衆を定置すべく、その交名に証空と実信房を入れていると現じたという説話があって、天王寺に伝わる武庫山の阿弥陀如来の由来になっていることは、[173] かの借住と関連し、立証の根拠は、まだ薄弱なのである。けれどもこのいい伝えは、嘉禄後の大勢を暗示するもので、上述の経過から考えても、天王寺における専修念仏の後退を予想しなければならない。しかもこの間庶民の念仏を知る手がかりもないのである。

この後、正嘉の頃から西大寺の叡尊の法系の影響が強くなり、南京律に伴う念仏が導入されたらしく、公家社会、とくに九条家等を背景にした天台系の念仏と併立する状態が生まれた。このため天王寺は新たに律を兼学する道場となり、その頃一時の紛争があったことについては後日新しい面から考察することにしたい。

さて本論は、空阿弥陀仏を中心に考え、その教化の場の一つであった天王寺の念仏を尋ねることによって、空阿弥陀仏の流罪の因を求め、嘉禄の〝法難〟の真実を探ったのである。その結果、㈠天王寺西門の念仏は公家貴族の支持をうけた天台系の助念仏であるが、太子信仰と仏舎利信仰を同時に附随する独特の助念仏である。㈡旧仏教教団の圧迫によってここに教化の場をもった空阿弥陀仏は、聖の性格を越え、教団形成の意図をもたない沙弥に近かったけれども、その念仏は無観念仏を主張する助念仏であった。㈢空阿弥陀仏の教化活動は、社会的な道徳上の問題に触れ、旧仏教教団の基盤に浸透したばかりでなく、階級的な考えにつきあたり、旧仏教教団を内面からゆり動かす結果を作った。㈣嘉禄の〝法難〟には、専修念仏の徒が、旧仏教教団の内部において、見逃し難い勢力になっていたという原因が秘められ、空阿弥陀仏はその一人である。すなわち空阿弥陀仏の流罪という窓を通して見れば、いわゆる専修念仏の展開は、極めてジグザグな道程を歩んだわけで、浄土宗教団の発展もまた、直線的コースを進んだのではない。しかし承元と嘉禄の両事件の差異は、その間における教団の形成と展開の様相を物語るのである。そしてこの展開に附帯した諸問題、例えば天王寺の太子信仰は、遠く親鸞を眺め、仏舎利信仰は日宋交通による宋代浄土教との連関を示すように、中世浄土教についてとりはずしのできない件々を含み、また空阿弥陀仏の活動は、諸伝などの記述と違った様相を示している。

註

(1)『本朝世紀』『百錬抄』『天王寺旧記』「歴史地理」七六ノ一藤田寛雅氏「天王寺西門念仏堂攷」。
(2) 巻中第三。
(3) 辻善之助氏『日本仏教史』中世篇之二 松本彦次郎氏『日本文化史論』「鎌倉時代に於ける宗教改革の諸問題」。
(4)『興禅護国論』中三。
(5)『興禅護国論』上二。
(6)『興禅護国論』下一〇。
(7) 叡山文庫・西教寺・金沢文庫所蔵写本。
(8)『興禅護国論』下八。
(9)『拾遺往生伝』下。
(10)「国史学」六〇拙稿「真言念仏拾遺」。
(11)『往生拾因』一「東京大学教養学部紀要」一井上光貞氏「永観と法然」。
(12)『往生拾因』一。
(13)『往生拾因』一・七・八・一〇。
(14)『往生拾因』一・八・一〇。
(15)『往生拾因』四・五。
(16)『往生拾因』一・一〇。

(17)『往生拾因』一。
(18)『往生拾因』一〇。
(19)井上光貞氏前掲論文。
(20)二・三・四・五・七・九・一〇。
(21)序・一・二・三・五・六・一〇。
(22)一・二・五・八・一〇。
(23)二・三・五・六。
(24)一・八。
(25)五・一〇。
(26)『三長記』元久三年二月一九日の条 他に『愚管抄』・『吾妻鏡』等。
(27)松本彦次郎氏前掲論文。
(28)『天王寺旧記』『天王寺誌』。
(29)『天王寺誌』。
(30)『天王寺誌』『天王寺別当次第』。
(31)『天王寺別当次第』。
(32)『天王寺別当次第』『法華験記』『今昔物語』『元亨釈書』。
(33)『赤染衛門集』。
(34)『続本朝往生伝』挙周の項。
(35)『栄花物語』殿上花見『左経記』長元五年四月一五日の条。

(36)『承永三年高野御参詣記』。
(37)『拾遺往生伝』上。
(38)藤原猶雪氏「聖徳太子伝復原の研究」『聖徳太子伝暦』推古天皇元年の条。
(39)「鎌倉仏教の研究」所収「南北朝内乱と未来記について―四天王寺御手印縁起・慈鎮和尚夢想記」。
(40)註(39)参照。
(41)『天王寺別当次第』『続本朝往生伝』『拾遺往生伝』上。
(42)『天王寺別当次第』『続本朝往生伝』『春記』長暦三年閏一二月五日の条『私聚百因縁集』。
(43)『後拾遺往生伝』下。
(44)『続本朝往生伝』。
(45)『拾遺往生伝』下。
(46)『拾遺往生伝』上。
(47)『中右記』寛弘八年七月一四日の条『天王寺旧記』『天王寺別当次第』『寺門高僧伝』。
(48)『拾遺往生伝』上。
(49)辻善之助氏「日本文化史」三。
(50)『続本朝往生伝』。
(51)『貞信公記』延喜七年三月二三日・同八年二月一三日の条。
(52)『拾芥抄』。
(53)『貞信公記』延喜七年一〇月一〇日・同八年一〇月一六日・天慶八年七月五日の条。
(54)『本朝文粋十詩』序三法会　七言暮春於六波羅蜜寺供花会聴法華経同賦一称南無。

(55) 桃裕行氏「上代学制の研究」「思想」八　井上光貞氏「往生要集の成立」。
(56)『本朝文粋十詩』序三木　冬日於極楽寺禅房同賦落葉声始雨。
(57)「日本歴史」八二　竹内理三氏「入呉越僧日延伝釈」。
(58)『往生要集』『日本極楽往生記』『三宝絵詞』。
(59)「史淵四〇」森克己氏「仏舎利相承系図と日宋交通の連関」。
(60)『後拾遺往生伝』下。
(61)『後拾遺往生伝』中『本朝新修往生伝』。
(62)『本朝新修往生伝』。
(63)『江都督納言願文集』。
(64)『金剛寺古記』。
(65) 森克己氏前掲論文。
(66)『中右記』二月三日の条。
(67)『扶木集』『平家物語』二。
(68)『後拾遺往生伝』中。
(69)『本朝新修往生伝』。
(70) 源俊頼―『金葉集』一品宮―『金葉集』安倍時延―『後拾遺往生伝』中　白河法皇・鳥羽上皇・待賢門院―『中右記』中御門宗忠―『中右記』行範―『後拾遺往生伝』下・『本朝新修往生伝』鳥羽上皇・女院―『長秋記』隆暹―『後拾遺往生伝』上隆尋―『三外往生伝』藤原忠実・頼長・北政所―『台記』・『天王寺旧記』惟宗親範―『本朝新修往生伝』郁芳門院安芸―『天王寺公文所考』・『新勅撰和歌集』等。

(71)『後拾遺往生伝』下隆暹の例。
(72)『台記』二二日の条。
(73)『台記』三〇日の条。
(74)『金葉集』。
(75)『中右記』大治二年四月四日の条。
(76)『長秋記』二月二・六日三月一七日の条。
(77)『台記』一〇月二〇日の条『天王寺旧記』。
(78)『台記』一三日の条。
(79)『玉葉』文治五年五月三日の条、同三年八月二三日の条には、忠実の宿所としたことが見え、同四年九月一五日の条には、西門北腋念仏所とある。
(80)註(1)参照。
(81)『台記』久安六年九月一一日・一二日・一四日の条。
(82)藤田寛雅氏前掲論文『願文集』藤原永範の草する「天王寺念仏三昧院供養願文」『天王寺旧記』。
(83)『願文集』『本朝世紀』。
(84)『天王寺別当次第』。
(85)『台記』『兵範記』『本朝世紀』『古今著聞集』『飾抄』『天王寺旧記』『天王寺誌』『天王寺公文所考』。
(86)『台記』九月一六日の条。
(87)『後拾遺往生伝』中　永暹の項。
(88)『台記』九月一四日の条裏書。

(89) 『台記』久安三年九月一六日の条。
(90)(91)『台記』久安三年九月一二日の条。
(92)(93)『台記』永久四年五月一四日の条。
(94) 『台記』永久四年九月一四日の条。
(95) 『台記』永久四年九月一三日の条。
(96) 『台記』久安四年九月二一日・同六年九月二一日の条『天王寺旧記』。
(97) 『台記』久安三年九月一二日の条。
(98) 天王寺長老事奥田慈応氏の御教示による。
(99) 仁平二年高陽院・美福門院・頼長の参詣『兵範記』仁平三年鳥羽法皇の参詣『兵範記』忠実の参詣『兵範記』仁平四年鳥羽法皇・美福門院・高陽院参詣『兵範記』保元元年忠実参詣『兵範記』保元三年中山忠親参詣俊資入道塔廊に宿る『山槐記』応保の頃中御門宗輔の参籠『新勅撰和歌集』・『天王寺公文所考』承安四年松殿基房の供養『天王寺旧記』治承三年蔵人大夫仲行人道天王寺で入寂『山槐記』文治四年後白河法皇・八条院の参詣『玉葉』文治五年後白河法皇供養『玉葉』文治の頃殷富門院大輔天王寺で詠歌『続後撰集』元久元年土御門天皇の参詣『天王寺誌』寿永二年季御読経に天王寺の教覚を招く『山槐記』
(100) 保元三年鳥羽皇子道慧入寺、仁安元年同再任、長寛二年鳥羽皇子覚性入寺、寿永三年鳥羽皇子定慧入寺『天王寺別当次第』。
(101) 『玉葉』治承五年九月八日の条　兼実西門の額を書き明雲に送る。文治四年九月一四日の条後白河法皇参詣のとき兼実・慈円所願の相越となる。『拾玉集』慈円如法経を書写し太子の廟に詣る。
(102) 『天台座主記』『天王寺別当次第』『平家物語』等。
(103) 『玉葉』七月二〇日の条『平家物語』『源平盛衰記』。
(104) 『吾妻鏡』文治五年三月二〇日・五月四日の条。

(105)『吾妻鏡』建久六年五月一八日の条。
(106)『頼政家集』。
(107)『明月記』正治一年閏二月一一日の条。
(108)『玉葉』文治四年九月一四日・同五年五月四日の条。
(109)『明義進行集』二　明遍の項『一遍聖絵』『法然上人秘伝』。
(110)『日本仏教思想の展開』所収　拙稿「法然」。
(111)辻善之助氏前掲著述註(110)の拙稿。
(112)『真宗源流史論』所収　中沢見明氏「法然諸伝成立考」。
(113)『天王寺別当次第』。
(114)(115)『扶木集』三二。
(116)『天王寺旧記』『天王寺公文所考』『黒谷上人源空伝』。
(117)『扶木集』三二。
(118)『玉蘂』四日の条。
(119)『玉蘂』八月二八日の条。
(120)拙稿「西山義の成立」。
(121)松本彦次郎氏前掲論文。
(122)『民経』記一五日―二〇日の条。
(123)『浄土宗承継譜』『法然上人行状絵図』『蓮門宗派』『法水分流記』。
(124)『明義進行集』二『蓮門宗派』『法水分流記』『浄土源流章図』。

(125)『明義進行集』二『明月記』建保五年三月二九日の条。
(126)『明月記』嘉禄元年五月四日の条。
(127)『明義進行集』二。
(128)(129)『明義進行集』二『蓮門宗派』『浄土源流章図』。
(130)『明義進行集』二『民経記』嘉禄二年九月二〇日の条。
(131)(132)『明義進行集』二。
(133)『明義進行集』二「仏教文化研究」四 田村圓澄氏「専修念仏の受容と弾圧」。
(134)『明義進行集』二。
(135)『明義進行集』二。
(136)『仁和寺日次記』建保五年三月一八日の条。
(137)『明月記』嘉禄元年四月二日の条。
(138)註(136)に同じ。
(139)(140)『明月記』建保五年三月二九日の条。
(141)『停止一向専修記』『明月記』嘉禄元年五月四日の条。
(142)『民経記』嘉禄二年九月二一日の条。
(143)『天王寺旧記』。
(144)『中右記』大治二年四月四日の条、土御門宗忠は西門に念仏していた某比丘尼と後世を契る。
(145)拙稿「西山義の成立」。
(146)『明月記』『民経記』『黒谷上人源空伝』『法然上人伝記』『光明寺絵縁記』『百錬抄』『拾遺古徳伝』『法然上人行状絵図』等。

(147)『明月記』安貞元年六月二七日の条。
(148)『停止一向専修記』。
(149)『停止一向専修記』『明月記』嘉禄元年七月六日・一一日『民経記』嘉禄三年七月六日・二五日の条。
(150)『民経記』嘉禄三年七月二五日の条。
(151)(イ)については前章で述べた空阿弥陀仏の文讃の例や、六時礼讃を唱えた遵西・住蓮の徒の活躍が見られる。(ロ)については『明月記』嘉禄三年八月三日の条、宣陽門院と念仏法師との関係、前述の建保五年三月二九日の条、中御門宗通の後家と空阿弥陀仏との関係等、『高祖遺文録』五　南都・山門の奏状。
(152)『民経記』嘉禄三年八月三〇日の条。
(153)（a）敬仏・聖縁・観明・教達・紀真など、（b）常喜・尊蓮など、（c）薩生・聖蓮・観如・道智・敬日・念照・蓮阿弥陀仏など、（d）定真・証仏・生願・称願など。
(154)『法然上人伝記』上。
(155)前掲拙稿。
(156)田村圓澄氏前掲論文。
(157)『高祖遺文録』五嘉禄三年一〇月一五日宣旨。
(158)前掲拙稿。
(159)『蓮門宗派』『法水分流記』『浄土源流章図等』。
(160)(161)同右。
(162)『高祖遺文録』五　嘉禄三年七月六日の官宣旨。
(163)『明月記』嘉禄三年七月六日の条『法然上人行状絵図』一〇。

(164)『高祖遺文録』五　七月一三日の綸旨等。

(165)『法然上人行状絵図』『法水分流記』『蓮門宗派』。

(166)『民経記』嘉禄二年九月一九日の条、「侍二十人、侍従三百人云々、諸人属目歟、比興也、」『明月記』嘉禄二年九月一一日の条、左大臣後家の参詣に「共三百人云々、」。

(167)『明月記』嘉禄二年九月十日の条。

(168)『天王寺旧記』『天王寺別当次第』『古今著聞集』『吾妻鏡』嘉禎三年一〇月二五日の条。

(169)『天王寺別当次第』『天王寺旧記』『雪玉集』『西山上人縁起』。

(170)『西山上人縁起』『西山善慧上人略伝』。

(171)『十五世三鈷寺善空書置文』等。

(172)(173)『西山上人縁起』『天王寺誌』『天王寺旧記』『雪玉集』。

補註

(1)『古今著聞集』六・八・一六にも藤原忠通の参詣などのことが見える。

(2) 拙稿「武家平氏の浄土信仰」参照。平宗盛の養子宗親、心戒房の姉理円房は、建礼門院徳子に仕え、のち天王寺に住したと伝える。

(3)「日本歴史」九八、川添昭二氏「中世仏教成立の歴史的背景」天王寺の念仏所には絵堂があり、絵解の僧が参詣者に浄土を説いていた。

武家平氏の浄土信仰

一

たなかひさしげ氏は、「公卿平氏と武家平氏の諸流と遺址」という論文のなかで、正盛以下の武家平氏の居館と造立した堂塔について考証されており、(1) まずその恩恵に浴すると、正盛が六波羅の地に建てた堂は、大江匡房の『江都督納言願文集』六の丹後守正盛供養願文に、

紫城東面、清水西頭、有一名区、本是雲泉粛条之地也、今献三宝、改為仁祠、奉建立三間四面檜皮葺堂一宇、奉安置丈六皆金色阿弥陀如来像一躰、

と記すのに当たる。この堂は、正盛の歿後に、常光寺と呼ぶ寺に改められたのであろうが、(2) 正盛は阿弥陀堂を建て、天仁三年(一一〇八)六月に、「引三七之浄侶、修真実之供養」したのであった。

ところで匡房は、「早殖善苗於今上、不疑覚蘂於来世、(3)」善根の功徳を来世に期して、厭離穢土の心情は少なかったとしても、(4) 康和二年(一一〇〇)大宰府の安楽寺内に、

奉造一間四面堂一宇、奉安置丈六金色阿弥陀如来像一軀、奉写色紙妙法蓮花経一部八巻・無量義経・観普賢経・般若心経各一巻、

り、「敬崛五十之禅侶、聊展清浄之斎莚、供養恭敬尊重讃歎」して、堀河天皇と白河天皇の長寿、後三条天皇と自らの両親の往生極楽のためにし、(5) また康和五年（一一〇三）仁和寺内の般若寺辺に、

奉建立一間四面堂一宇、奉安置丈六皆金無寿仏一体、手自奉書写妙法蓮華経一部八巻・無量義・観普賢・般若心経等各一巻、

って、一門一族の繁栄を願ったように、(6) 現世の祈願と追善のため、ともに一間四面の阿弥陀堂を建てて、法華経以下を書写した意趣のなかには、正盛にとって身近な浄土信仰も見えている。

また、たなか氏は、『高山寺縁起』に、

一、阿弥陀堂一宇、檜皮葺、三間四面、東西有二間庇廊、右堂者、本是中納言教盛卿東山別業之仏閣也、参議雅俊卿後室比丘尼、大膳大夫広元女、有相伝子細、施入当山、寛喜元年、為覚厳法眼之沙汰移有畢、

中尊　木像阿弥陀如来

（中略）

脇士　如意輪観世音菩薩　地蔵菩薩

と記すことから、教盛の東山別業にも阿弥陀堂が建てられていたとされる。そしてこの堂が、のちに藤原雅俊の妻である大江広元の女に相伝され、高山寺に施入された経緯は明らかでないが、広元は匡房の曽孫で、法名を覚阿と号し、その子季光は、毛利入道西阿と号して、法然房源空門下では先達であった長楽寺義の祖隆寛を外護したという浄土宗教団への関連が続いている。(7)

こうして正盛と孫の教盛の阿弥陀堂は、三間四面檜皮葺の同じ規模で、前者から考えると、ともに持仏堂ではなかったかと思われ、匡房とその子孫がそれぞれにかかわることから、匡房に見られるような、往生極楽を志向する

院政期の公家の浄土信仰を受容したものといえる。そしてこのような受容の形は、正盛の子忠盛が、白河上皇の願として一〇〇一躰の正観音を納める白河の三十三間堂（得長寿院）の建立にあずかったのに倣い、忠盛の子清盛は、後白河法皇の命で、一〇〇一躰の千手観音を安置する三十三間堂（蓮華王院）を造営し、また久安二年（一一四六）安芸守に任じられると、一門の繁栄を祈って、子の重盛以下一門三十二人も分担し、法華経以下を書写して、「観世音菩薩之化現」である安芸一宮の厳島社へ奉納した平家納経のように、院政期公家の観音信仰と結縁経の例を追う場合にも通じるが、その納経に添えられた長寛元年（一一六三）九月の清盛の願文の文言には、

> 今雖在家之身、已有求道之志、朝暮所営者、讃仏乗之業、寤寐所繋者、生極楽之望、若是懇祈之所致、冥応之令然歟、（中略）唯願、速得天上之道、必順遂次之往生、（中略）然則百年之終十念具足、超中有遊西方、雖下品不嫌、猶聞法於未敷蓮華之裏、

と、下品であってもよいという往生極楽への志向を表わしている。

だから蓮華王院造立の功で正三位に進み、平家納経を分担した重盛が、小松殿の第に、

> 四十八間精舎をたて、一間に一つづつ、四十八間に四十八の灯籠をかけられたりければ、九品の台目の前にかがやき、光耀鸞鏡をみがいて、浄土の砌にのぞめるがごとし、

と伝えるのを[8]、物語の造事と退けられないし、また重盛の子維盛が、妻子を慕って屋島をぬけ出し、高野山で滝口入道斉藤時頼を善知識に、剃髪したのち熊野の新宮から舟を出し、「高声に念仏百返計唱つつ、南無と唱る声共に」入水往生したと伝えるのを[9]、熊野の本地を阿弥陀如来とし、那智の滝に「観音の霊像は岩の上に顕われて、補陀落山とも謂べし」と思う公家の信仰に思い合わせれば、作者の虚構とはいいえまい。

二

ところで正盛・教盛・重盛・維盛の浄土信仰は、院政期の公家からの受容で、これらの史料に見る限り、新しい展開があったとはいえない。しかし『平家物語』に伝えるように、重盛の異母弟重衡が斬罪に処せられたとき、罪業の意識に追われて、「仏を拝みて被斬ばやと思うは如何せんずる、あまりに罪深う覚ゆるに」といいかけて、「高声に十念唱」え、(10)同じ異母弟知盛の子知忠が自害したとき、めのとの紀伊次郎兵衛為教は、「高声に十念唱えつつ、腹掻切ってぞ」死んだという例では、(11)公家と違った臨終念仏の契機が語られる。

そしてもう一人の異母弟宗盛は、治承三年（一一七九）六月妻の一周忌に、

法性寺一橋西辺建立一堂、置丈六阿弥陀像、

いて供養し、(12)その阿弥陀堂の造立は、正盛や教盛の先例を越えたものではないが、元暦元年（一一八四）檀ノ浦で子の清宗とともに源氏の兵に捕えられ、鎌倉へ送られて死罪が決まったのち、比企能員が頼朝の意を伝えると、

内府動座、頻有諂諛之気、被報申之趣、又不分明、只令救露命給者、遂出家、求仏道之由、

を願い、観者は宗盛の態度を指弾したという。(13)しかしそうした態度も、死を目前にした平家公達の真情の表われと解すれば、仏道に救済を求める心は、院政期の公家や、平氏の父祖の例を追うだけではない。(14)

しかも元暦二年六月宗盛父子は、京都へ護送される途中、近江で斬られたが、

此間大原本性上人為父子知識、被来臨于其所々、両客共帰上人教化、忽翻怨念、住欣求浄土之志、

したとされ、(15)『平家物語』では、義経の計いで、「大原の本性房湛豪と云聖」が招かれたと伝えるように、(16)宗盛・清宗父子は、大原別所の本性房を臨終の善知識として、欣求浄土へ傾いたのであろう。

さらに宗盛の妹建礼門院徳子は、『平家物語』などに、文治元年（一一八五）五月一日長楽寺の阿証房印誓を戒師に剃髪したと伝えるが、(17)『吉記』の同日の条には、

建礼門院御出家事

今日建礼門院有御遁世、戒師大原本成房云々、

と見え、やがて大原の芹生里（寂光院）に隠遁したとされている。(18)大原別所の本成房は融通念仏宗の祖とされる良忍の弟子縁忍に法を嗣ぐ湛斆で、その法系は良忍――叡空――源空という源空が受けた天台の血脉に近い。しかし湛斆は、大原別所の来迎院に住んで、源空に帰依した顕真たちと如法経供養を勧進し、源空を外護した九条兼実に授戒するとともに、公家平氏の出身で出雲路に毘沙門堂を建てた平親範（想蓮房円智）と同行の別所聖で、(19)宗盛・清宗の善知識となった「本性上人」その人かもしれない。

こうして宗盛父子や建礼門院徳子は、平氏の滅亡を契機に、いっそう別所聖に導かれて、浄土信仰へ傾いたが、前述した重衡について『平家物語』には、捕われて鎌倉へ送られ、頼朝の計いで千手前が「十悪と云へ共引接す」と朗詠し、「極楽を願はん人は、皆弥陀の名号を唱べし」と今様を歌うと、重衡は「此楽は普通には五常楽といへども、重衡が為には後生楽とこそ観ずべけれ、往生の急」を弾くと戯れて琵琶を取り、「てんじゅをねぢて皇麞の急をぞ」弾かれたと伝え、またそれ以前鎌倉へ送られるとき、「年来契りたりし聖に今一度対面して、後生の事を申談ぜばや」と「黒谷の法然房と申人」を招き、念仏往生の教を聞き、十戒を受けたと伝え、(20)宗盛父子や建礼門院徳子と湛斆の結びつきからすれば、捨て難いものがある。

なぜならば、角田文衛氏の論(21)によると、建礼門院徳子が寂光院に隠遁したのは、藤原貞憲の女阿波内侍の勧めがあったからで、その貞憲は出家したのち、大原の地に房をもっていたという。しかも貞憲の身辺では、兄弟の明遍

や甥の聖覚と乗願房宗源が源空の門に入り、子の貞慶は源空に冷たくして、南都の非難を擁護するという両様の対応が見られるのは、ともに別所聖源空の存在が身近くなっていたからである。[22] さらに角田氏は、建礼門院は、大原で妹である藤原隆房の室に世話されたうえ、のち法勝寺の辺、隆房の祖顕季流一門の家寺である善勝寺に移り、承久元年（一二一九）善勝寺が焼失すると、隆房の曽祖父家保のころに造った東山鷲尾の山荘金仙院に移り、承元三年（一二〇九）隆房の死後は、その子隆衡の保護を受けて晩年を送ったであろうとし、この山荘に隣接する雲居寺は、平安時代から浄土教が行われた寺で、建永元年（一二〇六）隆房は、そこで舎利会を催したという。

つまり建礼門院徳子と湛斅との結びつきは、院政期の公家と別所聖との師相関係が伏線になっているが、さらに山荘の金仙院の間近には天台別院の長楽寺があり、建久五年（一一九四）八月以前から源空の弟子で長楽寺義の祖隆寛が住み、[23] 承元三年（一二〇九）四月に隆寛は、隆衡の要請で、弥陀四十八願を講じるという連関が続き、[24]『仲資王記』に見える「長楽寺上人阿勝房」を、[25] 前述した建礼門院徳子の戒師「阿証房」に当てることもできるから、武家平氏と別所聖との結びつきを、よりひろい場で考えるとともに、別所聖を武家平氏が浄土信仰へ傾く要因の一つと確定しうるであろう。

三

(1) 心戒房

宗盛の養子心戒房は、俗名を宗親といい、官位は従五位下阿波介であった。[26]『高野春秋編年輯録』によると心戒房は、元暦元年（一一八四）三月に維盛の伴をして高野山に登り、また維盛が受戒した高野山の理覚房心蓮は、顕密の碩僧で、堂坊を建て仏像を造り、長日護摩と千手行法を修すること四十年、そのすべてを「往生浄土之悃祈」

のためにし、さらに心戒房自身は新別所に住んで、二十四人の蓮社友の仲間になったという。『発心集』には、それを受けるように心戒房は、世を背く仏性房という聖とともに高野山に籠って年久しく行い澄ましていたが、東大寺の勧進聖重源の縁をたよって入宋し、深山に坐禅して帰国したという。(27)

おそらく心戒房は、平氏の滅亡を心に秘めて高野山に出家し、隠遁聖などと交わって新別所の蓮社友として浄土教に傾いたころ、同じ蓮社友の重源との縁ができたのであろう。そして重源は、源空に身近かであったから、心戒房も源空の門下に入る機会もあったはずである。(28)しかし隠遁への心が勝っていたためか、帰国ののち、都は事にふれて住みにくいと、諸所を移り変えたすえ、もと建礼門院徳子に仕え、天王寺にいた姉の理円房が造ってくれた庵も棄てて、

かくても猶後世は、必ず修すべしとも覚えず、事にふれて障あり、只もと在りしやうに、いづくともなくまどひありき、聊かも心をけがさじと思

い、「山林にまどひ来て」跡を留めなかったと伝え、(29)高野山の浄土教を離れ、天王寺における念仏にも心引かれることなく、勧進聖の重源や唱導聖の源空とは違った行き方に徹して、隠遁的な聖に似た遊行の生涯を終えたのであろう。

そのことにかかわって『一言芳談』一二二条には、

心戒上人、四国修行のあひだ、ある百姓の家の壁に書付て云く、念仏者ならで、念仏申して往生をとぐべし、と、名聞利養を避け、人目に念仏者とわかる行状はしなかったという。それは執着を捨てようとする心戒房の姿であったろうが、さらに、

心戒上人、つねに蹲居し給ふ、或人其故を問ひければ、三界六道には、心やすくしりさしすへてゐべき所なき

ゆゑなり、

と答えたと、[30]心底にあった無常観を語っている。のちに吉田兼好は、『徒然草』のなかで、「心にあひて覚えし事ども」としてこの一条を引用したが、[31]それは、鎌倉時代から南北朝時代にかけて、浄土教系の諸教団の展開とは別の在り方を選んだ道心者の世界を設定させるもので、心戒房は、ひたすらに後世への救済を求めた道心者の一人と評価されたのである。こうして心戒房の念仏は、養父宗盛の浄土信仰などを越えた境地にあったわけで、甥に当たる勢観房源智と対照される。

(2) 勢観房源智

勢観房源智については、旧稿でほぼ明らかにしたが、[32]その祖母は、先に述べた藤原隆房の叔母で、[33]建礼門院徳子の場合に見られるような浄土信仰は、源智が源空の門に入る伏線となっていたであろう。しかも祖母の兄藤原師光は、後白河法皇の近臣で、甥の成親は、反平氏運動の中心であったうえ、源智の弟子蓮寂が、源頼朝と協調する九条兼実の孫であったことからすると、[34]母が源智を源空に預けたのち、兼実の弟慈円のもとに送られて出家したが、まもなく源空の門にもどったという伝えにも無視できないものがあり、[35]源智はその身辺が平氏滅亡の前後に動揺したなかで、やや直接的に源空の弟子となったのかもしれない。本尊や坊を付属され、円頓戒の伝受や三昧発得の已証など、所伝のなかで師の姿に似る度合は大きく、親鸞や然阿良忠から源空の有力な弟子と考えられている。

その傍証の一つとして、『一枚起請文』には、源智伝受系と弁長伝受系の二型はあっても、鎌倉時代の末から南北朝時代にかけて、源智の相承とする説がひろまり、源智門下の紫野門徒を吸収した弁長門下の鎮西義では、この説をみとめる傾向が強い。[36]そうしたなかで鎮西義三条派の道光了恵が編した元亨版三条派の道光『和語燈録』に収める一本

の書出しに、又上人の給はく、念仏往生と申す事は、もろこしわが朝のもろ〳〵の智者たちの申さるゝ観念の念仏にもあらず、

と見えて、仮名法語に一般的な形をとっている（他の一本には御誓言の書という外題がある）。また一例として、『一枚起請文』のなかの、

たゞし三心四修なんと申す事の候は、みな決定して、南無阿弥陀仏にて往生するぞとおもふうちにこもり候なり、

という一節は、弁長の『末代念仏授手印』に引用する源空の法語と同義であり、さらに弁長の弟子良忠の『決答授手印疑問鈔』などにも形を変えて記されて、鎮西義にいい伝えられた趣旨と思われ、やがて『一言芳談』に収められた仮名法語の形に整えられたのであろう。[37] つまり、『一枚起請文』は、鎮西義が紫野門徒を吸収しながら展開してゆく過程のなかででき上った可能性が少なくない。

だから元亨版の『和語燈録』に収める他の一本の末に、

これは御自筆の書なり、勢観房聖人にさづけられき、

と記すのは、源智相承の説が早くからあったことを物語り、それより前に編された『法然上人伝記』（九巻伝）に引用する一本の末に、

勢観房敢て披露せず、一期の間頸にかけて秘蔵せられけるを、年来師相の契浅からざりける川合の法眼にかたり聞えけるを、懇切に望申ければ、授けられしより以来、世間に披露して上人の一枚消息と云へるもの也、

と伝えるのを、鎮西義とはかかわりの少ない醍醐本『法然上人伝』の『一期物語』の編者が「見聞出勢観房」とするのと考え合わせると、源空門下における源智の評価がたしかめられ、鎮西義の『然阿上人（良忠）伝』に、

法然上人遺弟、在世弘法、聖光上人・隆寛律師・善恵上人・勢観上人、是也、

と語られているのとも符合する。

このように源智は、その門下の展開に乏しかったためもあって、行状は詳らかでないが、源空の教義以外のものを交えることが少なく、有力な弟子として、初期浄土宗教団のなかで尊重されていたと思われ、別所聖としての源空と「年来契」っていた重衡のような媒介を越えて、より純粋な源空の弟子になったのであろう。(38)

(3) 静遍

静遍の父頼盛は、六波羅政権の異分子で、異母兄清盛との不和は、宗盛との対立まで引きつがれたが、寿永三年(一一八四)宗盛の子清宗に女を嫁がせて、和を計ったようである。しかし頼盛は、平家の都落ちに従わず、後白河法皇に諭されて、八条院の辺に身を隠し、頼朝に頼った。それについて『百錬抄』(39)に、

今日行幸平頼盛八条亭、件所、夫是顕隆卿家、顕能相伝、平治比、為美福門院御所、二条院在位之間、暫為皇居、而頼盛卿申請八条院、所新造也、

と見えて、頼盛と八条院との関係は密接であった。それは妻の祖父法勝寺上座寛雅は、反平氏運動の中心であった俊寛の父で、その妻は八条院の乳母白宰相であったという経緯にもよるのであろうし、静遍を仁和寺の僧とした伏線と考えられる。(40)ところが源空は、諸宗兼学の折に、この寛雅に三論、その従兄弟の景雅に華厳を学び、(41)甥の公胤は、『選択本願念仏集』を破折するため『浄土決疑抄』を著わしたが、悔いて源空に帰しており、(42)静遍が源空に近づく契機があった。しかし一方で静遍は、貞慶に入室し、高弁からの法を受けた面では、源空に反撥する理由があり、真言念仏の僧であった師の明遍も、初め専修念仏には疑を懐いている。

このようなかで静遍は、『選択本願念仏集』がひろまるのを知ったとき、むしろ身近に源空への批判の必要を感じたのであろう。しかし『選択本願念仏集』を披覧したところ、「旧来ノ所案ニハ相違シテ」かえって、専修念仏に帰し、建保五年（一二一七）以前に源空没後の門人となり、翌年所修の真言の教学をもとに、『続選択文義要抄』を著わしている。こうして静遍は、父頼盛の立場もあってか、早くから真言僧となり、その教団のなかで育まれた浄土信仰を前提として、専修念仏の同調者になったわけである。

そして別稿で指摘したように、(43)静遍の本姿は唱導聖であったばかりでない。建保五年嵯峨の釈迦堂が炎上し、復興の勧進のため、五十箇日のあいだ碩僧が招かれて説法したときに静遍は、真言の父母である釈迦と俗の父母の恩をくらべて、

況ヤ真実ノ父母ノ御堂ノ焼ヌルヲバ、一人シテモ、力アラム人ハ造リ可奉、マシテ随分ノ資財ヲナゲテ、ナドカ助長シ給ハザルベキ、

と説いたので、人々は涙を流すばかりに感じたと伝え、(44)静遍が在俗に対して唱導する姿は、無住が賛意を表わしたように、必ずしも専修念仏の徒ではないと思われる。つまり初期の浄土宗教団のなかで、「従他帰入」とされる僧たちの多くは、(45)静遍のような同調者で、そうした僧たちが増えてゆくところに、南都北嶺からの圧迫の原因があったし、やがて門下で異義が紛々とする側面といえる。

(4)　行仙房

金沢文庫蔵の『念仏往生伝』の編者行仙房はこの静遍の弟、または甥で、はじめ静遍に真言を学び、念仏三昧も修したが、のち上野の山上に住んで、「念仏ノ行者トシテ尊キ上人」と聞え、「尋常ノ念仏ノ行人ノ如ク、数遍ナン

トモセス、観念ヲ宗トシ、万事ニ執心ナク」見えたと伝え、[46]一説では鎮西義の弁長に従い、[47]もう一説では禅勝房の弟子ともいう。[48]ところが『念仏往生伝』には禅勝房の伝を収め、高野山から山上へ下った専阿弥陀仏と誓阿弥陀仏が、禅勝房の臨終の様子を話したと記し、『一言芳談』一一三条には、行仙の言葉として禅勝房の法語を伝えて、「殊勝の往生を遂げられたり」と語っているから、禅勝房との結びつきもあり、また『一言芳談』では、弁長の弟子で木幡派の祖良空と行仙房との問答としているので、弁長との連なりもあり、高野山の僧との交渉をふまえて、静遍との師弟関係は事実としても、禅勝房や弁長との関係はつかみにくい。

しかも上野の山上は、赤城山麓の勢多郡田邑郷のうちで、平安時代の末には、藤姓足利氏の一族山上氏の根拠で、このあたりは天台宗教団の地であり、行仙房が世良田の天台宗長楽寺の明仙と、「常ニハ仏法物語ナンド」もして、「宗風モ心ニカケキカト」見えたように、天台宗とのかかわりもあって、そのような多面さをそのまま行仙房の本姿と受けとるべきなのであろう。

このような行仙房の出家の時機や原因について明らかでなく、武家平氏の浄土信仰のなかで、どのような位置に発端を求めるかはさておき、『一言芳談』によると行仙房は、

身意に作る罪をば、口業にてこそ懺悔すべきに、いたづらごとにひまをいるゝことよ、

と説いている。[49]それは「往生のさはりの中に、貪愛に過ぎたるはなし、衆悪の障色貪を先とす」として、[50]説法の布施は「制スル事モナク、用ヰル事モナシ、ヨソヨリホシキ物トリチラ」すだけで、[51]身業の罪を離れようとし、念仏のときの妄念を対治する法を問われたとき、

アトモナキ雲ニアラソフ心コソ中々月ノサハリナリケレ

という一首によって意業の罪が真如を得る障害となる旨を答え、[52]源空の弟子薗田成家が、「往生は最初の一念に決

定せり」と語って「殊勝の往生」を遂げたのを讃えて[53]、信心決定の初一念を説いたことと表裏している。だから後世を願う者の心得は、

ひまある身となりて、道を先として、余のことに心をかけぬを第一とす、

といい[54]、道人は、

ただ何事も、要にたゝぬ身になりたらむ、大要の事なり、

として[55]、世事から離れ、「あひかまへて、ひじるべきなり」と断じ[56]、「観念ヲ宗トシ、万事ニ執心」なかったと伝える。

そして無住は、このような行仙房の風情を「ウラ山シクコソ」として、

諸仏ノ法身ハ、自身ノ実体、霊覚不二ナル故ニ、初ヨリ此理ヲ信用セハ、往生モ安クコソ、サレバ念仏門ノ人モ、心地ノ修行ヲウトクスベカラズ、禅門真言ノ人モ、念仏ノ行ヲカロシムベカラズ、法身ノ体、応身ノ用、タガヒニカロメ、ウトクスベカラズ、只其志ニ随テ修行シテ、解脱ヲウベキ也、

と述べ[57]、ひたすらな道心者としてだけでなく、その多面性にかかわっても共感したうえ、東国武士の薗田成家や熊谷直実との交わりもあり[58]、臨終には、「見聞ノ道俗市ヲナシ」た唱導聖としての行仙房にも心ひかれたのである。だから行仙房は、先述した心戒房の隠遁性はなく、かえって『念仏往生伝』を編するほどの唱導で特色づけられるとともに、『一言芳談』のなかに見える道心者の世界に連なる僧であった。

註

（1）「日本歴史」三〇四。

(2) 『百錬抄』寿永二年七月二九日の条に「常光寺、故正盛朝臣堂」と記す。
(3) 『江都督納言願文集』三「自料安楽寺堂同諷誦」。
(4) 『往生伝の研究』所収　篠原昭二氏「大江匡房の宗教生活」。
(5) 『江都督納言願文集』三「自料安楽寺堂同諷誦」。
(6) 『江都督納言願文集』三　般若寺。
(7) 『尊卑分脉』『吾妻鏡』建保五年一一月一〇日・承久三年六月五日条等　『隆寛律師略伝』。
(8) 『平家物語』三　灯炉之沙汰。
(9) 『平家物語』一〇　維盛熊野参詣　同入水『高野春秋編年輯録』七　元暦元年三月一五日条。
(10) 『平家物語』一一　重衡最後。
(11) 『平家物語』一二　六代被斬。
(12) 『山槐記』治承三年六月三日条。
(13) 『吾妻鏡』文治元年六月七日条。
(14) 『法政史学』二五　石塚巣氏「平宗盛抄」。
(15) 『吾妻鏡』元暦二年六月二一日条。
(16) 二　大臣殿被斬。
(17) 灌頂巻　大原御幸。
(18) 「日本歴史」三〇六　角田文衛氏「建礼門院の後半生」。
(19) 拙稿「毘沙門堂と明禅」。
(20) 『平家物語』一〇　千手前　戒文。

(21)　前掲　角田氏論文。
(22)　『尊卑分脈』『三長記』建永元年二月一九日の条。
(23)　藤堂祐範氏蔵『阿弥陀経奥書』。
(24)　金沢文庫蔵『弥陀本願義奥書』。
(25)　建久五月閏八月二七日の条。
(26)　『尊卑分脈』『高野春秋編年輯録』七　養和元年四月一八日・元暦元年三月一五日の条。
(27)　七　心戒上人不留跡事。
(28)　『高野春秋編年輯録』七　文治三年四月二四日の条　拙稿「源空と浄土五祖像」。
(29)　『高野春秋編年輯録』には、高野山から逐電し狂人となって往生したと記す。
(30)　『一言芳談』六四条。
(31)　九八段。
(32)　拙稿「源智と静遍」。
(33)　『尊卑分脈』。
(34)　『尊卑分脈』『法水分流記』。
(35)　『法然上人行状絵詞』四五。
(36)　『一枚起請註』『一枚起請見聞』金戒光明寺蔵『一枚起請文』。
(37)　拙稿「一言芳談のなかの善導」。
(38)　拙稿「源智と静遍」。
(39)　養和元年二月一七日条。

(40)『尊卑分脈』『日本歴史』二五七　多賀宗隼氏「平頼盛について」。
(41)拙稿「源空と浄土五祖像」。
(42)『一期物語』。
(43)拙稿「源智と静遍」「醍醐寺聖教のなかの浄土教」参照。
(44)『沙石集』六の一四『日本古典文学大系』の頭註。
(45)『浄土伝燈総系譜』。
(46)『法水分流記』『蓮門宗派』『沙石集』一〇の末の三『元亨釈書』。
(47)『法水分流記』等。
(48)『蓮門宗派』。
(49)五九条。
(50)『一言芳談』一四四条。
(51)『沙石集』。
(52)『沙石集』。
(53)『一言芳談』一二三条。
(54)『一言芳談』六一条。
(55)『一言芳談』六〇条。
(56)『一言芳談』一四四条。
(57)『沙石集』。
(58)『一言芳談』一二三条。

『一言芳談』のなかの善導

一

この小文は、『一言芳談』を中世の浄土宗の展開のなかに位置づけようとする試みの一部で、結論といえるものはない。なお文中に示す法語の条数は、慶安元年（一六四八）刊の版本を底本にした仏教古典叢書所収の『一言芳談抄』に、編者が付けたものによっている。

『一言芳談』のなかで善導について述べた法語は、二十九条の

又云、善導の御釈を拝見するに、源空が目には、三心・四修皆共に、南無あみだ仏と見ゆるなり、

と、一二七条の

又云、十声一声等の釈は、念仏を信ずる様、念々不捨者等は、念仏を行ずる様なり、

という、二つの法然房源空の法語と、一三一条の

信空上人問云、智恵もし往生の要たるべくは、正直に仰をかふむりて、修学をいとなむべし、又たゞ称名不足なくば、そのむねを存すべく候云々、答云、往生の業は、是称名といふ事、釈の文分明也、有智無智を不簡といふこと、又以顕然なり、然ば為往生称名為足、学問を好とせむよりは、一向に念仏すべし、弥陀・観音・勢至

に奉逢の時、何の法文か違せざらん、念仏往生の旨をしらざらんほどは、可学之、もしこれを知をはりなば、いくばくならざる智恵をもとめて、称名の暇をさまたぐべからず、

という、法蓮房信空の問に答えた源空の法語と、一四八条の

乗願上人云、善導を仰がん人は、名号よりほかの事は行ずべきにあらず、さればとて、よりこん所の善根の念仏の障碍とならざらんほどの事をば、値遇結縁すべきなり、きらへばとて、いま〳〵しき事の様にはおもふべからず、行ずべければとて、念仏のいとまを入べからず、

という乗願房宗源の法語との四つで、いずれも善導以外の僧の法語のなかで語られる。また源信について述べた法語は一条の有（あるひと）が伝えた詞と、五十条の某（一説では敬仏房）の法語のなかで、「往生要集のもじよみふぜいの事」に触れた二つであり、源空の法語が、十六も引用されているのに較べると、数のうえだけでなく、取りあげられ方においても、善導・源信と源空のあいだには、大きな違いがあって、そのこと自体が、『一言芳談』の内容について、大きな枠を示しているように思われる。

さらに源空以外で、没後の弟子明遍とその門下の敬仏房や源空の弟子聖光房弁長などの法語は、引用の数は多くとも、それらのなかで、善導について述べたものはない。だから善導と源信は、日本の浄土教の展開のうえで重要な意義をもっているにもかかわらず、『一言芳談』という仮名法語集のなかでは、その姿が薄れており、善導は、源空とその弟子乗願房宗源の法語に語らせるのに止まっている。(1)

このことと関連して、『一言芳談』に収める法語の多くは、浄土宗の僧のもので、旧仏教の僧の法語は、おのずから少ないが、そのなかでも源空より以前のものについては、善導・源信についてと同じ傾向があり、下津村の慈阿弥陀仏が行基の法語を語り伝え（一一六条）、最澄の記文が引かれ（一一〇条）、賀古の教信の行状が述べられるだけ

で、（一一三条）『一言芳談』のなかの法語は、源空以後に集中している。だから最澄の記文の引用などの特例を除けば、結果のうえで『一言芳談』の編者は、おもに浄土宗の祖源空とその門流の法語を集めたわけで、善導・源信については、それらの法語のなかで語られるに止まったのは、自然の帰結でもある。しかもそのような大枠のなかで、善導・源信について触れることが少なく、また教信の行状が述べられても、空也などには及ばなかったのは、鎌倉時代後半における浄土教の展開に、見逃せない問題が残されていることを物語り、ひいては編者自身をうかがう手がかりともなる。

二

二十九条の源空の法語のなかの「善導の御釈」とは、『選択本願念仏集』（以下『選択集』）における引用では、善導の著『観無量寿経疏』（以下『観経疏』）と『往生礼讃』を指している。善導は、『観経疏』の散善義で、三心を『観無量寿経』（以下『観経』）についての重要な論題として取りあげ、三心をそれぞれ釈したのち、

三心既具、無行不成、願行既成、若不生者、無有是処、又此三心、亦通摂定善之義、応知、

と記し、『往生礼讃』には、

具三心、必得生也、若少一心、既不得生、如観経具説、応知、

と説いて、三心具足は九品に通ずる往生の正因であると、信心観を述べ、源空はそれを受けて、『観無量寿経釈』には、

是則三心通念仏及諸行、是故善導釈此三心、以通正雑二行、故知三心通九品也、三心已通九品、明知、念仏亦通上上也、

といい、『選択集』の「念仏行者必可具足三心之文」には、

私云、所引三心者、是行者至要也、所以者何、経則云具三心者必生彼国、明知、具三、必応得生、釈則云、若少一心則不得生、明知、一少、更是不可、因茲欲生極楽之人、全可具足三心也（中略）此三心者、総而言之、通諸行法、別言之、在往生行、今挙通摂別即周矣、行者能用心、敢勿令忽諸、

と私釈を加え、「念仏行者、必可具足三心」ことが、往生の必須条件と述べている。

つぎに善導は『散善義』で、諸善を正雑二行に分けて五念門を正行とし、そのうち

一者一心専念弥陀名号、行住坐臥不問時節久近、念念不捨者、是名正定之業、順彼仏願故、

として、称名を正定業、他の正行を助行に分け、『往生礼讃』には、

若能如上念念相続、畢命為期者、十即十生、百即百生、何以故、無外雑縁得正念故、与仏本願相応故、不違教故、随順仏語故、

と述べて、口称を相続すれば、必ず浄土に往生できると説き、源空はそれを受けて『選択集』の「善導和尚立正雑二行捨雑行帰正行文」に、善導は往生の行相を明らかにし、正雑二行の得失を判ずるの二意を示したと解し、称名が正定行であるのは、「順彼仏願故」で、

意云、称名念仏是彼仏本願行也、故修之者、乗彼仏願、必得往生也、

といい、また「弥陀如来不以余行為往生本願唯以念仏為往生本願之文」に勝劣・難易の二義を立てて、諸行を撰捨し、「専称仏号」を撰取する所以を述べ、また「善導和尚立正雑二行捨雑行帰正行文」に、『往生礼讃』を引用したあと、

弥須捨雑修専、豈捨百即百生専修正行、堅執千中無一雑修雑行乎、行者能思量之、

と私釈で結んでいる。だから善導が、『観経』を為凡の経とし、その要は「観仏三昧為宗、念仏三昧為宗」と一経両宗の義を説くうちに、廃観立称の深意を示したのを受けて、源空は、「往生之業、念仏為本」(一本に「念仏為先」とする)と断じたといえる。

さらに源空は、善導が『往生礼讃』に四修を釈したのを受けて、『選択集』の「念仏行者可行用四修法之文」に、

初長時、只是通用後三修、(中略)為使成就此三修行、皆以長時属於三修所通修也、故三修之下、皆結云畢命為期不中止、即長時修、是也、

と述べて、称名の相続が、善導の深意であると解している。

こうして善導の教学の骨子は、「勤行四修法、用策三心・五念門行、速得往生」ことにあったが(『往生礼讃』)、善導を弥陀の化身とし、その教えを弥陀の直説と考える源空は、さらに諸善を捨閉拋閣し、真実の深信の心で往生を願い(三心)、ただ称名だけを(五念門のうちの称名)、臨終のときまで相続する(四修のうちの長時修)のが、末代の凡夫が往生できる道だと説くのである。従って源空は、善導の教学にもとづきながら「専修仏号」を撰取し、それを勧める場合、みずから善導の教学に解釈を加えていたわけである。

三

ところで『選択集』には、『一言芳談』の二十九条の「善導の御釈を拝見するに、源空が目には云々」という法語そのものも、またそれに近い文も記されていない。それは、教義の要旨を軽妙に比喩をふくめた文に集約する場が、文類の形をとる『選択集』のなかには少ないからで、むしろそうした場の可能性は、弟子などへの対機の説法のときに多い。

はたして安貞二年（一二二八）十一月二十八日に鎮西義の祖聖光房弁長が、源空没後の異義を正し、末代の疑を決するために記した『末代念仏授手印』に、「末代念仏者、知浄土一宗之義、修浄土一宗之行、首尾次第条条事」として、まず五種正行事・正行助行二行分別事・念仏行者必可具足三心事について記したのち、

一、善導御意、入浄土宗、修正助二行、具足三心之人、必可修五念門、教之、（下略）

（中略）

一、善導宗意・行三心・五念之法、必可具四修事、（下略）

と、三心・五念門・四修について記したあとに、

釈曰、我法然上人言、拝見善導之御釈、源空目、三心・五念・四修、皆倶見南無阿弥陀仏也、

と結び、浄土宗の教義は、この源空の法語に尽きる旨を示している。この弁長が伝えた源空の法語は、『末代念仏授手印』の著述過程から考えて、源空がその言葉通りに語ったか否かは別として、ほぼ源空の言葉の大概を伝えるものと思われ、また『一言芳談』の二十九条の法語に類したものでは、内容はもとより、もっとも古く記され、和文と漢文の違いはあっても、表現のうえでも近い。

ところが弁長の弟子然阿良忠が、その弟子で小幡流の祖良空慈心と西谷流の祖礼阿然空の問に答えた二十四箇条の『東宗要』（浄土宗要集）四には、

故祖師云、源空目、見三心南無阿弥陀仏、五念南無阿弥陀仏、四修南無阿弥陀仏也云々、可思之、

と、表現の違う法語を引用し、また康元二年（一二五七）に良忠が著わした『末代念仏授手印』の末書の『決答授手印疑問鈔』（以下『疑問鈔』）上に、

故上人ノ云ク、源空ガ目ニハ、三心モ南無阿弥陀仏、五念門モ南無阿弥陀仏ト見ユル也、

と、『東宗要』に引く法語と同系統であるが、和文のものを収めている。そして『末代念仏授手印』以下の三書に引用された三種の源空法語は、それぞれ互いに違いはあるが、趣旨は同じである。しかも『末代念仏授手印』は、弁長門下の鎮西義で相伝の血脉を示すものとして代々伝授されているから、そのなかに引用された源空の法語は、「相伝之骨目」として、鎮西義に語り継がれたはずである。

はたして良忠の弟子で三条派の祖道光了慧が編した『黒谷上人語燈録』（文永十二年〈一二七五〉正月二十五日の序がある）は、源空の伝記・聞書・法語などを集めているが、そのうち和語のものだけを収めた『和語燈録』五に、弁長の伝説の詞として、

又上人のの給く、源空か目には、三心も南無阿弥陀仏、五念も南無阿弥陀仏、四修も南無阿弥陀仏なりと、授手印にいでたり、

と、『末代念仏授手印』に見えるとしながら、師の良忠の著『疑問鈔』に引くものとほぼ同じ法語をとっている。また慈心の弟子で、のちに知恩院の九世となった舜昌が、徳治二年（一三〇七）、後伏見上皇の勅命をうけ、歳月をかけて編した『法然上人行状画図』二十一の詞書のなかに、「上人つねに仰られける御詞」として、

又云、善導の釈を拝見するに、源空が目には、三心も南無阿弥陀仏、五念も南無阿弥陀仏、四修も南無阿弥陀仏なり、

と、『和語燈録』と同じものを引用し、この法語が鎮西義の各派にひろまったのが跡づけられる。しかも『東宗要』の問者や『和語燈録』『法然上人行状画図』の編者などは、法系図のように、鎮西義のうち京都に分流した流祖とその弟子で、この法語は、京都の鎮西義の門流の手で、良忠が表現を変えたものを書きつぐことが多かったという結果があらわれている。

法系図

弁長（末代念仏授手印の著者）――然阿良忠（決答末代授手印疑問鈔の著者 東宗要の答者）
　―道光了慧（三条流）和語燈録の編者
　―礼阿然空（一条流）東宗要の問答
　―慈心良空（小幡流）東宗要の問者――舜昌 法然上人行状画図の編者

ところで前述のように源空は、なにの故に、いつ誰に、どのような表現で語ったか明らかではないが、弁長は『末代念仏授手印』の文体に従って漢文で記し、『和語燈録』の註記が裏づけるように、それが、この法語がひろまる始めと思われる。そして良忠は、弁長から『末代念仏授手印』を伝受するとともに、『東宗要』四の「第十七問、念仏行者必行用四修法耶」のなかで、『選択集』に「引三心・四修、不引五念」ることについて、「所言五念者、一行三昧所具之五念也、釈列三心・五念・四修一行三昧、即此意也」と答えたあとに、本文の漢文体に従いながら、表現の違う法語を引用し、また『疑問鈔』の「付此文有種之義等事」のなかで、安心と起行の二種信心、および正雑二行と正定・助業について釈したあとに、前者と同系統のものを引用する。ところが良忠の『往生礼讃私記』上には、

不観相貌者、問、上五念中有観察門、何違文合釈之耶、答、上対五念機、助観察門、今対不堪機、嫌云不観、又不観者、顕無別観、上言観者、称名一行亦具五念、謂称名字、有総想帰依念、以属観察、是故上文具引三心・五念・四修、已令結帰名一行、只是付一行、其心行業、故祖師云、源空目見三心・五念・四修皆南無阿弥陀仏、蓋此意也、

と記し、この系統の法語の表現を変え、和文に改めた一人は、良忠であったといえる。なお『疑問鈔』のもっとも古い写本は、増上寺の所蔵にかかり、下巻の奥題の次に、明徳六年（応永二年・一三九五）十二月六日酉蓮社了誉聖

冏が、その弟子で同寺の開山大蓮社西誉聖聡に第四重を相伝した旨を記したという一本であるが、原本の姿がわからないので、良忠が引用した法語に、「四修モ南無阿弥陀仏」の九字がない理由をはっきりさせることはできない。

さらに弁長は「我法然上人言」（『末代念仏授手印』）、良忠はそれをうけて、「祖師云」（『東宗要』）とか、「故上人云」（『疑問鈔』）と書き出したが、了慧は「諸人伝説の詞」として、他の源空の法語と並べて「又上人のの給く」（『和語燈録』）、舜昌は同じように「上人つねに仰ける御詞」として、「又云」（『法然上人行状画図』）と記し始めている。つまり弁長・良忠は、師、または祖師が語った「相伝之骨目」として、釈義を補う意味で引用したが、（『末代念仏授手印』に「釈曰」と記したのち、引用するなど）、了慧は法語の蒐集と編纂の立場から、そのような意味をはずし、他の法語と並べて扱い、舜昌も同様の形をとっている。そして『一言芳談』の引用の仕方は、了慧・舜昌のそれに似て、同書の成立年代（慈心の没年である永仁五年〈一二九七〉以後、『徒然草』の成立年代以前という説が有力である）が、了慧・舜昌の編纂年代に近いことに関連している。しかし『一言芳談』の編者は、了慧・舜昌が引用した系統の法語ではなく、弁長の『末代念仏授手印』に記す系統の法語を和文にしたものを引用している。いわば『一言芳談』の編者は、鎌倉中期以後の源空法語の引用の仕方に準じながら、法語自体は別系統のものをとったわけで、編者は、鎮西義の京都三流以外の僧かもしれない。けれども前述したようにこの法語は、ほぼ「聖光上人（弁長）」が伝えたものとして、鎮西義にひろまったが、源空門下の他の分流では触れていないし、とくに親鸞が源空の伝記・著作・書状・法語などを編纂した『西方指南抄』にも収められず、引用した僧の範囲は、かなりせばめられるから、『一言芳談』の編者を鎮西義系統の僧のなかで考えることが可能であろう。

なお『拾遺黒谷語燈録』下　和語に収める『東大寺十問答』の第三問に、三心具足の念仏者の決定往生について問うのに、源空は、決定往生する也、三心に智具の三心あり、行具の三心あり、智具の三心といふは、諸宗修学の人、本宗の智をもて信をとりかたきを、経論の明文を出し、解釈のをもむきを談して、念仏の信をとらしめんとてとき給へる也、行具の三心といふは、一向に帰するは至誠心也、疑心なきは深心也、往生せんとおもふは廻向心也、かるかゆへに一向念仏して、うたかふおもひなく往生せんとおもふは、行具の三心也、五念・四修も、一向に信する者には、自然に具する也、

と答えたと記している。『東大寺十問答』は、建久二年（一一九二）三月十三日に東大寺の俊乗房重源の問に答えたとされるが、その成立に疑問が残っているので参考に止める。しかしこの法語の言葉を借りれば、『選択集』は「智具の三心」を説いたのに対し、『末代念仏授手印』以下に引用された法語は、「行具の三心」を語ったもので、「一向に信ずる者には」三心・五念・四修の別なく、ただ口称の念仏のみがあるという信の強調に主旨が存したことが理解できるとともに、『選択集』における源空の真意と、唱導聖としての源空における法語の意義を考える必要があると思われる。

四

一三一条の源空の法語は、第一の弟子法蓮房信空が、修学による智慧は、「往生の要」かと問うたのに、「往生の業」が称名であることは、善導の『観経疏』に明らかで、「有智無智」によって往生の成否が定まるのではないと答えたもので、『選択集』の「阿弥陀如来不以余行為往生本願唯以念仏往生本願之文」に、

若以智慧高才而為本願者、愚鈍下智者定絶往生望、然智慧者少、愚痴者甚多、（中略）当知、以上諸行等而為本願者、得往生者少、不往生者多、然則弥陀如来、法蔵比丘之昔、被催平等慈悲、普為摂於一切、不以造像起

塔等諸行為往生本願、唯以称名念仏一行為本願也、

と記したつぎに、法照の『五会法事讃』から、

彼仏因中立弘誓、聞名念我、総迎来、不簡貧窮富貴、不簡下智与高才、

の文、また『無量寿経』の願我就の文とともに、

善導釈云、彼仏今現在世成仏、当知、本願重願不虚、衆生称念、必得往生、

を引用している。

信空は、かつて黒谷別所の叡空のもとで、源空と同行であったが、師の滅後は源空の弟子となり、その「補処トシテ、聖教・三衣・坊舎ヲ相伝」し、「一朝ノ戒師、諸人ノ依怙」として帰依されたうえ、授戒の師であった源空から、「戒バカリヲ」相伝し、浄土門は受けなかったと非難されるほど、智慧第一の源空に近かった。(2) だから修学による智慧について尋ねた信空の問いは、まず智慧によって〝立宗〟し、のち三昧発得して己証を得た源空の身辺では、(3) いつも論題となりえることであり、弟子に有智の空阿弥陀仏(高野の明遍)と無智の空阿弥陀仏の二人がいたのは象徴的である。(4)

この源空の法語は、そうした背景のなかで、よりいっそう鮮かに聞え、嘉禄二年(一二二六)信空が惟宗忠義の不審第十四箇条に答えて、

弥陀念仏ハ、行住坐臥、浄不浄ヲ論セス、本願ヲタノミ、称名ヲトクル者ハ往生スト信シテ、実ヲイタス心アル人往生ス、

といったことに連なってゆくが、源空がこの法語で、「学問を好とせむよりは、一向に念仏すべし」という言葉と表裏して、「念仏往生の旨をしらざらんほどは、可学之、もしこれを知をはりなば、いくばくならざる智慧をもと

めて、称名の暇をさまたぐべからず」と語る智慧があったのである。なおこの法語は、『和語燈録』五の諸人伝説の詞にも所収されているが、文言には異同があり、『一言芳談』の方が簡略化されているのに注目される（信空については、稿を改めて述べる）。

一三一条の源空の法語は、『選択集』に引用した善導や法照の文によって、智慧よりも念仏が往生の業であることを語っているが、一二七条の源空の法語は、善導の文を直接に引いて、本願への信にもとづく念仏の行の在り方を述べている。すなわち「十声一声等の釈」とは、『往生礼讃』に、

如観経説者、具三心、必得往生、何等為三、

一者至誠心、（中略）

二者深心、即是真実信心、信知自身是具足煩悩凡夫善根薄少流転三界不出火宅、今信知弥陀本願誓願及称名号下至十声一声等定得往生、乃至一念無有疑心、故名深心、

三者廻向発願心、（中略）

具此三心必得生也、若少一心、即不得生、如観経具説、応知、

と記す文で、「念々不捨者等」とは、『観経疏』散善義に、正雑二行を説いたなかに、

又就此正中、復有二種、一者一心専念弥陀名号、行住坐臥、不問時節久近、念々不捨者、是名正定之業、順彼仏願故、若依礼誦等、即名為助行、除此正助二行已外自余諸善、悉名雑行、

と述べる文である。そして源空は『選択集』の「念仏行者必可具足三心之文」に前者を引用したうえで、先に本論で引いた「所引三心者、是行者至要也」の私釈を述べ、「善導和尚立正雑二行捨雑行帰正行之文」に後者を引用したのち、私釈のなかで五種正行について、

次合為二種者、一者正業、二者助業、初正業者、以上五種之中第四称為正定之業、即文云一心専念弥陀名号行住坐臥不問時節久近念念不捨者是名正定之業順彼仏願故、是也、

と記し、善導の釈をそのままに受けている。そして『一言芳談』の一二七条は、これら趣旨のなかから「無有疑心」き心と「念々不捨」ざる行とをとりあげたものである。ところが良忠の『疑問鈔』上の「一心専念弥陀名号乃至順彼仏願故事」には、

若如此義者、相違十二問答、彼一問答云、礼讃ノ深心ノ中ニハ、十声一声乃至一念無有疑心ト訳シ、疏ノ深心ノ中ニハ、念々不捨者ト釈セリ、以何我分可思定候覧、上人答云、十声一声等釈ハ信念仏様、念々不捨等者、行者念仏様也云々、如此御答者、挙能修機可修行様聞之、

と見え、『西方指南抄』下本に収める『十二問答』、すなわち源空とその弟子禅勝房との問答の第八問に、

問、礼讃ノ深心ノ中ニハ、十声一声必得往生、乃至一念無有疑心ト釈シ、マタ疏ノ中ノ深心ニハ、念念不捨、是名正定之業ト釈シタマヘリ、イツレワカ分ニハオモヒサタメ候ヘキ、答、十声一声ノ釈ハ、念仏ヲ信スルヤウナリ、カルカユヘニ信オハ一念ニ生ルトトリ、行オハ一形ヲハケムヘシトススメタマヘル釈也、マタ大意ハ一発心已後ノ釈ヲ本トスヘシ、

と記すのが、この法語の原型に近いように思われる。そして源空が禅勝房に答えた五十字ほどの言葉は、当時源空門下の大きな課題であった信と行、あるいは一念と多念についての疑問に、明確に答えたものといえる。こうして『一言芳談』のなかの善導の教義は、『選択集』などの段階に受けとめられたものが、時には比喩性も伴いながら、源空によっていいかえられ、日本の浄土教のものとして展開したのである。

五

一四九条の法語を語った乗願房宗源は、権中納言葉室長方と藤原通憲の娘の子で、兄の長兼は、元久元年（一二〇四）山門から専修念仏停止の奏状が出されたのち、建永二年（一二〇七）源空以下が流罪になるまでの間、蔵人頭として院や公卿と南都北嶺のなかに立ち、念仏停止の口宣について、従兄である笠置の解脱房貞慶に意見を尋ね、興福寺の五師三綱を慰撫するなど、奔走につとめた。(5)

ところで長兼の父方には、系図1のように、

系図1

顕隆—顕頼—成頼—明禅
　　—顕能—顕真
　　—顕長—長方—長兼（覚阿）
　　　　　　　—宗源

（『尊卑分脈』）

系図2

通憲—是憲（遊蓮　円照）
　　—澄憲—聖覚
　　—明遍（空阿弥陀仏）
　　—女（葉室長方室）

（『尊卑分脈』）

大原問答の中心となった顕真（天台座主『大原問答』）や源空の孫弟子で碩才を称された毘沙門堂の明禅（白川門徒の祖信空の弟子）(6)がおり、母方には系図2のように、源空の弟子遊蓮(7)（下山往生院近くの房に住む）や高野山の明遍、(9)それに能説である安居院の聖覚(8)（源空門下の先達）がいて、いずれも有力な源空の門下であった。だから長兼は、建保二年（一二一四）に出家して覚阿と号したことでも推定されるように、源空の門下に対しては、心情以上のものがあったと思われ、源空の弟子が風紀のうえで不善を行なっても、念仏を勧めることだけで、源空以下を罰することに反対し、興福寺の衆徒から念仏宗に心を傾けていると非難された。(10)

そうしたなかで宗源は、はじめ仁和寺で真言、のち天台も兼学したうえ、源空に帰依したが、名利を厭って醍醐の竹谷に隠遁し、竹谷の乗願房と呼ばれ[11]（一説には醍醐の南の樹下谷や清水寺に近い竹谷に隠遁したとされる、また医術と音律もよくしたという）、聖覚や信空と並ぶ「浄土宗ノ明匠」[12]で、鎮西義の然阿良忠は、「故上人（源空）面授門人」と尊んでいる。[13]しかし隠遁のためか、弟子には妙仏・恵心の二人が知られるにすぎず、[14]その門流は大きくならなかったようである。それでも良忠の『疑問鈔』上には、

又然阿問乗願上人云、故上人遺弟、其義水火、而各々称相伝、真偽如何、彼上人答云、当時京中興盛義共、一字一言非故上人御義、聖光房上人為修学者之上、多年稽古人也、偏是上人義也、不及不審事也、此事非偏頗候、若存偏頗者、京中人人讃申候、然而得罪事也、全非虚言云々、

と記し、源空の歿後に門下が分流して異義紛々としたなかで、宗源は、「京中興盛義」が源空の教義を伝えず、鎮西義が正しいと語ったという。宗源のくわしい行状が明らかでないため、この問答を裏付けできないが、宗源は源空門下の先達として認められていたわけである。また「京中興盛義」は、白川門徒・紫野門徒や西山義・長楽寺義や鎮西義の三派などのいずれを指すのかはっきりしないが、宗源はそれらの分流とは別個に、京都に間近く教風をたてていたようである。

ところが良忠の弟子で鎮西義白旗流の祖寂慧良暁は、その著『浄土述聞見聞』のなかで、

但竹谷云三心具念仏即通惣業等事、

問、竹谷三心具念仏往生因ナラズ、業事成弁念仏正往生正因云、当流意者、此義ナルベキ哉、答、不然、当流三心具念仏、初一念往生業成云、往生業障尽以、業事成弁義也、

と記し、『浄土述聞口伝切紙』には、

問、三心具足念仏与業事成弁念仏為同、為異、答、大旨不異、先師上人不分同異、但竹谷云、三心具足念仏、通惣之業、業事成弁即決定之因故、彼此異、私云、大旨云不異、知少分可異也云云、

と述べて、師の良忠とは宗源の教義に対する見解が違う。それはのち酉蓮社了誉聖冏の『浄土述聞口決鈔』にも踏襲されて、白旗流の義となっているが、師の宗源に対する尊敬の心から離れた良暁のころには、宗源の門流はしだいに衰え、多くの分流のうちでは、源空門下の先達としての宗源の地位にも変化があったのであろう。それはともかく、宗源が「業事成弁念仏」を往生の正因と主張したかげには、顕密を兼学した行状がある。はたして『沙石集』二（弥勒行者事）の乗願房陀羅尼讃事に、宗源は、「亡魂ノ菩提ヲ弔ニハ、何レノ法カ勝レタル」との勅問に、宝篋印陀羅尼・光明真言がすぐれていると答えたのを、弟子たちが非難すると、

誠ニ念仏ニ衆徳ヲ具足シテ、祈念ニ随テ願望ヲ遂グベキ道理ハ、惣テ善根ノ徳ナレバ、疑ナシ、何レノ法ニカ益ナカラン、但十悪五逆ノ往生ストイフモ、善知識ニ逢テ、我十念ヲ唱テコソ、来迎ニアヅカリ、極楽ニモ生ズル事ナレ、

それにくらべて宝篋印陀羅尼と光明真言は、経文や儀軌に十悪五逆の亡魂も極楽へ引導すると説かれているのに、念仏ニハ、是程ノ文証未ダ見及ビ侍ラズ、道理アレドモ、文証ナキ事ハ奏シガタシ、仏法偏頗アルベキ事ナケレバ、自他宗ト隔ベキ事非ズ、念仏ノ中ニモ分明ナル文証アラバ、追テコソ奏シ申サメ、

と語ったと記し、無住一円は、「智者ト聞シニ、アハセテ偏頗ナキ心ナリ」と宗源を讃え、「マシテ浄土ノ往生ハ安カルベシ、六字ノ名号コソタモチヤスキニ、一字ノ陀羅尼モアレバ、鈍根ノ者ニ習ヤスシ」と結んでいる。この説話は、のちに吉田兼好が、『一言芳談』の法語のうち「心にあひて覚えし」五か条を『徒然草』に収めたこととともに、（九十八段）天台・真言を兼学し、文義を重んずる「浄土宗ノ明匠」としての宗源の面影を伝え、さらに源空

る。門下の先達として、隠遁ののちも、その徳は隠れなかったという宗源の行状が、説話化されてゆく過程を示している。

鎮西義の分流で京都にひろまった小幡流の舜昌が編した『法然上人行状画図』四十三に、西園寺実氏の娘で後深草天皇の中宮東三条院に擬せられる貴女から拝領の沈の念珠で昼夜念仏していたが、ある修行者が雲居寺に参籠の夢に、山臥が集まって、この念珠を手段に宗源の出離を妨げる相談を聞き、庵室を尋ね、念珠を奪って火中に投げ込んだ。事の次第を聞いた宗源は、修行者の行為を喜んだという話を載せている。それは宗源が念仏の相続につとめ、朝廷や公家にも帰依者が少なくなかったことの投影であろうが、『沙石集』の段階よりも説話化がすすんでいる。その反面で白旗流はともかく、京都の鎮西義でも、「浄土宗ノ明匠」としての宗源の名や法語は語り伝えられても、その教学と門下は、しだいに浄土宗の主流から消えていったように思われる。このような意味で、『一言芳談』の編者が宗源の法語を三か条（八十・一四八・一四九条）収めたことは、編者が鎮西義とかかわりがありながら、白旗流からは遠いという仮説が成り立つであろう。

六

『一言芳談』には、上記の三か条の宗源の法語のほかに、源空の法語と源空が宗源の問に答えた法語（一二五条）、源空が或る人の問に答えた法語を宗源が語り伝えたもの（一三八条）の二か条がある。まず善導について述べた一四八条で宗源は、善導の教義の主旨が名号以外のなにものでもなく、ただ口称の念仏にある。しかし自分から行なうのではなく、自然に行なうようになった善根で、口称の障碍とならないほどならば、嫌わずに縁あるものとして行なってよいが、口称する時間をさいてはならないと語っている。つまり宗源はこの法語の前半で、善導が観経の真義は凡夫往生にあり、「一心専念弥陀名号、（中略）是名正定之業、順彼仏願故」（散善義）などと、口称を中心に読誦・観察・礼拝・讃嘆供養を伴う五正行が、六字の名号に包摂される。と説いた旨を簡潔に述べている。それは前述した二十九条の源空の法語に通じるが、後半で宗源は、専修念仏の徒が「よりこん所の善根」までも拒否しないようにという。その真意は、短文なため、必ずしも明らかでないが、隠遁した宗源は、一四九条の法語で、

仏法には、徳をかくす事をばよき事にいひたれども、ほかに愚を現ずれば、又懈怠になる失あり、と、自分の体験もふくめて語るのであろう。だから凡夫は、とにかくにすまじとすると、すゝめんために、助業は大切なり、

といって、正業のほかに助業の価値を認めており、この意味でも「よりこん所の善根」は拒否すべきではないのである。当時宝篋印陀羅尼や光明真言の功徳は、公武の社会でかなりひろく信じられており、天台・真言を兼学した宗源が、文証あるものとして、十悪五逆の亡魂を救えると勧めた理由も理解できるとともに、宗源は口称だけの僧ではなかったといえる。

そうした一面で、或る人が観経にもとづけば、「称名の行人」でも観相すべきではないかと問うたのに源空は、

はじめはさるいたづら事したりき、今はしからず、但信称名なり、

と答えたと、宗源は語り伝える（一三八条）。善導の教学と行状には、口称とともに観相があり、源空は『観経疏』にもとづき、まず智によって宗義を立てたのち、三昧発得という観相の体証を得て、善導の教義の正しさを、自ら裏付けた[15]。つまりこの源空の法語は、源空自身も、三昧発得までは、口称と観相を行なっていたことを物語っている。そしていつも源空が、今度こそ往生の願をとげたいというのを聞きとがめた宗源が、

上人だにもか様に不定げなる仰の候はんには、まして其余の人は、いかが候べき、

と問うたのに、源空は、

うちわらひての給はく、蓮台にのらんまでは、いかでか此思ひはたし候べき、

と、なおも「但信称名」を相続している姿を語り伝える（一二五条）。さらに『和語燈録』五の諸人伝説の御詞に、源空は、

又人目をかざらずして、往生之業を相続すれば、自然に三心は具足する也、

と、たとえ妄念の「葦しげきいけ」にも、「三心の月」は宿るとの譬を引いて、「往生之業」である口称を相続するように勧めたが、

これは故上人のつねにたとへにおほせられし事也、

と、宗源が語ったと記しており、宗源が語り伝えた源空の法語は、いずれも「但信称名」の相続についてのものであった。つまり宗源は、源空の弟子となって、口称が決定往生の正定業であることを知る一方で、それが確かであるという文証を求めて、教学にも怠りなかったし、凡夫をこの正定業に導くためには、助業も必要であり、「但信称名」する者も、称名の妨げとならなければ、拒否すべきでないとしていたようである。いわばこの段階で宗源は、善導の教学を再解釈していたわけである。そして源空門下では先達的な存在であった聖覚や隆寛なども、決して口称だけの僧ではなかったし、智的な面を多くもっていた点でも、宗源に通じ、この三者の名は、かの七箇条制誡の奥に記した署名のなかにも見当らない。だから「浄土宗ノ明匠」と尊ばれる条件は、ただ口称だけの僧であることに尽きるのではない。源空は智慧第一の法然房であったし、親鸞は聖覚や隆寛の著書を書写したうえに、『顕浄土真実教行証文類』という文類を著わし、また源空の門下には、有智の空阿弥陀仏（明遍）と無智の空阿弥陀仏とがあった事実は、(16) 源空とその門下の中核が奈辺にあったかという問題を提起している。

このように考えると宗源は、源空の姿に近い僧ではなかったかと思われ、それだけに鎮西義の良忠が、先達として尊んだのであろう。そして晩年の宗源は、

さすがに歳のよるしるしには浄土もちく（ちかくカ）、決定往生しつべき事は思ひしられて候也、と、源空の心境に近づき、

所詮、真実に往生を心ざし候はんには、念仏は行住坐臥を論ぜぬとなれば、たゞ一心に、ねても覚ても、たちゐおきふしにも、なむあみだ仏〳〵と申て候は、決定往生のつゝとおぼえて候なり、

と口称の相続を強調し、

学問も大切なる様に候へども、さのみ往生の要なることも候はず、又学して一の不審を披くといへども、するにしたがひて、あらぬ不審のみいできたるあひだ、一期は不審さばくりにて、心しづかに念仏する事もなし、然而念仏のたよりにはならで、中々大なるさはりにて候也、

と、『沙石集』（八十条）に伝えるような文義を重ずる宗源とは、およそ遠い心境を述べている。『一言芳談』の編者は、このような宗源という僧の変化のなかに、なにを考えようとしたのか否か、道心者としての編者を探ぐる手がかりがある。

こうして『一言芳談』のなかの源空は、善導の教学を比喩的にさえいいかえ、その弟子宗源は、少なくともある時期まで、善導の教学を再解釈していたように見える。そしてこの両者の相違をそのままに、アトランダムに配列したことに、『一言芳談』の法語集としての価値が、もう一つあるといえる。

(1) 明遍は一三、敬仏房は三〇、弁長は七。
(2) 『明義進行集』二 白川門徒の祖。
(3) 拙稿「源空と三昧発得」。
(4) 『法水分流記』『明義進行集』 拙稿「天王寺の念仏」。
(5) 『尊卑分脈』 田村圓澄氏『法然上人伝の研究』 拙稿「乗願房宗源」。
(6) 『法水分流記』『明義進行集』三 拙稿「毘沙門堂と明禅」。
(7) 拙稿「西山義の成立」。
(8) 『法水分流記』『明義進行集』三。
(9) 『法水分流記』『明義進行集』三。
(10) 『三長記』。
(11) 『沙石集』『標註一言芳談抄』『浄土鎮流祖伝』『円光大師行状画図翼賛』。
(12) 『沙石集』。
(13) 『末代念仏授手印疑問鈔』。
(14) 『浄土伝燈総系譜』。
(15) 拙稿「源空と三昧発得」。
(16) 『法水分流記』二『明義進行集』 拙稿「天王寺の念仏」。

『一言芳談』のなかの源空と禅勝房

一

私は、「『一言芳談』のなかの善導」という結びのない小稿のなかで善導について述べた法語は、二十九条・一二七条の源空の法語と、一三一条の法蓮房信空の問に答えた法然房源空の法語と、一四八条の乗願房宗源の法語との四つだけで、『一言芳談』のなかで数多い明遍と、その弟子敬仏房や聖光房弁長などの法語のなかで、善導の著を引くなどの例がないことを指摘し、日本の浄土教の展開のうえで重要な意義があるにもかかわらず、善導は源信とともに、(1)『一言芳談』という仮名法語集のなかで、姿は薄く見え、また教信の行状について述べられても(一一三条)、空也に言及されなかったことと合わせ、鎌倉時代後半における浄土教の展開に、見逃せない問題が示されていると思い着きを述べた。(2)

そして善導について述べた四つの法語のうち、源空のものが三つで比重が大きいことは、おもに浄土宗の祖源空とその門流の法語を集めた『一言芳談』においては、当然の現われであるという側面で、源空門下の法語に善導の比重が少ないことに疑問が残る。しかも源空の三つの法語を点検すると、善導を弥陀の化身とし、その教説を弥陀の直説とする源空は、(3)善導の教学にもとづきながら、私釈を加えて専修念仏を撰取し、その要旨を説き勧めるとき、軽妙な比喩を伴った場合もあり、さらにそれらの法語が、直弟以下の門流に語りつがれる過程で表現が変えられ、簡略化されなどしながら、『一言芳談』の法語の形に定着したと思われる一例から、(二十九条)『一言芳談』の編者を鎮西義系の僧とする可能性を認めるなかで、源空の〝説法〟が、仮名法語化された時期を、然阿良忠のころに仮定しておいた。

そして一四九条の乗願房宗源の法語の背景には、玄義を重じる「浄土ノ明匠」として、宗源の竹谷義が、鎮西義にうけつがれるとともに、「偏執ナキ心」をもち、「隠遁をこのむ」宗源の言行は、説話の素材となった事実があり(4)、後者は『一言芳談』の編集時期と関連しても、その説話化が進む反面で、宗源の門下は、浄土宗の主流から消えていったにもかかわらず、『一言芳談』には宗源の法語が三か条収められていることから、『一言芳談』の編者は鎮西義とかかわりがありながら、その主流である白旗流からは遠いという仮説が成り立つと考えた。

そのうえ、この仮説に結びついて、とくに宗源については、「仏法には、徳をかくすことをば、よきことに言ひけれども、外に愚を現ずれば、又懈怠になる失あり、(中略) されば凡夫は、とかくすすまじとするを、すすめんために助行は大切なり」と語ったように(一四九条)、その言行は、善導源空を再解釈する〝先達〟のそれでありながらも、「学問も大切なる様に候へども、さのみ往生の要なることも候はず」と述懐した心境の変化のなかに(八十条)「道心者」として宗源の姿を思い、ひいては『一言芳談』の編者自体にも、同じ〝道心者〟としての立場を考えかけていたのである。

二

ところで前掲の小稿のなかで、一二七条の

又云、十声一声等の釈は、念仏を信ずる様、念々不捨者等は、念仏を行ずる様なり、

という源空の法語は、直接は善導の『往生礼讃』と『観経疏』散善義を引いて、源空門下の課題であった信と行、あるいは一念と多念についての疑問に指針を与えたものであるが、あとで疑問を述べる『十二問答』の八条に、弟子が深心について問うた答に、

十声一声ノ釈ハ、念仏ヲ信スルヤウナリ、カルカユヘニ、信オバ一念ニ生ルトトリ、行オハ一形ヲハケムヘシトススメタマヘル（善導ノ）釈也、マタ大意ハ、一発心已後ノ釈ヲ本トスヘシ

と述べているのにもっとも近く、(5) すでに康元二年（一二五七）親鸞の弟子覚信が師の真筆『西方指南抄』下本を書写する以前に、『十二問答』は、源空と弟子の問答を記した仮名法語として親鸞や良忠などに重じられており、源空の仮名法語には、二十九条のような変化の過程を経ず、より直接的に記しつがれる場合も少なくなかったといえる。

そして二十七条の源空の、

法然上人云、一念十念にて往生すといへばとて、念仏を疎相に申さば、信が行をさまたぐるなり、念々不捨者といへばとて、一念十念を不定におもふは、行が信を妨ぐるなり、信をは一念に生と取て、行をば一形はげむべし、

という法語は、さきの一二七条と同じ趣旨であり、良忠の弟子で三条流の祖道光了慧が編した『和語燈録』には、「禅勝房にしめす御詞」の三条に収められ、同じ良忠の孫弟子で小幡流の舜昌が編した『法然上人行状画図』二十一では「上人つねに仰られける御詞」の五条にも引かれ、用字などに若干の異同があるだけに止まっている。(6)

さらに二十八条の源空の、

又云、一念をふ定に思ふは、念々の念仏ごとに、ふ信の念仏になるなり、其故は阿弥陀仏は、一念に一度の往生をあてをき給へる願なれば、念ごとに往生の業となるなり、

という法語も、ほぼ同文が『和語燈録』四の「禅勝房にしめす御詞」の四条と『法然上人行状画図』二十一の「上人つねに仰られける御詞」の六条に収められ、二十七・二十八条は、『和語燈録』の段階では、源空が禅勝房に語ったものとされている。(7)

しかも一二七・二十七条と二十八条とでは、後者が信に重みがかかっても「信をば一念に生と取て、行をば一形にはげむべし」という趣旨の異曲であり、一三九条に源空は或る人に、

法然上人云、一丈の堀をこえむと思はん人は、一丈五尺をこえんとはげむべきなり、往生を期せむ人は、決定の信を取りて、しかもあひはげむべきなり、

と、比喩を交えて語ることもふくめて、源空の〝説法〟の核心が、禅勝房に示されたといえるし、『一言芳談』のなかで、源空の法語とみとめられる二十四か条のうち、(8)その相手が明らかなものは、明遍(四条)・乗願房宗源(一二五・一三八条)・法蓮房信空(一三一条)・住心房覚愉(一三五条　寂後の夢告)と禅勝房(二十七・二十八・三十二・八十九条)の九か条にすぎず、禅勝房は、その半ばを占めることは注目すべきである。

三

禅勝房の出身は明らかでないが、遠江の人と伝え、(9)『浄土伝燈総系譜』上に、「本台徒也、薙髪之後、懇祈道心七日、託事於清水大士、忽感瑞夢、従爾已後厭欣文発、頻期出要、」と記し、もと天台僧であったが、道心を清水寺の観音に祈って瑞夢を得、厭穢欣浄の心を起したと伝え、さらに、ある日熊谷直実(法力房蓮生)が源空の教義を説くのを聞いて、「遂領他方本願相応已分」して、吉水に源空を訪ねたとされるが、『決答授手印疑問鈔』の縁起に、上総周東の在阿弥陀仏は、渋谷の道遍が直実の念仏を聞いたのがきっかけで源空の弟子となったと聞き、また

禅勝房に源空の口決を尋ねたと記すのは、直実と禅勝房との連なりを暗示し、『法然上人行状画図』四十五に、「熊谷の入道、念仏往生のむねをならひたるよしをきゝて、かの所にたづねゆきぬ、禅門ほぼ教訓をくはへてのち、くはしき事は、わが師法然上人にたづね申さるへしとて、挙状をあたへければ、上洛して吉水の御房にまいりて、無智の罪人の極楽浄土に往生する事の候なるをうけたまはらんと申ければ」源空は阿弥陀の本願を説き、五か条について禅勝房の問に答えたと記し、(10) 天台僧であった禅勝房が、出離生死の道に迷い、直実の勧めで源空の門を叩いたという経緯が語りつがれている。(11)

しかし源空との問題については、『念仏往生伝』に、

其後参詣三度、合四ヶ度也、即於往生浄土法門、生決定心、彼禅勝房自云、念仏往生信心決定、同我身可死、更無一念疑殆之心云々、

とあるのが、より正確と思われ、『法然上人行状画図』や『法然上人伝記』などの記載の潤色を指摘できる。

ところで『念仏往生伝』に源空は、説法のとき、ある人が武士を憑んで敵を討つ比喩を交えて、

或人有敵人、彼敵人者、是有勢人也、我是不肖身也、不能討、而或武士云、若憑我者、可討汝敵、仍即依付此、不違約束討敵人了、憑武士者至誠心也、依付而無二心者深心也、討敵者廻向心也、如此煩悩敵到不退土者、是偏阿弥陀仏本願大悲之也、

と、禅勝房に三心を説いて、他力の念仏を奨め、また他書に引用がなく、比較検討することはできないが、『和語燈録』五の「諸人伝説の詞」のうちに（六条）、

禅勝房のいはく、上人おほせられてのたまはく、（中略）

又いはく法爾道理といふ事あり、ほのをはそらにのぼり、みづはくだりさまにながる、菓子の中にすき物あり、

あまき物あり、これらはみな法爾道理也、阿弥陀ほとけの本願は、名号をもて罪悪の衆生をみちびかんとちかひ給たれば、たゞ一向に念仏だに申せば、仏の来迎は、法爾道理にてそなはるべきなり、同集、(12)

と比喩を用いたように、禅勝房に対し、教義の基本的な要旨について、方便を加えて説いた面があり、それと関連して源空が、

汝一人非可出生死之器、偏来可習浄土法門云々、

と示したように(13)禅勝房は、顕密の修行のすえに出離生死する機根ではなく、いわゆる学僧でもなかったであろう。のちに、上総の在阿弥陀仏が、諸僧の説くところの違いに疑を懐き、禅勝房を尋ねて「上人(源空)口決」を聞いたが、

禅勝房之所仰雖貴、無学問故、不能符合経釈之義、

と述べているように(14)、禅勝房は、文義にもとづいて源空の教義を受けとったのではない。源空が禅勝房に、

念仏申す機は、むまれつきのまゝにて申す也、さきの世のしわさによりて、今生の身をうけたる事なれは、この世にてはえなをしあらためる事也、たとへは女人の男子にならはやとおもへとも、今生のうちには男子とならさるかことし、智者は智者にて申し、愚者は愚者にて申し、慈悲者は慈悲ありて申し、邪見者は邪見ながら申す、一切の人みなかくのことし、されはこそ阿弥陀ほとけは、十方衆生とて、ひろく願をはおこしましませ、

と説く〝愚者〟の念仏と心得て、(15)

一向専修の念仏者になる日よりして、臨終の時にいたるまで申たる一期の念仏とりあつめて、一度の往生は、かならずする事也、(16)

という教えのままに、一期の念仏に徹した「信心堅固のほまれある」面授の弟子と説すべきであろう。(17)

四

そののち禅勝房は、しばらく源空に給仕したのであろうか[18]、やがて遠江に帰った。ところで『一言芳談』三十三条に禅勝房の語として、

故上人（源空）の教へあり、たとひ余のことをいとなむとも、念仏しし、これをするおもひあるべき也、余のことをしし、念仏せんと思ふべからず、

とあり、『一言芳談句解』の註のように、余事を、「世の事わざ」と解すれば、『和語燈録』五「諸人伝説の詞[19]」に源空は、

現世をすぐべき様は、念仏申されん様にすぐべし、念仏のさまたげになりぬべくば、なになりとも、よろづをいとひすてゝ、これをとゞむべし、いはく、ひじり（聖）で申されずば、め（妻）をまうけて申すべし、妻をまうけて申されずば、ひじりにて申すべし、住所にて申されずば、流行して申すべし、流行して申されずば、家にゐて申すべし、自力の衣食にて申されずば、他人にたすけられて申すべし、他人にたすけられて申されずば、自力の衣食にて申すべし、一人して申されずば、同朋とともに申すべし、共行して申されずば、一人籠居して申すべし、衣食住の三は、念仏の助業也、これすなわち自身安穏にして念仏往生をとげんがためには、何事もみな念仏の助業也、三途へ返るべき事をする身をだにもすてがたければ、かへり見はぐゝむぞかし、まして往生程の大事をはげみて、念仏さん身をば、いかにも〳〵はぐゝみたすくべし、まして念仏の助業とおもはずして、身を貪求するは、三悪道の業となる、極楽往生の念仏申さんがために、自身を貪求するは、往生の助業となるべきなり、万事かくのごとしと、同集[20]、

と禅勝房に説いたことは、念仏する生命を保つための衣食住を計る「余事」は、念仏の助業であり、往生極楽の助業であるとの教えといえる。そこで禅勝房は、

さて本国にかへりては、ふかくその徳をかくして、番匠を芸能として世をわたるはかりことゝなんせられけるを、(下略)

と伝えるように、(21)遠江では、まず番匠という「余事」の姿で念仏を相続したのであろう。

その姿は禅勝房が下向の前日に源空が、

聖道門の修行は、智恵をきはめて生死を離れ、浄土門の修行は、愚痴にかへりて極楽に生ると心得べしとぞ、

と餞別の言葉を贈ったと伝えるように、(22)あたかも隠身の聖として、

たとひ念仏せん物十人あらん中に、九人は臨終あしくて往生せずとも、われ一人決定して念仏往生せんとおもふべし、同集、

といった師の教えを秘めていたのであろう。(23)

しかし『法然上人行状画図』四十五には、嘉禄三年（一二二七）の〃法難〃で、陸奥へ配流となった隆寛が下向の途中、みつけの国府で結縁に集まった地頭たちに「この国に蓮華寺といふ所に、禅勝房と申すひじり」の所在を尋ねると、「番匠にて禅勝と申もの」がいるといって呼び寄せ、二人の源空の弟子が再会を喜ぶさまに、人々の軽蔑は尊敬に変わり、隆寛が「身ひとり往生すべきもの」ではないと、禅勝房の生き方に不満をもたらしたのにも肯くだけで、帰っていったが、送って来た隆寛の弟子に、「かまえておの〳〵念仏申すくせつきて、往生し給へ」と語ったと伝えるが、そののちは番匠の姿のままでいることもできず、化導はよりひろまったという。この伝承は、傍証がないので、事実の度合は測りにくい。しかし天台僧で、源空門下の先達であり、長楽寺義の派祖として、『弥陀本願

義』や『極楽浄土宗義』をはじめ、十数種の教義についての著作を残すとともに、『後世物語聞書』のように、「田舎の在家無智の人々の為めに」平仮名交りで記したものもあって、仮名法語への傾斜が見られ、(24)また親鸞は、隆寛の著「自力他力事」や「一念多念分別事」を書写し、(25)東国の門徒にそれらの著を読むよう奨めているほどで、(26)そのような在家への志向をもって隆寛と在家に隠身した禅勝房との出会いについての伝えは、源空門下の展開を考えるのに視点を示している。

こうしておそらく禅勝房は、隠身の聖のままでなく、いつのころか蓮華寺を中心に教化するようになったのであろうが、その時期について、鎮西義の酉蓮社了誉聖冏の『決答授手印銘心鈔』上に、上総の在阿弥陀仏が禅勝房へ送った書状の文を引いて、

寺上人御房禅室、

従此二三年比、御渡候之由承及、朝夕可参、出立心計無間候也、然而依為病者、不令参候、雖似疎略、以同行便宜、不審存候事共、令書進候者也、建長七年九月廿五日、総州在阿弥陀仏、在判、進上、遠江一宮御領蓮華

とあり、この書状の内容と年は、『決答授手印疑問鈔』縁起に(27)在阿弥陀仏が、遠江に禅勝房を訪ねたと記すことと、矛盾する点はあるけれども、建長五年（一二五三）ごろには遠江周智郡の一宮小国神社領内の蓮華寺に住んでいたであろう。そして禅勝房の教化は

或人に往生はいか程にか思い定められて侍ととはれければ、左のこぶしを右のこぶしにてうたんに、うちはづすまじきほどにおぼえ候と申けるをきゝ給て、あなあぶなやと申されければ、さてはそれにすぎては何と思さだめられ侍らんと申ければ、生あるものゝ死に帰せんずる程に一定と思なり、わがこぶしをうたんは、おのづからはづるゝ事もあらんずるぞかし、

と問答したと伝えるように、師源空の比喩の風を交えていたのかもしれないし、[28]「無学問故、不能符合経釈文義」と批判される原因の一つとなったとも考えられる。

五

『西方指南抄』上末に「或人念仏之不審聖人ニ奉問次第」として、十一か条の問答を仮名交り文で記し、醍醐寺所蔵の『法然上人伝記』のなかには「或時遠江蓮花寺住僧禅勝房参上人奉問種々之事上人一々答之」として、同じ十一か条の要約のような漢文体を収め、さらに元亨版『和語灯録』四に、「十二の問答」として、『法然上人伝記』と似て、同じ十一か条の要約のような平仮名交り文の末尾に、新しく一か条を加えたうえで、

　この問答の問をば、進行集には、禅勝房の問といへり、ある文には隆寛律師といへり、たづぬべし、

と註記している。

　従って『西方指南抄』所収の十一か条が原形、[29]またはそれにもっとも近いもので、[30]『法然上人伝記』と『和語燈録』は、原形、または『西方指南抄』系のものをもとにし、さらに『和語燈録』の段階までに、『十二問答』の形になったといえる。しかも『西方指南抄』では問者を或る人としているのに、源空の弟子で白川門徒の祖法蓮房信空の門下にあり、隆寛にも従った敬西房信瑞の編した『明義進行集』と『法然上人伝記』では禅勝房とし、『和語燈録』の編者である鎮西義三条派の祖道光了恵は前の註記のように禅勝房と隆寛両説を併記し、『和語燈録』の時期でも（文永十一年序）問者については明らかでないが、禅勝房説が有力になっていたとともに、前項で触れた遠江での出会いを伝える隆寛説があったことは、偶然以上の意味を含むと思われる。

　また『法然上人行状画図』四十五（平仮名交り）は、『西方指南抄』所収の十・一・六十三・五条の全部、または

一部、そのあいだに『和語燈録』所収本の十二条と『同書』五「諸人伝説の詞」禅勝房の七条を文を変えて引用し、『法然上人伝記』四下「禅勝房事」（平仮名交り）には、九・五・六・三・十・一条、そのあいだに『和語燈録』所収本の十二条、『同書』五「諸人伝説の詞」禅勝房の七条の文を改めて引用したうえ、他書にない二か条を加えており、『法然上人行状画図』と『法然上人伝記』では、『西方指南抄』や『和語燈録』にもとづきながら、十一か条の問答または十二の問答の形を崩し、いわゆる『十二問答』の原形を考える上で枠外にある。とすれば『十二問答』は、源空の弟子親鸞から、[31]孫弟子の敬西房信瑞（信瑞は弘安年中に寂）や曽孫に当たる道光了恵（文永一一年編）に至る時期に、祖師の伝記と法語の蒐集と編纂が行われた場合、いわゆる『十二問答』は、源空の仮名法語の一つとして重視され、それ以後の源空の伝記は、それらをもとに禅勝房との問答として取り入れていたわけである。

　このような経過は、禅勝房が源空の門下では、隠身の聖という特異の姿をしていたにもかかわらず、注目すべき弟子と考えられたことを物語り、鎮西義白旗流の然阿良忠の見聞に入り、[32]然阿良忠とは同じ聖光房弁長の門下である行仙房が伝記を書いたことに連なって、[33]鎮西義で重視されたという結果になるが、親鸞が問者を或る人とした点について疑問が残る。ところで『西方指南抄』所収本の十一か条のうちには、一条に『観無量寿経』の摂取不捨の願、四条に『無量寿経』の四十八願、六条に『観無量寿経』の「令声不絶具足十念」、十一条に『観無量寿経』の十九願を典拠とするうえに、二条で源信の『往生要集』、五条で最澄の『末法燈明記』の所説にもとづき、さらに三条に善導の『観無量寿経疏』散善義、六・七条に『観念法門』、八条に『往生礼讃』と『観無量寿経疏』玄義分と散善義の文を引き、「浄土宗ノ名ヲタツルコト」「法華真言オハ雑行ニイル」こと、「余仏余行ニツキテ善根ヲ修セム」こと、「極楽ニ九品ノ差別候事」「持戒ノ行者ノ念仏ノ数返ノスクナ」いと「破戒ノ行人ノ念仏ノ数返ノオホ」いこと、「念仏ノ行者等日別ノ所作」のこと、「月別ノ念仏ノ数返」のこと、深心のこと、「本願ノ一念尋常ノ機臨終ノ機ニ通ズ」るかのこと、「自力他力ノ事」、「至誠等ノ三心ヲ具シ候ヘキヤウ」のことの十一か条の問に答えている。この問は、源空の門下で異義が起り、あるいは南都北嶺からの批判の的となったことで、特異な問題であるわけではない。それについて源空は、経文や最澄・源信の著、とくに善導の言葉を多く引いて、文義にもとづきながら答えている面があり、仮名法語のうちでも『一言芳談』などの類とは違った趣があり、前に述べたような禅勝房への法語の傾向や禅勝房自身の行状とは直結し難いものがあり、親鸞が問者を或る人としているのを無視できない。ただいわゆる『十二問答』を、源空寂後の門下における禅勝房への評価としてとり上げても、ただちに禅勝房を考える手段に使うにはためらいが残るのである。

六

むしろ禅勝房は、源空から

今度の生に念仏して来迎にあづからんうれしさよとおもひて、踊躍歓喜の心おこりたらん人は、自然に三心具足したりとしるべし。(上下略) 念仏問答集についでたり、[34]

と文義をぬいて説かれ、

されば念仏往生の義を、ふかくもかたくも申さん人は、つやつや本願の義をしらざる人と心うべし、(上下略) 同集、[35]

と「智慧は往生のためには要にあらず」と断じて、「たゞむまれつきのまゝにて念仏する人」(同上の五条) であること奨められたと思われ、それは『一言芳談』一一三条に源空が、

念仏の義を深く云事は、還て浅事也、義はふかからずとも、欣求だにも深は、一定往生はしてん、

といい、同書一一四条に、

又云、称名念仏は、様なきを様とす、身の振舞心の善悪をも沙汰せず、念比に申せば、往生するなり、

と或る人に語り、[36] 語ったことに通じ、それらは同書一〇五条に、

今度法印御身（明禅）を見たてまつるに、日来の所存をかへたる也、させる事もなかりける事を、様がましく思ひける也、誠にほれ〳〵と念仏するには不如云々、

と述懐したのに尽き、同書八十九条に、

禅勝房云、所詮浄土門の大意は、往生極楽はやすき事と心得までが大事なるなり、やすしと心つけば、かならずやすかるべき也、然るを近代の学生の異義まち〳〵なるは、聖教甚深なれば、邪正わきまへがたし、但上人の仰には、さしもの事はなかりき、

とうけているように、禅勝房は、文義によらず、生まれつきのまゝほれ〳〵と念仏することに徹し、[37]「現世すくべき様は、念仏の申され様にすくべし」との教えに従って、隠身の聖の姿となり、「無学問故、不能符合経釈文義」と批判されたといえる。[38]

そしてこの項に引用した『和語燈録』五「諸人伝説の詞」の「禅勝房のいはく」の一・四・五条だけでなく、「念仏だにもひまなく申されば、往生は決定としれ」という二条、「われ一人決定して念仏往生せんとおもふべし」という三条、「たゞ一向に念仏だにも申せば、仏の来迎は、法爾道理にてそなわるなり」という六条も、前述の源空の禅勝房に対する法語を越えるものではなく、そのいずれもが『念仏問答集』から道光了恵が引用したものである。この『念仏問答集』が、どのようなものか後考に待つが、引用された七か条は、『一言芳談』とも、また『十二問答』とも、重複せず、さらに『和語燈録』四に出典を記さない禅勝房にしめす御詞四か条とも違っており、それと

は別系統の源空の弟子に対する仮名法語を集めたものであったと考えられ、『明義進行集』以下で、『十二問答』を禅勝房との問答としたことに関連があり、隠身の聖として弟子は一人も伝えられず、門流を作らなかった禅勝房が、(39)源空の伝記や法語の編纂過程でとり上げられた理由を示しているのかもしれない。

禅勝房は、正嘉二年（一二五八）十月四日に入寂する以前、五・六日にわたって源空を夢に見、前日には人々に「蓮花雨下」と語り、臨終には、

只今有迎講之儀式、正臨終云、観音勢至已来迎云々、

と云いつつ、「起居合掌、念仏三反」して、息絶えたと伝え、(40)このことは、高野山から上野の山上に下向する専阿弥陀仏と誓阿弥陀仏が、直に見たことを行仙房に語ったという。この二人が、いわゆる高野聖であったとはいえないが、晩年の禅勝房の教化は、遠江でひろまり、その行状は、宗派を越えた念仏者や法系の違う源空の門流の共感を呼ぶほどで、『一言芳談』一二三条に行仙房の法語として、

或人問云、我身の無道心をかへり見て、往生をうらと思と、涯分を不顧、決定往生と思と、何がよく候べき、答云、我むかし小蔵入道（薗田成家）に謂たりき、往生は最初の一念に決定せり、報命尽ざれば、依身の未消ばかり也と申されしが、殊縁の往生をとげられき、熊谷入道も、此定に被申けりとなん承りき、禅勝房、又生あるものゝ、必死するがごとく、往生におきては決定也と被申けるが、殊縁の往生をとげられたり、此両三人は、同上人（源空）面授の人々にて、彼教訓也、然ば決定往生の思ひを可成也、此慈心上人問、行仙上人答也、

と記すように、源空面授の東国武士である熊谷直実や薗田成家は、往生は初一念に決定するといい、禅勝房も同じように考えていたと伝え、念仏往生の編者行仙房は、より禅勝房に接し、東国だけでなく京洛にも影響力をもった

熊谷直実が、禅勝房が源空の門を叩く契機を与えたと伝えるのは、さらに源空の門流で禅勝房をとり上げる理由に筋をつけている。(41)

このように禅勝房の行状と法語、(42)および源空が禅勝房に説いた法語(43)から考えると、『一言芳談』における禅勝房は、源空の法語のなかで比重があるとともに、文義を重ずる傾向が少く、隠身の聖の姿でいたのにもかかわらず、源空の門流では、批判を含めて、源空の教を伝えた面授の弟子として、かなりひろくとり上げられ、鎮西義白旗流についていえば、賛否の両様が見られるという結果になったと考えられる。従って『一言芳談』の編者は、鎮西義にかかわりながら、白旗流からは遠のくという仮説が、再びたしかめられる。

七

本稿は、『一言芳談』のなかの源空の法語を中心に、『一言芳談』の成立について考えるつもりで筆をとったが、すでに与えられた紙数を越え、あたかも禅勝房について検索するに止まった。本稿で扱わなかった源空の法語(44)については、本稿の延長としてとらえるもののほかに、源空が、道心や後世者について述べたものがふくまれ、源空の法語と『一言芳談』の編者の志向を考える手がかりもあるが、いずれ「『一言芳談』のなかの善導」という小稿から始めた摸索のつづきとしてまとめることにしたい。

註

（1）　源信については、一条のある人が伝えた詞が一つあるにすぎない。

（2）　文中の『一言芳談』の法語の条数は、慶安元年刊の版本を底本とした仏教古典叢書所収の『一言芳談抄』に編者が付けたものによる。

(3) 『選択本願念仏集』拙稿「源空と三昧発得」。

(4) 『沙石集』二。

(5) 良忠の『決答授手印疑問鈔』上にも、漢字の多いほぼ同文を収め、『十二問答』の一つとしている。

(6) この条と『和語燈録』五「諸人伝説の詞」のうち禅勝房の伝説の二条に「念仏だにもひまなく申されば、往生は、決定としれ、もし疎相にならば、順往生はかなふまじ」とあるのは同じ趣旨といえる。

(7) 『法然上人行状画図』では、他の法語とともに問答の相手は示していない、また二八条の法語と、『和語燈録』五「諸人伝説の詞」禅勝房三条に「われ一人決定して念仏往生せんとおもふべし」とあるのは、同じ趣旨といえる。

(8) 一〇二・一〇三条と一二三条は、敬仏房と行仙房念の法語のうちに、源空の言行が語られている。

(9) 『法然上人行状画図』四五と『法然上人伝記』四下「禅勝房事」遠江を本国という。

(10) 『法然上人伝記』四下にも　ほぼ同じ旨を述べている。

(11) 行仙房が編した『念仏往生伝』四五章禅勝房の伝記は、前半が欠けて、この間のことは知られない。家永三郎氏『中世仏教思想研究』所収「金沢文庫本念仏往生伝考」を参照。

(12) 『念仏問答集』。

(13) 『念仏往生伝』。

(14) 『決答授手印疑問鈔』縁起。

(15) 『和語燈録』四「禅勝房にしめす御詞」二条　『同書』五「禅勝房伝説詞」五条にも「ただむまれつきのまま念仏する人を、念仏にすけささぬとは申す也」と見える。

(16) 『和語燈録』四「禅勝房にしめす御詞」一条。

(17)『法然上人行状画図』四五。
(18)『法然上人行状画図』四五に「十九のとしより一向称名のほか、更に他のつとめなかりき」と見える。
(19)禅勝房　七条。
(20)『念仏問答集』。
(21)『法然上人行状画図』四五『浄土伝燈総系譜』上。
(22)『法然上人伝』四下。
(23)『和語燈録』五「諸人伝説の詞」禅勝房三条『念仏問答集』。
(24)平井広度氏『降寛律師の浄土教附遺文』。
(25)『真宗遺文纂要』・『真宗法要』所収本の奥書。
(26)『御消息集』『親鸞上人血脉文集』など。
(27)康元二年然阿良忠の著。
(28)『法然上人行状画図』四五。
(29)里見三郎氏所蔵の康永三年祐玄書写本もほぼ同じ。
(30)『明義進行集』は、片仮名交り文であるが、第一巻が現存せず、第二巻の隆寛の伝にこの問答は見えず、第三巻をふくめて禅勝房の伝記は記されていない。
(31)『西方指南抄』下末は康元元年の編。
(32)『決答授手印疑問鈔』。
(33)『法水分流記』『念仏往生伝』。
(34)『和語燈録』五「諸人伝説の詞」禅勝房一条。

(35) 『和語燈録』五「諸人伝説の詞」禅勝房四条『念仏問答集』。
(36) 一二六条に見える「助け給へ阿弥陀仏」については、後稿にゆずる。
(37) 前出『和語燈録』五・七条。
(38) 『決答授手印疑問鈔』。
(39) 『法水分流記』など。
(40) 『念仏往生伝』。
(41) 行仙房については、拙稿「武家平氏の浄土信仰」のなかで述べ、熊谷直実、薗田成家など、源空門下の武士については稿を改める。
(42) 『一言芳談』八九・一二三条。
(43) 『一言芳談』二三条『和語燈録』四「禅勝房にしめす御詞」四か条『同書』五「禅勝房伝説の詞」七か条、それに『西方指南鈔』・『和語燈録』四所収の『十二問答』を参照。
(44) 『一言芳談』四・三〇・三一・三二・九六・一〇二・一〇三・一〇四・一二五・一三〇・一三一・一三五・一三八・一四〇・一四一条。

『一言芳談』のなかの「助け給へ阿弥陀仏」

一

『一言芳談』の一二六条に、

又云、あの阿波介が念仏も、源空が念仏も、またくもて同念仏なり、助給へあみた仏と思ふ外は、別の念を発ざるなり

という法然房源空の法語が記されて、『一言芳談』のなかでは、在俗にかかわる数少ない法語の一つとして注目される。

阿波介については、『決咨授手印疑問鈔』上一心専念弥陀名号乃至順彼仏願故事に、「阿波介者、陰陽師也、上人志深、独交僧徒中、常御前候人也、無智手本此人被仰、二子数珠造出人也、」と述べて、陰陽師を生業とした者で、(1)『法然上人行状画図翼讃』五十九には、『秘伝抄』を引いて、伏見郷（里）に居住していたと伝える。しかも「性鈍に、その心おろか」といい、(2)「一文不通」の者であったといい、(3)「無智」の手本のような人であったらしい。しかも『法然上人行状画図翼讃』十九には「悪人」と記し、同五十九には、

伏見里ニ住ケル邪見ノ者ニテ、俊乗上人（俊乗房重源）念仏ノ札クバリケル時、七ツノ札ヲミナ笹ノ葉ニ見侍

ルトカヤ、妻七人具シケルヲ、柱ナドニ搦ヲキテ、杖ニテ打、ナカセナドシテ、酒ノミ飯クヒナトシケルトナン、とあるように、邪見の「悪人」とも語り伝えているが、もし重源との触れ合いがあったとすれば、重源が設けた東大寺の勧進の場に唱導の聖として招かれた源空に接する機会も生まれたのであろうか。(4)

あるとき播磨へ行く道に迷って、三日の行程を七日もかかり、「今生ノ旅路サヘ先達ナケレハ、カヽル事コソアメレ、後世浄土ノ道ニハ、実モ知識オハサテハ叶マシ、」と思いついて、たちまちに「道心」がおこり、善知識を求めて源空のもとへ行き、自から髻を切って、七日のあいだ浄土の法門を聞いたという。(5) そののち源空に給仕したようで、(6) 源空が「無智」の手本としたというのも、そうした身近さのゆえで、仮空のことではあるまい。また阿波介は、源空の教化を受けて嬉しさのあまり、宿所にも帰らず、陸奥に下向して、平泉の光堂（金色堂）の縁に寄り、端坐合掌して西に向い、念仏百遍ばかりして往生したが、遺骨は水晶の珠のようであったとも伝える。(7) その事実についてはさておくとしても、善知識を求め、光堂を臨終のところとしたという説話性に富む姿は、源空の門下に、そのような旧仏教の浄土教の影の濃い人々が集まっていたことを示す傍例にはなりえるであろう。

さらに阿波介については、『決答授手印疑問鈔』上に述べる二子の数珠の逸話を、『法然上行状絵詞』十九に、

かの阿波介、百八の念珠二連もって念仏しけるに、そのゆへを人たづねければ、弟子ひまなく上下すれば、その緒つかれやすし、一連にては念仏を申し、一連にては数をとりて、つもるところの数を弟子にとれば、緒やすまりて、つかれざるなりと申しければ、上人（源空）きゝ給て、なに事もわが心にそみぬる事には、才覚がいでくるなり、阿波介はきわめて性鈍に、その心をろかなれども、往生の一大事心にそみぬるゆへに、かゝる事をも案じ出けるなり、まことにこれたくみなりとぞ、ほめおほせられける、

と、やや詳しく語っており、この逸話は、かなり早くから語られ、また修飾されたのであろうが、阿波介が多念

の念仏を行ったことと、源空が阿波介の行状を引いて、決定心を説いたであろうことは想像される。つまり江戸時代までの伝えもふくめて、阿波介という在俗は、「無智」の「悪人」であったが、「道心」[8]をおこして源空の教化を受け、専修念仏の徒となったが、その行状には旧仏教の影が残っていたといえるであろう。

二

ところで『祖師一口法語』五条には、

> 又云、南無阿弥陀仏ト云ハ、別シタル事ニハ思フヘカラス、阿弥陀仏我ヲ助ケ給ヘト云語ハト心得テ、心ニハ阿弥陀仏助ケ給ヘト思テ、口ニハ南無阿弥陀仏ト唱ルヲ、三心具足ノ念仏ト申ナリ、

と、黒谷上人源空が語ったと記され、「助け給へ阿弥陀仏」は、「無智」の「悪人」の阿波介を例に引いたときだけ、源空が説いたのでないことを考慮しておかなければならないが、元亨版『和語燈録』五　諸人伝説の詞には、

> 弁阿上人のいはく、故上人（源空）の給はく、われらはこれ烏帽子もきざるおとこ也、十悪の法然房が念仏して往生せんといひてゐたる也、又愚痴の法然房が念仏して往生せんといふ也、安房の助といふ一文不通の陰陽師が申す念仏と、源空が念仏とまたくかはりめなしと、物語集にいでたり、

と記して、『一言芳談』の一二六条の前半は、弁長伝説の源空法語と伝え、『法然上人行状絵詞』十九には、

> 或る時上人かの俗（阿波介）をさして、あの阿波介が申念仏と、源空が申念仏と、いづれかまさると、聖光房にたづね仰られけるに、心中にわきまふるむねありといへども、御ことばをうけ給はりて、たしかに所存を治定せんがために、いかでかさすがに御念仏にはひとしく候べきと申されたりければ、上人ゆゝしく御気色かはりて、さればこそ日来浄土の法門とてはなにごとをきかれけるぞ、あの阿波介も仏たすけ給へとおもひて南無阿弥

陀仏と申す、源空も仏たすけ給へとおもひて南無阿弥陀仏とこそ申せ、更に差別なきなりと仰られければ、もとより存ずる所なれども、宗義の肝心いまさらなるように、たゞたうとくおぼえて、感涙をもよほしきとぞかたり給ける、

と記して、『一言芳談』の一二六条と表現は異なるけれども、その前後半に当たる部分とも、弁長が聞いた源空の法語としている。そして『和語燈録』と『法然上人行状絵詞』は、鎮西義の僧（了恵と舜昌）によって編纂されたもので、ともに同義の派祖弁長を介した法語としていい伝えられているのは、『一言芳談』の一二六条のもとになった源空の法語が、変形しながら鎮西義に語り伝えられたことを示している。

はたして弁長の著『念仏三心要集』には、

師云、聖光房カ助給ヘ阿弥陀仏ト云フハ、人ハ尼ナントノ様ニト云合タリ、未タ我意得サルナリ、他力往生トハ是コソイヘ、法然上人御房ハモトトリナキ十悪ノ凡夫ト身ヲナシテ、仏助給ヘト申ヲコソ吉ケレト仰ラレシ、

と見えて、弁長は、師源空の語る他力往生の要を受けて、自らも「助け給へ阿弥陀仏」と語っているが、『一言芳談』の一二九条には、

聖光上人云、弁阿（弁長）は、助け給へ阿弥陀仏と、心にも思ひ、口とも言ふなり、

と述べており、『祖師一口法語』九条に、

又云、安心起行ノ要ハ念死念仏ニアリトテ、常ノコトワサニハ、出ル息ハ入ル息ヲ待タス、入ル息ハ出ル息ヲ待ス、助ケ給ヘ阿弥陀仏ケ、南無阿弥陀仏トソ申サレケル、

と語って、弁長は、自分の教化の法語として、同じ言葉を用いたと思われる。

ところがさらに弁長の弟子で、のちにその門下が、鎮西義の主流白旗流をはじめ、京、鎌倉で六流へ分派して、

浄土宗教団の第二の分岐点となった然阿良忠は、その著『決答授手印疑鈔』上一心専念弥陀名号乃至順彼仏願故事に、先掲の『法然上人行状絵詞』十九の記事の原形に近く、

善導寺上人（弁長）云、有時上人問云、源空念仏与道俗男女念仏、同異如何、爰弁阿心中思、本願念仏者、偏仰仏力称名号　不用自力観念等、故不可依智浅深之由、雖令存、念一旦必機嫌悪、故沓申云、争御念仏不勝諸人念仏可候哉云云、上人云、本願念仏之趣キヲ未被得意、アノ阿波介ガ念仏モ源空ガ念仏モ、全以同念仏也、助給阿弥陀仏思ヨリ外ニハ不置別念云云、以此等口伝得意候也、

と記し、『同書』下上人云浄土宗善導乃至称南無阿弥陀仏時具三心等事には、

念仏者起行也、三心者安心也、但助給阿弥陀仏、行内引分言之、助給三心也、名号行也、可思云、

と、「助け給へ阿弥陀仏」を三心に引き当てるとともに、『同書』下一廻向発願心事には、総じて、

凡浄土宗之元意、不過思助給阿弥陀仏也、先師定言云、助給阿弥陀仏云々、有時示予云、凡諸師之習、有最要之一言、善導本願往生、恵心因明直辯也、辨阿助給阿弥陀仏心思ロ云也、実哉此言、賢哉此心、仰顧先師口決、落涙千行云々、助給思、滅罪辺籠、生善辺収、出離方籠、往生方収、本願至心信楽、弥々无疑殆者欤、

と記し、『一言芳談』三十三条には、初めの文を、

又いはく、凡そ浄土宗の元意、助け給へ阿弥陀仏と思ふにすぎず、

と改めてあり、「助け給へ阿弥陀仏」は、宗祖源空から派祖弁長に伝えられた他力往生の「最要之一言」として鎮西義に受けつがれている。

しかも良忠の弟子で京都に展開した三条派の祖道光了慧は、宗祖源空の言行を輯録した『和語燈録』五のなかに、弁長伝説の法語として収めたし、同じように京都にいた一条派の祖然空礼阿の弟子向阿証賢は、隠遁的ではあ

ったが、清浄華院で教化し、当時浄土宗の異義まちまちであるのを見聞して、宗祖にかえろうとし、霊異あって二尊の勧めをうけ『三部仮名鈔』七巻を著したなかで(9)、『父子相迎』上末に、

われすでに仏を称念す、ほとけ又われを返念したまふべし、いのちをはらんのち、本家にかへらざらんや、ただ身のつたなきにつけても、いとゞこゝろをかたぶけて、願をあふく、南無阿弥陀仏、かならずたすけ給へ、

と記し、また別著の『浄土四要義』に三心要略を説いて、

三心とは、仏の本願に帰する心にてある也、帰するとは、本願をたのむをいふなり、それ帰する心をわくれば、三のしながある也、まめやかに(至誠心)、本願をたのみて、(深心)たすけ給へと思うと思ふ(廻向発願心)、これを本願に帰する心とす、かく三のこゝろとけばとて、三がべち〳〵にはおこらぬなり、たゞそうじてあらたのもしやとも、又たすけ給へともおもはるゝ也、この時は、三心かふさねてひとつ心なるやうにおこるなり、

といって、「助け給へ阿弥陀仏」は、「本願をたのむ」心であると解釈し、『往生至要決』でも、

南無といふは、帰命なり、帰命といふは、仏たすけ給へとおもふ心なり、このたすけたまへとおもふ心に、三心はをのづからそなはるなり、しかるゆへは、まことしくたすけ給へと思ひて、いつはらざるは至誠心なり、ひとすぢに仏願をたのもしく思ひて、うたがはざるは深心、たすけ給へとねがふ心は、すなはち廻向発願心なり、されば、三心の所詮をは南無の二字にならひいるゝなり、口に南無とゝなふるは、心にたすけ給へと思ふをいひあらはすことばなればなり、

と、同様の意を「南無」という言葉にかけて説いており、霊夢を見て『三部仮名鈔』を刊行した近江の浄厳院の隆堯が、源空の法語の簡要を抜いて著した『念仏安心大要抜書』のなかに、

向阿の云、本願にほこりて、罪を心やすくおもはむ人は、はしめに信心のあるにたりとも、後にはたすけ給

への心もなくなるへし、よくよく心うへき事也、

と、本願誇りについて、「助け給へ阿弥陀仏」の心を語ったと伝えている。

こうして「助け給へ阿弥陀仏」という「最要之一言」は、源空が阿波介の念仏にかけて語った法語から離れながら、鎮西義、とくに京都にひろまった流派に説きひろめられたようであり、さらに証賢・隆堯という〝道心者〟のあいだに重んじられていたことに注目される。

三

『一言芳談』の一二一条に、敬仏房の法語として、

同上人、最後の所労の時、死期三日已前、云、僧都御房（明遍）の、仏助給へと思外は、要にあらずと被仰し事もやと思ひしが、今こそ思ひしらるれ、不浄観も平生のこと也、東城寺の阿耨房が、式の法文を習は、猿楽をするにてこそあれと云けるも、今ぞ思ひ知るる云々、

と記して、敬仏房の師明遍もまた、「助け給へ阿弥陀仏」を「最要之一言」としていたという。明遍は、藤原通憲の子に生まれ、能説の澄憲の兄弟であった。三論宗を究めながら、山城の光明山に隠遁したのち、高野山に入って出離生死を求めた行き方には、ひろい意味での〝道心者〟の在り方が窺えるし、甥の貞慶が、専修念仏を非難する一方で、澄憲の子で貞慶の従兄弟に当たり、同じ能説の師であった聖覚が、やがて源空門下の先達として『唯心鈔』も著わし、その唱導は在家に向っていたなどの身辺のなかで、はじめ源空の教義に疑問を懐いていたが、夢告によってその教化に服し、百万返念仏の行者となったと伝えるが、明遍の三論の師敏覚の背後には、天台系の浄土教があり、また南都の永観や珍海に代表されるような真言系の浄土教も先行して、明遍が源空に近づく因は十分にあっ

た。

父通憲の十三回忌に子孫の名僧が法華八講を催したとき、明遍は結願の導師に要請されたが、遁世のゆえに代官を遣したと伝えるように、明遍の身辺は、貴族僧にかこまれていたし、[10]『無量寿経論』などを著して、自からの浄土教も形作り、「有智ノ空所阿弥陀仏」と称されたように、[11]専修念仏の行者というよりも、「有智の道心者」[12]として、源空門下では、甥の聖覚などとともに先達であったろう。

弘願本『法然上人伝』四には、源空が敬仏房に対して、

源空は、明遍の故にこそ念仏者にはなりたれ、我も一代の聖教の中よりは、念仏にそ生死をはなるべきと見さためてあれども、凡夫なれば、おぼつかなきに、僧都一向念仏者にておはすれば、同心なりけりと思故に、うちかためて念仏者にてはあるなり。

と語ったと伝えるのは、明遍が、「有智の道心者」であった様子を述べたのであろうし、[13]『一言芳談』には、明遍が、「妄念おこるをば、いかが仕り候べき」と問うたのに対して源空は、「妄念おこれども、本願力にて往生するなり、」と答えたという一条（四条）のほかに、名利になる学問を退け（五十八条）、無智を望み（八十三条）、深法よりも、執着を離れた（五十七・五十九・八十九条）「道心こそ大切なれ」と語ったと記すなど（九十七条）、十三箇条の明遍の法語を収め、「学問は、念仏を修せむがためなり、もし数返を減ぜらるべくは、教へたてまつるべからず、」という境地に至った明遍は（一一八条）、『一言芳談』の編者が求めた、いかにしても念仏する〝道心者〟であったからで、[14]その境地をつづめれば、仏力を仰ぐ[15]「助け給へ阿弥陀仏」となる。

はたして『祖師一口法語』三十七条に、

明遍僧都云、経ニモ詮要トシテハ、称名ヲノミ勧メラレタリ、往生ノ相引接ノ相ナンド云タニモ、猶思ヒ難シ、

> 況ンヤ観念相好ニ於テヲヤ、タヽ仏助ケ給ヘト思ヒテ、不断ニ称名スルニシカスト云々、

と語って、観念や観相の念仏を退け、多念の称名を勧め、また同書四十五条に、

> 又云、予カ所存ハ、本願ノ非是口言即生彼会、是専行不惜身文、往生決定ノ信心発リナン上ニハ、タヽ何ニモ阿弥陀ホトケ助給ヘト存テ、強ニ生不生下品上品ナニクレト分別セストモ、一向ニ称念セン、尤モ大切也、往生ハ、其涯分ニ当ルヘキ歟、又心ヲ勧ル媒チ無常ナトヲ常ニ心ニ懸ケンハ、大切ナルヘシ云々、

といって、決定往生の信心と本願をたのむ心と称名を肝要とし、無常を感じることがそれらの媒介になると示し、「助け給へ阿弥陀仏」は、明遍の常の法語であったようである。

このような明遍の弟子敬仏房は、[16]一説では、はじめ源空の直弟子で、のち明遍を師としたともされるが、[17]常陸の真壁に住んでいた。[18]『一言芳談』四十二条には、「されば大原・高野にも、其久さびさ在りしかども」と見えて、大原別所か、その近くにいたこともあったのであろうか。『明月記』に、嘉禄の法難で搦め捕られた交名のなかに、「敬仏宜秋門院（九条兼実女　住子　後鳥羽天皇中宮）女房東御方内アリ」、と見えるが、同一人とは決め難い。また『平戸記』に、民部卿平経高が能声を集めて念仏講を催したとき、敬仏房も参加し、結願の菩薩迎講には、念仏衆八人の一人となって、音頭の役を勧め、その声は迦陵頻伽のようであったとか、淀の河原で九品念仏を行ったとき、能声の念仏衆に加わっていたらしいなどの記事が見えるけれども、後述する敬仏房の在り方を考えると、ただちに同一人とするのはためらわれる。[19]

やがてゆきつくところ明遍のもとに至って高野山に住したが、『一言芳談』四十四条には、

> 後世を思ふ故実には、生きてあらむこと、今日ばかり、ただいまばかりと、真実に思ふべきなり、（中略）某は、三十余年、この理をもて、あひ助かりて、今日まで僻事をし出さざるなり、（中略）出離の詮要、無常を心

　　にかくるにあるなり、

と見え、[20] 後世を求め、名利を離れて三十余年の月日を送ったと述懐しているように、[21]「道心者ト聞シ高野聖」であった。[22]

そのあいだには、源空の孫弟子で、白川門徒の祖信空の弟子となって、出雲路の毘沙門堂に住んだ天台系の明禅とも交わり、[23] 上洛して、覚明房や証蓮房たち（師弟関係などは不明）と「昔の後世者の振舞ひと、今の後世者の風情」を語るなど、[24] 同行関係は、かなりひろかったようである。[25]『沙石集』[26]に敬仏房は、「人ノ臨終ヲヨシト云ヲモ、ワロシト云ヲモ、イサ心ノ中ヲシラヌゾ、」と語ったと伝えるが、「無常を忘れず」[27]「後世を思ふ心」を重じて学問を次とし、[28] 自らは「声明一つも、梵字一つも習はで」終わったといい、[29]「遁世者は、何事も無きにこと闕けぬやうを思ひつけ」て、執着を捨て、[30]「資縁煩ひ無き人も、のどかに後世の勤めするは、極めてありがたき」こととして、「後世ばかりぞ大切」と思い、[31] はては「いつも旅に出たる思ひに住」して、後世への邪魔がないことを遁世の理想とし、[32]

　　かの両上人明遍・明禅も、任運の後発心などはみえず、ただ常に理をもて制伏し給ひしなり、しからば道理を忘れざるを、又道心といふべきなり、

と、「道心」の中核を、阿弥陀仏の本願に帰する心においている。[33]

敬仏房の住んでいた常陸の真壁では、当時浄土宗教団の展開は、まだ見られなかったし、真壁郡の黒子の千妙寺を中心に天台の念仏三昧がひろまり、ひろくは下野の天台系の浄土教が、筑波山麓の周辺に伝わっていたと思われるが、それらと敬仏房と直接の触れ合いはわからないし、正嘉二年（一二五八）住信が編した『私聚百因縁集』とのかかわり合いもたどれない。しかし『沙石集』に記す、北郡の善光寺型の一光三尊を安置した不断念仏堂の存在は、[34]

真壁に近い地域での浄土教を推定する手がかりとなり、「常州・東城寺ニ円幸教王房ノ法橋ト云テ、寺法師ノ学生」の説話[35]に見える東城寺が、『一言芳談』一二一条の東城寺に同じとすれば、筑波山系に住む〝道心者〟を考えることができるし、「観地坊阿闍梨ト云真言師」の説法に[36]、教化する敬仏房の身辺を想像もできるであろう。にもかかわらず敬仏房が、どのような経緯で、明遍、または源空に師事したかは詳らかでない。

四

したがって教義を習うよりも、念仏の行を大切にした[37]〝道心者〟としての敬仏房の明らかな系譜をたどることはできないが、『一言芳談』五十六条に、

むかしの坂東の人のいはく、京にながゐしつれば、臆病になる也、これ後世者の才覚也、身しづかに、心すむなどいふ事は、いささかなれども、名利をはなれてのうへの事也、然を幽玄なる棲にうそぶきたるばかりをもて、心のすむと執するゆへに、独住の人、多くはひかことにしなすなり、

と語って、常陸にいたときの見聞をもとに、「後世者」の心得を説き、同一五一条には、同行と奥州の旅での体験を、「欣求の心あらば、自然に穢土を執すべからず」との教えに結びつけたように、敬仏房にとって東国には、〝道心者〟の場があったと思われ、しかもその場には同行もいたことに注目される[38]。

だから同一二五条に、

同上人（敬仏房）のもとにて、人々後世の事心につきてあらまほしき事どもねがひあひたりけるに、ある人椎尾四郎太郎いはく、法門なき後世物語云々、上人感じて云、いみじくねがへり、その髄をはとる事、これにしくべからず、

と見えて、「後世者の法文は、義あさくて、志がふかかるべきなり」とか、[39]「後世者の法文は、紙一枚にすぎぬなり」[40]と語る敬仏房にとって、「法門なき後世物語」は共感を呼んだうえ、「称名念仏は、様なきを様とす」と説いた宗祖源空の意を受けたものであった。[41]そしてこのような後世物語をした同行の椎尾四郎太郎は、常陸真壁郡の椎尾にいた在俗と思われ、[42]源空と阿波介の結びつきに関連してくる。

そうした敬仏房は、『一言芳談』三十九条に、

又云、たとひ八万の法門を通達せりとも、凡夫の位には、猶あやまりあるべし、仏助け給へと思ふ事のみぞ大切なる、

と語って、源空から明遍に受けついだ「助け給へ阿弥陀仏」を、八万の法門を越えた「最要之一言」であるとの意を説き、明遍が、「念仏の法門」を「ただたのめ、たとへば人の偽りを、かさねてこそは又も恨みめ」という一首に尽くして敬仏房に示したことに応じている。[43]

こうして、「助け給へ阿弥陀仏」は、明遍の法系に語りつがれているが、『一言芳談』六十八条には、松蔭の顕性房の法語として、

又いはく、仏助け給へと思ふ心を、第一のよき心にてあることを、真実に思ひ知る事、人ごとになきなり、

と記してある。[44]顕性房は、西山義の派祖善慧房証空の弟子で、長門に住んでいたという。[45]ところで松蔭は京の東山の勧修寺裏の松影山に当てられているが、『一言芳談』七十一条に、顕性房の法語として、

我は、高野に、はじめも中比も、ひさしくありしかども、梵字一つもならはず、名利を捨つるならひには、ある能だにもこそ捨たれ、ならふ事はうたてしき事なり、我は、三十余年、さやうのことしらじとならひし也、

と見え、顕性房は、若年から中年にかけて高野山に住んだが、梵字をはじめとして習学に心を入れず　三十余年の

あいだ名利を捨てて後世を求めたと述懐しており、(46)顕性房も高野山に住み、本願を「仰信して称名する外には、別の様なく」「南無阿弥陀仏と唱ふる声こそ詮要」とした(47)〝道心者〟の一人として、明遍や敬仏房に近い存在であった可能性もあり、その法語に、「助け給へ阿弥陀仏」が語られるのに注目される。

『帰命本願鈔諺註』に、「松蔭顕性房云ク、真実に此身を仏にまかせたてまつる心をば、人ごとにおこさゞるなり」とか（下本）、「心の専不専を論ぜず、南無阿弥陀仏ととなふるこゑこそ詮要と、真実におもふ人のなきなり」（中末）と引用されるのも同様で、「真実にこの身を仏にまかせたてまつ」(48)り、「助け給へ阿弥陀仏」と思うのが、顕性房の常の心であった。そして自己の領解以前に、顕性房と同じ証空の弟子である筑前原山の聖達や肥前の華台房に西山義を学んだ一遍は、

又云、長門の顕性房の三心所廃の法門はよく立たり、然ば往生をとげたりと、常に称美せらるゝものなり、

と語っており、(49)習学よりも名利を捨てることに心を入れた顕性房は、三心を論じることを越え、「なまさかしき智恵に損ぜらるゝことを」恐れた(50)智者であったようである。

五

以上のように、『一言芳談』のなかの「助け給へ阿弥陀仏」は、鎮西義系に語り継がれたものと高野山の明遍系にいい伝えられたものの二系統がある。このことは『一言芳談』の編者が鎮西義の僧といい、また明遍にかかわるとされることに結びついているが、厳しくいえば、そのいずれにも組みし得ないように思われるとともに、本論の範囲では、私も拙稿「『一言芳談』のなかの善導」「『一言芳談』のなかの源空と禅勝房」を出ることはできない。

それはともかくとして、源空は「助け給へ阿弥陀仏」やそれと同義の法語を弟子たちに語っていたことは確かで

あろうが、鎮西義系に語り継がれたものは、阿波介という在俗の「無智」の「悪人」を例として、有智・無智や善人・悪人などの差別を越えた阿弥陀仏の本願と、それに対する信を説いて、〃道心者〃に近づこうとするのが軸となっているのに対し、明遍系にいい伝えられたものは、「有智」でありながら智恵を越えた〃道心者〃の念仏の在り方を説くことに集中している。これは両系の僧が、源空法語を捉えた場の違いであったうえに、両系の僧が捉える彼等の器量の差にもよったのであろうが、源空門下の教団が、異義紛々としてゆく過程を考えるうえで、この「最要之一言」は視点を与えているし、『一言芳談』の念仏する〃道心者〃の世界を窺う手がかりになるであろう。因みに同じ仮名法語を集めた『祖師一口法語』には、たびたび引用したように同義の法語が収められているのに、『行者用心抄』には一つもないことに注目される。(補註1)

註

(1)『法然上人行状絵詞』一九にも見える。
(2)『法然上人行状絵詞』一九。
(3) 元亨版『黒谷上人和語灯録』五　諸人伝説の詞弁長説　阿波介を安房の助と記している。
(4) 拙稿「源空と浄土五祖像」参照。
(5)『法然上人行状画図翼讃』五九。
(6)『決答授手印疑問鈔』上『法然上人行状絵詞』一九。
(7)『法然上人行状画図翼讃』五九。
(8)『和語燈録』参照。

(9)『向阿上人伝』『東国高僧伝』『浄土鎮流祖伝』『真如堂縁起』。
(10)『沙石集』九―一〇。
(11)『明義進行集』二。
(12)『法然上人行状絵詞』一六。
(13)『法然上人行状絵詞』一六。
(14)『一言芳談』一二四条。
(15)『一言芳談』一〇七条。
(16)『法水分流記』『沙石集』一〇本の一〇「妄執ニヨリテ魔道ニ落タル事」『浄土伝燈総系譜』など。
(17)『標註増補一言芳談』伝記　弘願本『法然上人仏』四参照。
(18)『標註一言芳談』『沙石集』『称念上人行状記』。
(19)鑑賞『日本古典文学』二〇『仏教文学』五来重氏解説　および『一言芳談抄』の本文鑑賞参照。
(20)『一言芳談』四八・七九参照。
(21)『一言芳談』五六。
(22)『沙石集』一―三　一〇―四。
(23)『一言芳談』四〇・一〇四条拙稿「毘沙門堂と明禅」参照。
(24)『一言芳談』九九・一〇〇条、九八条参照。
(25)『一言芳談』七九条参照。
(26)前掲。
(27)『一言芳談』四八・七八条。

(28) 『一言芳談』九九・一〇〇条、五一・五二条参照。
(29) 『一言芳談』四二条。
(30) 『一言芳談』四三条　四二・四四・一〇二条参照。
(31) 『一言芳談』四五条　四七・五三・五四・五五・一〇三条参照。
(32) 『一言芳談』四九・九九条　四六・四七・五〇条参照。
(33) 『一言芳談』四〇条、四一条参照。
(34) 『沙石集』拾遺二ノ三　阿弥陀利益事。
(35) 『沙石集』五本ノ七　学生世間事無沙汰事。
(36) 『沙石集』六ノ五　長説法事。
(37) 『一言芳談』三八条。
(38) 『一言芳談』一〇〇・一一九条。
(39) 『一言芳談』七八条。
(40) 『一言芳談』七七条。
(41) 椎尾氏については、平良繇の子孫で下野に起こるとする説や、平国香の子孫、秀卿流の小山政村の後裔などの説があって明らかでない。また椎尾の薬王院は、薬師如来を本尊とした奈良仏教の寺で、平安時代の初めに天台宗に改めたと伝える。
(42) 『一言芳談』一一七・一三五条　『祖師一口法語』二の源空法語参照。
(43) 『一言芳談』三七条、同一〇四条の敬仏房の法語に、「様がましく思」うことはなく、「ほれぼれと念仏するには不如」
同五条の明禅の法語に、「ただよく念仏すべし」とあるのも参照。
(44) 『祖師一口法語』八二条　『帰命本願鈔』中本諺註にも見える。

(45) 『法水分流記』のち時宗教団にとり込まれた一向派の祖一向は弟子であった。『標註増補一言芳談』伝記、また一説で証空の弟子宮辻子義の証入の孫弟子見性が、長門に住み、半自力半他力三心所廃義を立てたのに当てる。大橋俊雄氏「番場時衆のあゆみ」参照。

(46) 『一言芳談』七一条参照『行者用心抄』上　諸師持言事に、「我力物ヲ我力物トハ思ヒソ」という法語を伝える。

(47) 『一言芳談』六六・六七条　七三条参照。

(48) 『一言芳談』六八条。

(49) 『播州法語集』　五三条。

(50) 『一言芳談』六六条。

(51) 例えば、簗瀬一雄氏訳註の『一言芳談』の解説、前掲の五来重氏の著。

補註

(1) 『一言芳談』のなかの善導・『一言芳談』のなかの源空と禅勝房・『一言芳談』のなかの「助け給へ阿弥陀仏」の三論については、『祖師一口法語』や『行者用心抄』に抄出された『一言芳談』の諸法語も加えて考えるべきであるが、〃道心者〃の問題も含めて、後稿にゆずった。

中世における浄土宗鎮西義の展開

一

延元元年（建武三）永慶蓮勝は、常陸太田の木崎の地に円覚山称名院法然寺を開いた。[1] 常陸の久慈・那珂郡一帯における浄土宗鎮西義白旗流の最初の寺である。

蓮勝は、常陸に生まれ鎌倉光明寺の二世で、鎮西義白旗流の祖寂慧良暁に師事した。[2] その経緯は詳らかでない。しかし良暁の父で、師でもあった光明寺の開山然阿良忠は、東国に経歴して常陸にも教化したと、『然阿上人伝』に記してある。この伝記は、同じ良忠の弟子で、のちに良暁門下の白旗流と鎮西義の正統について主張し合った三条派の祖了慧道光が、木幡派の祖慈心良空の要請で、弘安十年（一二八七）に編したという。道光も良空も、山城を中心に布教して東国から離れてはいるが、道光は、『黒谷上人語燈録』などを編纂し、伝記や法語の蒐集については特筆すべき僧であったから、良忠の教化の先端に、上野や下野と並べて常陸をおくのを妥当としたのであろう。

常陸における良忠の足跡は明らかでないが、[補註1] 延応元年（一二三九）下総の鏑木胤定を開基に、香取郡の鏑木に光明寺を創め、正嘉元年（一二五七）には、ここで『伝通記』十五巻を著わし、康元元年荒見胤村の外護で、同郡の飯田に西音寺を開いた。[3] 胤定も胤村も、下総の御家人千葉氏の庶流で、前者は香取郡の鏑木郷に、後者は同郡大須賀庄にいた大須賀氏から埴生郡磯部郷の荒海に分かれた初代である。(4) つまりこの二寺の建立年代は、千葉氏の庶流が、それぞれの地に基盤をもち始めた時期で、彼等は居処についた菩提寺を草創していたわけである。

しかし千葉氏は、妙見社に合祀した千葉神社を鎮守に祠り、天平宝字元年（七五七）仁生が開いたという真言宗の大日寺を菩提寺とし、天台系の浄土教からは遠く、わずかに鎌倉の初め、千葉常胤の子東胤頼が、上西門院に仕えて道号を法阿と称したのに、(5) 浄土教への傾向が見られるだけである。しかし良忠は、仁治元年（一二四〇）に北条泰時の子経時を開基に、鎌倉の佐介谷で悟真寺（のちの光明寺）を建立したように、(6) 有力な御家人の帰依は、鏑木・荒見氏などの御家人の庶流に先例を与えている。つまり地方の武士が良忠の経歴を受け入れる前提は、鎌倉の御家人社会の動向を媒介としてつくられていたといえる。そして良暁は、正和元年（一三一二）に師の著を註した『伝通記見聞』の稿を終え、翌年の秋には、同じ千葉氏の庶流海上氏から香取郡舟木郷に分かれた舟木行胤の要請で、下総の称名寺に教化し、余暇には『口伝鈔』も撰して、教学のうえにも白旗流の基礎を固めた。(7) それは、良忠と鏑木氏や荒見氏との関係を、密着さにおいて一歩進めたものである。

こうして良忠・良暁父子の下総布教は、本宗から分流する御家人の庶流に外護されて、地方で教団の基点をつくった。そしてこの動きそのものが、香取神社の神宮寺など、奈良仏教以来の寺があり、そのあとをついだ真言宗の勢力の強い香取郡一帯にさえ、浄土宗がひろまる理由の一つであり、御家人社会についていえば、祖先や惣領の信仰にとらわれない庶流の独立性を示すもので、基本では惣領制の崩壊に連なっている。しかも良忠・良暁父子の教化は、御家人社会の中心地で、宗教・文化の媒介地である鎌倉の光明寺を本拠とするだけに普及性が大きい。良暁が舟木氏の要請を受けたのは、その一例であり、こうした教化は、やがて下総と隣接する常陸にも及ぶはずで、蓮勝が良暁に師事したのも、この大勢のなかに考えられる。

ところで蓮勝は、良暁から「自証及宗脉之両部」を授かり、元応二年（一三二〇）には「宗祖吉水五代淳瓶璽書」を与えられた。(8) おそらく「浄土相承手次」と題する附法状であろう。その原本も写本も現存しないが、同年良暁が良誉定恵に授けたものには、

右、当流者、吉水之正流、鎮西之余風也、師資相承之旨、聊無違失、而良誉其情正見、為伝法之器間、所存無所残、一部始終、悉以令伝授畢、早任四代之相承之旨、可令弘通也、仍為後日付属状如件、

と見え、ほぼ同じ趣旨であったろう。(9) 先に触れたように良暁は、『伝通記見聞』を著わして、師良忠の教学の相承を確めたが、この附法状には、「早任四代相承之旨、可令弘通、」と見えて、源空―弁阿―良忠―良暁と相伝する白旗流の法脉を自任している。(10) 正中二年（一三二五）に著わした『述聞制文』のなかで良暁が、

而予、於先師之歿後、朝夕所談者、偏浄土教也、於為先師之門人輩者、可致随喜之処、以無跡形不審、愚身非先師相伝披露之条、所存之企、何事哉、

と、名越派の祖尊観良弁の非難に反論したように、(11) 元応のころには、「先師相伝」の正否について、良弁との争いも、かなり激しかった。その契機は詳らかでないが、良暁は、父良忠の老衰に、文永八年（一二七一）から建治二年（一二七六）までの七年間は随侍し、「浄土章疏并明王院相伝釈摩訶衍論十巻、以慈行鈔、重被授畢」れて、相伝の浄土法門を受けたうえ、(12) 文永九年には悟真寺、つまり光明寺の房地と外護者平経時の菩提に寄進された武蔵足立郡鳩井の免田も譲られ、「如然阿（良忠）見存之時、以尼定阿（良暁の義母か）為母、以舎弟等思子」えとさとされるなど、真弟子の良暁は、当然光明寺の二世として「鎮西之余風」を正しく伝えるべきことを期待されている。(13) この点からすれば、良弁は、良忠が良暁を残して上洛した建治二年に附法状を授けられ、相伝の経過に、やや劣るところがある。(14)

しかし他面で良弁が、「良暁者、不聞先師相伝」ざるのに、木幡派の祖良空の弟子理真源忠に浄土の法門を受けたと非難し、良空も自分の弟子だと主張したかげには、(15)良暁が、文永六年(一二六九)比叡山に登り、翌年に出家授戒し、東塔南谷極楽房の仙暁法印のもとで法華玄義や法華文句を学び、父の病を見舞うため、文永八年鎌倉へ帰ったときも、「初於浄土宗、無所学之志」かったという経緯がある。(16)それは、良暁の相承になにか欠けるところがあったことを示すものであろう。また良弁は、同じ鎌倉の善導寺で所伝をひろめ、良暁の光明寺とは間近い。しかも良弁の弟子盛蓮が、もとは良暁の門下というように、(17)いろいろの身近さが、両流の確執の原因になる。蓮勝が良暁から附法状を与えられたのは、そうした時期であった。つまり良忠門下の鎮西義が東国にひろまるなかで、白旗流の祖良暁は、正統について同門他派との緊張のゆえに、自からの立場を明らかにする必要があり、教団の展開と内部矛盾のゆえに、白旗流は、より外に展開すべきであった。蓮勝が良暁に師事した時期は、こうしたころで、そこに蓮勝の行状の前提があった。

二

ところで久慈郡の太田の地は、平安末期に源義光の曽孫佐竹冠者昌義が、奥七郡平定の根拠とした佐竹郷の北部である。昌義は、祖父の義光が常陸介に在任中開発した所領を相伝して、ここに定着した。それ以来佐竹氏は、常陸の大椽氏と婚姻を結んで勢力を張り、のちには頼朝の挙兵に反抗したほどであった。(18)

この太田の北にある増井寺は、延喜五年(九〇五)平良将の創建にかかる律宗の寺と伝えるが、おそらく神峯山・竪割山・妙見山・言両山・三鈷山を連ねる峯々から八溝山へと山林修行する僧たちの拠点で、神峯山に天狗岩屋・護摩石、竪割山に鬼越、妙見山に行石、言両山に滝池など、行場と思われる遺跡の名が残っている。ところが前九年の役に源頼義は、京都から明王院の快学と祐弁を招いて調伏の祈禱を行なわせ、帰陣の折には、増井寺を大瑞山勝楽寺という真言宗の寺に再興したという。(19)頼義は、高野山の真言宗に帰依し、また「任伊予守、其後建堂、造仏、深悔罪障、多年念仏、遂以出家、瞑目之後、多有往生極楽之夢」とされ、(20)高野山の浄土教に接したのであろう。勝楽寺の本尊は、阿弥陀三尊であったという。(21)そして佐竹昌義の孫秀義がこの寺に葬られたのは、曽祖父頼義の流れを汲む佐竹氏が、真言宗の外護者になったからである。はたして、もと佐竹郷の天神森近くの鶴池にあった佐竹寺は、花山法皇の御願によって、元密が創建したと伝えるが、秀義の孫長義が、文永六月（一二六九）に再興して、律宗から真言宗に改めている。(22)こうして太田の一帯は、御家人佐竹氏が外護する真言宗の地に転じていった。

ところが佐竹氏が昌義の代まで婚姻を重ねてきた大椽氏は、天台宗の外護者であり、昌義の弟には延暦寺の阿闍梨証玄さえ出た。そのうえ昌義の子隆義は、那珂西郡に占拠する那珂氏の一族戸村能通の娘を娶り、孫の秀義は、伯父義宗の娘の外に、下野の宇都宮朝綱の娘を妻として、藤原氏一門と結ばれ、姻戚関係も変わってくる。こうしたなかで秀義と朝綱の娘の子北酒出季義が、道号を蓮阿と称しているのは、(23)宇都宮氏が、早くから天台宗系の浄土教に接し、朝綱の孫頼綱が法然房源空と西山義の祖善慧房証空の実化を受けたのと直接の関係がある。(24)こうした佐竹氏についての変化は、保元・平治の乱で平氏方に味方し、頼朝の挙兵にも反抗した忠義・隆義兄弟の代から始まっている。もともと佐竹氏は、のちに昌義が頼朝に味方し、上総の平忠常を導いて甥の秀義を襲うことはあっても、大勢としては直接南北に基盤を接し、源平両氏との結びつきを異にする大椽氏と袂を分つか所以があった。(25)

そのような政治的な対立が背景にあって、大椽氏と天台宗に対する真言宗と佐竹氏という違いもあざやかに見えるが、この違いは、大椽氏と天台宗薬王院、(26)佐竹氏と真言宗勝楽寺という関係が示すように、それぞれの家系、基盤とそこにひろまる宗派、すなわち俗縁と地縁を媒介とした結びつきによる。そしてこの結びつきは、原則として強靱であるが、秀義の代からはっきりとする佐竹氏と真言宗の結びつきには、俗縁のうえで絶対的なものに欠けている。まして一般に御家人の信仰は多面的であり、また政治の情勢などが変われば、氏寺の宗派とは違っても、大椽氏や宇都宮氏との婚姻の方が優先されて、他宗との接触も始まってくる。しかもこのような変化は、秀義の代に、その子季義が久慈郡南部の北酒出に、義茂が南酒出に分家したような庶子の分流、つまり基盤の移動、婚姻の多様化、そしてやがて宗家からの分離と主従関係の変更もふくめた政治的変化によっても促される。季義の道号に浄土教の片鱗が見えたのはその一例で、秀義四代の嫡孫行義が光堂（阿弥陀堂）を建て、その子義高が、八溝山から仏頂山・雨巻山、そして加波山や筑波山に至る修験道の拠点鷲子山の別当となったように[27]、宗家と真言宗との結びつきは変わらなくとも、佐竹氏の庶子が、久慈郡から那珂郡に分流するにつれて、家寺の宗派は変化し、それは先に述べた千葉氏の庶流と浄土宗の場合に通ずる。

ところで、こうした信仰のうえでの流動状態は、御家人社家の場合、まず鎌倉を媒介とする宗教と文化の移入によって、いっそう促される。すなわち秀義の嫡男義重は御家人の名門足利義氏の養女を迎え、その嫡男長義が、宇都宮氏の一門宍戸家周の娘とともに、御家人の名門二階堂行義の娘も後室に入れ、その嫡男行義は、同じ二階堂氏一門でも、執権政治の体制に乗った行盛の孫で、奥州須賀川の二階堂氏の祖頼綱の娘を娶っている[28]。こうしたなかで長義は、文永四年（一二六七）道元の弟子詮慧を開山として那珂郡檜沢村に陽雲寺を創建し、行義は、勝楽寺の境内に正法院を建てた[29]。前者の曹洞宗は、そののちの展開に乏しく、あとを確めにくいが、南北朝以後に義仁が久慈郡新宿村に耕山寺を草創し、応仁・文明のころ太田の北沢山に移されたのは[30]、北沢山の地が、かつて真言系の修験道にふくまれていただけに、この地の宗派の変転を考える指標となる。

また後者の臨済宗正法院は、開山を栄西の弟子明全とし[31]、鎌倉の御家人社会が媒介したことを示している。その嫡男貞義は、嘉元三年（一三〇五）多賀郡多賀郷の竜孤山（または竜子山）という修験道の地に、興禅寺を建てたといい、元弘・建武のころ足利尊氏に従って、その影響を受けたのであろう。また嫡男の義篤は、尊氏の帰依僧夢窓疎石を敬い、兄弟の月山周枢は、弟子となって夢窓を勝楽寺の中興開山とし、境内に塔頭正宗菴（のち正宗寺）を建て、義篤の子義春も夢窓に帰依している。(32)

しかも貞義は、母の二階堂氏の菩提に、時宗の遊行四祖呑海を開山として、太田に浄光寺も建てた。それ以前に母の二階堂氏は、嫁ぐにあたって鎌倉の天台宗杉本寺を分院し、太田に梠本山遍照寺を建てたといい、浄光寺の草創も、母の遺志に従ったのであろう。二階堂氏は、早くから天台系の浄土教に近づいていたし、当時鎌倉の武士で相模の当麻の無量寺や藤沢の清浄光寺など、時宗の道場に行く者が多く、宇都宮氏や小田氏の一族、それに一門の佐竹貞俊も、呑海の師遊行二祖の真教から教化を受けているから、臨済宗と同じように鎌倉の御家人社会を媒介にしたといえる。(33)つまり鎌倉の中期から南北朝の末期にかけて、佐竹氏一門の信仰は、中核さえ揺ぐほど、一種の空白状態にあり、政治情勢の変化を背景に、姻戚関係や主従関係を経緯として、真言宗から臨済宗へ移り、曹洞・時宗への傾斜も見られる。もとよりそれらは、基本的に武士の信仰の多面性の展開ともいえるが、それぞれの多面性には一定の系譜がある。佐竹氏の場合、その系譜を形作る媒介は、まず同氏が占拠する土地と鎌倉を中心とする御家人社会であった。そしてこのことは、浄土宗鎮西義白旗流の法然寺の草創にもあてはまるであろう。

佐竹氏の代々は、昌義から秀義まで、道号に蓮の一字を冠し、(34)一説に蓮勝は、佐竹義行の子（または義繁の子）と伝えるに心引かれるが、その確証はない。そこで現在の史料では鎮西義が鎌倉の光明寺中心に北条氏や千葉氏の庶流にひろまり、蓮勝が属する白旗流が内外で展開する時期にあって、蓮勝の声望も高かったことと、つまり僧の教化力をもう一つの媒介とし、それを受容する佐竹氏以下の信仰が、臨済・曹洞・時宗とともに浄土宗へも入り得る状態にあったという大勢のなかで、蓮勝が、佐竹義重の家臣田中越前守重氏を開基に法然寺を開いたと解するほかはない。しかし『佐竹氏系図』によると、貞義は、かの良暁を招いた舟木氏の本宗海上胤泰の娘との間に、義篤・月山周枢をもうけ、また二階堂某の娘を娶っていることに(35)、何らかの連なりがあったのかもしれない。そして蓮勝が顕密に通じていたことは、旧仏教の勢が強い東国で、まず武士を相越に発展した鎮西義の教団とその教学と関連して、蓮勝門下に方向を示している。

三

盛蓮社成阿了実が、蓮勝の門に投じたのは、文保三年(一三一九)、または元亨元年(一三二一)という。叔父が常陸の真言僧であったというから、了実も常陸生まれであろう。元徳二年(一三三〇)には附法の璽書を受け、さらに良暁の弟子で光明寺三世の仏蓮社良誉定慧から円頓菩薩戒を授けられて、鎮西義白旗流の法を嗣いだ(36)。その行業は、「日課数万」の多念仏に励むとともに、「六時礼讃之清範、不弁漏次」ず、「蓮規厳粛、而亹備会中、看有浮誇著解之者、恒攢眉而歎之、」と伝える(37)。やがて教化の旅に出て、師や自からにもゆかりある常陸に赴き、久慈郡村松の虚空蔵堂に参じたとき、夢告があって、同郡佐都郷の草地に有縁のところがあるのを知り、そこに錫をとめた。すなわち延文三年(一三五八 正平一三)の草地山蓮花院常福寺の草創である(38)。

ところで村松の虚空蔵堂の寺伝では、大同年中に円仁が帰依した三虚空蔵の一つと伝えるが、頭陀抖擻の僧によって建てられ、古代における増井寺や佐竹寺の建立と関連があったであろう。しかも村松の地は、古く入海の北岸に当り、舟着場として好適である。太平洋に背をむける堂舎は、ちょうど越後北蒲原郡乙村の乙宝寺が、旧紫雲寺潟の湖口にあって、日本海に背をむけ、やはり頭陀抖擻の跡を残しているのと同じで(39)、村松でも、かつて舟着場について建てられたものであろう。そして平安時代には、南岸の照沼の如意輪寺とともに、那珂・吉田郡から那珂川の南岸一帯に、大椽氏一門の外護を受けた天台宗の寺であった。また草地のある佐都郷は、太田の北一里余で、東に高鈴山を見る里川の峡谷にあり、同郷の里宮には、かつて神峯山（賀毘礼峯）にあった式内社の佐都神社の里宮がまつられるなど、一帯に修験道の足跡を感じる。(40)

ところで鎌倉の前期に久慈・那珂両郡では久慈郡の白羽に一向門徒がおり、(41)那珂郡の大部では、忠太郎（または平太郎）が九十余人の念仏者を率い、(42)唯円は、建保六年（一二一八）に那珂郡の河和田と嘉禎三年（一二三七）に那珂郡の豊喰に、それぞれ道場を開き、定信房は、建保六年那珂郡の額田に、犬飼房は、久慈郡の金砂郷に、入西房は、久慈郡の下大門に、唯仏房は、那珂郡の枝川にいて親鸞の教説をひろめたと伝える。(43)これらについては、なお検討の余地があるけれども、大勢として天台宗教団が展開していた地方に接している。しかもこれらの道場主は、多く公家や武士の出身と伝え、(44)親鸞の教化を受容した階層が、まず奈辺にあったかを暗示している。

一方那珂東郡神崎の上宮寺と那珂東郡東野の法専寺の寺伝によると、開山の明法房証信は、藤原忠通の曽孫で、はじめ京都の聖護院の修験道を修め、どのようないきさつからか、佐竹秀義に帰依されて国中の修験道の支配をまかされ、同郡の玉川に一寺を建立して円珍作の阿弥陀如来像を安置したといい、天台系の修験道が、この地方に展開していたことを物語り、また『親鸞聖人絵伝』には、「聖人常陸国にして、専修念仏の義をひろめ給うに、おほよそ疑謗の輩はすくなく、信順の族はおほし、しかるに一人僧山臥と云々ありて、動すれば仏法に怨をなしつつ、結局害心を挿て、聖人を時々うかが」ったが親鸞に会って、たちまちに帰依したので、親鸞は、明法房と名付けたと記している。

この二つの所伝は、親鸞が稲田にいて教化したとき、常陸の天台系の修験道に接したことを示し、のち帰洛した親鸞は、常陸の門徒に宛て、明法房の往生について、「常陸国うちの、これにこころざしおほしますひとびとの御ために、めでたきことにてさふらへ、(中略)とかくはからはせたまふこと、ゆめ〳〵さぶらふべからず、」といましめたのは、[45]親鸞の教化が、他宗にも及び、この地方に浄土教の高まりがあったことを証明している。しかし道場主が、公家や武士の出身と伝えても、佐竹一門を除き小田・大椽氏など、常陸の有力武士などに及ばなかったところに、親鸞の教化の限界が示され、常陸における一遍の教化と共通なものがある。[46]それは、親鸞の教化が農民層に向いていたという所論とは、ただちに結びつかない。いわば頭打ちの状態にあったわけで、京都に帰った親鸞が、自力他力のことや神への信仰について、常陸の門徒に消息を送り、道場主などを通じて読み聞せたりしたのは、一向門徒の多くが、どの階層であるかを示すとともに、門徒たちは、つねに非他力の宗派と接触して信心に惑いを生じていたことを物語っている。

ここで佐竹氏が行義・貞義の代に天台宗や時宗を入れ、一躍臨済宗に転じてゆく外的条件が、より明らかになる。すなわち一向門徒や曹洞宗には、真言宗のような俗縁と地縁の媒介に欠け、天台宗・時宗、それにさきに述べた臨済宗のように、鎌倉の御家人社会という媒介もなかった。そして天台宗や時宗が、行義・貞義父子の間に、二階堂氏という姻族によって展開したような一時の俗縁もなかった。教団の分布からいえば、もっと武士との接触があってもよいはずの一向門徒が、そうならない所以の一つで、その教団の大きさについて、再考すべき問題を投じている。とすれば佐竹氏の浄土宗との結びつきは、まず鎌倉の御家人社会の動向と蓮勝・了実という僧の教化を媒介とするという推定が、もっとも妥当となる。

さて佐竹貞義は、鎌倉幕府の滅亡後、足利尊氏に応じ、尊氏が幕府を再興すると、常陸の守護に任じられて、多賀・那珂郡にも伸びていた勢力を、さらに南方へ押しひろめ、文和のころには、常陸の北部から吉田郡の石崎保、すなわち涸沼川の北岸にまで達している。こうして佐竹貞義は、府中を本拠に新治・茨城・行方・鹿島郡を支配しながら、足利氏への服属に遅れた大椽高幹の先を越し、筑波・信太郡から新治・那珂郡の西部に勢力を張って南朝に味方する小田治久の一門と対峙した。ちょうど蓮勝が太田に法然寺を建立した建武三年（一三三六）、南朝が遣わした楠木正家は、久慈西郡瓜連城に入り、小田治久も参じて、久慈川を隔て、久慈郡の金砂城に拠る佐竹貞義・義篤父子と戦った。ときに瓜連のあたりを占拠して佐竹・大椽氏と対峙する那珂氏は南朝に味方するなど、両軍は一進一退を続けたすえ、十二月義篤は、ついに爪連城を攻めおとし、那珂氏の支配地もとり込んで、常陸の北部を掌握した。(47)

了実が、村松の虚空蔵堂の夢告を受けたとき、義篤は奇瑞に感じ、その年寺地とともに仏供料も寄進し、常福寺を祈願所にしたという。(48)それは、村松の地が佐竹氏の勢力範囲にあり、修験道をふくめた信仰のうえで、虚空蔵堂が佐竹氏の崇敬をうけ、とくに祈禱面を補うのに十分であったという背景がある。つまり佐竹氏と浄土宗の結びつきは、佐竹氏自体の信仰上の流動状態の末期に、鎌倉の御家人社会の動向とともに、常陸北部という土地についた修験道ふくむ旧仏教にも媒介されていたのである。しかし延文三年（一三五八）の義篤の譲状に、勝楽寺領・同塔頭正徳院領・正宗菴領・清音寺領・同塔頭獅子院領・寿勝寺領・興国寺領として、久慈東西郡と那珂東西郡の郷村の名が記され、それらの寺は、義篤の代に改宗した菩提寺の勝楽寺、その兄弟月山周枢の塔頭正宗菴、義篤が父の百日忌に法雲寺の復庵宗己を中興開山として真言宗から改めた那珂郡古内郷の清音寺など、臨済宗に集中し、(49)佐竹氏の信仰の流動は、月山周枢を軸に夢窓派の臨済禅に転じたのち、ほぼ終わっている。だから義篤が奇端に感じても、再び信仰の流動は起さなかった。

そうしたなかで、天台宗の遍照寺や時宗の浄光寺、それに了実の師で、現に法然寺に教化する蓮勝を太田の地におき、自らも信仰に多面性をもつ場合、また身辺に鎌倉を媒介とした御家人社会の動向が伝わる限り、義篤が、鎌倉から上総などまでひろまる浄土宗を拒む面は少なくなる。そしてここに義篤が常福寺を祈禱寺としたという伝えが生きてくる。つまり佐竹氏は、臨済禅に帰したとはいえ、かつて真言宗や修験道に頼った祈禱信仰の面を、早急には捨てられなかったはずである。臨済禅が、まず菩提寺の改宗から始まるのは、信仰の流動の実体を示しているが、このような面を神社や修験道をはじめ、他の信仰に求めることは自然であり、虚空蔵堂について奇瑞さえある了実を通じて、浄土宗に期待したといえるし、了実が顕密に通じていたことは、この期待に答える契機でもあったわけである。逆にいえば了実、つまり鎮西義白旗流の一派は、臨済禅に傾く太田の地で、その立場を守りながら展開を続けてゆく場合、自力と他力など、一向門徒が当面したような教義上の対立を外に向って克服したうえで、佐竹氏以下の外護を受けるのではなく、また俗縁や政治を背景とするのでもなく、祈禱面などで一致点を見出し、佐竹氏以下を間に挟んで、臨済禅と信仰上の役目を分け合うことができたのであろう。そこに浄土宗が佐竹氏の領内で、もっと定着する理由の一つがある。

四

はたして酉蓮社了誉聖冏は那珂郡岩瀬の城主白吉志摩守義忠（一説で志摩権守義満という）の子に生まれた。岩瀬については、康安二年（一三六二）の佐竹義篤の譲状に、その妻の領分として、久慈西郡上岩瀬郷の名が見え、常福寺があった瓜連とは、久慈川の支流玉川を隔てて、ほぼ南北に隣接し、その城主白吉義忠は、もとより佐竹氏の一族であった。聖冏が了実の門に入ったのは、貞和四年（一三三八　正平三）八歳のときで、父が討死したのち母の橘氏が、そのような縁で、了実のもとに連れていったと伝える。(50) それは、義篤の外護を受けた了実の教化が、佐竹氏一門に及んだ結果であるが、別に了実は、虚空蔵菩薩の夢告によって、聖冏を弟子にしたといい、先に述べた、了実の立場を裏付け、了実と聖冏の教学について示唆を与える。

聖冏は、文和四年（一三五五　正平十）十五歳のとき、了実の奨めで法然寺の蓮勝のもとに学び、十八歳で（一三五八　延文三年　正平十三年）蓮勝に奨められて、そのころ相模西郡の桑原道場浄蓮寺に隠遁していた光明寺の三世仏蓮社良誉定慧から円頓菩薩戒を受け、宗義を究めたうえ、『大乗起信論』や『釈摩訶衍論』にも及んだ。そして康安元年（一三一六　正平十六）二十一歳で、白旗流の祖寂慧良暁の著『浄土述聞鈔』について自得の趣旨を記し、師の定慧に呈した。すなわち定慧が名づけた『口決鈔』二巻である。もともと『口決鈔』の土台となった『浄土述聞鈔』は、先述した白旗流の祖良暁と名越派の良弁との論争の所産で、延文四年（一三五九　正平十四）定慧が註した自筆本を、この年聖冏が書写している。さらに同年聖冏は、定慧が良暁の口伝を記した一本を書写校合し、翌年には、定慧の面前や鎌倉の聖満の房、それに桑原道場の観通の房で校合を重ね、定慧からその生存中に勘文を加えることを許されている。すなわち『述聞追加口決鈔』一巻である。そして貞治四年（一三六五　正平二十）に聖冏は、定慧から吉水の宗義と二戒の奥旨を附属され、白旗流の教義をうけついだが、その経過は、白旗流の教団が名越派などとの対立のなかで、光明寺の歴代を中心に統制され、教義も派祖良暁を仰ぎながら発展したことを意味している。(51)

しかし先にも触れたような聖冏の身辺は、彼の教学をそこに止まらせなかった。すなわち聖冏は、他宗の兼学を志し、母方の叔父で筑波郡今鹿島の宝幡院住持の有尊法印に真言を、下野芳賀郡塙田の東勝寺の住持真源法印に天台を学び、さらに同寺の明哲と同国の磐田寺の学園について倶舎と唯識を習い、下野芳賀郡の往生院に寓して大蔵経を閲覧し、また別に、月菴宗光と月察天命に参じて臨済禅を学んだ。(52)それらの宗派は、古く、またはその当時久慈・那珂両郡に展開し、とくに天台・真言両宗は師了実の行状のなかにあり、臨済宗は師の面前で栄えている。真源の法脈は明らかでないが、東勝寺は、天正の初めに東勝律寺と称しているから、天台のほかに律・倶舎も兼学したようである。また宥尊は、白石義忠の弟、つまり聖冏の叔父で、幼時に天台僧となって奥旨を究め、のち静明神に百か日参籠して求法の心を祈り、夢告を受けて、新治郡佐久山の薬師、つまり浄瑠璃光寺（石塚薬師）に参籠し、再び夢想があって同寺の上宥に師事した。上宥は、真言宗三宝院流の流れを汲む意教流願行方の僧で、伊豆山神社の別当密厳院にいた宥祥、つまり同流伊豆方の祖の法孫に当り、同方の法流は、上野・下野・上総・相模、そして常陸に伝わっているから、宥尊、ひいては聖冏は、鎌倉末期から南北朝にかけた真言宗の東国への展開の大勢に乗っている。やがて上宥は佐久山に近い泉の宝幢院に隠居し、宥尊はその譲りを受けたが、さらに高野山宝性院の宥快に師事して、「高野流ト佐久山方トヲ一枝ニ習受」し、茨城郡入野に小松寺を創建した。その門弟は、宝静院の宥全、浄瑠璃光寺の宥実、小松寺の宥感や六蔵寺開山の宥覚、那珂郡の華蔵院の開山宥待など、各地にひろまって、常陸における真言宗の新たな展開の要であった[53]。

こうした宥尊の行状は、天台から真言への転宗や静明神という神への信仰、さらに高野山への遊学など、鎌倉末期の那珂郡における天台宗の勢力や転宗を媒介する神仏習合、そして高野山という中央への志向において、聖冏の行状の中の遊学の前提に通じている。いわば母の帰依によって浄土宗に出家した聖冏と、那珂郡に分流した佐竹氏一門の庶子として、その地の天台宗に出家した宥尊とは、出家の契機が違っても、遊学すべき他宗については共通するものがあり、宥尊が真言に止まったのに、聖冏が浄土を改めずに他宗を受容した違いは、すでに師の了実に先例があった。ともあれ聖冏は、俗縁によって真言宗を習い、宇都宮貞綱が父の菩提に建立した天台宗の東勝寺の真源に学んだ縁から、さらに明哲について倶舎・唯識に及んだのである。真源との連なりは詳らかでないが、宇都宮氏に手がかりがあるかもしれない。やがて宇都宮の二荒山神社の祠官に天台系の神道を聞いている。

つぎに月菴宗光は妙心寺派の僧で入元し、月察天命は元から来朝した中峰明本、つまりのちに述べる法雲寺の開山の派下に属する僧と思われる。鎌倉時代の禅宗は、入元する僧と来朝する元僧によって形成されたから、聖冏は、この二大系統の禅に接したわけである。月察天命が、どこに住持していたか、明らかでないが、おそらく中峰明本の法孫で、建長・円覚という叢林にも住持し、東国で利根の吉祥寺を草創した大拙祖能の弟子と思われる。祖能の門には、叢林に出世した者と林下に下った僧があるが、月察天命は、南北朝時代の禅宗を、二分する叢林と林下のうち、後者に属したようである。また月菴宗光は、林下に走った者が中心をなした妙心寺派に属し、山名時凞の帰依を受けて、但馬の朝来郡黒川谷に大明寺を開いたが、先述した清音寺の中興開山復菴宗己が、足利尊氏の命をうけた小田治久の助成で、新治郡の高岡にあった揚阜庵という庵室を改め、中峰明本を招請開山に法雲寺を開いたのと並んで、(54)この時期で林下に占める意義は大きい。聖冏が、佐竹氏と結びついた叢林の夢窓派よりも、林下に参じたのは、佐竹領内における臨済宗の隆盛という大勢のなかで、直接には文和元年（一三五二　正平七）の清音寺の改宗という先例があったことも関連しているのであろうが、当時他宗の僧が林下に参ずる傾向を追ったものであろう。おそらく聖冏は、初め復菴宗己に近い門を叩いたのではあるまいか。そしてその法系に近い月察天命に参じ、ついで月菴宗光のもとに行ったのであろう。のちに聖冏は、かの大拙祖能が住持した建長寺に遊び、扉に禅林詩を書きつけて住僧と談笑したのは、(55)聖冏の林下への参禅がどのような外延をもったものかを示している。

また聖冏は、当代の和歌四天王の一人頓阿について和歌を習い、『古今和歌集』の序註十巻を著わし、(56)『常福寺文書』では、卯月八日に慈心院某に宛てた消息案の末尾に、一首の和歌を添えている。頓阿は御家人の名門二階堂氏の庶流貞宗の子で、和歌を二条為世に学び、出家後西行を慕って諸国を修行したが、佐竹貞義の母は、頓阿の一門須賀川の二階堂氏の娘であったから、(57)御家人社会における母方の縁に結ばれて、京都の公家文化に連なったのであろう。

さらに聖冏は、宇都宮の二荒山神社の権弥宜治部大輔某に天台系の神道の秘奥を聞き、『皇太子麗気記抄』を著わした。それは、東勝寺の真源や明哲に学んだ縁にも連なっているが、父母が世子の誕生を上岩瀬の神に祈って聖冏をもうけたことに伏線をおくならば、聖冏の心中には、神仏習合による神への崇敬もあったろう。上岩瀬の神は明らかでないが、このあたりでは、鹿島明神などが多い。(57)のちに聖冏が、鹿島の安居寺で『破邪顕正記』を著わした折、鹿島神社の大祝に神道の書を講じたというのも、(58)それらの関連が入り交っているように見える。そして師の了実や聖冏の出家にまつわる村松の虚空蔵堂が、当時天台宗であり、聖冏が天台僧の真源や明哲に学んだことを投入すると、鹿島の神宮寺も、当時は同宗であり、二荒山神社については、始祖の宗円以来、天台宗に帰依する宇都宮氏一門が浮んでくる。(59)

しかも頓阿の師二条為世の祖母は宇都宮頼綱の女で、一族には多くの歌人が出たうえ、頼綱・朝業兄弟は、浄土宗の祖源空の弟子でもあった。(60)こうして常陸・下野の天台宗を追いかけると、再び頓阿のもとにもどってくる。つまり聖冏が、和歌を習い、天台系の神道を学んだのは、彼の兼学の外延を逸脱するように見えても、やはり一つの筋に沿っている。換言すれば、聖冏が天台・真言から俱舎・唯識に及び、林下の臨済禅に参じ、さらに天台系の神道を究め、和歌も習ったのは、久慈・那珂郡における諸宗派の展開と佐竹氏の信仰を背景に、俗縁と法系に導かれた系路があったからである。のちに聖冏が、遊学中に滞在した往生院南滝房主との約束をはたして、そこに教化し、『二蔵略名目図』を著わしたのも、(61)その道筋に沿っている。そして聖冏の代に白旗流は、派祖良暁のときからの御家人社会との結びつきを、いっそう深め、蓮勝の代にあらわれる兼学の風を深めるとともに、のちに良忠についていい伝えられたような公家社会への志向が生まれている。

五

こうして永和四年（一三七八　天授国）聖冏は、十三年の遊学を終えて常福寺にもどり、師の了実に侍した。ときに三十八歳。翌年了実は璽書を与えている。[62] この年聖冏は『述聞追加口決鈔』を補訂し、[63] やがて『浄土略名目図』（または二蔵名目図）を著わして、白旗流が善導―源空という正統をつぐことを主張し、[64]「第三、若依光明大師釈義立浄土宗人、応以二蔵二教而摂一代聖教、」と述べている。[65] すでにこの段階で聖冏は、二蔵二教の別を立てて教相判釈し、浄土宗の宗義に独自の教説を示しているが、永徳三年（一三八三　弘和三）下総北相馬郡横曽根の談義所で『浄土二蔵二教略頌』を、至徳二年（一三八五　元中二）には『二蔵頌義』（釈浄土二蔵頌義）本末三十一巻を著わし、諸宗に対する浄土宗の立場を明らかにした。[66] それは結果的に、辻善之助氏がいうように聖冏が最も力を籠めた著作であり、宗義の体系を大成したもので、「一代の仏教を統合判釈して、浄土宗が諸宗に優越する事を示し、諸宗に抗して自家の宗義を主張し、他家の論難に対して自家を弁護する事には甚だ疎かった」のを転ずる目的で書かれたが、[67] 蓮勝以来の兼学の風を受け、生長の間や了実・定慧のもとで習学の間に、佐竹氏以下の信仰の流動を見、常陸や下野の諸宗に接し、鎌倉における臨済禅の興隆や旧仏教の勢力に触れたとき、聖冏の遊学は、それらの諸宗派や神道へとひろがったのである。いわば聖冏の兼学は、鎌倉の御家人社会を中心に、東国の宗教の状態を反映したものである。だからこれらの地に伝播していても、同じ浄土宗系で勢力の弱い西山義や時宗、頭打ちの状態にある一向門徒、宗祖が鎌倉に入らなかった曹洞宗や鎌倉から排除された日蓮宗には及んでいない。そこに聖冏の兼学の外延があり、その枠のなかで白旗流の教義が大成されるとともに、孫弟子の行蓮社大誉慶竺が智恩寺・知恩院の住持となったように、教団には鎌倉から京都を志向する動きが見えはじめる。

ところでこの間に聖冏は、下野往生院の南滝房主との約束をはたしたのをはじめ、派祖良暁以来の教化にも怠りなかった。至徳二年（一三八五　正中二）下総の千葉氏胤の招きで城下の明見寺に寓して老若に説いたのは、千葉氏との結びつきが、その本宗にまで及んだわけで、白旗流の教団が、一段と飛躍したことを意味する。そしてこのとき氏胤の子徳寿丸（徳千代丸ともいう）が弟子となった。徳寿丸は、家督相続の争いで、すでに菩提寺の千葉寺に出家していたから、聖冏の教化は、上総で固い真言宗の壁を破ったわけである。すなわち大蓮社酉誉聖聡である。(68)先に述べた『浄土二蔵二教略頌』は、この聖聡のために綴ったものである。当時四十三歳の聖冏は、聖聡の才幹を愛し、教団の将来を托する気持があったのであろう。その奥書には、「為聡生（聖聡）綴之、」と明記し、清書本を与えられた聖聡は、師恩に報いるため、面授のもとに字劃と四声を整え、応永十九年（一四一二）功を終えている。(69)しかも『浄土略名目図』が教義を図示し、『浄土二蔵二教略頌』が七言を綴ったことは、著述の対象に違いがあっても、解説や読誦の方法による教義の普及を目的としたものに外ならない。それは、聖冏の教化が地方御家人の本宗に及んだだけでなく、より一般にも対象をひろめたからである。つまり「右所記先聞也、仍授弟子聖聡并一校畢、以此旨可令勤学状如件、」という『二蔵頌義』は、(70)嫡弟たるべき聖聡を対象に、教義の大成を志しながら、東国の諸宗派や神道も念頭に、白旗流の拡張するなかで、教相判釈による教義の確立を必要とした結果といえる。

嘉慶二年（一三八八　元中五）に『述聞追加口決鈔』を補訂し、明徳二年（一三九一　元中八）には「相伝并愚案之趣、所載先聞」の『心具決定往生義』を聖聡に授ける一方で、嘉慶元年（一三八七）『浄土宗伝戒論』を著わして、鎮西義白旗流の円頓菩薩戒の正脉を指示し、翌年には『本宗伝法十八通』（教相十八通）を編して、代々相伝の次第を明らかにし、戒律と相伝の独自性を主張して、教団の規制を整えている。(71)それは、常福寺を根拠とした教団拡張の結果であるが、『心具決定往生定義』の奥には、「為弘通之加判」として聖冏と光明寺三世の定慧が連判し、

『本宗伝法十八通』では、定慧の弟子で光明寺四世の良順と師の了実と聖冏が連判して白旗一流の戒律と相伝次第とを認めている。[72]白旗流の本寺が光明寺にありながら、やがて聖聡が増上寺を本拠に活躍する所以と、白旗流が同じ東国に根を下した名越・藤山派などを圧してゆく基礎とが築かれていたのである。

六

常福寺が、佐都郷から瓜連の地に移った時期は明らかでないが、[73]了実が、聖冏を弟子としたのち、上岩瀬の白吉氏の外護で寺の基礎も確立したであろう。おそらく佐竹氏が北朝に味方する縁で、後光厳院から紫袍を賜わったほどである。至徳二年（一三八五　正中二）、寺を聖冏にゆずり、往生業に精修して、その年十一月三日に寂した。[74]この経過は、常福寺が祈禱面などを預かる寺から、あたかも佐竹氏の本宗と正宗寺の月山周枢の関係のように、佐竹氏の一門白吉氏の菩提寺的なものへ転じたことを意味し、伽藍譜の確立を物語っている。そしてこうした伽藍譜の確立が、教団の拡張とともに、教義の大成と教団の規制を必要とする意味で、法脉譜の整備を促していたのである。

ところが嘉慶二年（一三八八　正中五）に常福寺は、瓜連の民家の火災に類焼し、「実公（了実）所附紫袍勅書及斎邑巻契等、咸為烏有」ったので、重ねて紫袍の綸旨を請うて上洛しようとしたが、はたさなかった。しかし堂舎の復興と『鈔疏』の撰述につとめ、明徳元年（一三九〇　正中七）には『五重末鈔』と『領義見聞』、翌年には『心具決定往生義』を聖聡に与える一方で、翌八年には、「新学領解之媒」として、『二蔵領義』に入る方便に『略名目図見解』を著わし、さらに明徳四年の冬から応永二年（一三九五）の冬までの間、「伝通記十五巻之自他私鈔三本」を鈔して、『伝通記釈鈔』四十八巻を編し、応永三年『直牒』十帖も著わしている。[75]それらは、白旗流の教学の大成であり、普及化に指針を与えたものであった。

しかしまもなく佐竹義秀の叛が起こると、聖冏は、その兵火を久慈郡松栄の不軽山中洞穴に避けた。[補註2] おそらく佐竹氏の本宗義盛の後嗣をめぐる争いに関連した事件であったろう。ときに聖冏は、のちに述べるように武蔵豊島郡貝塚の増上寺にいたのであろう。瓜連に下って常福寺の荒廃と師の窮状を見、横曽根の学頭某にあてて、

うりつらの事は、中中しかのふしととなり候、人民更ニ不還往候、まして僧坊・聖道・禅家、皆他国流浪の事ニ候、言語道断ニ候き、就中老師の有様、目もくれ、心もきえはてて候しか、

というほどであると消息を送っている。[76] 外護者の不安定さと兵火の連続のなかで、常福寺の立場は、危機にあったのである。こうしたなかで聖冏は、洞穴の水で筆をぬらしながら執筆を続けたと伝え、六年には『涇渭分流集』を著わしたという。[77]

このの ち の常福寺の復興については明らかでないが、応永十二年(一四〇五)聖冏は、佐竹氏一門で奉行人の稲木某にあてて、義篤の寄進状以下の紛失を告げ、後証のために境内と寺領についての安堵状を要請している。[78] おそらく再建もある程度は進んだのであろう。しかしその翌々年には、関東管領足利持氏に味方する上杉憲定の子で、義盛の養嗣子となった義仁が、一門の山入祐義や国人衆が反対するなかで、国入りした一件もあって、[79] 佐竹氏の本宗の安堵も裏付けに欠けたであろうし、それだけ復興も困難であったろう。つまり常福寺が佐竹氏の本宗にも外護された由来と聖冏が佐竹一族の出身であった経緯は、逆にこのような内紛のなかで復興を遅らせる原因となっている。それは、常福寺を根拠とした聖冏会下の白旗流が、展開上の当然の結果として直面した危機であった。しかし一面で、このような危機は、常福寺を中心とした白旗流の教団に大きな転機を与えている。

ところで聖聡は、明徳四年(一三九三)聖冏から仏祖十八伝を授けられたのち、諸国に教化することを命じられたともいう。しかし聖冏が、岩殿で大蔵経を閲覧したのち、さらに諸国を廻って諸家に偏参したのは、師の行状の

あとを追ったもので、聖冏系の白旗流の教学が、独自の諸宗の兼学のうえに立っている点、特質の一つといえる。そして応永十年（一四〇三）聖聡は璽書を受け、十七年には行儀分の講会に預かって、『見聞』八巻を著わし、二十一年には『六祖口伝集』一巻を著わして、白旗流相承の趣旨を深めている。(80)

それより先聖聡は、偏参を終えて上総に帰る途中、武蔵豊島郡貝塚の真言宗光明寺に足を留めて教化し、この寺を浄土宗に改めたという。(81)すなわち三縁山広度院増上寺の始めで、諸伝によれば応永十年（一四〇四）璽書を受ける以前になる。そして応永二十二年聖聡は、さらに堂坊の経営を計ったのであろう。落慶の慶讃に聖冏を招き、ここを教化の根拠とした。一説に太田氏の助成があったと伝え、聖冏会下の白旗流は、危機を転機に、新しい伽藍譜を築いたわけである。この年聖冏は、弟子の満蓮社明誉了智に璽書を与えて常福寺の住持を譲り、聖聡の招きのままに武蔵豊島郡小石川に菴室を結び、移り住んだ、人々は聖冏菴と呼び、無量山伝通院寿経寺の始めである。(82)

このの ち聖冏は、筆を絶って念仏三昧の日々を送り、応永二十七年（一四二〇）に寂したが、以前了智に常福寺を譲ったときの譲状に、

譲渡
　瓜連草地常福寺別当□〔職〕事
右当寺者、浄喜（佐竹義篤）御寄進地、先師了実開山砌也、然□付属弟子了智房之処也、守先規、可致御祈禱精誠之者也、兼亦退出入滅之後者、可令相継弟子聖紀房、仍副二伝□、譲状如件、
　応永廿二年乙未八月廿二日
　　　　　　　　了誉（花押了）

と記している。すなわち聖冏は、常福寺が佐竹氏の祈禱面を預かる寺であることを明記するとともに、伝書を副え

て相承の次第も定めている。(83)それは常福寺が佐竹氏についた寺として、ここを根拠にする聖冏の弟子が、この時期に白旗流の教団のなかでもつ地位の限界を示している。了智が、永享四年（一四三二）聖冏の遺跡不軽山に香仙寺を中興したのは、そうした限界内における教団の展開で、そののちの常福寺には、了智の弟子賢蓮社盛誉良慶、その弟子の昇蓮社超誉聖欽と、代々了智門下の直弟子が住持している。(84)

一方聖聡は、永享五年（一四三三）に大経・小経の『直談註記』を、それぞれ完成して、聖冏の教学を進めたうえ、同八年には『当麻曼荼羅疏』四十八巻も著わして、従来白旗流の教学にはあらわれなかった展開を見せている。それは、一面で京都を中心とする浄土教への展開であり、門弟の行蓮社大誉慶竺が、のち京都の智恩寺と知恩院に住持したことに連なる。(85)しかも大経・小経の『直談註記』を筆受したのが、この慶竺であったことは、(86)白旗流をふくめた鎮西義の京都進出とともに、やがて白旗流の教学が鎮西義の中心をなす原因でもあった。聖聡の門下では明蓮社聡誉酉仰をはじめ、聖蓮社了暁（慶善）・十蓮社楽誉聡林・音蓮社釈誉存冏が、聖聡と同じ千葉氏一門の出身で、その教団の中核は、聖冏と佐竹氏以上に、俗縁で固められている。下総猿島郡富田の人聡蓮社嘆誉良肇が故郷に帰って飯沼に卜居し、横曽根の亀嶋に弘経寺を建立したのは、そうした教団の在り方に関連している。(87)しかもこれらの弟子のうち酉仰が武蔵豊島郡の橋場に法源寺を、聡林が同郡の浅草に善徳寺を開いたのは、聖聡の教団が、常福寺中心から離れて、ようやく増上寺中心に、のちの江戸の地にひろまったからである。元禄四年（一六九一）の義山版『浄土三部経』の刊記に、

酉誉上人、四十又九、三経一部、訂正四声及清濁、以与隅田性阿弥陀仏鏤判、蔵于総州下河辺庄大野談場、

と見え、また応永二十八年（一四二一）聖聡は、性阿弥陀仏に『名号万徳鈔』を書き与えたと奥書に記しており、武蔵豊島郡の隅田に住む性阿弥陀仏は聖聡の有力な外護者であったのかもしれない。かの慶竺も、豊島郡日比谷に

生まれている。(88)

こうして聖聡の教化は、出版という新しい形も加えて、伝播の速度を早めたであろうが、さらに弟子の存冏は、法兄の良肇にも学んだのち、宝徳三年（一四五一）三河の松平信光に招かれて、同国額田郡の岩津に信光明寺を開き、大和の出身である聖蓮社了暁（慶善）は、良肇のあと弘経寺の二世となり、額田郡に隣接する宝飯郡に大恩寺を開いたのは、増上寺―弘経寺、つまり聖聡―良肇の法系が、佐竹・千葉氏や常陸・下総・武蔵という範囲を越えた結果であり、(89)とくに信光明寺の建立は、のち徳川氏と増上寺の結びつきの伏線で、増上寺・伝通院・弘経寺が十八檀林に数えられる前提ともなった。ともあれそれらは、白旗流の第二次的展開で、鎌倉光明寺の良順会下にも、同じ傾向が見えてくる。

七

ところで常福寺の三世了智の代には、宝徳四年（一四五二）後花園天皇から勅願所の綸旨を受け、当日の祈願はもとより、正・五・九月の十五日には、とくに精誠をこめたと伝える。(90)白旗流の知恩院・智恩寺進出と関連して、常福寺のもった祈禱面は、新たな装いをもったわけである。そののち賢蓮社盛誉良慶・秀蓮社弁誉了善・上蓮社英誉了月・下蓮社感誉了秀という七世までの事蹟は明らかでないが、『御湯殿上日記』に、天文三年（一五三四）常福寺某に香衣を勅許したと記すのは、八世の感蓮社乗誉学秀のときに当たる。

九世の源蓮社空誉玉泉は、尾張愛知郡嶋見郷桐原の出身で、父はこの地方の武士中島氏と伝える。三河にひろまった教線の末で、玉泉は、聖冏を追慕して常福寺に入り、七世了秀の門に入った。大永七年（一五二七）印信を受けたのち、故郷に帰り、さらに熊野権現に詣でて教化の加護を祈り、四国から淡路に廻って京に入ったとき、後奈良天皇の帰依を受けた。やがて常福寺に帰り、天文八年（一五三九）八世学秀の入寂に住持をついだのであろうか。天文十二年には天皇から勅額を受けている。(91) こうした八世と九世の事蹟は、寺院としての常福寺を、いっそう中央にあらわすとともに、聖冏や聖聡のころの兼学には見られない外延のひろまりがある。そうした展開は、玉泉が、応水の末年大掾氏に代わって水戸の地を占拠した江戸氏の忠通夫妻に帰依され、大永元年（一五二一）吉田古館に菩提寺の清岩寺を開いた地方発展の面にもあらわれる。永禄十年（一五六七）には堂舎を改築し、天正四年（一五七六）には二百余僧を延べて刹竿を建てた。さらに玉泉は、那珂郡下江戸に江月庵を開いたのをはじめ、江戸氏の外護の下に、天文三年（一五三四）藤沢小路に善徳寺、小場の一心院、前小屋の光宗寺、さらに茨城郡大坂に阿弥陀堂、石塚に雲生寺、久慈郡国安に医王寺、そして陸奥の棚倉に安楽寺を建てるに至って、那珂郡の一角から奥州にかけての鎮西派の基盤と化したのである。(92) 永禄十二年からの香仙寺の四世願蓮社行誉が、那珂郡酒門に定善寺を創めたのも、その動きについたものである。ここに常福寺は、那珂氏という豪族から脱皮した江戸氏の外護のもとに、中央からの装いをつけながら、再び常陸に浮び出たわけで、白旗流の第三次の展開を色づけている。そしてやがて十八檀林が、徳川氏によって設定されると、常福寺もその数に入り、十世の空蓮社釈誉輪智以下の歴代は、生涯をここにすごすことなく、他の檀林に移り、また来るという新しい段階になってゆくのである。(93)『常福寺文書』には、聖聡から十代の法孫で、増上寺の十二世となり、徳川家康の帰依篤かった普光観智国師、すなわち貞蓮社源誉存応の書状があり、

以一書申候、仍　相国様（徳川秀忠）御直判之三十五ヶ条之法度書之写遣之候、以此旨、其表門中之仕置可被成候、為其申達候、早々、恐々謹言、

已上

観智国師

源誉（花押）

卯月三日

常福寺

と見える。すなわち、元和元年（一六一五）七月の宗門の禁制三十五条（浄土宗法度）の制定を告ぐる折紙である。(94)

八

本稿は、『常福寺文書』をもととし、『梪林志』に足掛りを得、『了誉上人行業』や『浄土鎮流祖伝』などの伝記を頼りとして、常福寺の歴代を追いながら、同寺を中心とした白旗流の展開をあとづけることによって、新しい梪林志を志したものであるが、史料の検索に十分を期し難く、また教義に立ち入ることも浅薄で、内面を掘り下げるに至らなかった。しかし常福寺を中心とした白旗流の展開は、常陸の北半における宗教の変転と密着しており、ある場合には地縁性が、別のときには血縁性が浮び出ながら行なわれていたことが明らかとなった。またこうした展開は、武家社会の変化をもととして、その政治的変動に左右される以上に、鎌倉における宗教の動向を如実に反映し、この意味では、鎌倉における御家人社会が、重要な鍵をにぎっていたわけである。それは、中世、とくに中世の東国の文化と宗教を考えるうえで、古代の文化や宗教の残存とともに、きわめて重大な意義をもっている。

さらに白旗流の展開において、兼学が大きな要素であることも知られたが、その兼学の外延をきめたものは、常陸北半における宗教の状態であり、鎌倉の御家人社会の宗教であった。そしてこのなかから鎮西義白旗流の京都進出への志向も生まれたわけで、やがて鎮西義が、京都で紫野門徒を吸収する過程があらわれる。(95)また常福寺を中心とする教団の発展は、常陸から下総・武蔵に及ぶとともに、とくに聖冏・聖聡師弟の教学の大成は、この教団の発展を背景として、鎮西義の主流にまで展開する要素であった。

註

(1) 『浄土鎮流祖伝』『新撰往生伝』『浄土伝灯総系譜』等。
(2) 『然阿上人伝』。註(1)
(3) 『千葉氏系図』『千葉氏大系図』等。
(4) 『千葉東氏系譜』。註(3)
(5) 註(3)
(6) 註(1)
(7) 註(1) 称名寺は海上郡に所在したように記されている。
(8) 『光明寺文書』。
(9) 『同書奥書』 註(1)
(10) 大光院の藤田派授手印添書には、建治二年良忠が藤田派の性心に与えた附法状の写が収められ、「四代相伝之出要、誰謂非理之邪推乎』と見えるが、検討の要があろう。
(11) 『光明寺文書』。
(12) 註(1)
(13) 註(11)
(14) 「大正大学紀要」五〇 玉山成元氏「中世における浄土宗の展開」参照。

(15)　註（1）（14）
(16)　註（11）
(17)　『浄土伝灯総系譜』。
(18)　『佐竹系図』『佐竹氏系譜事蹟略』『吾妻鏡』。
(19)　『正宗寺旧記』。
(20)　『続本朝往生伝』。
(21)　註（19）
(22)　『佐竹寺観音縁起』。
(23)　註（18）証玄はもと雲義という。
(24)　『尊卑分脈』『宇都宮系図』三田全信氏『法然上人伝の研究』参照。
(25)　「水戸市史」上参照。
(26)　薬王院は吉田神社の神宮寺で天台宗。註（25）
(27)　註（18）
(28)　註（18）『尊卑分脈』『宇都宮系図』『足利氏系図』宍戸氏は茨城郡宍戸が本貫。
(29)　註（18）（25）
(30)　義仁は義人とも書き、義憲ともいう。註（25）
(31)　註（18）一説に、開基を秀義といい、貞応二年の草創と伝える。
(32)　註（18）（25）
(33)　「茨城県史研究」七　拙稿「常陸の時宗」。

(34) 註(18)
(35) 註(18)
(36) 『浄土鎮流祖伝』『新撰往生伝』『了誉上人行業記』『了誉上人伝』。
(37) 『浄土鎮流祖伝』。
(38) 註(36)『新編常陸国誌』『常福寺文書』の応永二三年了誉聖冏の譲状には、「瓜連草地常福寺別当職」と見え、「右当寺者、浄喜(佐竹義篤)御寄進地、先師了実開山砌也、」とあり、すでに義篤の代に、瓜連に建立されたとも解される。
(39) 『新篇常陸国誌』『乙宝寺縁起』等 「新潟史学」一 拙稿「中世奥山庄の真言修験」。
(40) 『新篇常陸国誌』。
(41) 『親鸞聖人門侶交名牒』。
(42) 『親鸞聖人門侶交名牒』『親鸞聖人御消息集』真仏、俗名は北条平太維房、仁治元年大部に真仏寺を建立したという。
(43) 『親鸞聖人門侶交名牒』『新編常陸国誌』河和田は報仏寺、唯円は平太郎の弟という。豊喰は、のち谷河原に移った西光寺、額田は阿弥陀寺、金砂郷は青蓮寺、下大門は枕石寺、枝川は浄光寺。
(44) 真仏房・唯円房は北条氏、犬飼房は畠山氏、入西房は北面武士の日野氏、唯仏房は梅原氏の出身など。
(45) 『未燈鈔』。
(46) 註(33)
(47) 註(25)
(48) 『常福寺文書』『桓林志』。
(49) 『佐竹文書』清音寺は空海の創建と伝える浄光寺を改宗した寺で、おそらく義篤の塔所であろう。興国寺は貞義の塔所興禅寺かもしれない。註(25)

(50)　註(36)
(51)　註(36)各書の奥書。
(52)　『願行流血脈』『教誡儀抄物』註(36)
(53)　『新編常陸国誌』。
(54)　玉村竹二氏の教示による。今枝愛真氏「禅宗の歴史」参照。註(36)
(55)　『本朝高僧伝』『延宝伝燈録』。
(56)　註(36)
(57)　『新編常陸国誌』。
(58)　註(36)
(59)　註(28)
(60)　註(28)(59)『下野国誌』。
(61)　註(36)
(62)　註(36)
(63)　註(36)同書奥書。
(64)　同書奥書。
(65)　註(36)(64)
(66)　註(36)同書奥書。
(67)　『日本仏教史』中世編之四　第十節浄土宗参照。
(68)　『浄土鎮流祖伝』『新撰往生伝』『桓林志』『千葉氏系図』『千葉氏大系図』。

(69) 同書奥書。
(70) 同書奥書。
(71) 同書奥書。註(67)
(72) 同書奥書。
(73) 註(40)
(74) 註(36)草地山内に葬ったという。
(75) 註(36)
(76) 註(36)『常陸遺文』『柤林志』『常福寺文書』不軽山は阿弥陀山・阿神路山ともいい、洞穴を直牒洞と称する。義秀は、一説に善秀という。註(36)
(77) 註(36)
(78) 註(36)『常福寺文書』。
(79) 註(25)
(80) 註(68)
(81) 註(68)
(82) 註(36)・(68)『常福寺文書』。
(83) 註(36)『常福寺文書』。
(84) 『浄土伝灯総系譜』等。
(85) 註(68)同書奥書『浄土伝灯総系譜』。
(86) 同書奥書。

(87) 註(84)『桓林志』。

(88) 註(84)

(89) 註(84) 伝通院・弘経寺・信光明寺・大恩寺については稿を改める。

(90) 『常陸遺文』『桓林志』。

(91) 註(90)『新編常陸国誌』。

(92) 註(91)(25)

(93) 『桓林志』。

(94) 註(93)

(95) 拙稿「源智と浄遍」。

補註

(2) 良忠は、建長八年(一二五六)常陸東郷荘小野郷で、『群疑論見聞』と『法事讃聞書』を著わし(金沢文庫本奥書)、鎮西義の教線は、すでに常陸に及んでいた。大正大学大学院研究論集八所収 拙稿「常陸における浄土教」参照

(3) 香仙寺のもとの本尊は、善光寺三尊であったと伝え、もとの寺号は香仙人寺と称したとされ、直牒洞は念仏聖か、修行者が行を修したところと思われる。

あとがき

先学の方から心からのお奨めを受け、また同学からもたびたびの要請に、お断りし切れなくなって、法蔵館主西村明氏の智恵を借り、拙い論稿の形をとることにしました。

二十代の末からあちらこちらの雑誌に書き散らし、学生からもまとめないと不便ですといわれたこともあって、いくつかの論文のなかから、法然房源空とその門下にかかわるものをまとめることにしましたが、読み返して見ると、なに一つ取柄のあるものではありません。

もともと源空の確実な伝記史料を集めることから始めたことでしたが、しだいに門下の史料のなかにそれを探し出すことに広まり、留処がなくなってゆくまゝに、一遍や親鸞にまで踏み込んでしまいました。

そしてこのごろは、始めの目的から離れて、浄土宗の僧のなかに〝道心者〟の系譜が断続しながら、いろいろの姿で現われていることの方に心が引かれ、研究というよりも、自分の心の問題として持ち続けたいと思っています。

このような経緯によって出来た論稿ですから、私としては恥しい結果で、お役に立つものではありません。書架の隅にでも置いて下されば、幸というほかはありません。

昭和五九年八月七日

菊地勇次郎

初出一覧

黒谷別所と源空	「日本仏教」一号　昭和三三年
源空と三昧発得	「南都仏教」一一号　昭和三四年
源空と浄土五祖像	『対外関係と社会経済』森克己博士還暦記念論集　昭和四三年
源空・親鸞の〝自筆〟書状	「日本歴史」二一二号　昭和四一年
浄土宗教団の形成と発展（旧題・浄土宗）	『体系日本史叢書』18　宗教史　昭和三九年
源空門下について	「浄土学」二六号　法然上人研究号　昭和三三年
西山義の成立	「歴史地理」八五号三・四　昭和三〇年
智真と西山義	『日本浄土教史の研究』藤島達朗博士還暦記念論集　昭和四四年
源智と静遍	「浄土学」二八号　昭和三六年
醍醐寺聖教のなかの浄土教	「醍醐寺研究紀要」五号　昭和五八年
毘沙門堂と明禅	『日本宗教社会史論叢』水野恭一郎先生頌寿記念論文集　昭和五七年
乗願房宗源	「仏教史研究」一〇号　昭和五一年
伊豆山の浄蓮房源延（旧題・走湯山の天台宗と真言宗）	『熱海市史』上　昭和四二年
伊豆山の浄蓮房源延補考	「金沢文庫研究」八巻一号　昭和三七年
天王寺の念仏	「日本歴史」九四・九五号　昭和三一年
武家平氏の浄土信仰	『日本史における民衆と宗教』　昭和五一年
『一言芳談』のなかの善導	『対外関係と政治と文化』昭和四九年
『一言芳談』のなかの源空と禅勝房	『善導大師の思想とその影響』小沢教授頌寿記念　昭和四九年
『一言芳談』のなかの「助け給へ阿弥陀仏」	『日本の社会と宗教』　昭和五六年
中世における浄土宗鎮西義の展開	『封建近代における鎌倉仏教の展開』昭和四三年

菊地　勇次郎（きくち　ゆうじろう）

大正10年に生まれる。
東京大学文学部国史学科卒業。
東京大学史料編纂所教授、同所長。
大正大学文学部教授。

源空とその門下

一九八五年二月一〇日　初　版第一刷発行
二〇一一年六月二〇日　新装版第一刷発行

著　者　菊地　勇次郎
発行者　西村　明高
発行所　株式会社　法藏館
京都市下京区正面通烏丸東入
郵便番号　六〇〇-八一五三
電話　〇七五-三四三-〇〇三〇（編集）
〇七五-三四三-五六五六（営業）

装幀者　佐藤　篤司
印刷・製本　富士リプロ株式会社

ISBN 978-4-8318-6520-5 C3021